普通高等院校经济管理专业系列规划教材

国际贸易实务教程

主　编　尚　静　吴珍彩　赵盈盈
副主编　孙晓林　温国兴　唐若菲
　　　　王步云　任丽娟

西南交通大学出版社
·成都·

图书在版编目（CIP）数据

国际贸易实务教程 / 尚静，吴珍彩，赵盈盈主编.
—成都：西南交通大学出版社，2017.8
普通高等院校经济管理专业系列规划教材
ISBN 978-7-5643-5658-3

Ⅰ. ①国… Ⅱ. ①尚… ②吴… ③赵… Ⅲ. ①国际贸易 – 贸易实务 – 高等学校 – 教材 Ⅳ. ①F740.4

中国版本图书馆 CIP 数据核字（2017）第 195013 号

普通高等院校经济管理专业系列规划教材

| 国际贸易实务教程 | 主编 | 尚　静
吴珍彩
赵盈盈 | 责任编辑　罗爱林
封面设计　何东琳设计工作室 |

印张：21.75　字数：571千

成品尺寸：185 mm×260 mm

版次：2017年8月第1版

印次：2017年8月第1次

印刷：成都中铁二局永经堂印务有限责任公司

书号：ISBN 978-7-5643-5658-3

出版发行：西南交通大学出版社

网址：http://www.xnjdcbs.com

地址：四川省成都市二环路北一段111号
　　　西南交通大学创新大厦21楼

邮政编码：610031

发行部电话：028-87600564　028-87600533

定价：48.00元

课件咨询电话：028-87600533
图书如有印装质量问题　本社负责退换
版权所有　盗版必究　举报电话：028-87600562

前　言

国际贸易实务又称进出口贸易实务，是国际经济与贸易专业的核心课程。课程的主要内容包括国际货物买卖过程中的基本业务程序、基本操作技能以及与国际货物买卖业务相关的法律规定和国际惯例。针对普通本科层次，本课程的目标定位为：理解和掌握国际贸易惯例，掌握国际贸易合同的内容，熟悉有关国际贸易的单据格式与内容，熟练地进行进出口业务操作。

对外贸易是我国国民经济的重要组成部分。我国加入世界贸易组织以后，尤其是自 2004 年修订《中华人民共和国对外贸易法》，放开对外贸易经营权以来，我国的对外贸易得到了健康、稳定、快速的发展，各类企业纷纷涉足国际市场，对国际贸易人才的需求也大幅度增加。作为合格的国际贸易专门人才，不仅需要具备深厚的国际贸易理论基础知识，更需要掌握进出口业务的实际操作技能。国际贸易实务即在从事进出口业务的过程中对各项具体事务进行处理，是一项时间性强、工作量大的工作。它不仅需要同国外客户打交道，而且要和国内生产商、海关、商检机构、国际贸易促进委员会、保险公司、船公司、运输公司、银行及有关管理部门发生方方面面的联系。

根据应用型本科人才培养的特征，本书在参考最新修订和颁布的有关国际贸易惯例和调研涉外企业对外贸人才需求的基础上，以外贸业务实践为主线，介绍了进出口买卖合同的具体内容，以及合同订立和履行的基本环节和一般做法，详细阐述了进出口业务的交易磋商、函电往来、合同订立、进出口合同履行及业务善后等各环节的实际操作过程，以及各主要环节的单证制作，突出进行国际贸易操作能力的训练，注重国际贸易实务各环节重点和难点的讲解和模拟练习。

为了使本书能够对学生业务素质的提高起到切实有效的帮助，在编写过程中，我们对相关内容及实践环节的安排，严格按以下原则进行：

（1）求精。从体例编排、内容撰写到各实践环节的安排，我们力求精益求精，以打造同类教材中的精品教材为目标，因为我们深知提高高等教育质量的重要性。而提高教育质量，当然离不开课程教学，离不开教材建设。教材是体现教学理念、教学内容和教学方法的载体，是进行课程教学的基本工具，发挥着引导课程教学方向、规范课程教学内容、稳定课程教学秩序的重要作用，精品教材尤其如此。精品教材在深化课程教学改革、全面推进素质教育、提高人才培养质量等方面发挥着重要作用。因此，精品教材要体现课程改革和教材建设的时代精神和目标，要有利于激发学生自主学习，有利于提高学生的综合素质和创新能力。

（2）求新。本书在编写过程中，顺应国际贸易发展的趋势，采用最新的操作流程，吸收了大量新的内容和研究成果。例如，针对国际商会 2010 年最新颁布的《国际贸易术语解释通则》的内容，调整"国际贸易术语"这一章节的相关内容。在涉及国际结算环节的内容上，针对《UCP600》的实施调整了托收及信用证结算的相关内容，更新了国内企业开展境外加工业务的审批程序等。针对世界贸易组织将国际技术贸易纳入调整范围和跨境电子商务的飞速发展，我们增加了"国际技术贸易"和"跨境电子商务"两章。这些调整，使本书从体系构建到内容编排与同类教材相比都有了新的变化，从而更有利于学生掌握本学科的新知识、新成果，了解对外贸易理论的前沿理论和新的操作方法。

（3）求实。国际贸易实务主要研究国际商品交换过程，是一门操作性和实务性很强的学科。针对这一特征，我们在编写过程中注重实践性环节，具体表现为在各章节中穿插了案例、练习题以及以锻炼学生实际操作能力为目的的实务操作练习。通过这些训练，引导学生确立理论与实践相结合的学习和职业意识；结合实际外贸业务中所需要的基本知识和技能，说明解决问题的方法、技巧，使学生对于国际贸易的实际操作有更强的感性认识。同时，根据工作岗位所需的技能，以及生产经营第一线对应用型人才的要求，对教材内容进行了精心的选择。学科理论的介绍以合理和够用为度，并突出与实践相结合，以为训练学生从事外贸业务工作的综合职业能力以及适应今后的职业转换打下坚实的基础。

本书可作为应用型本科院校国际经济与贸易、国际商务、市场营销等财经类专业的教材，也可以作为参加高等院校相关专业、企事业单位工作人员岗位培训的教材，还可作为参加高等教育自学考试、全国国际商务专业和国际贸易专业从业人员资格考试的参考用书。

本书由河南牧业经济学院《国际贸易实务教程》教材组编写，尚静、吴珍彩、赵盈盈担任主编，孙晓林、温国兴、唐若菲、王步云、任丽娟（河南工学院）担任副主编。具体编写分工如下：第一章由孙晓林编写，第二章、第十一章由尚静编写，第三章、第五章由吴珍彩编写，第四章、第十二章由唐若菲编写，第六章由温国兴编写，第七章、第八章由赵盈盈编写，第九章、第十章由王步云编写，第十三章由任丽娟编写。

在本书的编写过程中，我们吸收了各高等院校及业界许多有价值的研究成果，得到了省内外许多专家的指导以及我校有关部门的大力支持，在此一并表示衷心的谢意。由于教材组成员实践经验欠缺加之水平有限，书中难免存在不足之处，恳请专家、同行、业界人士和广大读者拨冗赐正。

编者
2017年4月

目 录

第一章 导 论 ··· 1
  第一节 国际贸易的特点 ·· 1
  第二节 国际货物买卖适用的法律与惯例及应遵循的原则 ·· 2
  第三节 本课程的研究对象及方法 ·· 7

第二章 商品的名称、品质、数量和包装 ··· 9
  第一节 商品的名称和品质 ··· 9
  第二节 商品的数量 ·· 19
  第三节 商品的包装 ·· 23

第三章 国际贸易术语 ·· 36
  第一节 贸易术语的含义及作用 ·· 36
  第二节 有关贸易术语的国际贸易惯例概述 ··· 38
  第三节 装运港交货的三种贸易术语 ·· 44
  第四节 货交承运人的三种贸易术语 ·· 52
  第五节 其他贸易术语 ··· 58
  第六节 贸易术语的选用 ·· 62

第四章 商品价格与核算 ··· 68
  第一节 正确掌握进出口商品的价格 ·· 68
  第二节 计价货币和报价方法 ··· 73
  第三节 佣金和折扣 ·· 77
  第四节 出口商品价格构成和出口报价 ··· 79
  第五节 进口成本预算 ··· 83
  第六节 合同中的价格条款 ··· 85

第五章 国际货物运输 ·· 91
  第一节 运输方式 ·· 91
  第二节 装运条款 ··· 101
  第三节 运输单据 ··· 109

第六章 国际货物运输保险 ·· 121
第一节 海洋运输货物保险的承保范围 ························· 121
第二节 我国海洋货物运输保险条款 ····························· 124
第三节 伦敦保险协会海洋货物运输保险条款 ················ 126
第四节 其他运输方式的货物运输保险 ························· 128
第五节 国际贸易合同中的货运保险条款 ······················ 130

第七章 国际贸易的货款支付 ·· 136
第一节 支付工具 ··· 136
第二节 汇付和托收 ·· 148
第三节 信用证 ·· 157
第四节 银行保函 ··· 178
第五节 保理业务 ··· 182
第六节 各种支付方式的选用 ······································ 183

第八章 货物的检验检疫、索赔、不可抗力和仲裁 ············· 191
第一节 商品检验检疫 ··· 191
第二节 索 赔 ··· 200
第三节 不可抗力 ··· 205
第四节 仲 裁 ··· 206

第九章 进出口交易磋商与合同的签订 ···························· 215
第一节 交易磋商前的准备 ··· 216
第二节 交易磋商的形式、内容和程序 ························· 217
第三节 合同成立和书面合同签订 ································ 226

第十章 进出口合同的履行 ··· 235
第一节 出口合同的履行 ·· 235
第二节 进口合同的履行 ·· 245

第十一章 国际贸易方式 ·· 256
第一节 经 销 ··· 256
第二节 代 理 ··· 260
第三节 寄 售 ··· 263
第四节 展 卖 ··· 266
第五节 招标投标 ··· 271

第六节　拍　卖 ·· 274
　　第七节　期货交易 ··· 276
　　第八节　对销贸易 ··· 283
　　第九节　加工贸易 ··· 289

第十二章　国际技术贸易 ·· 298
　　第一节　技术贸易的概念与特点 ·· 298
　　第二节　国际技术贸易的主要方式 ··· 302
　　第三节　国际技术贸易合同 ··· 311

第十三章　跨境电子商务 ·· 319
　　第一节　电子商务的概念与分类 ·· 319
　　第二节　跨境电子商务概述 ··· 323
　　第三节　跨境电子商务发展状况 ·· 326
　　第四节　中国跨境电子商务发展影响因素和促进政策 ············· 331

参考文献 ··· 340

第一章 导 论

【学习目标】

了解国际贸易的特点与风险；掌握国际货物买卖合同的主要内容；熟悉国际贸易适用的法律与惯例；熟悉进出口业务的一般程序。

【案例导入】

美国商人 A 与我国香港商人 B 在美国订立合同，由 A 出售一批箱装货给 B，按 CIF 香港条件成交。双方在履行合同的过程中，对合同的有关条款产生争议。请分析此项纠纷应适应美国法律还是中国香港地区法律。

分析：这是一则关于解决合同纠纷适用法律的案例。本案例以 CIF 香港条件成交，出口方美国商人 A 在出口国装运港完成交货义务，所以合同履约地是美国装运港。此外，合同订立地也是美国。因此，本案例与美国关系最密切，应适用美国法律。

国际贸易实务是一门研究国际商品交换具体过程的学科，也是一门具有涉外活动特点实践性很强的综合性应用学科，凡是国际经贸类专业都把本课程作为一门必修的专业基础课程。国际货物买卖是买卖双方通过磋商、订立和履行国际货物买卖合同进行的。要订立和履行好国际货物买卖合同，必须掌握合同条款的内涵和规定方法，熟悉合同磋商、订立和履行的基本环节。由于各国存在法律方面的不同规定和贸易习惯上的差异做法，当涉及买卖双方利害关系时，经常会出现争议和纠纷，履行合同面临各种困难和风险。因此，学会运用有关的国际贸易惯例和法律规则处理纠纷、防范风险是很有必要的。此外，国际货物贸易除了传统的经营方式外，还产生了经销、代理、寄售、展卖等新的国际贸易方式。为了学好这门课程，首先必须了解下列几个方面的问题。

第一节 国际贸易的特点

国际贸易具有不同于国内贸易的许多特点，其交易环境、交易条件、贸易做法及所涉及的问题，都远比国内贸易复杂。其特点主要表现在以下几方面：

（1）国际贸易既是一项经济活动，也是涉外活动的一个方面。由于国际贸易具有这一特点，故在对外交往中不仅要考虑经济利益，而且应注意配合外交活动，认真贯彻我国的对外方针、政策。在履约当中，要重合同、守信用，注意保持良好的对外形象。

（2）国际贸易属跨国交易，情况错综复杂。国际贸易的交易双方处在不同的国家或地区，各国（或地区）的政治制度、法律体系不同，文化背景互有差异，价值观念也往往有别。在洽商交易和履约的过程中，涉及不同的政策措施、法律规定、贸易惯例和习惯做法，情况千差万别，错综复杂。

（3）国际贸易易受国际局势变化的影响，具有不稳定性。国际贸易易受国际政治、经济形势和各国政策及其他客观条件变化的影响，尤其在当前国际局势动荡不定、国际金融市场变幻莫测、市场价格瞬息万变的情况下，国际贸易的不稳定性更加明显。

（4）国际贸易面临的风险远比国内贸易大。在国际贸易中，交易双方的成交量通常都比国内贸易大，而且交易的商品往往需要通过长途运输。在远距离运输的过程中，可能遇到各种自然灾害、意外事件和其他各种外来风险，加之国际市场情况复杂，千变万化，国际贸易的风险加大。

（5）国际贸易线长面广，中间环节多。在国际贸易中，交易双方相距遥远，在交易过程中，包括许多中间环节，涉及面很广，除了双方当事人外，还涉及各种中间商、代理商以及为国际贸易服务的商检、仓储、运输、保险、金融、车站、港口、海关等部门。若一个部门、一个环节出了问题，就会影响整笔交易的正常进行。

（6）国际市场竞争异常激烈。在国际贸易中，一直存在着争夺市场的激烈竞争，有时甚至达到了白热化的程度。竞争的形式虽表现为商品竞争、技术竞争和市场竞争，但实质还是人才的竞争。因此，我们必须增强竞争意识，提高外贸人员的整体素质，这样才能增强竞争能力，在国际市场竞争中立于不败之地。

第二节　国际货物买卖适用的法律与惯例及应遵循的原则

一、国际货物买卖适用的法律与惯例

由于国际贸易有很多不同于国内贸易的特点，其交易环境、交易条件、贸易各环节所涉及的问题都比国内贸易复杂，也就更易产生争议。为保证国际货物买卖顺利进行，国际货物买卖必须符合法律规范。但由于国际贸易的当事人一般身处不同的国家或地区，具有不同的法律和制度，所以合同的当事人可以在不违反国家强制性法律规定的情况下自由约定合同内容，选择用于处理合同争议所适用的规范。国际货物买卖合同适用的规范可以是国际公约，也可以是一国的国内法，还可以是相关的国际惯例。

（一）国内法

国内法是指由国家制定或认可并在本国主权管辖范围内生效的法律。国际货物买卖合同必须符合国内法，即符合某个国家（或地区）制定或认可的法律。例如，按照我国法律，订立合同，包括涉外合同，都必须遵守中华人民共和国法律，即使依照法律规定适用外国法律或者国际惯例的，也不得违反中华人民共和国的社会公共利益。

由于国际货物买卖合同的当事人所在的国家不同，他们各自又都要遵守所在国的国内法，而不同的国家往往对同一问题的有关法律规定不相一致，因而一旦发生争议引起诉讼，就会产生究竟应适用何国法律，即以何国法律处理争议的问题。为了解决这种"法律冲突"，以利于正常的国际往来，通常采用在国内法中规定冲突规范的办法。我国法律对涉外经济合同的冲突规范也采用上述国际上的通用规则，并在《中华人民共和国合同法》第一百二十六条中做了原则

规定:"涉外合同的当事人可以选择处理合同争议所适用的法律,但法律另有规定的除外。涉外合同的当事人没有选择的,适用与合同有最密切联系的国家法律。"据此,除法律另有规定外,我国当事人只要与国外当事人取得协议,就可在合同中选择处理合同争议所适用的法律或国际条约。例如,既可选择按我国法律,也可选择按对方所在国法律或双方同意的第三国法律或者有关的国际条约来处理本合同的争议。如果当事人未在合同中做出选择,则发生争议时,由受理合同争议的法院或仲裁机构依照法院或仲裁机构视交易具体情况认定的"与合同有最密切联系的国家"的法律进行处理。

(二)国际条约

国际条约是两个或两个以上主权国家为确定彼此的政治、经济、贸易、文化、军事等方面的权利和义务而缔结的诸如公约、协定、议定书等各种协议的总称。国际条约依法缔结生效后,对当事各方具有约束力,当事各方必须自觉地履行。因此,国际货物买卖合同的订立和履行必须符合当事人所在国缔结或参加的双边或多边国际条约。

目前与我国对外贸易有关的国际条约,主要是我国与其他国家缔结的双边或多边的贸易协定、支付协定,以及我国缔结或参加的有关国际贸易、海运、陆运、空运、工业产权、知识产权、仲裁等方面的协定或公约。其中,1988年1月1日起正式生效的《联合国国际货物销售合同公约》(*United Nations Convention on Contract for the International Sale of Goods*,CISG)是与我国进行货物进出口贸易关系最大,也是最重要的一项国际公约。我国于1986年12月11日加入该公约成为成员国,并根据该公约第95条和第96条的规定,对公约提出了两项保留。

1. 关于公约适用范围的保留

公约第1条(1)款(a)项规定,如果合同双方当事人的营业地处于不同的缔约国,该公约就适用于他们之间订立的货物买卖合同。(b)项规定,双方当事人的营业地处于不同的国家,即使他们的营业地所在国都不是该公约的缔约国,或一方所在国是该公约的缔约国,另一方所在国不是该公约的缔约国,如果按照国际私法规则导致适用某一缔约国的法律,则该公约也将适用于这些当事人之间订立的国际货物买卖合同。对于(a)项,我国完全同意,但对于(b)项,我国在核准该公约时提出了保留。即我国不同意扩大该公约的适用范围,只承认该公约的适用范围限于营业地分处于不同缔约国的当事人之间所订立的货物买卖合同。

2. 关于合同形式的保留

公约第11条规定:销售合同无须以书面订立或书面证明,在形式方面也不受任何其他条件的限制。销售合同可以用包括人证在内的任何方法证明。按照此项规定,国际货物买卖合同在形式方面不受任何限制,采取口头形式还是采取书面形式订立的合同均为有效。这一规定与我国加入公约时在《涉外经济合同法》中关于涉外经济合同必须采用书面形式订立的规定不一致。因此,我国在核准该公约时,对公约的第11条的相关规定提出了保留。我国新《合同法》第十条已经不再要求合同必须采用书面形式订立,因此,我国对公约的这一保留已经没有实际意义。《中华人民共和国民法通则》第一百四十二条明确规定:中华人民共和国缔结或者参加的国际条约同中华人民共和国的民事法律有不同规定的,适用国际条约的规定。但中华人民共和国声明保留的条款除外。由此可见,根据"条约必须遵守"的原则,在法律适用的问题上,除国家在缔结或参加时声明保留的条款以外,国家缔结或参加的有关国际条约,优先于国内法。

除了公约外，有关国际货物买卖的公约还包括《国际货物买卖统一法公约》(1964年海牙)、《联合国国际货物买卖时效期限公约》(1974年)、《联合国海上货物运输公约》(通称《汉堡规则》,1978年)、《汇票、本票统一法公约》(1930年)等。

(三) 国际贸易惯例

国际贸易惯例(International Trade Practice)，或称国际商业惯例(International Commercial Practice)，是指在国际贸易的长期实践中逐渐形成的一些有较为明确和固定内容的贸易习惯和做法。国际贸易惯例是国际贸易法的主要渊源之一，国际贸易惯例通常是由国际性的组织或商业团体制定的有关国际贸易的成文的通则、准则和规则，也是国际货物买卖合同可以适应的重要的法律规范。

国际贸易惯例不是法律，其适用条件以当事人的意思自治为基础。因此，国际贸易惯例对合同当事人没有普遍的强制性，只有当事人在合同中规定加以采用时，才对合同当事人有法律约束力。但是，国际贸易惯例可以弥补法律的空缺和立法的不足，能够解决进出口业务中可能遇到的问题，从而起到规范贸易行为、促进交易正常进行的作用。目前，在实践中，国际贸易惯例与国际公约在强制力上的区别已经趋于淡化，采用国际贸易惯例已经成为国际上的一种趋势。国际贸易惯例能被大多数国家的贸易界人士所熟知，并能普遍地被他们所接受和应用。在国际贸易业务中，如果双方当事人在合同中既未排除，也未明确主张适用某个国际贸易惯例时，当发生争议时，法官或仲裁机构有权主动适用有关的国际贸易惯例进行判决或裁决。《中华人民共和国民法通则》第一百四十二条对国际贸易惯例的适用性做了明确规定："中华人民共和国法律和中华人民共和国缔结或参加的国际条约没有规定的，可以适用国际惯例。"

在国际贸易实践中，常用的国际贸易惯例多种多样。关于贸易术语，被大多数国家的贸易商使用的是国际商会制定的《2010年国际贸易术语解释通则》(International Rules for the Interpretation of Trade Terms 2010，INCOTERMS 2010)。关于国际货款收付的国际惯例主要有：国际商会制定的《跟单信用证统一惯例》(Uniform Customs and Practice for Documentary Credits，UCP)和《托收统一规则》(Uniform Rules for Collection，URC)。

二、国际货物买卖遵循的原则

根据《联合国国际货物销售合同公约》和许多国家国内法的规定，在国际货物买卖中，交易双方应在平等互利的基础上，本着"契约自由"和诚实信用等原则，依法订立合同、履行合同和处理争议。我国《合同法》规定，当事人在订立合同、履行合同和处理合同纠纷时，应当遵循下列基本原则：

(1) 平等原则。订立、履行合同和承担违约责任时，当事人的法律地位都是平等的，都享有同等的法律保护，任何一方不得将自己的意志强加给另一方，也不允许在适用法律上有所区别。

(2) 自愿原则。订立合同应当遵循当事人自愿的原则，即当事人依法享有自愿订立合同的权利，违背当事人真实意思的合同无效，不具有法律效力。但是，应强调指出，实行合同自愿的原则，并不意味着当事人可以随心所欲地订立合同而不受任何限制和约束，当事人必须在法律规定的范围内订立和履行合同。

(3) 公平原则。合同当事人应当遵循公平的原则确定各方的权利和义务，即在订立、履行和终止合同时遵循公平的原则，不得显失公平，要做到公正、公允和合情合理，不允许偏向任何一方。

（4）诚实信用原则。当事人在订立、履行合同和行使权利、履行义务时，应当遵循诚实信用的原则。此项原则将道德规范与法律规范融为一体，并兼有法律调节与道德调节双重功能。在这里需要强调指出，诚实信用原则是一项强制性规范，不允许当事人约定排除其适用，任何违反诚实信用原则的行为都是法律不允许的。

（5）合法原则。只有依法订立的合同才对双方当事人具有法律约束力。当事人订立、履行合同是一种法律行为，有效的合同是一项法律文件。因此，当事人订立、履行合同，应当遵守法律，尊重社会公德，不得扰乱社会经济秩序，损害社会公共利益；否则合同就失去了法律效力，就得不到法律的保护。

三、国际货物买卖合同的主要内容

国际货物买卖合同是确定合同双方当事人权利与义务的法律依据，也是判断合同是否有效的客观依据。订立一个内容明确、完备的合同，有利于实现当事人订立合同的目的，并对防止和减少以及迅速解决合同争议具有重要的意义。关于合同的内容，《联合国国际货物销售合同公约》和各国合同法都有规定。《中华人民共和国合同法》第十二条规定，合同一般应包括下列条款："（一）当事人的名称或者姓名和住所；（二）标的；（三）数量；（四）质量；（五）价款或报酬；（六）履行期限、地点和方式；（七）违约责任；（八）解决争议的办法。当事人可以参照各类合同的示范文本订立合同。"根据上述规定，卖方的主要义务是按时、按质、按量交付约定的货物，移交与货物有关的单据和转移货物所有权；买方的主要义务是按合同规定支付货物的价款和受领货物。

在双方当事人履行合同的过程中，可能出现某些争议。为了便于处理争议，在合同条款中通常都规定索赔、不可抗力和仲裁条款。

四、国际贸易的基本做法

（一）进出口贸易的一般业务程序

在进出口贸易中，由于交易方式和成交条件不同，其业务环节也不尽相同。各环节的工作，有的分先后进行，有的交叉进行，有的齐头并进。但是，不论是进口交易还是出口交易，一般都包括交易前的准备、商订合同和履行合同三个阶段。

1. 出口贸易的业务程序

（1）交易前的准备。出口交易前的准备工作主要包括下列事项：
① 落实货源和做好备货工作；
② 加强对国外市场与客户的调查研究，选择适销的目标市场和资信好的客户；
③ 制定出口商品经营方案或价格方案，以便在对外洽商交易时胸有成竹；
④ 开展多种形式的广告宣传和促销活动。

（2）商订出口合同。在做好上述准备工作之后，通过函电联系或当面洽谈等方式，同国外客户磋商交易。当一方的发盘被另一方接受后，交易即告达成，合同就算订立。

（3）出口合同的履行。出口合同订立后，交易双方就要根据重合同、守信用的原则，履行各自承担的义务。如按 CIF 条件和信用证付款方式达成的交易，就卖方履行出口合同而言，则主要包括下列各环节的工作：

①认真备货，按时、按质、按量交付约定的货物；
②落实信用证，做好催证、审证、改证工作；
③及时租船订舱，安排运输、保险，并办理出口报关手续；
④缮制、备妥有关单据，及时向银行交单结汇，收取货款。

2. 进口贸易的业务程序

（1）交易前的准备。进口交易前的准备工作主要包括下列事项：

①制定进口商品经营方案或价格方案，以便在对外洽商交易和采购商品时做到心中有数，避免盲目行事；
②在对国外市场和外商资信情况调查研究的基础上，货比三家，选择适当的采购市场和供货对象。

（2）商订进口合同。商订进口合同与商订出口合同的程序与做法基本相同。但应强调指出的是，如属购买高新技术、成套设备或大宗交易，更应注意选配好洽谈人员，组织一个包括有各种专长的专业人员的精明能干的谈判班子，并切实做好比价工作。

（3）进口合同的履行。履行进口合同与履行出口合同的程序相反，工作侧重点也不一样。如按 FOB 条件和信用证付款方式成交，那么买方履行合同的程序一般包括下列事项：

①按合同规定向银行申请开立信用证；
②及时派船到对方口岸接运货物，并催促卖方备货装船；
③办理货运保险；
④审核有关单据，在单证相符时付款赎单；
⑤办理进口报关手续，并验收货物。

（二）各种国际贸易方式的运用

在国际贸易中，除上述通常使用的单边进口与单边出口贸易这种逐笔售定的贸易方式外，根据市场环境、商品流通渠道、交易条件和贸易习惯等方面的不同，还可采用其他各种贸易方式，如经销、代理、寄售、展卖、招标与投标、拍卖、期货交易、对销贸易和加工贸易等。近年来，随着电子技术的发展和贸易方式、方法的改变，跨境电子商务这种新型的贸易方式逐渐兴起。每种贸易方式都有各自的特点，其具体要求和做法各不相同。因此，了解各种贸易方式的特点，学会灵活运用和结合使用各种贸易方式，对发展对外贸易具有重要的意义。

实践表明，我国灵活运用各种贸易方式是很有成效的。例如，为了利用外商的销售渠道，我国生产的轻纺产品、机电产品和工艺品等，采用经销、代理和寄售等方式，有效地扩大了销路。我们利用招标与投标以及对销贸易的方式，既采购了我国急需的建设物资、生产设备和器材，又扩大了我国产品的出口。为了增加外汇收入，我们还开展了各种形式的加工贸易。此外，期货交易和跨境电子商务也相继发展起来，其运用范围正在扩大。上述这些贸易方式，将在本书有关章节中做专门介绍。

（三）国际贸易争议的预防和处理

在国际贸易中，无论通过何种贸易方式达成的交易，在订立合同后，如果合同没有履行，或履约当中一方出现违约情况，致使对方蒙受经济损失，则受损害方都有权采取各种必要的救济方法，这就会产生索赔、理赔与处理纠纷的问题。针对合同订立后可能出现的这些问题，当事人在订立买卖合同时，应约定不可抗力、索赔和仲裁条款，以明确处理争议的依据和办法。

第三节　本课程的研究对象及方法

一、本课程的研究对象及主要内容

国际贸易实务课程的主要任务是，针对国际贸易的特点和要求，从实践和法律的角度，分析研究国际贸易适用的有关法律与惯例以及国际商品交换过程的各种实际运作，总结国内外实践经验和吸收国际上一些行之有效的贸易习惯做法，以便掌握从事国际贸易的"生意经"，学会在进出口业务中既能正确贯彻我国对外贸易的方针、政策和经营意图，确保最佳经济效益，又能按国际规范办事，使我们的贸易做法能被国际社会普遍接受，与国际接轨。国际间商品交换的具体过程，从一个国家的角度看，具体体现在进出口业务活动的各个环节。在这些环节中，由于彼此存在法律上的不同规定和贸易习惯上的差异，在涉及买卖双方的利害关系时，往往会出现矛盾和斗争。研究如何协调这种关系，在平等互利、公平合理的基础上达成交易，完成约定的进出口任务，乃是本课程研究的中心课题。

本课程的基本内容主要包括下列四个方面：

（1）贸易术语。贸易术语是用来表示买卖双方所承担的风险、费用和责任划分的专门用语。在国际贸易业务中，人们经过反复实践，逐渐形成了一套习惯做法，把这种习惯的做法用某种专门的商业用语来表示，便出现了贸易术语。每种贸易术语都有其特定的含义，不同的贸易术语不仅表示买卖双方各自承担不同的风险、费用和责任，而且也影响成交商品的价格。在国际贸易中，买卖双方采用何种贸易术语成交必须在合同中订明。为了合理地选用对自身有利的贸易术语成交和正确履行合同与处理履约当中的争议，对外经济贸易人员对国际上通行的各种贸易术语的含义及有关贸易术语的国际惯例，必须深入了解。因此，贸易术语就成为本课程首先要阐述的一项主要内容。

（2）合同条款。合同条款是交易双方当事人在交接货物、收付货款和解决争议等方面的权利与义务的具体体现，也是交易双方履行合同的依据和调整双方经济关系的法律文件。

在国际货物买卖合同中，除订明采用何种贸易术语成交外，应就成交商品的名称、品质、数量、包装、价格、运输、保险、支付、检验、索赔、不可抗力和仲裁等交易条件做出明确具体的规定。由于这些交易条件的内涵及其在法律上的地位和作用互不相同，故了解各种合同条款的基本内容与其规定办法，有着重要的法律和实践意义。

（3）合同的商订和履行。买卖双方通过函电洽商或当面谈判就各项交易条件取得一致协议后，交易即告达成，一般来说，合同也即告成立。订立合同的过程，可能包括邀请发盘、发盘、还盘和接受各环节。其中，发盘和接受是合同成立不可缺少的基本环节和必经的法律步骤。

合同的履行是实现货物和资金按约定方式转移的过程。在履约过程中，环节很多，程序繁杂，情况多变，稍有不慎，或某些环节出问题，或一方违约，都会影响合同的履行，甚至可能引起争议或法律纠纷。

（4）贸易方式。随着国际经济关系的日益密切和国际贸易的进一步发展，国际贸易方式、渠道日益多样化和综合化。除传统的贸易方式外，还出现了融货物、技术、劳务和资本移动为一体的新型国际贸易方式。在国际贸易方式中，除单边进口和单边出口外，还包括包销、代理、寄售、展卖、商品期货交易、招标投标、拍卖、对销贸易和加工贸易等。介绍和阐述这些贸易方式的性质、特点、作用、基本做法及其适用的场合，也属于本课程的内容。

二、学习本课程的方法和注意事项

根据本课程的性质、特点、任务和基本内容，在学习过程中，我们必须掌握正确的方法，并注意下列事项：

（1）要贯彻理论联系实际的原则。在学习本课程时，要以国际贸易基本原理和国家对外方针、政策为指导，将"国际贸易""中国对外贸易概论"等先行课程中所学到的基础理论和基本政策，在本学科中加以具体运用，以便将理论与实践、政策与业务有效地结合起来，不断提高分析和解决实际问题的能力。

（2）要注意业务同法律的联系。国际贸易法律课的内容同本课程内容关系密切。因为国际货物买卖合同的成立必须经过一定的法律步骤，国际货物买卖合同是对合同当事人双方有约束力的法律文件，履行合同是一种法律行为，处理履约当中的争议实际上是解决法律纠纷问题。在学习本课程时，应同有关法律课程的内容联系起来，即要求从实践和法律两个侧面来研究本课程的内容。

（3）要贯彻"洋为中用"的原则。为了适应国际贸易发展的需要，国际商会等国际组织相继制定了有关国际贸易方面的各种规则，如《国际贸易术语解释通则》《托收统一规则》和《跟单信用证统一惯例》等。这些规则已成为当前国际贸易中公认的一般国际贸易惯例，它被人们普遍接受和经常使用，并成为国际贸易界从业人员遵守的行为准则。因此，在学习本课程时，我们必须依据"洋为中用"的原则，结合我国国情来研究国际上一些通行的惯例和普遍实行的原则，并学会灵活运用国际上一些行之有效的贸易方式和习惯做法，以利于我们在贸易做法上快速与国际市场接轨。

（4）要贯彻"学""用"结合的原则。由于本课程是一门实践性很强的应用学科，故在教学过程中要重视案例、实例分析和平时的操作练习，要开展模拟教学、现场教学活动，并到校外参观、实习，增加感性知识，加强基本技能的训练，提高业务素质和商务运作能力，真正做到学以致用。

第二章　商品的名称、品质、数量和包装

【学习目标】

掌握商品品质的表示方法、商品数量的计算方法、商品包装的种类及其作用、包装标志及其用途；熟悉国际货物买卖合同中的品质条款、数量条款和包装条款的基本内容及其订立方法；了解有关的国际贸易惯例；学会运用所学的基本知识分析相关的业务案例。

【案例导入】

我国某公司与国外一家公司达成一笔交易。由我方公司出口一批水果罐头到对方国家。合同中的包装条款规定"习惯包装"。我方公司按照每箱30听将水果罐头装入箱内，并按照合同规定的质量标准和数量要求交付货物。可是，对方认为应该每箱装入24听，并以卖方包装不符合合同规定为由拒收货物。我方则坚持认为货物的包装符合合同规定，买方应接受货物。于是双方发生争议，提起诉讼。

在国际贸易中，商品的品质、数量、包装是买卖双方交易的重要条件。以上案例表明，品质条款、数量条款和包装条款是买卖合同中的主要条款，是买卖双方进行交易时需要考虑和磋商的重点内容，是双方交接货物的重要依据，对双方具有严格的约束力，交易双方都必须严格遵守，不得擅自变更；否则，就会造成违约，引起贸易纠纷。因此，在洽商和订立合同时，必须根据货物的特性和商品生产的实际以及交易习惯，正确地选择条款内容的规定方法，明确、具体、科学、合理地订立有关条款，以免给合同履行带来困难。

第一节　商品的名称和品质

一、商品的名称

商品的名称（name of commodity）亦称为"品名"，是指能使某种商品区别于其他商品的一种称谓或概念。商品的名称在一定程度上体现了其自然属性、基本用途以及性能特征。商品的名称与商标实际上既有联系又有区别，不能混为一谈。

在国际货物买卖中，通过品名表明买卖双方交易的是何种物品。交易双方在洽谈商品交易和签订买卖合同时，很少见到具体商品，一般只是凭借对拟买卖的商品做必要的描述，来确定交易的标的。因此，品名的确定是买卖双方进行交易的物质基础和前提条件，是将来买卖双方签订合同和履行合同的依据。按照有关的法律和惯例，对交易的物品进行描述，是构成商品说明（description of goods）的一个主要组成部分，如果卖方交货不符合约定的品名或说明，买方有权提出损害赔偿要求，直至拒收货物或撤销合同。因此，列明合同标的物的具体名称，具有重要的法律和实践意义。

(一) 商品的命名方法

通常，商品的命名方法主要有以下几种：

（1）按商品所使用的主要原材料命名。这种方法是通过突出所使用的主要原材料来体现商品的质量，如羊绒衫、皮大衣、羽绒服、鸭绒被、羊毛毯、布鞋、玻璃杯、毛料西装、塑料桶等。

（2）按商品的主要用途命名。这种方法重在突出商品的用途，以便于消费者根据自身的需要进行选购，如运动衣、自行车、跑步机、洗发水、杀虫剂、洗衣粉、改正液等。

（3）按商品所含的主要成分或配料命名。这种方法主要有利于消费者了解商品的有效内涵，如高钙高铁奶粉、金银花蜂蜜、人参蜂王浆、芦荟沐浴露、钙片等。

（4）以制作工艺命名。其目的在于提高商品的价格，增加消费者的信任，如手工编织毛衣、熏烤火腿肠、精制油等。

（5）按商品的外观及造型命名。该方法能帮助消费者了解商品的外观特征，如连衣裙、凉鞋、喇叭裤、黄豆、黑芝麻、青苹果等。

（6）使用褒义词命名。该方法突出商品的使用功效，有利于激发消费者的购买欲望，如黄金搭档、脑白金、健力宝、大宝等。

（7）用人物的名字命名。通常用著名的历史人物或在某个领域做出过杰出贡献的人物的名字命名，目的在于引起消费者的注意和兴趣，如杜康酒、李宁牌运动服等。

恰当的命名不仅能高度概括商品的特性，而且还能促进消费者的购买欲望。为了使生产或销售同类商品的厂商或销售商区别开来，商品的名称又常常与品牌相融合，作为描述和说明商品的重要部分。

(二) 买卖合同中的品名条款

1. 列明品名条款的意义

国际货物买卖是一种实物交易，它以一定物体的实际交付为要件，即买卖的对象是具有一定外观形态并占有一定空间的有形货物。买卖合同的一个重要特征就是通过履行合同，将标的物的所有权由卖方转移至买方。在实际交易中，交易双方在洽商交易和签订买卖合同时，通常很少见到具体货物，一般只是凭借对拟买卖的货物所做的必要的描述来确定交易的标的物。可见，在国际货物买卖合同中，列明合同的标的物是十分必要的。

按照有关的法律和惯例，对交易标的物的描述是构成货物说明的主要组成部分，是买卖双方交接货物的一项基本依据，它关系到买卖双方的权利和义务。若卖方交付的货物不符合约定的品名或说明，买方有权提出索赔要求，直至拒收货物或撤销合同。

2. 品名条款的基本内容

对于买卖合同中品名条款的基本内容，目前并无统一的格式及规定，一般是由交易双方酌情商定。合同中的品名条款通常比较简单，都是在"货物名称"或"品名"的标题下列明交易双方成交货物的名称。有时也可不加标题，只在合同的开头部分，列明买卖双方同意交易某种商品的文句。有的货物具有不同的品种、等级和型号，为了明确起见，有必要把有关的具体品种、等级和型号所做的概括性的描述也包括进来，对其做进一步限定。此外，有的甚至把货物的品质及规格也包括进去。这样它就不单纯是品名条款，而是品名条款和质量条款的合并。

3. 拟订品名条款的注意事项

品名条款是国际货物买卖合同中的主要条件。因此，在拟订该条款时，应注意下列事项：

（1）必须明确、具体。由于法律上要求交易的每种商品应具有合法性和不可争议性，同时，商品的命名方法往往又多种多样，所以，在合同中商品的名称一定要明确、具体，不能有任何含糊笼统的表述，如（food）食品、（garment）服装、（machine）机器等。且要适合商品的特点和消费者的习惯。采用外文名称时，要做到翻译正确，与原意保持一致，避免模糊或空洞，符合实际词语内涵，尽量不要使用汉语拼音，以避免造成误解和引起争议。

（2）讲求实事求是。合同条款中规定的品名必须是卖方能够生产或供应，且为买方所需要的商品，凡做不到或不必要的描述或说明，都不应列入其中，以免给合同履行带来障碍。

（3）采用国际通用名称。有些商品的名称各地叫法不一，为了避免误解，应尽可能地使用国际上通行的称呼。若使用地方性的名称，交易双方应事先就其含义达成共识。对于某些新商品的定名及其译名，应力求准确、易懂，并符合国际上的习惯称呼。

（4）兼顾自身利益。有些商品具有不同的名称，并且在实际业务中存在着同一商品因名称不同而交付的关税和班轮运费不同的现象，且其所受到的进出口限制也不同。为了减低关税、方便进出口和节省运费开支，在确定合同的品名时，应当选用对自己有利的名称。

（5）适应 H.S. 编码制度的规定。为了避免因采用不同目录分类而在关税和贸易、运输上产生分歧，世界海关合作理事会（现称世界海关组织）主持制定了《协调商品名称及编码制度》，简称《H.S. 编码制度》。目前各国的海关统计、普惠制待遇等都按《H.S. 编码制度》进行。所以，在确定商品名称时，应与《H.S. 编码制度》规定的品名相适应。

【小资料 2-1】

《商品名称及编码协调制度》简介

《商品名称及编码协调制度》（简称《H.S. 编码制度》）（*The Harmonized Commodity Description and Coding System*，H.S.），是由海关合作理事会（现名"世界海关组织"）1983 年 6 月主持制定的。为了对国际贸易商品进行分类，1950 年，由联合国经济理事会发布了《国际贸易标准分类》（SITC），其后，世界各主要贸易国又在比利时布鲁塞尔签订了《海关合作理事会商品分类目录》（CCCN），又称《布鲁塞尔海关税则目录》（BTN）。CCCN 与 SITC 对商品分类有所不同，为了避免采用不同目录分类在关税和贸易、运输中产生分歧，在上述两个规则的基础上，1983 年 6 月，海关合作理事会主持制定了《商品名称及编码协调制度》，供海关、统计、进出口管理及与国际贸易有关各方共同使用。H.S. 编码于 1988 年 1 月 1 日起正式实施，每 4 年修订一次。世界上已有 150 多个国家使用 H.S. 编码，全球贸易总量的 90% 以上的货物都是以 H.S. 编码分类的。我国于 1992 年 1 月 1 日起采用该制度。

二、商品的品质

（一）商品品质的含义

商品品质（quality of goods）亦称商品的质量，是指商品的内在质量和外观形态的综合。前者包括商品的物理性能、机械性能、生物特征、化学成分、技术指标等，一般需借助各种仪器、设备分析测试才能获得，如纺织品的断裂程度、回潮率、色牢度，肉禽类商品的各种菌类含量等。后者是通过人们的感觉器官就可以直接获得的外形特征，包括商品的大小、长短、色泽、款式、气味等。

（二）商品品质在国际贸易中的重要性

在国际货物买卖中，商品质量是引起法律纠纷的最重要因素之一。这是因为商品质量的优劣会直接影响商品的市场价格和销路，关系到买卖双方的切身利益。各国法律大多对卖方应承担的交货品质的义务和责任做出了具体的规定。例如，英国的《货物买卖法》把品质条款作为合同的要件；《联合国国际货物销售合同公约》规定，卖方交付货物，必须符合合同的规定。如果所交货物质量不符合约定的质量条件，买方有权要求损害赔偿，也可要求修理或交付替代货物，甚至拒收货物和撤销合同。可见，合同中的质量约定，是买卖双方交接货物的依据。同时，也是商检机构进行品质检验、仲裁机构进行仲裁和法院解决商品质量纠纷案件的依据。

提高商品品质在国际贸易中具有十分重要的意义，因为商品品质直接影响商品的使用价值和价值，对商品使用效能有直接影响，同时也影响商品价格，商品品质还更深层次地影响商品信誉、企业信誉、国家形象。随着时代的发展，各国消费水平和消费结构逐渐发生变化，消费者对商品质量的要求越来越高，进而导致激烈的国际竞争，从价格竞争向质量竞争转变。许多国家都将提高商品品质作为非价格竞争的一个手段，力争以质取胜。在国际贸易摩擦不断的背景下，商品品质成为奖出限入的贸易保护主义手段。如有些国家规定，凡是不符合其法令法规的一律不得进口。

（三）对进出口商品品质的基本要求

1. 对进口商品品质的要求

进口商品质量直接关系到国内消费者和使用者的利益，因此进口商品时，首先应该严格把好质量关。洽购过程中，应充分了解国外卖家所提供的商品的质量等级，不进口质量低劣的商品。选购商品时要货比三家，应考虑我国国内现实的消费水平，切实把好质量关，使其品质、规格不低于国内的实际需要，以免影响国家的生产建设和人民的消费与使用。但是，也不应超越国内的实际需要，盲目追求高规格、高档次、高质量，以免造成不必要的浪费。在订立合同时，还应注意商品品质要求的严密性，避免因疏忽而造成损失。在货物到达时，严格质量检验，杜绝不符合合同规定质量的商品进入国门。

2. 对出口商品品质的要求

我国出口商品是要同全世界广大用户和消费者见面的，为了适应他们的需要，我们必须贯彻"以销定产"的方针和坚持"质量第一"的原则，大力提高出口商品品质，使其符合下列具体要求：

（1）针对不同市场和不同消费者的需求来确定出口商品品质，并且在销售中不断根据实际情况进行调整和改进。由于世界各国经济发展不平衡，各国生产技术水平、生活习惯、消费结构、购买力和各民族的爱好互有差异。因此，我们要从国外市场的实际需要出发，搞好产销结合，使出口商品的品质、规格、花色、式样等适应有关市场的消费水平和消费习惯。

由于各国自然条件和季节变化不同，销售方式各异，商品在运输、装卸、存储和销售过程中，其质量可能会发生某种变化。因此，注意自然条件、季节变化和销售方式的差异，掌握商品在流通过程中的变化规律，使我国出口商品品质适应这些方面的不同要求，也有利于增强我国出口商品的竞争能力。

（2）强化出口商品生产厂商或销售商的质量观念。商品的品质必须具备产品应当具备的使用性能，符合在产品和包装上注明的用途、标准，符合产品的说明、实物样品等方式表明的质量状况。应不断提高商品信誉，严格把守品质检验关，凡品质不稳定或不过关的商品，不宜轻易出口，以免败坏名誉。即使质量较好的商品，也不能满足现状，要本着精益求精的精神不断改进，提高出口商品品质，加速更新换代，以赶上和影响世界的消费潮流，增强商品在国际市场上的竞争能力。

（3）建立行之有效的企业质量、环境管理体系。为了促进各国产品质量的提高，完善企业管理素质，保护消费者利益，国际标准化组织（ISO）推出了ISO 9000"质量管理和质量保证"系列标准。ISO认为，按照其标准建立质量体系可以使影响产品和服务质量的技术管理及人的因素处于受控状态，达到消除甚至预防质量缺陷的目的，给生产质量稳定的产品提供保证，同时满足外部顾客对产品品质的要求。

（4）适应进口国的有关法令规定和要求。各国对进口商品的品质都有某些法令规定和要求，凡品质不符合法令规定和要求的商品，一律不准进口，有的还要就地销毁，并由货主承担由此产生的各种费用。因此，我们必须充分了解各国对进口商品的法令规定和管理制度，以使我国商品能顺利进入国际市场。

（5）实行出口商品质量许可制度。对符合产品标准、技术要求的出口商品颁发质量许可证，对生产出口商品的企业进行监督检查，不符合出口标准的企业严禁其产品出口。

【小资料2-2】

国际标准化组织（ISO）

国际标准化组织（*International Organization for Standardization*，ISO）是一个全球性的非政府组织，是国际标准化领域中的一个十分重要的组织。1946年10月，中、英、美、法、苏等25个国家标准化机构的代表在伦敦召开大会，决定成立新的国际标准化机构，定名为国际标准化组织。大会起草了国际标准化组织的第一个章程和议事规则，并认可通过了该章程草案。1947年2月23日，国际标准化组织正式成立，总部设在日内瓦。ISO现已有成员国100多个，每个成员均有一个国际标准化机构与其相对应。我国是国际标准化组织（ISO）的正式成员，代表中国的组织为中国国家标准化管理委员会（Standardization Administration of China，SAC）。ISO与国际电工委员会（IEC）有密切的联系，它与IEC作为一个整体担负着制定全球协商一致的国际标准的任务。ISO和IEC不是联合国机构，但它们与联合国的许多专门机构保持技术联络关系。ISO和IEC有约1000个专业技术委员会和分委员会，各会员国以国家为单位参加这些技术委员会和分委员会的活动。ISO和IEC还有约3000个工作组，ISO、IEC每年制定和修订1000个国际标准。

在ISO发布的12 000多个标准中，ISO 9000是最畅销、最普遍的标准。ISO 9000是质量管理体系标准，它不是一个标准，而是一系列标准的统称，是国际标准化组织为适应国际贸易发展的需要而制定的品质管理和质量保证标准。它为国际市场商品的生产企业质量体系评定提供了统一的标准，具有国际通行证的作用。为了促进我国出口商品生产企业按照ISO 9000系列标准进行质量体系评审，我国制定了《出口商品生产企业质量体系评审管理办法》，于1992年3月1日起试行。根据该办法，国家商检局（1998年7月起为国家出入境检验检疫局）统一管理对出口商品生产企业质量体系的评审工作，凡取得评审合格证书的出口商品生产企业必须接受商检局的监督检查。

（四）商品品质的表示方法

在国际贸易中，交易商品的种类繁多，特点各异，加上市场交易习惯各不相同，表示品质的方法多种多样。概括起来，主要有以下两种：

1. 凭实物交易

以实物表示商品质量的方法是早期国际贸易经常采用的一种方法，由于受时间、空间的限制，现代国际贸易中已较少使用。凭实物交易通常包括凭成交货物的实际品质（actual quality）交易和凭样品（sample）交易两种方法。前者为看货成交，后者为凭样品销售。

（1）看货成交。看货买卖是先由买方或其代理人到卖方存放货物的场所验看货物，若买卖双方根据成交货物的实际品质进行交易，达成交易后，卖方即应按验看过的货物交付。只要卖方交付的是验看过的货物，买方就不得对货物的品质提出异议。所以，看货买卖是一种以买方所看到的商品的实际质量为准进行交易的方法。

在国际贸易中，由于交易双方相距遥远，交易洽谈多靠函电（电子邮件）进行，买方到卖方所在地验看货物有诸多不便，即使卖方有现货在手，买方也是由代理人代为验看货物，但看货时无法逐件验看。因此，看货成交有很大的局限性，多用于寄售、拍卖和展卖等业务。尤其适用于具有独特性质的商品，如珠宝、首饰、字画及特定工艺制品。

（2）凭样品销售（sale by sample）。样品通常是指从一批货物中随机抽取出来的或由生产、使用部门设计、加工出来的，足以反映和代表整批货物质量的少量实物。凡以样品表示商品质量并以此作为交货依据的，称为凭样品销售。根据样品提供者的不同，凭样品销售可分为以下两种：当样品由卖方提供时，称为"凭卖方样品销售"（sale by seller's sample）；当样品由买方提供时，称为"凭买方样品销售"（sale by buyer's sample）。

由卖方提供的样品称为卖方样品，凡凭卖方样品作为交货的质量标准者称为凭卖方样品买卖。如果以卖方样品作为交货依据，则应该在买卖合同中订明：质量以卖方样品为准（quality as per seller's sample）。凭卖方样品销售时，卖方选择的样品品质应具有充分的代表性，并以此样品提供给买方。在将样品送交买方的同时，应保留与送交样品质量完全一致的另一样品，即留样（keep sample）或称复样（duplicate sample），以备将来组织生产、交货或处理商品质量纠纷时作核对之用。留存的复样应妥善保管，对于某些易受气候环境影响而改变质量的样品，必要时应该采取适当措施，对样品进行封存，诸如密封、防潮等，以防止受潮受热，遭到虫害、污染等，这被称为封样（sealed sample）。

"凭买方样品销售"在我国也称为"来样成交"或"来样制作"。由于买方对目标市场的需求状况熟悉，买方提供的样品往往更能直接地反映当地消费者的需求。如果合同以买方样品作为将来卖方交货的依据，则应在合同中订明：质量以买方样品为准（quality as per buyer's sample）。买方出样在我国对外贸易中时有采用。

在买方提供样品时，为了避免交货与买方样品不符而导致买方索赔甚至拒收货物。卖方可以根据买方的来样仿制或选择质量相近的自产品作为样品提交买方，即提交"回样"（return sample）或称"对等样品"（counter sample）请其确认，而并不直接按买方样品成交。买方一旦确认以"回样"或"对等样品"作为双方交易的依据，就等于把"凭买方样品销售"变成"凭卖方样品销售"。

在实际业务中，凭样品买卖需注意以下问题：

（1）样品上应该标上相同的号码，注明样品提交的日期，妥善保管，以便日后联系、洽谈时参考。

（2）在按买方提交的样品成交前，卖方必须充分考虑到原材料供应、加工技术、设备和生产安排的可能性，以防日后交货困难，导致买方索赔。

（3）按买方提交的样品成交时，应防止卷入侵犯第三方知识产权的纠纷。为此通常要在合同中明确规定："如果发生由买方来样引起的侵犯第三方工业产权的情况，概由买方负责，与卖方无关。"

（4）样品无论是由买方提供还是由卖方提供，一经双方确认便成为履行合同时交接货物的品质依据。因此，一些质量稳定、容易掌握的产品可以采用凭样品销售，而一些质量不易稳定的产品以及某些交货质量无法与样品绝对相同的产品，如木材、煤炭、矿产品等天然品则不宜使用凭样品销售。对于那些必须采用凭样品销售，而在某些制造、加工技术上确实难以做到货样一致，或无法保证批量生产时质量稳定的产品，则应在订立合同时特别规定一些弹性条款。例如，"质量与样品大致相同"（quality to be about equal to the sample），或"质量与样品近似"（quality to be similar to the sample）。

（5）在当前的国际贸易中，有一些样品往往只是用来反映某种产品的一个或几个方面的质量指标，而不作为全部质量的反映。例如，只表示商品色彩的色彩样品（color sample），表示纺织品质地、花样款式的花样款式样品（pattern sample）等，该商品其他的质量内容则通过文字说明来补充。

2. 凭文字说明销售

在国际货物买卖中，大多数情况下采用文字说明的方法表示商品的品质，这种方法称为"凭文字说明销售"（sale by description）。具体有以下几种方式：

（1）凭规格、等级或标准销售（sale by specification, grade or standard）。

规格是指用来反映商品品质的主要指标，如成分、含量、纯度、大小、长短、粗细、容量、性能等。由于各种商品有其特定的结构和用途，所以规格也各不相同。用规格确定商品的品质而进行的交易，称为"凭规格销售"。这种方法简明、方便、准确、具体，在国际贸易中使用比较广泛。

【例 2-1】漂白棉布　　　　　纱支　　　　　　30 支×36 支

　　　　　　　　　　　　　　密度　　　　　　72×69

　　　　　　　　　　　　　　幅阔　　　　　　38 英寸[①]×121.5 码

【例 2-2】我国出口大米　　　水分≤1%

　　　　　　　　　　　　　　碎米粒≤35%

　　　　　　　　　　　　　　杂质含量≤1%

等级是指同一类商品按其质地的差异，或尺寸、形状、重量、成分、构造、效能等的不同，用文字、数字或符号所做的分类，如大、中、小，重、中、轻，一、二、三或 1、2、3，甲、乙、丙，A、B、C 等。这种表示商品品质的方法，在简化手续、促进成交和体现按质论价等方面都有一定的作用。但应当说明的是，由于不同等级的商品具有不同的规格，当双方对等级内

---

① 1 英寸≈2.54 厘米。

容不熟悉时,最好明确每一等级的具体规格,以便于履行合同和避免争议。当然,如果交易双方都熟悉每个级别的具体规格或理解一致时,则只需列明等级即可。

【例2-3】我国出口的钨砂,按其所含三氧化钨和锡、砷、硫等成分的不同,分为:

等级	三氧化钨	锡	砷	硫
特级	≥70%	≤0.2%	≤0.2%	≤0.8%
一级	≥65%	≤0.2%	≤0.2%	≤0.8%
二级	≥65%	≤1.5%	≤0.2%	≤0.8%

标准是规格和等级的标准化。它一般由标准化组织、政府机关、行业团体、工商组织及商品交易所等制定、公布,并在一定范围内实施。世界各国都有自己的标准,如英国为BS,美国为ANSI,法国为NF,德国为DIN,日本为JIS等。另外,还有国际标准,如国际标准化组织的ISO标准,国际电工委员会(IE)制定的标准等。我国有国家标准(GB)、专业标准、地方标准和企业标准。在国际贸易中,人们常常使用某种标准作为说明和评价商品品质的依据。例如,买卖德国工业品时,常常使用《德国工业品标准》;买卖美国小麦时,往往使用美国农业部制定的小麦标准。

【例2-4】柠檬酸钠,规格:(1)符合1993年版英国药典标准;(2)纯度:不低于99%。

从法律角度来看,虽然并非所有的标准对世界各国的进出口商品都具有约束力,但是,在国际贸易中已被广泛认同的国际标准都应积极采用。例如,采用"国际标准化组织指南9000标准系列"(ISO9000标准系列)和国际物品编码协会制定的"EAN条形码"能帮助出口国提高其产品质量和知名度,增强其在国际市场上的竞争力。但是,由于各国的标准常常随着生产技术的发展和情况的变化而进行修改、调整,所以某个国家或某个部门颁布的某类产品的标准往往会有不同年份的版本。版本不同,质量标准的内容也不尽相同。因此,采用标准进行交易时,应当注明采用标准的版本年份,如"盐酸四环素糖衣片,250 mg,按1973年英国药典"[Tetracycline HOI Tablets Sugar Coated,250mg,BP(British Pharmacopoeia,1973)]。

需要指出的是,在国际贸易中,有些农副土特产品及水产品的品质变化较大,难以确定统一的标准,一般采用"良好平均品质"和"上好可销品质"来表示。

所谓"良好平均品质"(fair average quality,FAQ),一是指以装船时在装船地同季节装运货物的平均品质为准。它一般是从各批出运的货物中抽样,然后混合、调配,取其中等质量作为良好平均品质的标准。二是指生产国农副产品收获后,对产品进行抽样,从中制定出该年度的"良好平均品质"标准。凡不够标准要求的,均按其差异程度决定其减价多少。为了在执行合同时减少争执,双方应在合同中订明是何年或何季度的FAQ或者同时规定具体的要求,如"中国花生仁FAQ,水分不超过13%,不完善粒最高5%,含油量最低44%"。

"良好平均品质"一般用以下两种方法来确定:

① 农产品每个生产年度的中等货。生产国在农产品收获后,由同业公会或检验机构对产品进行广泛抽样,加以混合拌制,从而制定出该年份的良好平均品质标准和样品,并予以公布。

② 某个季度或某个转船月份在某地转船的同一商品的平均品质。即从各批出运的货物中抽样,然后进行综合,以其作为良好平均品质。

【例2-5】装运地装货时的平均中等质量,以伦敦谷物贸易协会官方平均中等质量为准。

【例2-6】中国花生仁,良好平均品质1998,水分最高13%,不完善粒最高5%,含油量最低44%。

所谓"上好可销品质"(good merchantable quality,GMQ),是指卖方必须保证其交付的货物品质良好,达到销售条件,在成交时无须以其他方式证明产品的品质。但是,这种方法有些抽象、笼统,在执行中容易引起争议,因此应尽量少用。

我国许多产品有国家标准或部颁标准,在进出口业务中,我们应根据具体情况,并权衡利弊,采用国际上通行的标准或我国自己规定的标准。

(2)凭品牌或商标销售(sale by brand name or trade mark)。品牌是指厂商或销售商所生产或销售产品的名称,以便与其他企业的同类产品区别开来;商标则是品牌的图案化。

在国际贸易中,市场上行销已久、质量稳定、信誉良好,并为买方或消费者所熟悉喜爱的产品,可以凭品牌或商标来规定商品的品质,这种方法称为"凭品牌或商标销售",如"红双喜牌"乒乓球、"中华牌"香烟、"欧米茄牌"手表等。凭品牌或商标销售,通常是凭卖方的品牌或商标,但有时候买方在熟知卖方所提供的产品品质的情况下,常常要求在卖方的产品或包装上使用买方指定的品牌或商标,这就是"定牌"。

(3)凭说明书和图样销售(sale by description and illustration)。在国际货物买卖中,有些机器、电器、仪表、大型设备、交通工具等技术密集型产品,由于其结构复杂,无法用样品或简单的几项指标来反映其品质。买卖双方除了要规定其名称、商标、品牌、型号等之外,通常还必须采用说明书来介绍该产品的构造、原材料、产品形状、性能、使用方法等,有时还需附上图样、设计图纸等用来完整说明其具有的品质特征。如在合同中规定:"质量和技术数据必须与卖方所提供的说明书严格相符(Quality and technical data to be strictly in conformity with the discription submitted by the seller)。"

(4)凭产地名称销售(sale by name of origin)。有些国家或地区的产品,尤其是一些传统农副产品,具有独特的加工工艺,在国际上享有盛誉。对于这类产品的销售,可以采用产地名称来表示其独特的品质和信誉。例如,以一个国家为名称的:法国香水、德国啤酒、中国梅酒、泰国香米;以某个国家的某一地区为名称的:中国东北大米;以某个国家某一地区的某一地方为名称的:绍兴花雕酒、庐山云雾茶等。这些名称不仅标注了特定产品的产地,而且无形中对这些产品的特殊质量和品味提供了一定的保障。

(五)买卖合同中的品质条款

1. 品质条款的内容

在品质条款中,一般要写明商品的名称和具体品质。但由于表示品质的方法不同,合同中品质条款的内容也不尽相同。在凭样品销售时,合同中除了要列明商品的名称外,还应订明凭以达成交易的样品的编号,必要时还要列出寄送和确定的日期。在凭文字说明销售时,则针对不同交易的具体情况,在买卖合同中明确规定商品的名称、规格、等级、标准、品牌、商标或产地名称等内容。在以图样和说明书表示商品品质时,还应在合同中列明图样和说明书的名称、份数等。

国际货物买卖合同中的品质条款是买卖双方交接货物时的品质依据。为了防止纠纷的发生,合同中的品质条款应尽量做到明确具体,避免笼统、含糊。在规定品质指标时,尽量不用诸如大约、左右、合理误差等含义不清的用语;所涉及的数据应力求明确,而且要切合实际,避免定得过高、过低、过繁或过细。

2. 质量机动幅度与品质公差

在国际贸易中，卖方交货品质必须严格与买卖合同规定的品质条款相符。但是，某些产品由于生产过程中存在着自然损耗以及受生产工艺、产品本身的特性等诸多因素的影响，难以保证交货品质与合同规定的内容完全一致。为此，订立合同时可在品质条款中规定一些灵活条件。常见的规定方法有以下两种：

（1）质量机动幅度。质量机动幅度是指对特定质量指标在一定幅度内可以机动。它主要适用于初级产品，以及某些工业制成品的质量指标的确定。规定质量机动幅度主要有以下三种方法。

① 规定范围。例如，棉布幅阔 35/36 英寸，布的幅阔凡在 35 英寸到 36 英寸的范围内的，都算符合要求。

② 规定极限。对有些产品的品质规格应标明上下极限的字样，如最大、最多、最高（maximum 或 max）和最小、最少、最低（minimum 或 min）。例如，东北大豆，水分 < 15%，含油量 > 17%，不完善粒 < 7%，杂质 < 1%。

③ 规定上下差异。例如，C708 中国灰鸭绒，含绒量为 90%，允许 ±1%。

（2）品质公差（quality tolerance）。品质公差是指允许交付货物的特定质量指标有在公认的一定范围内的差异。在工业品生产过程中，对产品的质量指标产生一定的误差有时是难以避免的，如手表走时每天误差若干秒。这种误差若为某一国际同行业所公认，即成为品质公差。

对于国际同行业公认的品质公差，可以不在合同中明确规定。但如果国际同行业对特定指标并无公认的品质公差；或者买卖双方对品质公差理解不一致；或者由于生产原因，需要扩大公差范围时，也可在合同中具体规定品质公差的内容，即买卖双方共同认可的误差。

卖方交货质量在质量机动幅度或品质公差允许的范围内，即可以认为交货质量与合同相符，买方无权拒收，并且一般均按合同单价计价。但有些产品也可按交货时的质量状况调整价格，这时就必须在合同中规定质量增减价条款。

3. 品质表示方法的正确运用

（1）根据商品的特性选择商品品质的表示方法。品质条款的内容，必然涉及商品品质的表示方法。一般来说，凡能用具体的指标说明商品品质的，则适合采用凭规格、等级或标准销售；有些难以规格化和标准化的商品，如手工制作的工艺品等，则适合于凭样品销售；某些质量好并具有一定特色的名优产品，适于凭商标或品牌销售；某些性能复杂的机器、电器和仪表，则适于凭说明书和图样销售；而具有地方风味和特色的产品，则可凭产地名称销售。以上这些表示品质的方法，不能随意滥用，而应当进行合理选择。此外，凡能用一种方法表示商品品质的，一般就不宜用两种或两种以上的方法来表示。如果同时采用凭样品和凭规格销售，则要求交货品质既要与样品一致，又要符合约定的规格，这会给合同履行带来一定的困难。

（2）依据科学性和合理性规定品质条款。为了便于合同的履行和维护自身的利益，在规定品质条款时，应注意其科学性和合理性。一是要从实际出发，根据需要，实事求是地确定品质条款，防止品质偏高或偏低。二是要合理地规定影响品质的各项重要指标，凡影响商品品质的重要指标应将其订明，不能遗漏；对于次要指标，可以少列入；对于与品质无直接关系的内容，则不宜列入，以免烦琐。三是要综合考虑，注意各项指标之间的内在联系和相互关系，要保持它们之间的一致性，避免由于某一项指标的规定不科学或不合理而影响其他指标，造成不应有的损失。

第二节 商品的数量

一、商品数量的含义及重要性

商品的数量，是指以一定的度量衡单位表示货物的重量、个数、长度、面积、体积、容积的量。在国际货物买卖中，买卖双方在合同中订立数量条款，用以约定买卖双方交易的商品数量。

商量数量即关系到一笔交易的规模，也直接影响货物总价值的大小，涉及双方的利益。《联合国国际货物销售合同公约》规定：按约定数量交货是卖方的一项基本义务。如卖方交货数量大于约定的数量，买方可以拒收多交的部分，也可收取多交部分中的一部分或全部，但应按实际收取数量付款。如卖方交货数量少于约定的数量，卖方应在规定的交货期届满之前补交，且不得使买方遭受不合理的损失，买方可保留要求赔偿的权利。因而，正确订立合同中的数量条款，对买卖双方都是十分必要的。

二、商品数量的计算

（一）计量单位

在国际贸易中，由于商品的种类、特性和各国度量衡制度的不同，计量单位和计量方法也多种多样。了解各种度量衡制度，熟悉各种计量单位的特定含义和计量方法是十分重要的。

1. 国际贸易中常用的度量衡制度

（1）米制（the Metric System）又称为公制，基本单位是千克和米，于18世纪最早在法国使用，为欧洲大陆和世界上绝大多数国家所采用。它以十进位制为基础，"度量"和"衡"之间有内在的联系，相互之间的换算比较方便，因而使用范围不断扩大。

（2）英制（the British System），基本单位为磅和码。为英联邦国家所采用，曾在世界上有较大的影响，特别是在纺织品等交易中，但由于它不是采用十进制，换算很不方便，"度量"和"衡"之间缺乏内在联系，因而使用范围逐渐减小。随着英国加入欧盟，在一体化过程中已宣布放弃英制，采用国际单位制。

（3）美制（the U. S. System）以英制为基础，多数计量单位的名称与英制相同，但含义有差别，主要体现在重量单位和容量单位中，广泛应用于北美洲国家和地区。

（4）国际单位制（the International System of Units，SI）是由1960年国际标准计量组织大会通过的，是在米制的基础上发展起来的，已为越来越多的国家所采用。它有利于计量单位的统一，标志着计量制度的日趋国际化和标准化，从而对国际贸易的进一步发展起到了一定的推动作用。

我国采用的是以国际单位制为基础的法定计量单位。《中华人民共和国计量法》第三条明确规定："国家采用国际单位制。国际单位制计量单位和国家选定的其他计量单位为国家法定计量单位。"在对外贸易中，出口货物时，除合同有规定外，均应使用法定计量单位。一般不进口非法定计量单位的仪器设备。如有特殊需要，必须经有关标准计量管理机构批准，才能使用非法定计量单位。

2. 计量单位

在国际货物买卖中，通常采用的计量单位如下：

（1）重量单位。主要有千克（kilogram 或 kg）、克（gram 或 g）、吨（ton 或 t）、公吨（metric ton 或 m/t）、公担（quintal 或 q）、磅（pound 或 lb）、盎司（ounce 或 oz）、长吨（long ton 或 l/t）、短吨（short ton or s/t）。其通常适用于一般天然产品以及部分工业制成品，如羊毛、棉花、谷物、矿产品、油类、沙盐、药品等。

（2）容积单位。常用的有公升（litre 或 l）、加仑（gallon 或 gal）、蒲式耳（bushel 或 bu）等。其一般适用于谷物类以及部分流体、气体物品，如小麦、玉米、煤油、汽油、酒精、啤酒、双氧水、天然瓦斯等。

（3）个数单位。个数单位包括只（piece 或 pc）、件（package 或 pkg）、双（pair）、台、套、架（set）、打（dozen 或 doz）、罗（gross 或 gr）、大罗（great gross 或 ggr）、令（ream 或 rm）、卷（roll 或 coil）、辆（unit）、头（head）。有些产品还可以按箱（case）、包（bundle、bale）、桶（barrel 或 drum）、袋（bag）、瓶（bottle）等计量。其适用于一般日用工业制品，以及杂货类产品，如文具、纸张、玩具、成衣、车辆、活牲畜等。

（4）长度单位。常见的有码（yard 或 yd）、米（metre 或 m）、英尺（foot 或 ft）、厘米（centimetre 或 cm）。其适用于纺织品、绳索、电线电缆等。

（5）面积单位。常见的有平方米（square metre 或 m^2）、平方码（square yard 或 yd^2）、平方英尺（square foot 或 ft^2）、平方英寸（square inch 或 in^2）。其主要适用于建材制品、皮制产品、塑料制品等，如地毯、玻璃、地板、皮革、铁丝网、塑料篷布等。

（6）体积单位。常见的有立方码（cubic yard 或 yd^3）、立方米（cubic metre 或 m^3）、立方英尺（cubic foot 或 ft^3）、立方英寸（cubic inch 或 in^3）。其主要适用于化学气体、木材等。

（二）计量方法

在国际贸易中，使用的计量方法通常有六种：按重量（weight）计量、按容积（capacity）计量、按个数（numbers）计量、按长度（length）计量、按面积（area）计量、按体积（volume）计量。具体交易时究竟采用何种计量方法，要视商品的性质、包装、种类、运输方法以及市场习惯等情况而定。由于很多商品采用的是按重量计量的方法，所以下面重点介绍计算重量的方法。

1. 毛　重

毛重（gross weight）是指商品本身的重量加皮重（tare），即包括包装材料重量的重量。在国际贸易中，有些低值产品，如麻袋包装的大米、蚕豆等农产品，常常以毛重作为计算价格的基础，称作"以毛作净"（gross for net）。

2. 净　重

净重（net weight 或 nt）是指毛重减去皮重后的重量，即商品的实际重量。

国际上计算皮重的方法有多种，在实际业务中，应根据产品的性质、使用包装的特点、合同数量的多少和交易习惯等，由当事双方事先约定。皮重主要有以下四种方法：

（1）按实际皮重（real tare 或 actual tare）计算，即取出该批商品的所有包装材料后所称得的重量。

（2）按平均皮重（average tare）计算。在一批产品所使用的包装比较统一的情况下，抽出其中的若干件称出其重量，然后以其平均值乘以全部商品的件数即得出全部皮重。20 世纪 80 年代以来，国际贸易中的产品包装用料和规格日益标准化，用平均皮重计算重量的做法已日益普遍。

（3）按约定皮重（computed tare）计算，即按买卖双方事先约定的外皮重量计算全部商品的皮重。

（4）按习惯皮重（customary tare）计算。有些产品包装的用料和规格比较标准化，其包装皮重已为市场所公认，无需一件一件地称量，只要按习惯的皮重乘以总件数即可。

3. 法定重量

法定重量（legal weight）是指商品和销售包装加在一起的重量。有些国家的海关征收进口税时采用从量征收的方法，规定商品的重量必须包括直接接触产品的包装（如小瓶、小金属盒、纸盒等）材料在内。

4. 实物净重

实物净重（net weight）也称纯净重或净净重，是指从法定重量中扣除直接接触产品的包装物料的重量及其他包含杂物（如水分、尘芥）之后纯产品的重量。此种重量多为海关征收关税时计算之用。

5. 公　量

公量（conditioned weight）是指先用科学的方法从产品中抽出所含的实际水分，然后加入标准水分而求得的重量。这种计算方法较为复杂，主要用于羊毛、生丝、棉纱、棉花等少数容易吸潮、重量不太稳定而经济价值又较高的产品。

6. 理论重量

理论重量（theoretical weight）是指对某些有固定规格、固定尺寸、重量大致相等的商品，以其单个重量乘以件数（或张数）而推算出来的重量，如马口铁、钢板等。

在买卖合同中，如果商品是按重量计量或计价，但又未明确规定采用何种方法计算重量和价格时，根据惯例，则应按净重计量。

三、买卖合同中的数量条款

（一）数量条款的基本内容

合同中的数量条款主要由交货的数量和计量单位两部分构成，有时也包括溢短装条款的规定以及溢短装的选择和相应的计价方法。按照《联合国国际货物销售合同公约》的规定，合同一经签订，卖方即应按合同规定的数量交货。因此，在交易磋商和订立合同时，要特别注意所采用的度量衡制度。数量条款中涉及的每一项内容都十分重要，是交易双方交接货物的依据。因此，在订立合同时，必须准确订明数量条款的各项内容。

在实际业务中，对于大宗散装商品，如小麦、大豆、玉米、煤炭、矿石、原油等农产品和矿产品，由于商品特点和运输装载的缘故，难以严格控制装船数量。此外，某些商品由于货源变化、加工条件限制等，在最后出货时，实际数量往往不易符合合同规定的数量。为了避免在履行合同时发生争议，买卖双方应事先约定并在合同的数量条款中订明交货数量的机动幅度。

1. 约　数

约数是指在交易数量的前面加上一个"约"字（about，approximately），可使具体交货数量做适当的机动。不过，国际上对"约"数并没有统一的解释，有的解释为 5%，有的解释为 9.5%。《跟单信用证统一惯例》（UCP600）第 30 条 A 款规定："约"或"大约"用于信用证金额或信用证规定的数量或单价时，应解释为允许有关金额或数量或单价有不超过 10%的增减幅度。为防止日后引起纠纷，交易双方洽商时，应先取得一致的理解，并且在合同中明确规定。

2. 溢短装条款

对于一些数量难以严格控制的货物，如大宗的农副产品、矿产品，通常在合同中规定交货数量可在一定程度内增减，这种条款一般称为"溢短装条款"。即合同中明文规定卖方交货时允许多交或少交合同数量的百分之几。如 5000 公吨（1 公吨=1 吨），卖方可溢装或短装 5%。（5000 M/T, with 5% more or less at seller's option）

在一般情况下，在溢短装条款允许的机动幅度内多交或少交的数量是由卖方决定的，但在 FOB 或 FAS 条件下，由买方负责租船订舱的，也可以由派船的买方决定多装或少装的数量。如果交易数量大，货物价格又经常变化时，为防止卖方或买方利用溢短装条款，故意多装或少装，也可规定溢短装只是为了使用船舶等运输工具的需要才能适用。在交货数量由承载船只的舱容决定的情况下，一般规定由安排运载工具的一方行使选择权，或者直接规定由承运人行使选择权。

在数量机动幅度范围内，多装或少装的商品一般都按合同价格计算，即多交多收、少交少收。但是，对于价格波动频繁且变化幅度较大的商品，为防止对方利用数量机动幅度故意增加或减少数量以谋取额外利益，签订合同时，可以明确规定增减部分以商品装运时国际市场的价格计算；否则，容易引起争议。

（二）订立数量条款应注意的问题

1. 正确掌握成交货物的数量

在对成交货物数量的控制上，必须符合国际进出口的有关规定。要在调查研究的基础上，根据需要与可能确定成交的数量。

在对出口货物数量的控制上，既要考虑国外市场的供求状况、价格动态、运输能力、季节因素，保证及时供货，以巩固和扩大销售市场，又要考虑国内的货源供应情况和实际生产能力，以免造成交货困难。另外，还要考虑国外客户的资信状况和经营能力，根据客户的具体情况确定适当的成交量。

在对进口货物数量的控制上，应根据我国国内生产建设和市场的实际需要来确定成交量，避免盲目进口。同时，还要考虑市场行情的变化、外汇支付能力和运输条件等因素。

2. 数量条款各项内容的规定应明确、具体

（1）选择合适的计量单位。如果一种货物可以用不同的计量单位计量，应选择国际上常用的计量单位，同时，还必须选择我国的法定计量单位。

（2）列明具体的交易数量。合同中应写清楚成交的数量，如若干袋、箱等。如有必要还应进一步注明每袋、每箱内装若干件等。对于合同中注明的包装数量，不能擅自变动，否则容易引起争议。

（3）订明具体的计量方法。对于以重量计算的大宗商品，应明确是按毛重还是按净值计重。

如未加明确，按照国际贸易习惯则按净重计。另外，按个数成交的货物，要注意数量与包装件数之间的协调，防止出现零头货物无法包装或装运的情况。

（4）合理使用溢短装条款。凡是交货数量难以确切把握的货物，在规定数量时，最好订立溢短装条款，必要时还应具体明确溢短装的选择权和如何定价，以防日后发生争议。

（5）在交易货物的数量容易受到各种因素影响而发生比较明显变化的情况下，最好在合同中明确是按照出运数量还是按照到运数量来检验货物数量。通常，在合同中预定损耗限度为出运数量的1%~5%，如果超出限度，超出部分由卖方承担。

第三节　商品的包装

一、包装的概念及其种类

（一）包装的概念和作用

在国际贸易中，绝大多数商品需要进行适当的包装。包装是商品的盛载物、保护物和宣传物，是商品流通过程中的有机组成部分。它是保护商品在流通过程中品质完好和数量完整的重要条件，是实现其价值和使用价值的重要手段之一。恰当的包装对保护、保存货物，美化、宣传商品，方便商品的储存、运输、销售和使用都有着重要的作用。出口商品包装还是提高货物在国际市场上的竞争能力、扩大销售、提高售价的有效手段。具体来讲，包装的作用体现在以下三个方面：

1. 保护功能

保护功能是包装的基本功能，制造好的商品最终要送到消费者的手中，整个过程中商品不只是送那么简单，储存、装卸和运输也是必不可少的环节。在这个过程中，商品大体上将受到五个方面的威胁：

（1）外力作用的破坏：冲击、跌落、振动、摇摆等；

（2）环境变化的影响：高温、低温、潮湿、低气压、降水等；

（3）生物侵入的破坏：霉菌、昆虫、啮齿类动物等；

（4）化学活性物质的腐蚀：海水、二氧化硫、氨气、盐酸等；

（5）人为的破坏：野蛮装卸等。

这就要求包装具有牢固的结构及合理的体积：一方面保护商品不受损坏；另一方面更便于搬运和运输，提高装载利用率。特别是对于销往世界各地的出口商品，运输环节多、路线长，装卸条件和地区间气候差异较大，对包装的要求更严格。据有关资料统计，我国出口商品每年因包装不良而减少的外汇收入约10%，全国因商品包装不良造成的损失至少高达150亿元，而造成的劳动力和其他方面的隐形损失更是无法估量。例如，2001年云南出口俄罗斯的金属硅和出口新加坡的香芭油均由于包装破损，被外商退货。包装不过关而造成的损失显而易见。

2. 方便性功能

包装的方便功能体现在：方便搬运装卸，方便生产加工、周转、装入、封合、贴标、堆码等，方便仓储保管与商品信息识别，方便商店货架陈列展示与销售，方便消费者携带、开启，方便消费应用，方便包装废弃物的分类回收处理。

3. 信息传递功能

通过包装的设计及其包装上的各种标识、文字、色彩等可以传递所包装的货物信息，而且可以传递关于商品的牌号、性质、成分、容量、使用方法、生产商信息，起到一定的宣传作用，方便消费者识别，从而达到扩大销售的目的。近年来，由于许多国家出于环保和保护消费者利益的考虑，纷纷出台各种关于包装的法令，对进口产品的包装有了严格的规定。我国出口商应关注这方面的要求，使商品包装符合科学、经济、牢固、美观、适销的要求。

（二）包装种类

商品包装的分类方法很多，根据在流通过程中所起作用的不同，商品包装可分为两大类：运输包装和销售包装。

1. 运输包装

运输包装（shipping package or transport packing），又称大包装（giant packing）、外包装（outer packing）。它是将商品装入特定容器，或以特定方式成件或成箱的包装。运输包装又分为单件运输包装和集合运输包装。

（1）单件运输包装，是指在运输过程中作为一个计件单位的包装，其具体分类如下：

① 箱（case），具体包括木箱、纸箱、板条箱、漏孔箱等。其适合包装不能挤压的商品，如玻璃制品、水果等。

② 包（bale、bundle），主要有棉布包、麻布包。其适合包装可以紧压的商品，如羊毛、棉花、生丝等。

③ 袋（bag）。常见的有麻袋、布袋、塑料袋、纸袋等。其适合包装粉状、颗粒状和块状的农产品及化学原料。

④ 桶（drum、barrel）。常用的有木桶、铁桶、塑料桶等。其适合包装液体、半液体以及粉状、粒状货物。

此外，还有瓶（bottle）、罐（can）、坛（demijohn、carboy）、篓（basket）、钢瓶（cylinder）、瓿（jar）等。

（2）集合运输包装，是指将若干单件运输包装组合成一件大的包装，或装入一个大的包装容器内。集合运输包装适应运输和装卸现代化的要求，能更有效地保护商品，提高装卸效率，便于计算和节省仓租，减少运费。常见的有集装箱（container）、托盘（pallet）、集装包和集装袋（flexible container）。

① 集装箱，是指具有一定强度、刚度和规格的专供周转使用的大型装货容器。使用集装箱转运物资，可直接在发货人的仓库发货，运到收货人的仓库卸货，中途更换车、船时，无需将货物从箱中取出。

② 托盘，是按一定规格形成的单层或双层平板载货工具。在平板上装载一定数量的单件物资，并按照要求捆扎加固，组成一个运输单位，便于运输过程中使用机械进行装卸、搬运和堆存。

③ 集装包和集装袋，又称柔性集装袋、吨装袋、太空袋等，配以起重机或叉车，就可以实现集装单元化运输。它适用于装运大宗散状粉粒状物料，广泛用于食品、粮谷、医药、化工、矿产品等粉状、颗粒、块状物品的运输包装，发达的国家普遍使用集装袋作为运输、仓储的包装产品。

2. 销售包装

（1）销售包装（selling packing），又称内包装（inner packing）、小包装（small packing）、直接包装（immediate packing）或陈列包装（packing for display），是直接接触商品，随着商品进入零售市场并与消费者见面的一种包装。

销售包装的造型结构、装潢画面和文字说明应根据不同商品、不同包装材料、不同销售地区和销售对象等因素决定。销售包装应便于运输、储存，便于陈列展销，便于消费者使用，要有艺术吸引力，要搞好文字说明。

常见的销售包装有以下几种：

① 挂式包装。这是指可在商店货架上悬挂展示的包装。其独特的结构如吊钩、吊带、挂孔、网兜等，可充分利用货架的空间陈列商品。

② 堆叠式包装。这种包装通常是指包装品顶部和底部都设有吻合装置，使商品在上下堆叠过程中可以相互咬合。其特点是堆叠稳定性强，大量堆叠而节省货位，常用于听装的食品罐头或瓶装、盒装商品。

③ 便携式包装。包装造型和长宽高比例的设计均适合消费者携带使用的包装，如有提手的纸盒、塑料拎包等。

④ 一次用量包装。一次用量包装又称单份包装、专用包装或方便包装，以使用一次为目的的较简便的包装，如一次用量的药品、饮料、调味品等。

⑤ 易开包装。包装容器上有严密的封口结构，使用者不需另备工具即可容易地开启。易开包装又分为易开罐、易开瓶和易开盒。

⑥ 喷雾包装。在气密性容器内，当打开阀门或按压按钮时，内装物由于推进产生的压力能喷射出来的包装，如香水、空气清新剂、清洁剂等。

⑦ 配套包装。将消费者在使用上有关联的商品搭配成套，装在同一容器内的销售包装，如工具配套袋、成套茶具的包装盒等。

⑧ 礼品包装。专门作为送礼用的销售包装。礼品包装的造型应美观大方，有较高的艺术性，有的还使用彩带、花结、吊牌等。它的装潢除了给消费者留下深刻的印象外，还必须具有保护商品的良好性能。礼品包装的使用范围极广，如糖果、化妆品、工艺品、滋补品和玩具等。

商品销售包装上普遍带有装潢和文字说明，是美化商品、宣传商品、吸引消费者，使消费者了解商品的特性和妥善使用商品的必要手段。装潢、图案和文字说明通常直接印刷在商品包装上，也有采用粘贴、加标签或挂品牌等方式。销售包装的装潢通常包括图案与色彩，应美观大方，富有艺术吸引力，并突出商品的特性。同时，还应适应进口国或销售地区的民族习惯和爱好，以利于扩大出口。销售包装的文字说明通常包括商品品牌、数量规格、成分构成与使用说明等内容。这些文字说明应与销售包装的装潢画面紧密结合、和谐统一，以达到树立产品及企业形象、宣传和促销产品的目的。

（2）物品条码标志。物品条码（product code）是一种产品代码，是由一组粗细间隔不等的平行线条及其相应的数字组成的标记，又称条形码（UPC 或 EAN）。

使用条码后，通过光电扫描阅读装置输入相应的计算机网络系统，就可以准确地判断出该商品的产地、厂家、售价及商品的一些属性等一系列有关商品的信息。

目前，国际上通用的条码种类主要有两种：一种是美国统一代码委员会编制的 UPC 条码（Universal Product Code）；另一种是由欧洲 12 国成立的欧洲物品编码协会，后改名为国际物品编码协会编制的 EAN 条码（European Article Number）。EAN 码由 12 位数字的产品代码和 1 位校验码组成。前 3 位为国别码，中间 4 位数字为厂商号，后 5 位数字为产品代码。目前，使用 EAN 物品标志系统的国家（地区）众多，EAN 系统已成为国际公认的物品编码标志系统。

在零售商业中，物品条码对于结算打单、缩短顾客等待时间、加快服务以及盘点存货和提高管理效益等方面，都有着良好的功能。条码已成为商品能够流通于国际市场的一种通用的国际语言和统一编号，也是商品进入超级市场和大型百货商店的先决条件。

为了适应国际市场的需要和实现现代化管理，国务院于 1988 年批准成立了中国物品编码中心。该中心代表中国已于 1991 年 4 月正式加入国际物品编码协会，并成为正式会员，统一组织、协调、管理我国的条码工作。该协会分配给我国的国别号为"690、691、692"。凡销售包装上标有"690、691、692"国别代码的商品，即属于我国出口的商品。

为了加强我国商品条码工作的管理，并使之标准化、规范化、法制化，国家质量技术监督局于 1998 年 9 月颁布了《商品条码管理办法》，该办法于同年 12 月 1 日正式施行。办法规定，生产者、销售者均可以申请注册厂商识别代码，获准注册后，取得中国商品条码系统成员资格。

商品的包装除运输包装和销售包装外，衬垫物（filling and lining materials）也是包装的重要组成部分，不容忽视。它的作用是防震、防碎、防潮、防锈等。衬垫物一般用纸屑、纸条、防潮纸和各种塑料衬垫物。

二、包装标志

包装标志是指在商品的外包装上用文字、图形、数字制作的特定记号和说明事项。它也是某些货运单证上不可缺少的内容。包装标志按其作用不同，主要分为运输标志、指示性标志和警告性标志。

（一）运输标志

运输标志（shipping mark），俗称"唛头"，是一种识别标志。其形式多种多样，内容五花八门。但通常由一个简单的几何图形和一些字母、数字及简单的文字组成。其主要作用是在运输过程中使有关人员易于识别货物，便于核对单证，防止错发、错运。其通常由以下基本内容组成：

（1）收/发货人名称的缩写或代号和简单的几何图形（也可以不用几何图形）。

（2）目的地或目的港的名称。如货物运至的目的地或目的港同名，则应注明所在国家或地区名称；如需经由某港口或某地转运，则还需标明转运港（地）名称。

（3）件数号码。其是指本批每件货物的顺序号和总件数。

有的运输标志还按照买方的要求列入合同号、发票号、信用证号、进口许可证号以及货物的花色、型号、色泽等有关内容。下面是一种有代表性的"唛头"：

ART CO
SC7520
NEW YORK
C/NO.1-1000

运输标志也是货物风险转移的必要条件，按《联合国国际货物销售合同公约》规定，在商品特定化以前，风险不转移给买方承担。所谓"商品特定化"，是指以某种形式表明该商品属于某贸易合同项下。商品特定化最常见的方式就是在商品的外包装上标明运输标志。

在制作运输标志时应当注意：一是要简明清晰，易于辨认，选用的颜料要牢固，防止褪色、脱落。二是刷制部位要得当。三是不要加上任何广告性的宣传文字或图案。需要指出的是，为了便于刻唛、刷唛，节省时间和费用，便于在制单及其信息传递过程中使用电信手段，国际标准化组织（ISO）推荐的标准运输标志不使用几何图形或其他图形。

（二）指示性标志

指示性标志（indicative mark），又称安全标志、保护性标志（见图2-1）。它是根据商品的特性，对一些容易破碎、残损、变质的商品，要特别标出其在运输、装卸、搬运、保管过程中应注意的事项。

图 2-1　指示性标志

（三）警告性标志

警告性标志（warning mark），又称危险品标志（dangerous cargo mark），是指在装有易燃易爆品、有毒品、腐蚀性物品、放射性物品等危险品的包装上，清楚而明显地刷制上一些提醒人们注意的图案、文字等，以示警告，如图2-2所示。

（四）其他标志

商品的运输包装上除了刷制上述包装标志外，一般还刷上包件的毛重、净重、体积尺码、生产国别或地区。这些标志习惯上称作其他标志。而有时列入运输标志的许可证号、信用证号、型号、色泽等也应属于其他标志。这些内容一般应刷印在非"唛头"部位的外包装其他空白位置上，但在少数情况下也作为运输标志的组成部分。

图 2-2 警告性标志

三、定牌、无牌和中性包装

（一）定牌、无牌

定牌是指买方要求卖方在出口商品或包装上采用买方指定的商标或品牌的做法。卖方同意采用定牌，是为了利用买主（包括生产厂商、大百货公司、超级市场和专业商店）的经营能力和他们的企业商誉、名牌声誉，以提高商品售价和扩大销售数量。但应警惕的是外商利用向我方订购定牌商品排挤使用我方商标的货物销售，从而影响我国产品在国际市场上树立品牌。

无牌是指买方要求卖方在出口商品或包装上免除任何商标或品牌的做法。它主要用于一些尚待进一步加工的半制成品，如供印染用的棉坯布，或供加工成批服装用的呢绒、布匹和绸缎等。其目的主要是降低成本，避免浪费。国外有的大百货公司、超级市场向我国订购低值易耗的日用消费品时，也有要求采用无牌包装方式的。其原因是，无牌商品无需广告宣传，可节约广告费用，降低销售成本，从而达到薄利多销的目的。

除非另有约定，采用定牌和无牌时，在我国出口商品或包装上均须标明"中国制造"字样。

（二）中性包装

1. 中性包装的定义和分类

中性包装（neutral packing），是指在商品上和内外包装上都不注明生产国别的包装。中性包装有定牌中性和无牌中性之分。定牌中性是指在商品或包装上使用买方指定的商标或品牌，但不注明生产国别。无牌中性是指在商品和包装上均不使用任何商标或品牌，也不注明生产国别。

2. 采用中性包装的目的

（1）打破某些国家或地区贸易壁垒的需要。在国际贸易中，各国为了保护本国的民族工业，往往采取贸易歧视政策，限制或不允许国外某些产品进入本国市场。为了打破这些限制进口的歧视性政策，发展出口贸易，一些厂商只好采用中性包装的方法向这些国家出口商品。

（2）特殊交易的需要。为了满足一些特殊的交易需求，有时进口方也会要求出口方采用中性包装的方式。例如，在转口贸易中，中间商为了避免国外最终买家获知实际供货商的相关资料，可能会使用中性包装。

（3）降低成本的需要。对于半制成品或低值易耗品，如棉坯布，只是作为原材料投入生产，采用中性包装可以节省成本，降低费用。

3. 采用中性包装应注意的问题

采用中性包装是为了适应国外市场和交易的特殊需要，如转口销售等。但配额限制的商品和普惠制的受惠产品等不得使用，否则容易被对方指控，甚至会进行贸易制裁，有关商品也会被对方没收。使用中性包装时，还要注意不得违反与工业产权有关的法律和国际惯例。因此，在外国商人要求对其所购货物采用中性包装时，我方必须谨慎。

四、买卖合同中的包装条款

（一）包装条款的基本内容

按照国际惯例，包装条款是国际货物买卖合同的重要交易条件之一，是货物说明的主要组成部分。提供约定的或通用的货物包装，是卖方的主要义务之一。《联合国国际货物销售合同公约》第35条第（1）款规定：卖方须按照合同规定的方式装箱或包装。卖方交付的货物，如未按合同规定的方式装箱或包装，就构成违约，必须承担相应的责任。如果货物的包装与合同规定或行业习惯有重大不符，买方有权索赔损失，甚至拒收货物。包装条款主要包括包装材料、包装方式、包装费用和运输标志等基本内容。例如，木箱装，每箱净重80千克（in wooden cases of 80 kilosgrams net each）。

对包装方式和包装材料的规定，一般根据商品的性能、特点及采用的运输方式而定，通常使用的有纸箱装、木箱装、麻袋装、铁桶装等。有时还需注明每件商品的重量或数量。

包装费用一般都包括在货价之内，不另计算。但如果买方提出特殊包装要求，卖方也可以另算包装费用，一般由买方负担。

按照国际惯例，运输标志通常由卖方决定，且可不列入合同，或只订明"卖方标志"；也可以由买方提供运输标志，但一般要在合同中规定买方提供的时间，如果超过此时间，卖方可自行决定。

（二）订立包装条款需要注意的问题

为了定好包装条款，以利于合同的履行，在商定包装条款时，需注意以下问题：

1. 考虑商品特定和不同运输方式的需求

商品的特性、形状和使用的运输方式不同，对包装的要求也不相同。因此，在约定包装方式、包装材料、包装规格和包装标志时，必须从实际出发，使约定的包装科学合理，并满足安全、适用和适销的要求。

2. 对包装的规定要具体明确

包装条款的规定必须明确、具体，不能含糊不清，不要笼统地订有"适合海运包装"（seaworthy packing）、"习惯包装"（customary packing）等术语，以免引起争议。

3. 明确包装费用由何方承担

按照国际惯例，包装费用一般都包括在货价之内，不单独计价，在包装条款中无须另外订明。但如果买方有特殊要求，则需要在包装条款中订明。在进口合同中，特别是对于包装技术性较强的商品，通常要在单价条款后注明"包括包装费用"（packing charges included），以免日后发生纠纷。

4. 要考虑有关国家与进口有关的法律法规

有的国家或地区对包装材料、运输标志等有严格的限制和规定，所以对此要十分注意。

本章小结

国际贸易中商品名称的命名方法很多，商品品质的表示方法多样。本章主要介绍了商品名称的命名方法、以实物和文字说明表示商品品质的方法。在实际业务中，这些方法可以根据商品的特性或交易习惯选择使用。为避免交货品质与合同规定不符而造成违约，合同中可以加列品质公差和质量机动幅度。掌握这些基本知识，对于整个交易的实现是至关重要的。

在国际货物买卖中，数量是买卖双方交接货物的依据。本章介绍了在国际贸易中不同商品所选用的各种计量单位和计量方法；着重介绍了计算重量的方法，包括毛重、净重、法定重量、公量、理论重量等。在实际业务中，为使卖方交货处于主动地位，合同中可规定数量的机动幅度，如采用"溢短装条款"或规定"约数"。

在国际贸易业务中，包装是商品说明的组成部分。商品的包装按其在流通过程中所起作用的不同，可分为运输包装和销售包装两大类。有的出口厂商为了加强对外销售和增加出口，还采用中性包装和定牌生产。在现代商品包装上，条形码日益重要，为适应国际市场的需要，扩大出口，我国已正式加入国际物品编码协会。包装标志按其作用不同，一般分为运输标志、指示性标志和警告性标志三种。货物在付运之前，都必须按要求在包装上刷制相应的标志，以便识别。合同中的包装条款主要包括包装材料、包装规格、包装标志、包装费用的负担等基本内容。

基本概念

样品	凭样品销售	凭文字说明销售	良好平均品质	
上好可销品质	品质公差	国际单位制	溢短装条款	运输包装
销售包装	运输标志	指示性标志	警告性标志	中性包装

模拟测试

一、名词解释

品名　货物的品质　样品　FAQ　GMQ　品质公差　以毛作净　公量　理论重量

运输包装　销售包装　包装标志　运输标志　指示性标志　警告性标志　中性包装

二、填空题

1. 表示货物品质的方法主要有_____和_____。
2. 用文字说明来表示货物品质的方法主要有_____、_____、_____和_____四种。
3. 在国际贸易中，表示品质的方法有两种比较特殊，它们是 FAQ，其中文意思为_____；GMQ，其中文意思为_____。
4. 国际贸易中常用的六种计量单位分别是：_____、_____、_____、_____、_____及_____。
5. 国际贸易中通常使用的度量衡制度有：_____、_____及_____。
6. 在国际贸易中，计算货物包装重量的方法通常有：_____、_____、_____及_____。
7. 出口货物包装可分为_____和_____两大类。
8. 包装条款通常包括的主要内容有_____、_____、_____和_____。
9. 货物的包装上既不标明生产国别、地名和厂商名称，也不标明原有商标和牌号，这样的包装称作_____。

三、单项选择题

1. 珠宝、首饰等商品具有独特性质，在出口确定其品质时（　　）。
   A．最好用样品磋商　　　　　B．最好用文字说明
   C．最好看货洽谈成交　　　　D．最好用图片说明
2. 凭样品买卖时，如果合同中无其他规定，那么卖方所交货物（　　）。
   A．可以与样品大致相同　　　B．必须与样品完全一致
   C．允许有合理公差　　　　　D．允许在包装规格上有一定幅度的差异
3. 品质公差主要用于（　　）。
   A．农副产品　　　　　　　　B．初级产品
   C．土特产品　　　　　　　　D．工业产品
4. 国际标准化组织针对制造业及服务业制定了品质管理及品质保证标准，是（　　）系列标准。
   A．ISO 4000　　B．ISO 8000　　C．ISO 9000　　D．ISO 14000
5. 商品的毛重是指（　　）。
   A．商品的包装重量　　　　　B．商品自重加内包装的重量
   C．商品的自重　　　　　　　D．商品自重加内外包装的重量
6. 按重量买卖的商品，若合同中未规定计算重量的方法时，习惯上按（　　）计重。
   A．毛重　　　B．净重　　　C．公量　　　D．毛、净重各50%
7. 出口羊毛计算重量，通常采用的计量方法是（　　）。
   A．毛重　　　B．净重　　　C．公量　　　D．理论重量
8. 买卖合同中规定溢短装条款，是允许卖方（　　）。
   A．在交货质量上有一定幅度的差异　B．在交货数量上有一定幅度的差异
   C．在包装规格上有一定幅度的差异　D．在交货品质上有一定幅度的差异

9．根据《UCP600》，除非信用证规定货物的数量不得有增减外，在所支付款项不超过信用证金额的条件下，货物数量准许有（　　）的增减幅度。
　　　A．4%　　　　　B．5%　　　　　C．8%　　　　　D．10%
10．我方向国外出口商品 50 公吨，每公吨 300 美元，合同数量可增减 10%。国外开来信用证金额为 15 000 美元，数量约 50 公吨。我方在交货时，市场价格呈下跌趋势，我方应交货（　　）。
　　　A．40 公吨　　　B．45 公吨　　　C．50 公吨　　　D．55 公吨
11．在买卖合同的包装条款及有关运输的单据中，涉及的运输包装上的标志是（　　）。
　　　A．警告性标志　　B．指示性标志　　C．运输标志　　D．条形码标志
12．在国际贸易中，运输标志的式样和文字一般由（　　）。
　　　A．买方提供　　　　　　　　　　　B．卖方提供
　　　C．运输部门设计并刷制　　　　　　D．生产经营单位设计并刷制
13．某外商欲购我"乘风"电扇，但要求改用"格力"商标，并不能注明产地，外商这一要求的实质是（　　）。
　　　A．无牌中性包装　　　　　　　　　B．定牌中性包装
　　　C．运输包装　　　　　　　　　　　D．销售包装
14．运输标志是指（　　）。
　　　A．商品内包装上的标志　　　　　　B．运输包装上的标志
　　　C．运输工具上的标志　　　　　　　D．待运货物的标志
15．以信用证支付方式进行散装货物的买卖，如信用证未明确规定货物数量不得增减，则（　　）。
　　　A．交货的数量及支取金额均可有±5%的机动
　　　B．交货数量应与合同规定的数量完全一致
　　　C．交货数量可有±10%的机动，支取金额不超过信用证金额
　　　D．交货数量可有±5%的机动，但支取金额不超过信用证金额

四、多项选择题
1．符合 FAQ 标准的商品，称为（　　）。
　　　A．上等品　　B．中等货　　C．大路货　　D．低等品　　E．良好平均品质
2．按照买方提供的样品，卖方复制后寄买方确认，确认后的样品被称为（　　）。
　　　A．复样　　　B．回样　　　C．对等样　　D．参考样　　E．确认样品
3．计算重量的方法有（　　）。
　　　A．毛重　　　B．以毛作净　　C．公量　　　D．理论重量　　E．法定重量
4．国际贸易中使用的计量单位主要有（　　）。
　　　A．高度　　　B．数量　　　C．长度　　　D．宽度　　　E．体积和容器
5．有关名词的概念，正确的有（　　）。
　　　A．公量是指在计算货物重量时，用科学仪器抽去商品中所含的水分，再加上标准含水量所求得的重量
　　　B．净重是指除去包装物后的商品实际重量，即商品本身的重量
　　　C．法定重量是指商品加上直接接触商品的包装物料，如销售包装等的重量

D．运输标志是由一个简单的几何图形和一些字母、数字及简单的文字组成
E．包装标志又称防伪标志

6．合同中的数量条款为"1000 M/T with 5% more or less at seller's option"，则卖方交货数量可以是（　　）。
  A．950 M/T   B．1000 M/T   C．1500 M/T
  D．1050 M/T   E．950 M/T 到 1050 M/T 之间任意数量

7．国际标准化组织推荐的标准运输标志，应包括的内容是（　　）。
  A．收货人名称的缩写或简称   B．参考号（订单号、发票号）
  C．目的地   D．件号或箱号   E．产地标志

8．出口商品采用中性包装就是（　　）。
  A．包装上仅有外商指定的商标或牌号，但无生产地名和厂商名称
  B．包装上既无商标、牌号，又无生产地名和厂商名称
  C．在采用外商指定的商标或牌号同时，标示"中国制造"字样
  D．包装上无商标或牌号，仅注明"中国制造"字样
  E．习惯包装

9．采用凭样品买卖必须满足的基本条件有（　　）。
  A．样品是作为所交货物品质的唯一依据
  B．卖方所交货物必须与样品完全一致
  C．买方应有合理机会对货物与样品进行比较
  D．卖方所交货物不能含有对样品进行合理检验时不易发现和不适合商销的缺陷

10．合同规定了数量机动幅度，可以行使溢短装选择权的是（　　）。
  A．卖方   B．买方
  C．船方   D．安排舱容及装载货物的一方

11．溢短装部分的计价（　　）。
  A．可以按合同价格计   B．可以按市场价格计
  C．可以部分按合同价格计，部分按市场价格计
  D．只能按合同价格计   E．只能按市场价格计

12．运输包装的主要作用在于（　　）。
  A．保护商品   B．便于运输与储存   C．促销
  D．美化商品   E．防止在装卸过程中发生货损货差

五、简答题

1．货物名称的命名方法通常有哪几种？
2．品名条款应怎样规定？
3．为什么说品质条款是国际货物买卖合同中的重要内容？
4．表示货物品质的方法有哪几种？如何进行选择？
5．买卖合同中规定数量机动幅度时应注意哪些问题？
6．试述国际贸易中重量的几种规定方法。
7．合同中规定"about 500 M/T"或"500 M/T 5% more or less at seller's option"条款，对买卖双方有无区别？为什么？在后一种规定的情况下，卖方最多可交多少公吨？最少可交多少

公吨？如何计价？

8. 包装主要有哪几种类型？各有何作用？
9. 包装标志有哪几种类型？运输标志由哪些主要内容组成？
10. 什么是条形码？在销售包装上采用条形码有什么作用？

六、计算题

如果卖方按每箱150美元的价格售出某商品1000箱，合同规定"数量允许有5%上下，由卖方决定"。请问：

（1）这是一个什么条款？
（2）最多可装多少箱？最小可装多少箱？
（3）如实际装运1040箱，买方应付款多少？

七、案例分析题

1. 我国某公司向英国出口大豆一批，合同规定水分最高为14%，杂质不超过2.5%，在成交前我方曾向买方寄过样品，订约后我方又电告买方成交货物与样品相似，当货物到达英国后，买方提出货物与样品不符，同时出示相应的检验证书证明货物的质量比样品低7%，并以此要求我方赔偿15 000英镑的损失。请问：在此情况下，我方是否可以以该项交易并非凭样品买卖为由而不予理赔？

2. 某进出口公司出口商品一批，合同和信用证都规定不得溢短装，数量为20公吨，纸箱包装，每箱20千克，共1000箱，按《跟单信用证统一惯例》规定，卖方可否多交或少交货物，理由何在？

3. 我某公司出口一批货物，合同中约定用牛皮纸包装，但在履约时，卖方没有找到足够的包装材料，于是用价格较贵的塑料纸包装，货物完好无损地到达了目的地，此时恰逢该商品价格暴跌。对方在检查货物后，以我方违反包装条件为由，拒收货物。请问：对方拒收是否合理？为什么？

4. 中国某公司从国外进口某农产品，合同数量为100万吨，允许溢短装5%，而外商装船时共装运了120万吨，对多装的15万吨，我方应如何处理？

5. 大连某出口公司向日本出口大米一批，在洽谈时，谈妥出口2000公吨，每公吨收US$280 FOB大连口岸。但在签订合同时，在合同上只是笼统地写了2000吨，我方当事人认为合同上的吨就是指公吨而言，而发货时日商却要求按长吨供货。请问：外商要求是否合理？应如何处理此项纠纷？

八、实务操作题

1. 请将商品名称与恰当的表示品质的方法连接起来。

（1）龙口粉丝　　　　　　A. 凭样品买卖
（2）做工精细的工艺品　　B. 凭规格买卖
（3）鸭绒　　　　　　　　C. 凭说明书买卖
（4）精密仪器　　　　　　D. 凭商标买卖
（5）乒乓球，红双喜牌　　E. 凭产地名称买卖

2. 请根据下面合同中的内容为出口商品编制标准运输标志。

SALES COMFIRMATION

S/C NO.21SSG-017
Date: AUG. 8, 2004

The Seller: Shanghai Textiles Corp
The Buyer: Crstal kobe Ltd
Commodity and Specifications: 55% acrylic 45% cotton knitted blouse
Quantity: 500 dozen
Packing: In 120 cartons
Port of loading & destination: Shipment from Shanghai to NY, USA

第三章 国际贸易术语

【学习目标】

国际贸易术语是构成国际贸易货物价格的重要组成部分，它界定了买卖双方的责任、费用、风险等交货条件。通过本章的学习，学生应掌握国际贸易术语的基本概念，明确贸易术语在国际贸易工作中的重要意义，掌握《2010年国际贸易术语解释通则》中六种主要贸易术语的基本概念、买卖双方的责任、风险、费用的划分以及适合的运输方式，理解《2010年国际贸易术语解释通则》中另外五种贸易术语，学会在实际业务中如何理解选用贸易术语。

【案例导入】

国外某公司（简称买方）与我国一家公司（简称卖方）签订了一笔食品出口合同，交易条件为FOB大连，付款方式为不可撤销即期信用证。随后，卖方收到了买方银行开来的信用证，即备妥货物，办好出口手续，按期将货物装上买方指派的船只，并向买方发出了装船通知。装船于凌晨3时结束，半小时后载货船舱出现火情，船长立即组织救火，先启用二氧化碳系统灭火，但效果不好，发现该系统已经失灵，只好使用消防系统灭火，最后将火扑灭。

经商检部门鉴定，该批货物因火灾和严重泡湿而完全丧失商业价值。卖方立即通知买方，征求处理意见。买方来电称，卖方应负责卸下毁坏的货物，重新备货装船，并声称将通知银行撤销已经开出的信用证。卖方则认为，货物已装船，合同义务已履行，没有义务卸下损坏的货物和重新备货装船，并认为买方应该支付已装船货物的货款。船方因货物已损毁，拒绝签发提单，并以火灾免责为由拒绝承担赔偿。

在国际货物买卖过程中，有关交易双方责任和义务的划分是一个十分重要的问题。为了明确交易双方在货物交接过程中有关风险、责任和费用的划分，双方在洽商交易和订立合同时，通常都要商定采用何种贸易术语，并在合同中具体订明。贸易术语是国际货物买卖合同中不可缺少的重要内容，因此，从事国际贸易的人员必须了解各种贸易术语及有关的国际贸易惯例，以便正确选择和使用各种贸易术语。

第一节 贸易术语的含义及作用

一、国际贸易术语的产生

与国内贸易相比，国际贸易具有环节多、涉及面广的特点，每一次交易都必须经过长途运输，要通过多道关卡，并涉及银行、保险、海关、商检等众多部门。如果买卖是在一个国家进行的，卖方报出价格后，买方就能很快地确定这个价格是否可以接受。这主要是因为在国内贸易中，买卖双方对责任和风险的划分比较简单，支出的费用也较为透明，易于核算。但是，如果买方是一位外国商人，情况就变得复杂了。当你的报价出来时，外国商人必须弄明白以下问题：① 在何地办理货物交接；② 由谁租船订舱、办理货物运输保险和申领进口许可证；③ 由谁支付上述责任下所产生的费用和其他开支，如运费、保险费、装卸费；④ 由谁承担货物在运输途中的货损、货差和灭失；⑤ 上述风险何时转移。

只有在这些问题有了清晰的答案后，他才会对你的报价做出正确的判断。但如何才能准确地区分双方在交易中所应承担的风险和责任呢？经过长期的国际贸易实践，聪明的商人"发明"出了概括性极强的贸易术语，使买卖双方能够尽快明确自己在交易中的责任和风险，清楚核算自己应当支出的费用，从而使价格的确定变得更加容易。

二、贸易术语的含义及作用

国际贸易术语是在长期的国际贸易实践中产生的，是用来表示商品的价格构成，并说明在货物的交接过程中，有关交货地点、风险、责任、费用划分等问题的专门术语。这些贸易术语可以用来表示国际贸易中买卖双方责任、费用和风险的划分以及价格构成。

（一）贸易术语的含义

1. 贸易术语表明一定的交易条件

所谓交易条件，是指交易得以确立和顺利进行的基本条件，即交易中的每一个环节将由谁完成，每一项责任将由谁承担。只有明确了彼此承担的责任和义务，交易才能得以确立和顺利进行。

在国际货物买卖的过程中，有关交货地点、风险转移界限，以及运输、保险、报关等责任都要清楚地划分出来。在业务中，商人们使用贸易术语来明确这些责任，即用贸易术语来确定双方进行交易的基本条件。因此，贸易术语又被称为交易条件。

例如，如果我方在贸易出口中选择了 FOB 上海这一贸易术语，那么按照 FOB 贸易术语的含义，我方在交易中的主要责任是：备好货物，将货物运抵上海港口，办理好出口清关手续，装上买方安排的运输船只。而货物的运输、保险以及到达进口方国家后的进出口手续等事宜，均由买方办理。

显然，仅仅是使用了 FOB 这几个简单的字母，就已清楚地界定了买卖双方在交易中的责任和义务，确立了交易得以顺利展开和进行的基本条件。

2. 贸易术语表示价格构成因素，特别是货价中所包含的从属费用

不同的贸易术语，表明买卖双方各自承担不同的责任、费用和风险，而责任、费用和风险的大小又影响成交商品的价格。一般来说，凡使用出口国国内交货的各种贸易术语，卖方承担的责任、费用和风险都比较小，商品的售价就低；反之，凡使用进口国国内交货的各种贸易术语，卖方承担的责任、费用和风险则比较大，这些因素必然要反映到成交商品的价格上。所以，在进口国国内交货比在出口国国内交货的价高，有时甚至高出很多。由于贸易术语体现出商品的价格构成，按不同的贸易术语成交，会表示出成交商品具有不同的价格。所以，贸易术语也称为"价格术语"或"价格条件"。

（二）贸易术语的作用

在国际贸易中，贸易术语有着非常重要的作用，主要表现在以下几个方面：

1. 有利于买卖双方洽商交易和订立合同

由于每种贸易术语都有其特定的含义,而且一些国际组织对各种贸易术语也做了统一的解释与规定,这些解释与规定在国际上被广为接受,并成为惯常奉行的做法或行为模式。因此,买卖双方只需要商定按何种贸易术语成交,即可明确彼此在交接货物方面所应承担的责任费用和风险。这可以缩短洽商交易的时间,简化交易手续,从而有利于买卖双方迅速达成交易和订立合同。

2. 有利于买卖双方核算价格和成本

由于贸易术语表示价格构成因素,所以买卖双方确定成交价格时,必须考虑采用的贸易术语包含哪些费用,如运费、保险费、装卸费、关税、增值税和其他费用。这有利于买卖双方进行比价和加强成本核算。

3. 有利于解决合同履行中的争议

买卖双方商订合同时,如对合同条款考虑欠周,使某些事项规定明确或不完备,致使履约当中产生的争议不能依据合同的规定解决,则可以援引有关贸易术语的一般解释来处理。贸易术语的一般解释已成为国际惯例,并被国际贸易界从业人员和法律界人士所理解和接受,从而成为国际贸易中公认的一种类似行为规范的准则。

第二节 有关贸易术语的国际贸易惯例概述

一、国际贸易惯例的含义

国际贸易惯例有其特定的解释,通常是指国际组织根据国际贸易实践中逐步形成的一般习惯做法制定成文的规则,且这些规则根据当事人意思自治的原则,被国际上普遍接受和广泛应用,进而成为公认的国际贸易惯例。由此可见,要了解国际贸易惯例的含义,必须明确下列三点:第一,国际贸易惯例虽然是在国际贸易习惯做法的基础上产生的,但不能把国际贸易中的习惯做法与国际贸易惯例等同起来,因为国际贸易惯例的层次高于国际贸易习惯做法。第二,国际贸易惯例是指国际组织编纂成文的规则,凡未成文的国际贸易中的某些习惯做法,都不能称为国际贸易惯例。第三,国际贸易惯例必须是国际上普遍接受和广为使用的规则。

在国际贸易业务实践中,由于各国法律制度、贸易惯例和习惯做法不同,国际上对各贸易术语的解释与运用互有差异,从而容易引起贸易纠纷。为了避免各国在对贸易术语解释上出现分歧和引起争议,有些国际组织和商业团体便分别就某些贸易术语做出统一的解释与规定。其中主要包括国际商会制定的《国际贸易术语解释通则》(*International Rules for the Interpretation of Trade Terms*,INCOTERMS),国际法协会制定的《1932 年华沙—牛津规则》(1932 *Warsaw-Oxford Rules*),美国一些商业团体制定的《1941年美国对外贸易定义修订本》(1941 *Revised American Foreign Trade Definition*)。上述各项解释贸易术语的规则在国际贸易中的运用范围较广,从而成为一般的国际贸易惯例。

二、国际贸易惯例的作用

国际贸易惯例的产生、发展和广泛应用,有效地促进了国际贸易的发展。例如,国际法协会和国际商会等国际组织先后制定和公布了一系列有关国际货物贸易方面的统一惯例和通行的规则。这些惯例和规则已经被国际贸易界、银行界和法律界普遍接受和广泛使用，并成为国际上公认的一般国际贸易惯例和商务行为模式。这些贸易惯例的实施，有利于简化交易手续，加速成交过程，提高履约率，便于处理合同争议。

应该指出的是，国际贸易惯例是国际贸易法律的重要渊源，有效地弥补了国际贸易法律的不足，与国际贸易法律相辅相成。由此可见，人们不仅要了解法律，严格遵守法律，并受国际贸易有关法律的约束，而且还要了解惯例，高度重视惯例，切实按照国际贸易惯例办事。只有这样，才能有效地开展国际商务活动，维护正常的国际经济贸易秩序。

三、有关贸易术语的国际贸易惯例

（一）《1932年华沙—牛津规则》

19世纪中叶，CIF贸易术语在国际贸易中被广泛采用，但各国对其解释不一，因而影响了CIF买卖合同的顺利履行。为了对CIF合同双方的权利和义务做出统一的规定和解释，国际法协会于1928年在波兰华沙制定了CIF买卖合同的统一规则，即《1928年华沙规则》，共22条。此后，在1930年纽约会议、1931年巴黎会议和1932年牛津会议上，相继将此规则修订为21条，称之为《1932年华沙—牛津规则》（Warsaw-Oxford Rules 1932）。

《1932年华沙—牛津规则》对CIF合同的性质、特点及买卖双方的权利和义务都做了具体的规定和说明，为那些按CIF贸易术语成交的买卖双方提供了一套可在CIF合同中易于使用的统一规则，供买卖双方自愿采用。在缺乏标准合同格式或共同交易条件的情况下，买卖双方可约定采用此项通则。凡在CIF合同中订明采用《1932年华沙—牛津规则》者，合同当事人的权利和义务，即应按此规则的规定办理。由于现代国际贸易惯例是建立在当事人"意思自治"的基础上的，具有任意法的性质，因此，买卖双方在CIF合同中也可变更、修改规则中的任何条款或增添其他条款。当此规则的规定与CIF合同内容相抵触时，仍以合同规定为准。

《1932年华沙—牛津规则》自1932年公布后，一直沿用至今，并成为国际贸易中颇有影响的国际贸易惯例，这是因为此项规则在一定程度上反映了各国对CIF合同的一般解释。不仅如此，其中某些原则还可适用于其他合同。例如，《1932年华沙—牛津规则》规定，在CIF合同中，货物所有权转移于买方的时间，应当是卖方把装运单据（提单）交给买方的时刻，即以交单时间作为所有权转移的时间。此项原则虽是针对CIF合同的特点而制定的，但一般认为也可适用于卖方有提供提单义务的其他合同。可见，《1932年华沙——牛津规则》的制定和公布，不仅有利于买卖双方订立CIF合同，而且有利于解决CIF合同履行当中出现的争议。当合同当事人发生争议时，一般都参照或引用此项规则的规定与解释来处理。

（二）《1941年美国对外贸易定义修订本》

早在1919年，美国某些商业团体就共同制定了有关对外贸易定义的统一解释，以方便对外贸易人员参考使用。后鉴于贸易做法的演变，在1940年第二十七届全国对外贸易会议上，要求对原有定义进行修订。1941年7月30日，美国商会、美国进口商会理事会和全国对外贸易理事会所组成的联合委员正式通过并采用了此项定义，并由全国对外贸易理事会发行，定名为《1941年美国对外贸易定义修订本》（Revised American Foreign Trade Definitions 1941）。

《1941年美国对外贸易定义修订本》对下列贸易术语做了解释：

（1）产地交货（EX point of origin），如制造厂交货、矿山交货、农场交货、仓库交货等。

（2）在内陆指定发货地点的指定内陆运输工具上交货（free on board）。其使用范围包括：指定内陆运输工具上交货，指定装运港船上交货，进口国指定内陆地点交货，指定内陆运输工具上交货。此术语又细分为六种：

① 在内陆指定发货地点的指定内陆运输工具上交货（FOB，named inland carrier at named inland point of departure）。

② 在内陆指定发货地点的指定内陆运输工具上交货，运费预付到指定的出口地点（FOB, named inland carrier at named inland point of departure; freight prepaid to; named point of exportation）。

③ 在内陆指定发货地点的指定内陆运输工具上交货，运费减除到指定的出口地点（FOB, named inland carrier at named inland point of departure; freight allowed to; named point of exportation）。

④ 在指定出口地点的指定内陆运输工具上交货（FOB, named inland carrier at named point of exportation）。

⑤ 在指定装运港船上交货（FOB vessel，named port of shipment）。

⑥ 进口国指定内陆地点交货（FOB，named inland point in country of importation）。

（3）指定装运港船边交货（free alongside vessel，named port of shipment）。其适用于船边交货。卖方将货物交到海洋轮船船边、船的装货吊钩可及之处。

（4）成本加运费 CFR（cost and freight，named port of destination）。其适用于指定目的地交货。卖方报价包括将货物运到指定目的地的运输费用在内。

（5）成本加保险费、运费 CIF（cost, insurance and freight，named port of destination）。其适用于指定目的地交货。卖方报价包括货物成本、海运保险费和将货物运到指定目的地的一切运输费在内。

（6）目的港码头交货并完税 EX DOCK（EX dock，named point of importation）。其适用于目的港码头交货，主要用于美国进口贸易。卖方报价包括货物成本和将货物运到指定进口港码头的全部附加费。

该修订本主要适用于美洲国家，在很多解释上与其他惯例不同，使用时某些相同术语在含义上有差异。例如，该修订解释的六种 FOB 术语中，只有第五种即指定的装运港船上交货 FOB（vessel）才同国际贸易中一般通用的 FOB 的含义大体相同，而其余五种 FOB 的含义则完全不同。

（三）《国际贸易术语解释通则》

国际商会自 20 世纪 20 年代初期即开始对重要的贸易术语进行统一解释的研究，1936 年提出一套解释贸易术语的具有国际性的统一规则，命名为 *INCOTERMS* 1936，其副标题为 *International Rules for the Interpretation of Trade Terms*，译为《国际贸易术语解释通则》。此后，为了适应国际贸易的不断发展和变化，该通则由国际商会于 1953 年、1967 年、1976 年、1980 年、1990 年、2000 年进行了六次修订和补充，最新一次修订于 2010 年 9 月完成，称作《2010 年国际贸易术语解释通则》（*INCOTERMS* 2010），于 2011 年 1 月 1 日起生效。

1. INCOTERMS 的历史修订

（1）*INCOTERMS* 1953。

它包括9种贸易术语：EX works、FOR/FOT、FAS、FOB、C&F、CIF、DCP、EX ship、EX quay。

（2）*INCOTERM* 1967。

它包括11种贸易术语，为适应边境贸易的发展，在1953版基础上增加了DAF和DDP。

（3）*INCOTERM* 1976。

它包括12种贸易术语，为适应航空运输业务的发展，在1967版基础上增加了起运地机场的贸易术语FOA。

（4）*INCOTERM* 1980。

它包括14种贸易术语，为适应集装箱多式联运业务的要求，在1976版基础上增加了FRC和CIP。

（5）*INCOTERM* 1990。

它包括13种贸易术语，即只适用单一运输方式的FOR/FOT、FOA，新增了DDU；首次将贸易术语的名称规范为三个字母代码，变FRC为FCA、变C&F为CFR、变DCP为CPT、变EX ship为DES、变EX quay为DEQ，并将13个贸易术语按英文缩写字头分为E、F、C、D四个组，列出卖双方各自对应的10项义务；首次确立电子单证与纸质单证具有同等法律效力。

（6）*INCOTERM* 2000。

它包括13种贸易术语，与《1990通则》相比，只在FAS和DEQ术语下关于清关和支付关税的义务以及在FCA术语关于装货和卸货义务涉及的内容做了实质性变更。

沿用了*INCOTERM* 1990的分组方式：

E组（启运）：只包含一个贸易术语EXW。按此术语成交，卖方在他的货物所在地（工厂、工场、仓库等）将货物提供给买方时即履行了他的交货义务。

F组（主运费未付）：F组为主运费未付术语，都是由买方自负费用订立运输合同并指定承运人，卖方只要将货物交给买方指定的承运人或运输工具，即完成交货义务。本组包括FCA（货交承运人）、FAS（装运港船边交货）和FOB（装运港船上交货）三种贸易术语。

C组（主要运费已付）：C组为运费已付术语，按C组术语，卖方均须负责按通常条件订立运输合同并支付到达合同规定的目的港或目的地的正常运费，其中CIF和CIP条件下的卖方尚须负责投保货物运输险并且支付保险费。本组包括CFR（成本加运费）、CIF（成本加保险费和运费）、CPT（运费付至目的地）、CIP（运费、保险费付至目的地）四种贸易术语。在采用装运地或装运港交货条件而主要运费已付的情况下，可采用此类贸易术语。按此类术语成交，卖方必须订立主运输合同，但对货物发生灭失或损坏的风险以及货物发运后所产生的费用，卖方不承担责任。

D组（到达）：D组为到达术语，卖方须负责把货物运送到约定的目的地，并负担货物交到该地为止的一切费用和风险。本组包括DAF（边境交货）、DES（目的港船上交货）、DEQ（目的港码头交货）、DDU（未完税交货）和DDP（完税后交货）五种贸易术语。在按目的地或目的港交货条件下成交，即要求卖方必须承担货物交至目的地国家所需要的费用和风险时，则选用此类术语。

（7）*INCOTERM* 2010。

它包括11种贸易术语，与《2000通则》相比，删掉了内容有交叉重合的DAF、DES、DEQ和DDU四个贸易术语，经过整合后增加了DAT和DAP两个贸易术语。

将11种贸易术语按照适用范围分为两类：一类为适用于任何单一运输方式或多种运输方式

的贸易术语，包括 EXW、FCA、CPT、CIP、DAT、DAP 和 DDP，另一类为适用于海运和内河运输的贸易术语，包括 FAS、FOB、CFR 和 CIF。（见表 3-1）

表 3-1 *INCOTERM* 2010 的 11 种贸易术语

适用范围	国际代码	中英文全称
任何单一运输方式或多种运输方式	EXW	Ex works…named place（工厂交货……指定地点）
	FCA	Free carrier…named place（货交承运人……指定地点）
	CPT	Carriage paid to…named place of destination（运费付至……指定目的港）
	CIP	Carriage and insurance paid to…named place of destination（运费、保险费付至指定目的地）
	DAT	Delivered at terminal…named place at terminal（运输终端交货……指定港口或目的地的运输终端）
	DAP	Delivered at place…named place of destination（目的地交货……指定目的地）
	DDP	Delivered duty paid…named place of destination（已完税交货……指定目的地）
海运或内河运输方式	FAS	Free alongside…named port of shipment（船边交货……指定装运港）
	FOB	Free on board…named port of shipment（装运港船上交货……指定装运港）
	CFR	Cost and freight…named port of destination（成本加运费……指定目的港）
	CIF	Cost insurance and freight…named port of destination（成本加保险费、运费……指定目的港）

2. *INCOTERM* 2010 的主要变化

（1）新增了 DAT 和 DAP。

INCOTERM 2010 以 DAT 和 DAP 取代了 DAF、DES、DEQ 和 DDU，术语的总数由原来的 13 个减少为 11 个。使用 DAT 时，货物从到达指定目的港或目的地的运输工具卸下后，交由买方处置（与 DEQ 相同）；使用 DAP 时，货物同样在指定目的港或目的地交由买方处置，但需由买方安排卸货，与 DAF、DES 和 DDU 相同。这两个新增贸易术语可适用任何运输方式，均由卖方承担将货物交至指定目的地的所有费用和风险，但不包括可能涉及的与进口相关的费用。

（2）简化了分类方式。

INCOTERM 2010 将贸易术语按照适用范围分为两类：一类为适用于任何单一运输方式或多种运输方式的贸易术语，包括 EXW、FCA、CPT、CIP、DAT、DAP 和 DDP，不论使用何种运输方式，不论使用一种还是多种运输方式均可使用。另一类为适用于海运和内河运输的贸易术语，包括 FAS、FOB、CFR 和 CIF，交货地点和将货物交至买方的地点都是港口。

（3）删掉了以船舷为交货点的说法。

在 *INCOTERM* 2010 以前的版本中，关于 FOB、CFR 和 CIF 三个贸易术语的"交货"均表达为当货物在指定装运港越过船舷时，卖方完成交货义务。*INCOTERM* 2010 在 FOB、CFR 和 CIF 三个贸易术语中改变了以"船舷"作为交货地点的表述，取而代之的是以货物置于"船上"时，完成交货义务。

（4）明确了贸易术语可以适用于国内贸易。

传统上国际贸易术语用于国际货物买卖，但随着区域经济一体化的发展，像欧盟等很多一体化组织已使不同成员之间的国界在贸易中显得不再重要，成员国之间国际货物买卖的很多做法越来越接近国内贸易货物买卖的做法，因此 INCOTERM 2010 正式将这一国际惯例的适用范围确定为既可以用于国际货物买卖，也可以用于国内货物买卖。

（5）扩大了对电子信息效力的确认。

INCOTERM 1990 和 INCOTERM 2000 确认了电子单证与纸质单证具有同等法律效力，INCOTERM 2010 在双方约定或符合惯例的情况下，赋予任何电子记录或程序与纸质信息具有同等的法律效力，并在专用名词解释中明确指出，"电子记录或程序"是指由一条或多条电子信息组成的整套信息。

（6）考虑了《伦敦保险协会货物保险条款》的最新修订。

INCOTERM 2010 考虑了《伦敦保险协会货物保险条款》的最新修订，将与保险相关的信息义务从 INCOTERM 2000 的 A10 和 B10 泛泛的条款中抽出，纳入涉及运输合同和保险合同的 A3 和 B3 条款。

（7）丰富了海关手续的内涵。

INCOTERM 2010 专用名词解释中明确指出，海关手续指为遵守任何适用的海关规定所需满足的要求，并可包括各类单证、安全、信息或实物检验义务。由于人们对货物转移时的安全问题日益关注，INCOTERM 2010 在 A2/B2 和 A10/B10 条款中，明确了买卖各方之间完成或协助完成安检通关义务。

（8）明确了 THC 的分摊。

THC（terminal handing charge）是指集装箱码头装卸作业费，在使用 CPT、CIP、CFR、CIF、DAT、DAP 和 DDP 术语时，卖方支付的运费实际包含在买方支付的价款中，但其中是否包括在港口或集装箱码头设施内处理和移动货物的费用一直未予明确，而承运人往往向接受货物的买方索要，导致买方为同一服务支付了两次费用，为避免此类问题发生，INCOTERM 2010 在 A6/B6 条款中明确了 HTC 的分摊。

（9）明确了连环贸易（string sales）中卖方的义务。

在商品销售过程中，货物在运至销售链终端的过程中常常被多次转卖，而处于销售链始端和中端的卖方义务并不完全相同，处在销售链中端的卖方实际上不需要运送货物，而是由"获得"所装运的货物而履行其义务，在 INCOTERM 2010 对此连环贸易中卖方的交付义务进行了细分。

为了便于查阅和使用，在 INCOTERM 2010 中，所有术语项下当事人各自的义务均用 10 个项目列出，卖方在每一项目中的义务对应买方在同一项目中相应的义务（见表 3-2）。这样极大地方便了当事人对该通则的使用，尤其是在需要查找自己在某一项应承担什么义务时，很快就可以找到另一方在同一项目下应承担什么义务。

需要注意的是，尽管 INCOTERM 2010 已于 2011 年 1 月 1 日正式生效，但这并不意味着 INCOTERM 2010 之前的版本失效。从理论上说，买卖双方在实际业务中经协商一致，完全可以适用 INCOTERM 2000 或更早的版本。如果想在合同中适用 INCOTERM 2010，则应在合同中做出明确说明。

表 3-2　*INCOTERM* 2010 买卖双方义务

A 卖方义务	B 买方义务
A1 卖方一般义务	B1 买方一般义务
A2 许可证、授权、安检通关和其他手续	B2 许可证、授权、安检通关和其他手续
A3 运输合同与保险	B3 运输合同与保险
A4 交货	B4 收取货物
A5 风险转移	B5 风险转移
A6 费用划分	B6 费用划分
A7 通知买方	B7 通知卖方
A8 交货凭证	B8 货物检验
A9 查对—包装—标记	A9 查对—包装—标记
A10 协助提供信息及相关信息	B10 协助提供信息及相关信息

第三节　装运港交货的三种贸易术语

在国际商会《2010 通则》所解释的 11 种贸易术语中，使用最广泛的三种术语是 FOB、CFR、CIF。这三种术语都只适用水上运输，交货地点均为货物装运的港口。了解和掌握这三种术语的具体含义和内容是非常重要的。

一、FOB

FOB 即 free on board（…named port of shipment）——船上交货（……指定装运港）。

（一）FOB 的含义

此术语是指卖方在约定的装运港将货物交到买方指定的船上。按照《2010 通则》规定，买方负责派船接运货物，卖方应在合同规定的装运港和规定的期限内，将货物装上指定的船上，并及时通知买方。货物装上买方指定的船只，卖方就完成了交货的义务，风险即由卖方转移至买方。

当使用集装箱运输货物时，卖方通常将货物在集装箱码头移交给承运人，而不是交到船上，这时不适宜选择 FOB 术语，而应选择 FCA 术语。

（二）买卖双方的责任和义务

按国际商会对 FOB 的解释，买卖双方各自承担的基本义务概括起来可做如下划分：

1. 卖方的责任和义务

（1）办理出口结关手续，并负担货物到装运港船上之前的一切费用与风险。

（2）在合同约定的装运期，在指定的装运港，按港口的惯常办法，把符合合同规定的货物装到买方指定的船上，并向买方发出已装船的充分通知。

（3）向买方提交约定的商业发票和证明货物已经交至船上的通常单据或具有相等效力的电子信息。

2. 买方的责任和义务

（1）按时租船开往约定的装运港接运货物、支付运费，并将船名、装船地点及装货日期给予卖方充分通知。

（2）承担货物在指定装运港装到船上之后的各种费用以及货物灭失或损坏的一切风险。

（3）负责办理货物进口清关，以及必要时经由另一国过境运输的一切海关手续。

（4）按合同规定，接受卖方提交的与合同相符的单据，受领与合同相符的货物并支付货款。

（三）使用 FOB 术语时需要注意的问题

1. 关于风险划分的问题

《2010 通则》中，省略了以往对风险转移界限以"越过船舷"的描述，将"货物装上船"作为风险转移的界限。卖方必须将货物装到买方所指定的船上，才算完成交货义务。以船为界表明货物在装上船之前的风险，均由卖方承担。货物装上船之后的风险，包括在海上运输过程中的损坏或灭失，则由买方承担。船只作为划分买卖双方所承担风险的界限，这样规定更符合当今商业现实，且能避免那种已经过时的风险在一条假象直线上摇摆不定的情形，真正体现船上交货的实质。

【案例 3-1】

在下列情况下，货物的损失应该由谁来负责？为什么？

（1）货物在吊装时，由于吊钩脱落，货物摔落在码头上；

（2）货物摔落在装运船只的甲板上；

（3）货物装上船只，顺利起运，但一天后，由于出现了海难，货物随船只沉入海中。

2. 装船费用问题（FOB 变形）

在 FOB 条件下，买方派船接运货物，如属件杂货，通常采用班轮运输。而班轮运输的特点之一是由船方负担装卸费，故买方不另外支付装货费。由此，买卖双方就没有必要约定装货费由谁负担。但是，如果成交的是大宗货物，为了节省运费，通常采用租船运输。按照船运惯例，船方不负担装船费用。在此情况下，如装货费由买方或卖方负担，就应当在买卖合同中订明，即在 FOB 后加列装货费用由谁负担的附加条件，以明确责任，这出现了 FOB 的变形。在实际业务中，常见的变形有下列几种：

（1）FOB 班轮条件（FOB liner terms）。按 FOB 的班轮条件成交，是指装货费按班轮办法处理，并不是指 FOB 成交的货物一定要用班轮装运。买卖双方商订合同时，如卖方不愿负担装货费，可以在 FOB 后要求加"班轮条件"（liner terms）字样，以明确卖方不负担装货费。至于装货费究竟是由买方还是由船方负担，则取决于买方租船时采用何种租船条件。

（2）FOB 吊钩下交货（FOB under tackle）。按此条件成交，卖方仅将货物交到买方指定船舶的吊钩所及之处，不予负担以后的装货费用。至于以后的装货费用究竟是由卖方还是由船方负担，则取决于租船合同的规定。按此术语成交时，如载货船舶因港口吃水浅而不能靠岸，则卖方应将货物驳运到载货船舶的吊钩所及之处。凡属驳运货物的费用，仍由卖方负担。这一术语在实际业务中使用得不多。

（3）FOB 包括理舱（FOB stowed）。为了使船上装载的货物放置妥善和分布合理，货物装船后，需要进行整理，此项作业叫作理舱。理舱费用由谁负担，各国港口有不同的规定和解释。为了明确责任和避免引起争议，买卖双方在商订合同时，应对理舱费由谁负担作出明确规定，如买方不愿负担装货费和理舱费，则可按 FOB stowed 条件成交。按此条件成交，卖方不仅应负担装货费，而且还要将装到船上的货物堆好、码好并进行整理，即还须负担理舱费。如在 FOB 后未加"理舱"（stowed）字样，而租船合同又规定船方不负担装货费，则理舱费由买方负担。

（4）FOB 包括平舱（FOB trimmed）。货物装船后，为了保持船舶承受压力均衡和航行安全，对装入船舱的散装货物，如煤炭、粮谷等，需要进行调动和平整，这项作业叫作平舱。按此条件成交，装货费和平舱费概由卖方负担。按一般惯例，如在 FOB 后未加"平舱"（trimmed）字样，则卖方不负担平舱费用。平舱费用究竟是由买方还是由船方负担，则取决于租船合同的规定。当租船合同规定船方不负担装货费时，则平舱费由买方支付。

（5）FOB 包括理舱和平舱（FOB stowed and trimmed）。装到船上的货物需要理舱和平舱时，应该明确这两项费用由谁负担。如在 FOB 后加列"理舱"和"平舱"（stowed and trimmed）字样，则卖方不仅要负担装货费用，而且还要负担理舱和平舱的费用。按一般惯例，凡 FOB 后未加"理舱"和"平舱"字样者，则理舱和平舱的费用卖方都不予负担。

应当明确指出的是，FOB 变形问题只涉及费用的负担问题，双方风险划分界限没有发生任何改变，仍然以装运港船上为界。

3. 不能把 FOB 术语称为"离岸价"

我国进出口业务中通常把 FOB 术语俗称"离岸价"，因为按 FOB 术语成交，买卖双方承担的费用和风险一般以装运港的船上为界。在港口水浅、海轮不能靠岸的情况下，需要通过驳船运送，而发生在货物装至船上以前的驳运费用和风险理应记入出口价的成本之内。可见，在这种情况下，货物虽已经离岸，但卖方责任仍未完成，因此，把 FOB 术语称为"离岸价"是不合适的。

4. 船货衔接问题

按 FOB 术语规定，卖方要按规定时间和地点完成装运，而运输的船只则是由买方来安排的，因此，如果双方沟通不足，配合不好，就会出现船货衔接不上的问题。例如，卖方如期将货物运到规定地点，准备装船，而买方安排的船只却没有按期到港，卖方只能将货物存放到港口的仓库里等待，这需要支付额外的仓储费用，增加了成本；相反，如果买方船只如期到达，而卖方的货物却没能按约定时间到达港口，买方会因船只空仓等待而多支付空舱费。显然，如果出现类似情况，双方都会因为对方的违约而发生纠纷。因此，在执行以 FOB 术语成交的合同时，双方之间在装运问题上的沟通和配合是非常必要的，只有这样才能保证船货衔接。

根据惯例和有关法律规定，凡是按 FOB 术语成交的合同，买方应在安排好船只后及时通知卖方，以便卖方备货装船。如果买方未能按规定通知卖方，或未能及时派船，这包括未经对方同意提前或延迟将船派到装运港的情况，卖方都有权拒绝交货；而由此产生的各种损失，如空舱费、滞期费及卖方增加的仓储费均由买方负担。如果买方指派的船只按时到达装运港，而卖方却未备妥货物，那么由此产生的上述费用则由卖方负担。

【案例 3-2】

2016 年 1 月中国某地粮油进出口公司 A 与欧洲某国一商业机构 B 签订出口大米若干吨的

合同。该合同规定：规格为水分最高20%，杂质最高为1%，以中国商品检验局的检验证明为最后依据。单价为每公吨××美元，FOB中国某港口，麻袋装，每袋净重××千克，买方须于2016年3月派船只接运货物。B并没有按期派船前来接运，其一直延误了数月才派船来华接货，当大米运到目的地后，买方B发现大米生虫。于是委托当地检验机构进行了检验，并签发了虫害证明，买方B据此向卖方A提出索赔20%货款的损失赔偿。当A接到对方的索赔后，不仅要拒赔，而且要求对方支付延误时期A方支付的大米仓储保管费及其他费用。另外，保存在中国商品检验局的检验货样至争议发生后仍然完好，未生虫害。请简要回答下列问题：

（1）A要求B支付延误时期的大米仓储保管费及其他费用能否成立，为什么？

（2）B的索赔要求能否成立，为什么？

【案例3-3】

我方某公司以FOB条件出口一批冻鸡。合同签订后接到买方来电，称租船较为困难委托我方代为租船，有关费用由买方负担。为了方便合同履行，我方接受了对方的要求。但时至装运期我方在规定装运港无法租到合适的船，且买方又不同意改变装运港。因此，到装运期满时货仍未装船，买方因销售季节即将结束便来函以我方未按期租船履行交货义务为由撤销合同。

试问：我方应如何处理？

5. 不同惯例的不同解释

值得注意的是，《1941年美国对外贸易定义修订本》中的FOB vessel（named port of shipment）的解释与运用，同《2010通则》的解释与运用有明显的差异。由于《1941年美国对外贸易定义修订本》除了在美国使用以外，在许多美洲国家也有一定的适用性，如加拿大等国。因此，在与美国等美洲国家进行贸易时，要特别注意对方使用的贸易术语依据的是何种国际惯例。

【案例3-4】

我国某出口商收到美国某进口商人的询价电报，内容为：请速报钢材FOB亚特兰大价。请问美国商人是不是将电报的内容写错了？

【案例3-5】

我某公司每公吨242美元FOB Vessel New York进口200公吨钢材。我方如期开出48400美元信用证，但美商来电要求增加信用证金额至50 000美元，不然有关出口捐税及签证费应由我另行电汇。

请问：美方此举是否合理？

二、CFR

CFR即cost and freight（...named port of destination）——成本加运费（……指定目的港）。

（一）CFR的含义

在《2010通则》中，此术语是指卖方必须负担货物运至约定目的港所需的成本和运费，在装运港将货物装上船只，卖方即完成交货义务。这里所指的成本相当于FOB价，故CFR术语的基本含义是在FOB价的基础上加上装运港至目的港的通常运费，卖方要负责签订运输合同和安排运送货物。但由于它同FOB术语一样也属于装运港交货，货物风险的划分也以装运港船上为界，故货物中途灭失或损坏的风险以及货物装船后中途发生的任何额外费用，概由买方承担。

与 FOB 相比较，在使用 CFR 术语成交的合同中，卖方承担了更大的责任和义务，即卖方要负责安排运输、支付运费，而此项义务在 FOB 合同中是由买方负担的。

在《2010 通则》中，明确规定 CFR 术语只能适用于海运和内河航运，但是，在货物通过海运和内河航运的情况下，如要求卖方在船舶到达前将货物交到货站，或者在滚装运输或集装箱运输条件下，则使用 CPT 术语更为适宜。而且，《2010 通则》明确指出，CFR 是全球广泛接受的"成本加运费"术语唯一的标准代码，不再使用其他表示方法。

（二）买卖双方的责任和义务

1. 卖方的责任和义务

（1）提供合同规定的货物，负责租船订舱和支付运费，在合同规定的时间和港口将货物装上船，并于装船后向买方发出已装船的充分通知。

（2）办理出口结关手续，并承担货物在装运港装到船上之前的一切风险和费用。

（3）按合同规定提供商业发票，以及向买方提供为买方在目的港提货所用的通常的运输单据，或具有相等效力的电子信息。

2. 买方的责任和义务

（1）承担货物在装运港装到船上之后的货物灭失或损坏的风险，以及由于货物装船后发生事件所引起的额外费用。

（2）在合同规定的目的港接受卖方提供的与合同相符的单据，受领卖方按合同交付的货物，并按合同规定支付货款。

（3）办理进口结关手续和交纳进口税。

（三）使用 CFR 术语时需要注意的问题

1. 租船订舱

租船订舱，是国际贸易货物交付的一个步骤。对于负责货物运输的交易一方而言，如果进出口货物的数量较多，就可以租赁整条轮船完成装运和运输工作，这就是"租船"。如果进出口货物量不大，则可以租赁部分舱位来完成装运和运输工作，这就是"订舱"。

CFR 术语要求卖方负责安排运输，但是必须注意的是，按照惯例规定，卖方只要安排了通常的船只和惯驶的航线，就已经尽到自己的责任。如果买方提出一些超越这一范围的要求，卖方有权利拒绝，也可以在不增加费用的前提下考虑接受，但这并不是卖方必须履行的责任和义务。

【案例 3-6】

某公司以 CFR 条件出口一批货物。货物运抵目的港后，我方收到买方支付货款的通知，声明：因货物在运输途中躲避暴风雨而增加的运费代我公司支付给船方，故此所付货款中已将此项费用扣除。买方的做法对吗？为什么？

2. 装船通知

按 CFR 条件成交时，由卖方安排运输，由买方办理货运保险，如卖方不及时发出装船通知，则买方就无法及时办理货运保险，甚至有可能出现漏保货运险的情况。因此，卖方装船后务必及时向买方发出装船通知，否则，卖方应承担货物在运输途中的风险损失。

按照国际惯例和相关法律，在以 CFR 术语成交的合同中，卖方在货物装船后必须及时向买方发出装船通知，以便买方办理投保手续。例如，英国《货物买卖法》中就明确规定："如果卖方未向买方发出装船通知，致使买方未能办理保险，那么，货物在海运途中的风险将被视为由卖方承担。"这就是说，如果因为卖方未发出通知而致使买方漏保，那么卖方就不能以风险在装运港船上转移为由免除责任。因此，在以CFR术语达成的交易中，及时发出通知是卖方应尽的一项重要义务。

在进口业务中，按CFR条件成交时，鉴于由外商安排装运，由我方负责保险，故应选择资信好的国外客户成交，并对船舶提出适当要求，以防外商与船方勾结，出具假提单，租用不适航的船舶，或伪造质量证明与产地证明。因为若出现这类情形，会使我方蒙受不应有的损失。

【案例3-7】

我某公司按CFR术语与英国A客户签约成交，合同规定保险由买方自理。我方于9月1日凌晨2点装船完毕，受载货轮于当日下午起航。因9月1、2日是周末，我方未及时向买方发出装船通知。3日上班收到买方急电称：货轮于2日下午4时遇难沉没，货物灭失，要求我方赔偿全部损失。试分析此案例。

3. 卸货费用负担问题（CFR变形）

在CFR条件下，如果成交的是属件杂货，通常采用班轮运输，而班轮运输的特点之一是由船方负担装卸费，故卖方不另外支付卸货费，买卖双方就没有必要约定卸货费由谁负担。

但是，如果成交的是大宗货物，为了节省运费，通常采用租船运输，在有些场合，船方不负担卸货费，卸货费究竟由何方负担，买卖双方应在合同中订明。为了明确责任和避免引起纠纷，买卖双方商订合同时，要在CFR术语后加列表明卸货费由谁负担的具体条件，这就是CFR的变形。

在实际业务中，CFR常见的变形有以下四种：

（1）CFR班轮条件（CFR liner terms）。这是指卸货费按班轮办法处理，由支付运费的一方（卖方）负担，买方不负担卸货费。

（2）CFR卸到岸上（CFR landed）。这是指由卖方负担将货物卸到岸上的各项费用，其中包括驳运费和码头费。

（3）CFR吊钩交货（CFR ex tackle）。这是指由卖方负责将货物从船舱吊起卸到船舶吊钩所及之处（码头上或驳船上）的费用。在船舶吊起卸到船舶不能靠岸的情况下，租用驳船的费用和货物从驳船卸到岸上的费用，概由买方负担。

（4）CFR舱底交货（CFR ex ship's hold）。这是指货物运到目的港后，由买方自行启舱，并负担货物从舱底吊起卸到码头的费用。

应当指出，CFR的变形只是为了进一步明确卸货费由何方负担的问题，但交货地点和风险划分的界线并无任何改变。

4. 费用划分和风险划分的界限

按照CFR术语成交，买卖双方风险划分的界限与FOB一样仍在装运港，即货物装到船上时风险由卖方转移到买方，因此，CFR术语仍然属于装运港交货的贸易术语。事实上，卖方只是保证按时装运，并不保证货物按时到达，也不承担将货物运往目的港的义务。

尽管卖方要负责运输，支付货物到达目的港的运费，但卖方支付的运费只是正常情况下的运费，而不包括途中出现意外而产生的其他费用。

【案例 3-8】

我国某公司按 CFR 条件出口一批货物，货物到达对方后出现了下列问题：

（1）由于意外原因，该批货物运抵对方时，比原定时间晚了三天；

（2）因为对方港口繁忙，船方向对方加收了额外的费用。

针对上述问题，对方向我方提出索赔，这是否合理？

5. 按 CFR 进口应慎重行事

在进口业务中，按照 CFR 条件成交时，鉴于由卖方安排装运，由买方负责保险，所以应选择资信好的国外客户成交，并对船舶提出适当要求，以防卖方与船方勾结，出具假提单，安排不适航的船舶，或者伪造品质证书与产地证明。若出现这类情况，会使买方蒙受不应有的损失。

【案例 3-9】

中国广东某外贸进出口企业向新加坡一客户订购一批汽车轮胎，按 CFR 汕头、即期信用证条件达成交易，合同规定由卖方租船将货物运至汕头。我开证行也凭新加坡议付行提交的符合信用证规定的单据付了款。但装运船只却一直未到达目的港，后来，经了解知道，承运人原来是一家小公司，而且在船舶启航后不久已宣告倒闭，承运船舶是一条旧船，船货均告失踪，此系卖方与船方互相勾结进行诈骗，导致我方蒙受重大损失。

请分析，我方应该从中吸取哪些教训？

三、CIF

CIF 即 cost, insurance and freight（...named port of destination）——成本、保险费加运费（……指定目的港）。

（一）CIF 的含义

在《2010 通则》中，CIF 术语的含义是：卖方必须支付将货物运至目的港的成本、保险费和运费，但买卖双方风险划分的界线仍在装运港船上。交货后货物灭失或损坏的风险，以及由于发生意外事件而引起的任何额外费用，均由买方承担。

按《2010 通则》的规定，CIF 术语只能适用于海运和内河航运，如要求卖方先将货物交到港口货站，以及使用滚装、滚卸或集装箱运输，则使用 CIP 术语更为适合。

（二）买卖双方的责任和义务

1. 卖方的责任和义务

（1）提供合同规定的货物，负责租船或订舱，支付至目的港的运费，在合同规定的时间和港口，将货物装上船，并于装船后向买方发出已装船的充分通知。

（2）负责办理出口结关手续，并承担货物在装运港装到船上之前的一切风险和费用。

（3）按照合同规定，负责办理运输保险，支付保险费用。

（4）按合同规定提供商业发票，以及向买方提供为买方在目的港提货所用的通常的运输单据，或具有相等效力的电子信息。

2. 买方的责任和义务

（1）承担货物在装运港装到船上之后的灭失或损坏的风险，以及由于货物装船后发生事件所引起的额外费用。

（2）在合同规定的目的港接受卖方提供的与合同相符的单据，受领卖方按合同交付的货物，并按合同规定支付货款。

（3）自负风险和费用，取得进口许可证或其他官方文件，负责办理货物进口所需的海关手续，交纳进口税。

（三）使用 CIF 术语时需要注意的问题

1. 保险的性质和险别

以 CIF 术语成交，卖方应负责办理保险。但是，如果货物在装运后的运输途中出现风险和损失，卖方并不承担责任，买方可以凭保险单向保险公司进行索赔。但是，能否得到赔偿与卖方没有关系。因此，CIF 术语下卖方主要是为买方利益办理保险，纯属代办性质。换句话说，正是基于这种性质，买卖双方在签订 CIF 合同时，对保险险别以及保险加成比例的确定需要仔细考虑，并在合同中明确地予以规定。

【案例 3-10】

某公司以 CIF 条件出口一批罐头，合同签订后，收到买方来函，声称合同规定的目的港最近常发生暴乱，要求我方在办理保险时加保战争险，我方可否答应？

2. 不能把 CIF 术语称为"到岸价"

按 CIF 术语成交，虽然由卖方安排货物运输和办理货运保险，但卖方并不承担保证把货物送到约定目的港的义务，因为 CIF 是属于装运港交货的术语，而不是目的港交货的术语。也就是说，CIF 不是"到岸价"。

3. 风险划分的界限

从表面上看，使用 CIF 术语时，卖方要安排运输、负责保险，并支付全程的运费和保险费，似乎卖方应当保证货物安全到达买方手中，但事实上这是一种错误的理解。按照惯例，在使用这一术语时，买卖双方风险划分的界限与 FOB、CFR 相同，是在装运港将货物装到船上的时候，即当卖方装运货物到船上时，风险由卖方转移到买方，此后发生的风险和损失均应由买方来承担。

必须注意的是，CIF 术语的风险划分界线与费用划分界线是不同的，卖方将运费和保险费支付到目的港，但其承担的风险责任在装运港就结束了。

4. 象征性交货

在国际货物买卖中，存在着两种交货方式：一种是实际交货（physical delivery），即卖方在指定的时间、地点把货物连同代表货物所有权的单据一起交给买方，完成货物所有权与占有权的同时转移；另一种是象征性交货（symbolic delivery），即卖方只把代表货物所有权的单据交到买方手中，完成货物所有权的转移，即为履行了交货义务。

在象征性交货条件下，卖方是凭单据交货，买方是凭单据付款，只要卖方如期向买方提交了合同规定的全套单据，即使货物在运输途中出现风险和损失，买方也必须履行付款的义务；反之，如果卖方提交的单据不合格，但货物符合合同规定而且如期到达了目的地，买方也有权拒付货款。单据在这种交货方式中具有重要意义，体现出了象征性交货实际上具有单据买卖的特征。

CIF 合同的交货是一种最为典型的象征性交货,如卖方只要如期完成装运并提交全套单据,就已经完成交货的义务,不需要保证货物到达对方手中。因此,在 CIF 合同的执行过程中,卖方不仅要保证货物符合合同的规定,也需要对制单、审单等环节给予格外的重视,以免因单据的差错而出现对方拒付货款的情况。

在象征性交货条件下,不能在合同中规定货物何时到达目的港的条款。如果合同中规定了诸如"CIF 波士顿,不迟于 6 月 4 日到达"的文句,很容易引起纠纷。因为这可以理解为象征性交货,也可以理解为实际交货,从而造成合同条款的冲突。

【案例 3-11】

某出口公司按 CIF 伦敦向英商出售一批核桃仁,由于该商品季节性较强,双方在合同中规定,买方须于 9 月底前将信用证开到,卖方保证货运船只不迟于 12 月 2 日驶抵目的港。如货轮迟于 12 月 2 日抵达目的港,买方有权取消合同,如货款已收,卖方必须将货款退还买方。试分析合同中有关条款存在的问题。

5. 属于"装运合同"的性质

在 CIF 术语下,卖方在装运港将货物装上船,即完成了交货义务,这种只保证货物按时运输,不保证货物按时到达的合同属于"装运合同"。虽然 CIF 术语经常以 CIF 加目的地的形式出现,但卖方在装运地完成交货,因此,CIF 术语订立的合同仍属于"装运合同"的性质。

FOB、CFR、CIF 三个贸易术语是国际贸易中最常用的术语,掌握这三个术语的基本内容和特点,有助于我们更清楚地认识了解这三个术语买卖双方当事人的责任和义务。它们的异同如表 3-3 所示。

表 3-3 FOB、CFR、CIF 异同点一览

	交货方式相同:象征性交货				
相同点	运输方式相同:水上运输				
	交货地点相同:出口国装运港				
	风险转移地点相同:装运港船上为界				
	出口清关手续义务责任人相同:卖方				
不同点	运输责任及费用		办理保险及费用		装船后是否通知买方
	FOB	买方	FOB、CFR	买方	FOB、CFR	及时
	CFR、CIF	卖方	CIF	卖方	CIF	协商

第四节 货交承运人的三种贸易术语

随着现代运输业的发展,新的运输工具及形式不断变化、发展,装运港交货的贸易术语出现了一定的局限性,这主要表现在两个方面:一是它们只适合海洋或内河运输,而不适合空运、陆运等运输形式;二是在一些新的运输形式中,如集装箱运输、多式联运等,以"船舷为界"来划分风险已经没有意义。

一、FCA

FCA 即 free carrier（…named place）——货交运承运人（……指定地点）。

（一）FCA 的含义

此术语是指卖方如果在合同规定的交货期内，在指定地点将经出口清关的货物交给买方指定的承运人，并办理了出口结关手续，就算履行了其交货义务。如果买方未指定确切地点，则卖方可在规定的交货地或地段内选择在任何处所由承运人接管货物。"接管货物的地点"是指在运输工具上、铁路终点站、货运站、集装箱码头或堆场，或任何类似的收货站。按商业惯例，在与承运人订立合同（如铁路运输或航空运输）进而需要卖方提供协助时，卖方可以在由买方承担风险和费用的情况下行事。应当指出，这里所指的承运人，既包括实际履行运输合同的承运人，也包括签订运输合同的运输代理人。按此术语成交，即使运输代理人拒绝接受承运人的责任，卖方也必须按买方指示，把货物交给运输代理人。如果买方指示交给某一个人，如一个非承运人的货运代理人，当货物置于该人照管之下，就可认为卖方履行了其交货义务。

FCA 术语的适用范围最广，它适用于各种运输方式，其中包括多式联运。这种贸易术语占有十分重要的地位，在国际贸易业务中将发挥越来越大的作用。

（二）买卖双方的责任和义务

1. 卖方的责任和义务

（1）在合同规定的时间内，在指定地点，将符合合同的货物交给买方指定的承运人，并给予买方货物已交付的充分通知。

（2）承担货物交给承运人以前的一切费用和风险，取得出口许可证或其他官方批准文件，办理货物出口结关手续。

（3）向买方提供约定的商业发票或相等效力的电子信息，并自费提供通常的交货凭证。

2. 买方的责任和义务

（1）自负费用订立自指定地点承运货物的合同，并将承运人名称及有关情况及时通知卖方。

（2）按合同规定受领货物并支付货款。

（3）自负风险和费用，取得进口许可证或其他官方文件，并办理货物进口清关手续。

（4）从卖方交付货物时起，承担货物灭失或损坏的一切风险。

（三）使用 FCA 术语时需要注意的问题

1. 关于交货问题

对于装货和卸货的责任，《2010 通则》规定：无论采用何种运输方式，如果在卖方所在地交货，则卖方负责装货（指卖方要负责将货物装上买方指定的承运人或代表买方的其他人提供的运输工具上），此时交货地点是在卖方处所由承运人提供的运输工具上；如果在任何其他地点交货，则卖方不负责卸货（指卖方只要将装载于运输工具上的货物交给买方指定的承运人处置时即完成交货义务），此时交货地点为指定交货地的卖方送货运输工具上。

【案例 3-12】

新加坡 A 公司与马来西亚 B 公司订立 FCA 合同，购买 500 吨白糖，合同约定提货地为 B

公司所在地。2016年7月3日，A公司派代理人到B公司提货，B公司已将白糖装箱完毕并放置在临时敞篷中，A公司代理人由于人手不够，要求B公司帮助装货，B公司认为已履行完应尽义务，故拒绝帮助装货。A公司代理人无奈返回，3日后A公司再次到B公司所在地提走货物。但是，在货物堆放的3天里，因遇湿热台风天气，货物部分受损，造成10%的脏包。请问，这部分损失应该由谁承担？

2. 关于承运人

以FCA术语成交，通常由买方安排承运人，自行订立运输合同，并将承运人有关信息通知卖方。该承运人可以是拥有运输工具的实际承运人，也可以是运输代理人或其他人。但是应买方的要求和由买方承担风险、费用的情况下，卖方也可以代替买方指定承运人，并签署运输合同。当然，卖方有权拒绝买方的要求。

3. 关于运输问题

《2010通则》中的FCA术语适用于任何运输方式，包括国际多式联运。应由买方自行负担费用，订立从指定地点承运货物的运输合同，并指定承运人，而卖方无订立运输合同的义务。但《2010通则》又规定，当卖方被要求协助与承运人订立合同（如铁路或航空运输）时，只要买方承担费用和风险，卖方也可以办理。当然，卖方也可以拒绝订立运输合同。若拒绝，则应立即通知买方，以便买方另作安排；否则，遗漏安排运输，会引起额外的风险和费用。

【案例3-13】

我某公司按FCA Shanghai Hongqiao Airport条件向某印度商人出口手表一批，货价5万美元，规定交货期为8月份，自上海空运至孟买；支付条件：买方凭由孟买××银行转交的航空公司空运到货通知即期全额电汇付款。我公司于8月31日将该批手表运到上海虹桥机场交由航空公司收货并出具航空运单。我随即向印商发出装运通知。航空公司于9月2日将该批手表空运到孟买，并将到货通知连同有关发票和航空运单送孟买××银行。该银行立即通知印商前来收取上述单据并电汇付款。此时，国际市场手表价下跌，印商以我交货延期，拒绝付款、提货。我方则坚持对方必须立即付款、收货。

请问：我方是否交货延期？

4. FCA术语和FOB术语的比较

（1）适合的运输方式不同。FOB术语仅仅适合于海运和内河运输，而FCA术语适合于包括多式联运在内的多种运输方式。

（2）交货和风险转移的地点不同。FOB术语的交货地点为装运港船上，风险在装运港装上船时从卖方转移至买方；而FCA术语的交货地点视不同的运输方式而定，风险则于卖方将货物交给承运人接管时由卖方转移至买方。

二、CPT

CPT即carriage paid to（…named place Of destination）——运费付至（……指定目的地）。

（一）CPT的含义

该术语是指卖方订立从装运地至约定目的地的运输合同，并应在约定时间内将货物交给承运人，只要卖方将货物交付给承运人照管，就算完成了交货义务。自货物已交付给承运人照管时起，货物灭失或损坏的风险以及自货物交付给承运人后发生事件所产生的任何额外费用，即从卖方转由买方承担。

CPT术语适用于包括多式联运在内的任何运输方式。按此术语成交，卖方交货地点可以在出口国内陆任何装运地点，也可以在出口国沿江、沿海港口。不论在何处交货，卖方都要办理货物出口的结关手续。

（二）买卖双方的责任和义务

1. 卖方的责任和义务

（1）办理出口清关手续。

（2）负责费用订立运输合同，在合同规定的时间和地点，将符合合同规定的货物交于承运人控制之下，并给予买方货物已交付的充分通知。

（3）承担货物交给承运人以前的一切费用和货物灭失与损坏的一切风险，以及装货费和从装运地至目的地的通常运费。

（4）向买方提供约定的商业发票和在指定的目的地提货所需的运输单据或具有相等效力的电子信息。

2. 买方的责任和义务

（1）办理货物的进口清关手续。

（2）在目的地从承运人那里受领货物，并按合同规定受领单据和支付货款。

（3）从卖方交付货物时起，承担货物灭失和损坏的一切风险。

（4）自负风险和费用，取得进口许可证或其他官方证件。

（三）使用CPT术语时需要注意的问题

1. 风险划分界限问题

在CPT条件下，货物交给承运人或第一承运人照管时起，货物发生灭失或损坏的一切风险，即由卖方转移给买方。可见，货物在运输途中的风险概由买方承担，而卖方承担货物交由承运人控制之前的风险。在多式联运情况下，为了将货物运至指定目的地而需要后续承运人，风险自交付给第一承运人时转移。

2. 责任和费用的划分问题

按CPT条件成交时，由于卖方要负责订立运输合同并承担从装运地到约定目的地的运输责任和通常运费，故卖方对外报价时，要认真核算运费，务必将运费因素考虑到货价中去。在核算运费时，应考虑运输距离的远近、通常运输路线和各种方式的收费情况或运价变动趋势，以免对外盲目报价，出现偏高或偏低现象。关于CPT条件下的装卸费是否包括在运费中，以及卖方协助买方办理有关事项而产生的费用等，买卖双方均应事先予以明确。

为了明确买卖双方各自承担的费用和风险的责任，并防止买方故意拖延受领货物的情况出现，按CPT条件成交，如由于买方未向卖方通知或未按时受领货物，由此引起的额外费用和风险，都应由买方负担。

3. 装运通知问题

按 CPT 条件成交时，卖方自费订立运输合同，按期将货物交给承运人，而买方需要办理保险。为了避免两者发生脱节，造成货交承运人监管后买方失去对货物必要的保险保障，卖方应及时向买方发出货物已交付的通知。前述 CFR 术语所做的说明，也同样适用于 CPT 术语达成的交易。

如买方有权确定装货时间和（或）目的地，买方应给予卖方充分的通知，以利于卖方完成交货义务。卖方将货交给承运人后，应向买方发出货已交付的通知，以利于买方在指定目的地从承运人那里受领货物。如果交货地点未约定或习惯上未确定，则卖方可在给定目的地选择最适合其要求的地点。

4. CPT 术语和 CFR 术语的比较

（1）适合的运输方式不同。CFR 术语仅仅适合于海运和内河运输，而 CPT 术语适合于包括多式联运在内的多种运输方式。

（2）交货和风险转移的地点不同。CFR 术语的交货地点为装运港船上，风险在装运港装上船时从卖方转移至买方；而 CPT 术语的交货地点视不同的运输方式而定，风险则于卖方将货物交给承运人接管时由卖方转移至买方。

三、CIP

CIP 即 carriage and insurance paid to（…named place of destination）——运费、保险费付至（……指定目的地）。

（一）CIP 的含义

卖方除负有与 CPT 术语相同的义务外，还须办理货物在运输途中应由买方承担的货物灭失或损坏风险的运输保险，即卖方除应订立运输合同和支付通常运费外，还应负责订立保险合同并支付保险费。在此需提请买方注意，按 CIP 条件成交，卖方只需按最低责任的保险险别办理保险。

CIP 术语的适用范围同 CPT 术语完全一样，它适用于各种运输方式，包括多式联运。

（二）买卖双方的责任和义务

1. 卖方的责任和义务

（1）自负风险和费用取得出口许可证或其他官方文件，并办理出口清关手续。

（2）自付费用订立运输合同和保险合同，按期将货物交给承运人，以运至指定目的地，并向买方发出货物已交付的充分通知。

（3）承担货物交付承运人以前的一切费用和货物灭失与损坏的一切风险。

（4）向买方提交约定的商业发票和在指定目的地提货所需的运输单据，或具有相等效力的电子信息。

2. 买方的责任和义务

（1）在目的地从承运人那里受领货物，并按合同规定受领单据和支付货款。

（2）支付除通常运费之外的有关货物在运输途中所产生的各项费用和卸货费用。

（3）从卖方交付货物时起，承担货物灭失和损坏的一切风险。
（4）自负风险和费用，取得进口许可证或其他官方证件，并办理货物进口清关手续。

（三）使用CIP术语时需要注意的问题

1. 正确理解风险和保险问题

在CIP条件下，货物运输和保险的责任、费用虽由卖方负责，但货物在运输途中灭失或损坏的风险却由买方负担。由此可见，卖方是为买方的利益代办保险，卖方之所以自费办理保险，是因为货物的售价中包括保险费。根据《2010通则》的解释，在一般情况下，卖方只按约定的险别投保，如未约定险别，则卖方只需按惯例投保最低限度的险别。

2. 应当合理制定价格

上述解释表明，CIP等于CPT加保险费，或者等于FCA加运费和保险费。因此，卖方对外报价时，应认真核算运费和保险费，并要预测运费和保险费的变动趋势等情况，以免因报价过低而造成经济损失。

3. CIP术语和CIF术语的比较

（1）适合的运输方式不同。CIF术语仅仅适合于海运和内河运输，而CIP术语适合于包括多式联运在内的多种运输方式。

（2）交货和风险转移的地点不同。CIF术语的交货地点为装运港船上，风险在装运港装上船时从卖方转移至买方；而CIP术语的交货地点视不同的运输方式而定，风险则于卖方将货物交给承运人接管时由卖方转移至买方。

四、装运港交货和货交承运人两组术语的比较

装运港交货的贸易术语FOB、CFR、CIF和货交承运人的贸易术语FCA、CPT、CIP，在买卖双方责任的划分上明显具有一定的继承性和相似性。它们有两个相同点：第一，均属于象征性交货方式，卖方保证按时交货，但不保证按时到货；第二，责任划分的基本原则是相同的。但是，后一组术语能够适应众多的运输形式，因此，两者在使用时的不同之处也是显而易见的，主要表现在以下几个方面：

（1）适应的运输方式不同。FOB、CFR、CIF三种贸易术语仅适用于海运和内河运输，其承运人一般只限于船公司，适用于大宗农产品、矿产品运输。而FCA、CPT、CIP三种术语适用于各种运输方式，通常适用于集装箱运输和多式联运，其承运人既可以是船公司、铁路局、航空公司，也可以是安排多式联运的联合运输经营人。

（2）交货和风险转移的地点不同。FOB、CFR、CIF的交货地点均为装运港船上，风险均在货物由装运港装上船时从卖方转移到买方。而FCA、CPT、CIP的交货地点，则需视不同的运输方式由双方约定。它既可以是在卖方处所由承运人提供的运输工具上，也可以是在各种运输形式承运人的运输工具上或收货站点。货物风险在卖方将货物交由承运人控制时，由卖方转移至买方。

（3）装卸费用负担不同。在适用程租船运输，而船方又不愿意承担装卸费时，如果采用FOB、CFR、CIF，买卖双方就需进一步明确由谁负责装船或卸货的费用。但是，如果使用FCA、CPT、CIP术语，则不存在这一问题。如果涉及海运并使用了程租船，则承运人收取的运费中已包含

了货物在装运港装船和到达目的港卸货的费用,故不存在进一步明确由谁承担装卸费用的问题。

（4）运输单据不同。在 FOB、CFR、CIF 术语下,卖方一般应向买方提交已装船清洁提单。而在 FCA、CPT、CIP 术语下,卖方提交的运输单据则视不同的运输方式而定。如在海运和内河运输下,卖方就应提供可转让的提单,或不可转让的海运单和内河运单；如在铁路、航空运输或多式联运方式下,则应分别提供铁路运单、航空运单或多式联运单据。

（5）保险险别不同。由于在 FOB、CFR、CIF 术语下只涉及水路运输的形式,故在投保时也只为货物投保海运运输险。而在 FCA、CPT、CIP 术语下,运输货物的形式多种多样,故投保的险别也会涉及海运、陆运、空运、邮包等众多种类。

第五节　其他贸易术语

一、EXW

EXW 即 ex works（…named place）——工厂交货（……指定地点）。

（一）EXW 的含义

该术语是指卖方在其所在地（农场、工厂或仓库等）将货物交给买方,即完成交货义务。按此贸易术语成交,卖方既不承担将货物装上买方备妥的运输车辆（若双方希望在启运时卖方负责装载货物并承担装载货物的全部费用和风险,则需在合同中写明）,也不负责办理货物出口结关手续。除另有约定外,买方应承担自卖方所在地受领货物至预期目的地所需的全部费用和风险（包括装运前检验以及出口国强制检验）。因此,工厂交货是卖方承担责任、费用和风险最小的一种贸易术语,特别适合于卖方不愿意承担任何义务的情况。

（二）买卖双方的责任和义务

1. 卖方的责任和义务

（1）在合同规定的时间和地点,将合同要求的货物置于买方的处置之下。

（2）承担将货物交给买方处置前的一切费用和风险。

（3）提交商业发票或具有相等效力的电子信息。

2. 买方的责任和义务

（1）在合同规定的时间和地点受领货物,并支付货款。

（2）承担受领货物后的一切风险和费用。

（3）自负风险和费用,取得出口许可证和进口许可证或其他官方证件,并负责办理货物出口和进口的一切海关手续。

EXW 术语是卖方承担的责任、风险和费用最小的一种贸易术语。它的另外一个特殊之处是买方负责办理货物的出口手续。因此,在成交之前,买方须了解出口国家政府是否接受一个不在该国的当事人或其代表在该国办理出口结关手续,以免蒙受不必要的损失。如果在买方不能直接或间接地办理货物出口手续的情况下,就不宜使用这一术语,而应选用 FCA 术语。

【案例 3-14】

某公司按照 EXW 条件出口一批电缆，但在交货时，买方以电缆的包装不适宜出口运输为由，拒绝提货和付款。

请问：买方的行为是否合理？

二、FAS

FAS 即 free alongside ship（…named port of shipment）——装运港船边交货（……指定装运港）。

（一）FAS 的含义

该术语是指卖方在装运港船边交货，即卖方把货物送到装运港码头买方所派船只的船边吊钩所及之处，即完成交货。

按 FAS 条件成交，买卖双方费用和风险的划分以船边为界，货物交至船边前的一切费用和风险（其中可能包括驳运费用和驳运过程中发生的货物风险损失）概由卖方负担。当货物有效地交到船边后，装船的责任和费用、风险即由卖方转移给买方。采用 FAS 术语，要求卖方办理出口结关手续，并承担出口清关的费用。但是，如果双方当事人希望买方办理出口手续，则应在合同中订明。

（二）买卖双方的责任和义务

1. 卖方的责任和义务

（1）在合同规定的时间和装运港口，将合同要求的货物置于买方所派的船只旁边，并及时通知买方。

（2）承担货物交至船边的一切风险和费用。

（3）自负风险和费用，取得出口许可证或其他官方证件，并办理货物的出口清关手续。

（4）提交商业发票或具有相等效力的电子信息以及证明完成交货义务的单据。

2. 买方的责任和义务

（1）自负费用订立运输合同，并将船名、装货地点和要求交货的时间及时通知卖方。

（2）在船边按时受领货物，并按合同规定支付货款。

（3）承担受领货物之后的一切风险和费用。

（4）自负风险和费用，取得进口许可证或其他官方证件，办理货物的进口清关手续。

FAS 术语与 FOB 术语的唯一区别是：前者是卖方在船边交货，尚未装上船；后者是在装运港将货物装上船。

根据《2010 通则》的解释，FAS 术语只适合于水上运输，包括海运或内河航运。但是，按照《1941 年美国对外贸易定义修订本》的解释，FAS 是 free alongside 的缩写，是指在交通工具旁交货。因此，在同美洲国家进行贸易时，应在 FAS 后面加上 vessel 字样，以明确表示是在装运港"船边交货"。

【案例 3-15】

我国某公司按照 FAS 条件进口一批木材，在装运完成后，国外卖方来电要求我方支付货款，并要求支付装船时的驳船费。

请问：对卖方的要求我方应如何处理？

三、DAT

DAT 即 delivered at terminal（…named terminal at port or place of destination）——运输终端交货（……指定目的港或目的地）。

（一）DAT 的含义

该术语是指卖方备妥货物后，将货物运至指定目的港或目的地的指定运输终端，将货物从抵达的载货运输工具上卸下，交由买方处置时，办妥货物出口清关手续但尚未办理进口清关手续时，即完成交货义务。在此术语下，买卖双方费用风险的划分以约定的运输工具终端交货地点为界，卖方承担货交买方处置以前的一切费用和风险，买方则承担交货后所发生的一切费用风险。

（二）买卖双方的责任和义务

1. 卖方的责任和义务

（1）在合同规定的时间，在指定的地点，将合同规定的货物运至约定的目的港或目的地并卸下置于买方控制之下。

（2）承担将货物交给买方前的一切风险和费用。

（3）自负风险和费用，取得出口许可证或其他官方证件，办理货物的出口清关手续。

（4）提交商业发票或具有相等效力的电子信息和在边境指定地点交货的其他凭证。

2. 买方的责任和义务

（1）接受卖方提交的有关单据，在指定地点受领货物，并按合同规定支付货款。

（2）承担受领货物后的一切风险和费用。

（3）自负风险和费用，取得进口许可证或其他官方文件，办理货物的进口清关手续。

DAT 术语适用包括多式联运在内的任何运输方式。运输终端意味着任何地点，而不论该地点是否有遮盖，如码头、仓库、集装箱堆场或公路、铁路、货运站等。

四、DAP

DAP 即 delivered at place（…named place of destination）——目的地交货（……指定目的地）。

（一）DAP 的含义

该术语是指卖方在规定的期限内，在指定的目的地将运输工具上尚未卸下的货物交给买方，即完成交货。卖方必须承担货物运至指定目的地的一切费用及风险（不包括进口关税、捐税及进口时应支付的其他费用），但不负责卸货。卖方需办理出口手续，获得出口许可证及交纳出口关税和其他费用，买方需办理进口手续，获得出口许可证及交纳出口关税和其他费用。

DAP 术语属于在进口国内地交货的方式，适用于包括多式联运在内的各种运输方式。

（二）买卖双方的责任和义务

1. 卖方的责任和义务

（1）在合同规定的交货期内，在进口国内双方约定的交货地点，将符合合同的货物置于买方处置之下。

（2）承担将货物置于买方处置之前的一切风险和费用。

（3）自负风险和费用，取得出口许可证或其他官方文件，办理货物的出口清关手续。

2. 买方的责任和义务

（1）接受卖方提供的有关单据，并在目的地约定地点受领货物并支付货款。

（2）承担受领货物之后的一切风险和费用。

（3）自负风险和费用，取得进口许可证或其他官方文件，并办理货物的进口清关手续。

在 DAP 条件下，卖方承担义务将货物运到进口国双方约定的交货地点，把货物实际交给买方，但货物的进口清关手续及进口税却由买方负担。所以，如果预计进口清关会遇到困难，则不宜采用此术语。DAP 术语比较适用于自由贸易区以及定有关税同盟的国家间的贸易。例如，欧洲共同市场各国货物进口结关一般不会遇到什么困难，故使用此术语非常合适。

五、DDP

DDP 即 delivered duty paid（…named place destination）——完税后交货（……指定目的地）。

（一）DDP 的含义

该术语是指卖方在合同规定的交货期内，负责把符合合同的货物运至进口国指定的目的地并交付买方处置时，即履行了交货义务。在货物交由买方处置以前的所有责任、费用和风险，其中包括关税、捐税及有关交货的其他费用，货物在运输途中发生灭失、损坏的风险以及办理货物出口和进口手续的费用风险，概由卖方承担。

（二）买卖双方的责任和义务

1. 卖方的责任和义务

（1）在合同规定的交货期内，在进口国内双方约定的交货地点，将符合合同的货物置于买方处置之下。

（2）承担将货物置于买方处置之前的一切风险和费用。

（3）自负风险和费用，取得进出口许可证或其他官方文件，办理货物的进出口清关手续。

2. 买方的责任和义务

（1）接受卖方提供的有关单据，并在目的地约定地点受领货物并支付货款。

（2）承担受领货物之后的一切风险和费用。

DDP 术语与 DAP 相比，在交货地点、交货方式、风险划分界限等方面都是相同的。唯一不同的是，采用 DDP 术语时，货物的进口清关手续由卖方负责办理，即货物的进口、出口手续都由卖方办理。DDP 术语是《2010 通则》11 种贸易术语中卖方承担责任、费用和风险最大的一种。

如果当事人希望买方办理货物进口结关并支付关税,则应使用 DAP 术语;如果当事人希望卖方承担货物进口应支付的某项费用(如增值税)的义务,则应明确规定:"Delivered duty paid, V.A.T.unpaid(…named place of destination)完税后交货,增值税未付(……指定目的地)。"

DDP 术语同 DAP 术语一样,可适用于包括多式联运在内的各种运输方式。按 DDP 术语成交,卖方应自行承担费用和风险直接取得进口许可证或其他官方批准证件,也可以在卖方承担费用和风险的情况下要求买方协助,以间接取得这些证件。如卖方不能直接或间接地取得进口许可证,就不应当采用 DDP 术语。

第六节 贸易术语的选用

在国际贸易中,合理地采用适当的贸易术语,对促进双方业务成交,提高经济效益和顺利履行合同,都有十分重要的意义。因此,买卖双方都希望采用对自身有利的贸易术语。由于贸易术语涉及买卖双方的利害得失,故洽商交易时,彼此应就采用何种贸易术语成交达成一致意见,并在买卖合同中具体订明。

一、各种贸易术语本身存在的差异

《2010 通则》共解释了 11 种贸易术语,这些术语从不同的角度划分了买方和卖方在交易中的责任、费用和风险。了解这些贸易术语的异同,是我们掌握和选用它们的关键。我们可以从以下几个方面来理解这些术语的差异。

(1)不同的运输方式。从对运输方式的适用上,11 种贸易术语可以划分为两类:一是水上运输,如 FOB、CFR、CIF、FAS,这些术语只适用于水上运输方式。尽管水运速度慢、风险相对较大,但其最大的特点是运费低廉,特别是运输大宗散货杂货时,可节省费用。二是适合各种运输方式,如 FCA、CPT、CIP、EXW、DAT、DAP、DDP 七种贸易术语。随着运输技术的进步,新型运输方式普遍适用于国际运输,贸易术语也相应地与这些运输方式相配合。

(2)买卖双方责任。选择贸易术语时,首先需要清楚地把握每种贸易术语在责任方面的划分。例如,EXW(工厂交货)术语是卖方责任最小、买方责任最大的一种术语。买方要负责交易中绝大部分环节,而卖方所承担的责任却最小,坐等对方上门收货就完成了所有的责任与义务,基本上毫无风险,按照这种术语成交的价格也最低。而 DDP 术语是卖方责任最大、买方责任最小的一种术语。卖方承担了全程运输责任及风险(包括办理进口手续的责任与风险)。对卖方来说,一旦没有能力完成交货,则会面临极大的风险,造成重大的损失。因此,按照这种术语成交的价格也最高。因此选择贸易术语时,必须搞清楚买卖双方承担的责任和风险的大小,才能选择有利于自己的术语。

(3)交货地点和风险划分。11 种贸易术语按照交货地可分为"出口国交货"和"进口国交货"两类。在出口国交货的贸易术语中,除了 EXW、FAS 两种贸易术语属于实际交货外,FCA、FOB、CFR、CPT、CIF、CIP 在性质上均属于象征性交货;而 EXW 和 FAS 两种术语,虽属于实际交货,但因交货地点在出口国,所以卖方承担的责任也较小。此外,出口国交货的贸易术语的风险划分界线也都在出口国,所以,相对而言,采用这类术语,卖方承担的责任和风险较小。

而进口国交货的 3 种贸易术语,即 DAT、DAP、DDP,就交货性质而言,均属于实际交货,即卖方必须将货物交由买方控制时,才算完成交货的义务,风险划分界线也在买方国家。显然,在这类术语的交易中,卖方承担的责任和风险较大。

二、选用贸易术语需要考虑的因素

买卖双方洽商交易时,为了采用适当的贸易术语,需要考虑的因素很多,其中主要有下列几点:

(1)体现平等互利和双方自愿的原则。在国际贸易中,按何种贸易术语成交,买卖双方应本着平等互利的原则,从方便贸易和促进成交出发,在彼此自愿的基础上商订,不宜强加于人。而贸易术语的选择主要取决于双方在交易中的主动地位。如果某商品的生产状况具有买方市场的特点,则在交易中买方通常处于较为主动的地位,在贸易术语的选择上买方的意愿会起到较大的作用;反之,在卖方市场状态下,卖方就会具有较大的选择权。

(2)考虑运输条件。《2010通则》对每种贸易术语适用的运输方式,都分别做了明确具体的规定,如FAS、FOB、CFR、CIF适用于水运,剩下的7种贸易术语适用于各种运输方式。在出口业务中,如果货物是以集装箱、滚装船或多式联运方式运输的,应采用FCA、CPT、CIP术语。因此,买卖双方采用何种贸易术语,首先应考虑采用何种运输方式。此外,买卖双方还应考虑本身的运输力量以及安排运输有无困难。在本身有足够运输能力或安排运输无困难的情况下,可争取按由自身安排运输的条件成交,如出口采用CFR、CIF、CPT、CIP贸易术语,甚至DAT、DAP、DDP贸易术语;进口采用FOB、FCA、FAS贸易术语,甚至EXW。否则,应根据情况争取由对方安排运输。

(3)考虑货源状况。国际贸易中的货物品种很多,不同类别的货物具有不同的特点,它们在运输方面有不同的要求。例如,进口大宗货物,选用FOBS术语,散装货物考虑使用FOBST术语。此外,成交量的大小,也直接影响安排运输是否有困难和经济上是否合算。在成交量太小又无班轮通航的情况下,负责安排运输的一方势必会增加运输成本。故选用贸易术语时,货源情况应予以考虑,以便节省运费。

(4)考虑运费因素。运费是货价构成因素之一,在选取用贸易术语时,应考虑货物经由路线的运费收取情况和运价变动趋势。一般来说,当运价看涨时,为了避免承担运价上涨的风险,可以选取由对方安排运输的贸易术语成交,如按CFR、CIF、CPT、CIP中的某种术语进口,按FOB、FCA、FAS中的某种术语出口。在运价看涨的情况下,如因某种原因不得不采用由自身安排运输条件成交,则应将运价上涨的风险考虑到货价中,或在合同中订明以现行费率为准,超额运费由买方负担;若我方不得不独自承担,则可以考虑放弃此笔交易,以免承担运价变动的风险损失。

(5)考虑运输途中的风险。在国际贸易中,交易的商品一般需要通过长途运输,货物在运输过程中可能遇到各种自然灾害、意外事故等风险,特别是当遇到战争或人为障碍时,运输途中的风险更大。因此,买卖双方洽商交易时,必须根据不同时期、不同地区、不同运输路线和运输方式的风险情况,并结合购销意图选用适当的贸易术语。一般来说,出口不宜采用目的地交货的术语,如DAP、DAT和DDP;进口不宜采用出口国内地交货的术语,如EXW。

(6)考虑办理进出口货物结关手续有无困难。在国际贸易中,关于进出口货物的结关手续,有些国家规定只能由结关所在国的当事人安排或代为办理,有些国家则无此项限制。因此,买卖双方为了避免承担办理进出口结关手续有困难的风险,在洽商交易之前,必须了解有关政府当局关于办理进出口货物结关的具体规定，以便选用适当的贸易术语。例如，当某出口国政府当局规定，买方不能直接或间接办理出口结关手续，则不宜按 EXW 件成交，而应选 FCA 术语成交。

（7）考虑船货的衔接及货物安全。为了船货的衔接和货物的安全，我方出口时，应采用 CFR、CIF、CPT、CIP 贸易术语。这样，我方出口商与承运人或其代理人签订运输合同时，便于根据自身组织货源的情况及时办理租船订舱。而且，在采用 CIF 和 CIP 术语时，在由出口方负责的国内运输中，如果遭遇风险，则可以获得保险索赔。需要特别注意的是，我方出口商不宜采用 FOB 术语。因为该术语由买方安排运输，买方安排的运输工具如果不能如期达到交货地点，就会增加我方的仓储费用。另外，该术语是由买方办理保险，但出口方负责的国内运输段的风险是没有保障的，除非由我方出口商另行投保。另外，FOB 术语的交货地点、风险划分界限是以装运港的船上为界的，一旦货物装至船上，我方就失去了对货物的控制，加上承运人由进口商制定，因而不能排除与承运人相互勾结，致使我方蒙受损失。

我方进口货物时，应采用 FOB 术语，不宜采用 CIF 或 CFR 术语。如果采用 CIF 术语，就不能促进我国运输业和保险业的发展，不利于节省运费；如果采用 CFR 术语，保险则应由我方办理。但租船订舱的手续由对方办理，风险划分的界限在对方装运港船上，若对方指定船舶不当，或与船方勾结出具假单据，我方则会蒙受损失。

本章小结

本章重点讲述国际贸易术语的含义与目前常用的、影响较大的三个关于贸易术语的国际贸易惯例，即《1932 年华沙—牛津规则》《1941 年美国对外贸易定义修订本》《2010 年国际贸易术语解释通则》(简称《2010 通则》)。其中以《2010 通则》内容最广、使用得最多。《2010 通则》所解释的 11 种贸易术语中，使用最广泛的是 FOB、CFR 和 CIF 三种。掌握贸易术语的关键是熟知每个术语对交易双方的责任、费用、风险和交货地点划分的界线以及价格构成，因此要在弄清每个贸易术语含义的基础上综合选用各种贸易术语。

基本概念

贸易术语　国际贸易惯例　风险转移　象征性交货　装运合同　到货合同

模拟测试

一、名词解释

贸易术语　国际贸易惯例　象征性交货　货交承运人　FOBST　FCA　CIF　CPT　CIP

二、填空题

1. 贸易术语具有两重性，一方面它用来确定_____，另一方面它又用来表示商品的_____。

2.《美国对外贸易定义修订本》主要在_____国家采用，所解释的贸易术语有_____种。

3. F组贸易术语包括_____、_____和_____三种。
4. FCA、CPT和CIP是由_____、_____、_____三种国际贸易术语演化而来的。
5. 在INCOTERM 2010中的_____、_____、_____、_____只适用于水上运输。
6. 在国际上有较大影响的国际贸易惯例主要有_____、_____、_____三种。
7. 《华沙——牛津规则》是专门解释_____术语的国际惯例。
8. 在CFR贸易术语后应注明_____。
9. 在象征性交货方式下,卖方凭_____交货,买方凭_____付款。
10. 卖方承担责任最小、负担费用最少的贸易术语是_____。

三、单项选择题

1. 当《2010通则》与当时人双方签订的合同发生矛盾时,应以（　　）为准。
   A.《2000通则》　　　B. 合同　　　C. 第三者裁断　　　D. 重新制定
2. 《1932年华沙—牛津规则》是国际法协会专门为解释（　　）术语而制定的。
   A. FAS　　　B. CIF　　　C. DES　　　D. CPT
3. 《美国对外贸易定义修订本》主要适用的地区是（　　）。
   A. 北美国家　　　B. 南美国家
   C. 拉丁美洲国家　　　D. 美国及泛太平洋地区
4. 《2010通则》将贸易术语归纳为（　　）种。
   A. 11　　　B. 13　　　C. 14　　　D. 16
5. 在《2010通则》中,卖方承担的责任、费用最小的贸易术语是（　　）。
   A. EXW　　　B. DDP　　　C. DDU
   D. FCA　　　E. CIF
6. 根据《2010通则》,贸易术语适用于（　　）。
   A. 买卖合同　　　B. 运输合同　　　C. 保险合同　　　D. 租船合同
7. 采用FCA贸易术语成交,货物的运输契约应由（　　）订立。
   A. 买方　　　B. 卖方　　　C. 船方　　　D. 银行
8. 采用CFR贸易术语时,应由（　　）租船订舱。
   A. 买方　　　B. 卖方　　　C. 船方　　　D. 承运人
9. 采用CFR贸易术语时,应由（　　）办理保险。
   A. 买方　　　B. 卖方　　　C. 船方　　　D. 承运人

四、多项选择题

1. 贸易术语是在长期的国际贸易实践中产生的,它可用来（　　）。
   A. 确定交货条件　　　B. 表示商品价格构成
   C. 确定货物等级　　　D. 明确定价方式
2. 贸易术语的出现促进了国际贸易的发展,它表现在（　　）。
   A. 便于买卖双方交流　　　B. 简化交易手续
   C. 缩短洽商时间　　　D. 节约费用开支
   E. 规范交易双方行为
3. 国际货物买卖中涉及的货物收付问题主要是（　　）。
   A. 何时、何地交货　　　B. 何时转移货物风险

C. 有关费用由谁负担　　　　　D. 由谁负责办理货物运输、保险及通关手续
E. 交易双方交接哪些单据

4. 有关贸易术语的国际贸易惯例主要有（　　）。
A.《1932年华沙—牛津规则》
B.《1941年美国对外贸易定义修订本》
C.《2010年国际贸易术语解释通则》
D.《联合国国际货物销售合同公约》
E.《跟单信用证统一惯例》

5. 在装运港交货的贸易术语是（　　）。
A. FCA　　　B. FAS　　　C. FOB　　　D. CFR　　　E. CIF

6. 风险转移以货物在装运港船上为界的贸易术语是（　　）。
A. FCA　　　B. FAS　　　C. FOB　　　D. CFR　　　E. CIF

7. 采用FOB术语成交时，买方应负的责任是（　　）。
A. 租船订舱　　　　　　　　　B. 办理保险
C. 承担货物越过船舷后的一切费用和风险　　　D. 办理进口清关手续
E. 支付运费

8. 按CIF条件达成的交易，如果卖方愿意承担卸货费用，可以选择（　　）。
A. CIF liner terms　　　　　　B. CIF ex tackle
C. CIF landed　　　　　　　　D. CIF ex ship's hold
E. CIF F.O

9. 下列是我国某公司业务员的进口报价，正确的是（　　）。
A. 每公吨50美元CIF伦敦　　　B. 每公吨50美元FCA上海
C. 每公吨50美元FOB　　　　　D. 每公吨50美元CIF上海
E. 每公吨50美元FCA liner terms 伦敦

10. 采用CIP术语成交时，卖方应承担的责任是（　　）。
A. 订立运输合同　　　　　　　B. 办理货运保险
C. 承担货物交承运人控制之前的风险　　　D. 适用于各种运输方式
E. 办理出口所需的一切手续

五、判断题

1. 贸易术语是随着国际贸易的产生而产生的。（　　）
2.《2010通则》与《2000通则》中包括的贸易术语数目一样，都是13种。（　　）
3. 国际贸易惯例等同于法律，具有强制性。（　　）
4.《2010通则》适用于水上运输方式。（　　）
5.《2010通则》适用于"有形"货物，也适用于"无形"货物。（　　）
6.《2010通则》是一套国际贸易惯例，但它也可用于国内货物买卖。（　　）
7. 国际贸易惯例就是国际贸易过程中的习惯用法。（　　）
8. 按EXW成交，卖方负责办理货物出口的清关手续。（　　）
9.《2010通则》中的11种贸易术语，买卖双方交接的单据，可以是纸单据，也可以是电子单据。（　　）

10. 根据《2010 通则》的解释，买方无法办理货物出境手续时不宜采用 EXW。（   ）

六、简答题

1. 简述贸易术语的性质及作用。
2. FOB、CFR、CIF 之间有何异同？
3. 将 FOB 术语称作"离岸价"妥否？为什么？
4. FOB 的变形是怎样产生的？其常用的变形有哪几种？
5. 国际贸易惯例与法律有何区别？如合同内容与惯例有冲突时以什么为准？
6. 在国际贸易中如何确定合同的性质？确定合同的性质有何意义？
7. 在国际贸易中，如何合理选用贸易术语？

七、案例分析题

1. 我方某公司 2016 年从美国进口特种异性钢材 200 公吨，按每公吨 900 美元 FOB Vessel New York 成交。按合同约定的支付方式和付款时间，我方通过中国银行向对方开出了一张金额为 18 万美元的信用证，对方接到信用证后称："信用证已收到，但金额不足，应增加 1 万美元备用；否则，有关出口税捐及各种签证费由你方另行电汇。"我方接电后认为这是美方的无理要求，回电指出："按 FOB Vessel 条件成交，卖方应负责有关的出口税捐及各种签证费，这在通则中已有规定。"美方又回电称："成交时并未明确规定按通则办。根据我们的商业习惯及《1941 年美国对外贸易定义修订本》，出口税捐及费用应由买方承担，我方很难按《2010 通则》办理。"这时，恰巧国际市场钢材价格上涨，我方又急需这批钢材投产，只好通过银行将信用证金额增至 19 万美元。

问：美方的要求合理吗？我方有没有失误？如果我方不想负担上述出口税费，应在合同中做出怎样的规定？

2. 我方某公司以 CFR 条件出口一批瓷器。我方按合同的规定按期在装运港装船后，及时将包括提单在内的全套单据通过银行寄交买方并要求买方支付货款。此时，因为货物在运输途中因海上风险而损毁，买方闻之，随来函向我方提出索赔。

问：（1）如果我方已及时向买方发出装船通知，我方能否拒绝买方的索赔？

（2）如果业务人员由于业务上的疏忽，忘记向买方发出装船通知，我方能否拒绝买方的索赔？

第四章　商品价格与核算

【学习目标】

了解国际货物贸易中商品价格的相关规定、构成，掌握进出口报价、还价的核算方法以及具体的计算步骤，掌握定价条款的拟定。

【案例导入】

国内某公司向国外出口女士衬衫，单价为每件 2.10 美元，共 2000 件。国外开来的信用证中规定的金额为："about USD 4200, CIF London, less 5% commission and 5% discount"（约 4200 美元，CIF 伦敦，减 5%的佣金和 5%的折扣）。该公司将衬衫装船发运后，向银行交单议付时，需要缮制出口商业发票。该公司的经办人员认为信用证规定"减 5%的佣金和 5%的折扣"，那么 CIF 净价就是在 4 200 美元的总价上直接减 10%就可以了。于是将发票缮制为：

Ladies Blouse	Unit Price	Amount
2000 pieces	USD 2.10	USD 4200.00
Less 5% commission and 5% discount		
CIF London net:		USD 3780.00

这样缮制发票对吗？

分析：按照商业习惯做法，在缮制出口发票时，应在总金额（单价×数量）中先扣除 5%优惠（折扣），得出一个毛净价，然后在此基础上再扣除 5%的佣金，得出净价。在既有折扣又有佣金的交易时，应先扣除折扣，然后再扣佣金，因为折扣部分不应该支付佣金。

第一节　正确掌握进出口商品的价格

合同中的价格条款，一般包括商品的单价和总值两项基本内容。单价（unit price）是指单位商品的价格。总值（total value）是指单价与成交商品数量的乘积，即成交总金额或合同总金额。在本章中所讲到的进出口商品价格是指单价。在国际贸易中，单价包括四项必不可少的内容：计价货币名称、单价金额、计量单位、贸易术语。

如：每公吨 100 美元 CIF 伦敦。

USD	100	Per Metric Ton	CIF London
计价货币	单价金额	计量单位	贸易术语

在这四个项目中，关于计量单位和贸易术语在前面已经讲过了，但如何确定单价金额呢？

100 美元是怎样计算出来的呢？为什么要用美元，而不用日元、加拿大元呢？进出口商品的价格到底是怎么算出来的呢？在确定进出口商品的价格时，有一些基本原则可以遵循。

一、确定价格的依据

进出口商品价格的确定是一项十分复杂的工作。因此，确定价格既要贯彻作价原则，又要综合考虑影响价格的各种因素，使价格的确定具有充分的依据。我国进出口商品的作价原则是，在贯彻平等互利的前提下，根据国际市场价格水平，结合国别政策和国际价值规律确定适当的价格。下面着重分析确定价格的主要依据。

（一）以国际市场价格为作价依据

国际市场价格受供求关系变化的影响而上下波动，有时甚至出现瞬息万变的情况。因此，在确定成交价格时，必须考虑供求状况和价格变动的趋势。当市场商品供不应求时，国际市场价格就会呈上涨趋势；当市场商品供大于求时，国际市场价格就会呈下降趋势。由此可见，我们可以将商品交易所的价格，国际组织或国际公司在大媒体上公布的价格，各国外贸部门、海关统计的价格作为参考依据。切实了解国际市场供求变化状况，有利于对国际市场价格的走势做出正确的判断，也有利于合理地确定进出口商品的成交价格。

（二）结合国别、地区政策作价

制定价格时，要贯彻我国的国别（地区）政策。有时为了配合我国的外交活动，对某些国家的进出口价格可以略高于或略低于国际市场价格水平。

（三）结合购销意图作价

进出口商品的价格受供求关系的影响。价格是一种营销手段，因此可以根据购销意图来确定成交商品的大致水平，如低价多销、高价少销以获利等。面对市场的竞争状况，应灵活掌握价格。需要注意的是，为了防止进口反倾销，不能一味地压低出口或进口价格。

（四）考虑成本因素，在加强成本核算的基础上作价

为了合理确定成交价格，以提高经济效益，在价格掌握上要防止不计成本、不管盈亏和单纯追求成交量的倾向，尤其在出口商品价格的制定上，更要注意这方面的问题。过去，在出口业务中，经常有盲目坚持高价的情况，这会削弱我国出口商品的竞争能力，而且会刺激其他国家发展该项商品的生产，或加速发展代用品同我国产品竞销，从而产生不利的被动局面；反之，不计成本，在国内高价抢购，到国外削价竞销，盲目扩大出口，导致在外销价格方面混乱，使国家蒙受经济损失。所以，加强成本核算至关重要。出口商品成本核算主要是计算出口商品盈亏率、出口商品换汇成本和出口创汇率。

1. 出口商品盈亏率

出口商品盈亏率是指出口商品盈亏额与出口总成本的比率。出口盈亏额是指出口销售人民币净收入与出口总成本的差额，前者大于后者为盈利，反之为亏损。其计算公式为：

出口商品盈亏率=（出口销售人民币净收入-出口总成本）×100%/出口总成本

出口总成本=进出口商品的进货价+出口前的一切费用（国内运费、加工整理费、商品流通

费、杂费、经营管理费、税金、利息等）

出口销售人民币净收入=FOB价×外汇牌价

出口销售人民币净收入若大于出口总成本，计算结果是正数，为盈利；反之，则为亏损。

2. 出口商品换汇成本

出口商品换汇成本指以某种商品的出口总成本与出口所得的外汇净收入之比，得出用多少人民币换回一美元。如出口商品换汇成本高于银行的外汇牌价，出口则为亏损；反之则为盈利。其计算公式为：

出口商品换汇成本=出口总成本（人民币）/出口销售外汇净收入（US$）

出口商品换汇率=1/换汇成本

3. 出口创汇率

出口创汇率又称外汇增值率，指加工成品出口外汇增加的净收入与原料外汇成本的比率。如原料为本国产品，外汇成本可按原料的FOB出口价计算；如原料为进口的，则按该原料的CIF价计算。通过这样的对比，可以看出出口成品的创汇情况，从而确定出口成品是否有利。尤其是在进料或来料加工的情况下，它是核算其经济效益的主要指标。其计算公式为：

出口创汇率=（出口商品外汇净收入-原料外汇成本）×100%/原料外汇成本

（五）出口退税

出口产品退（免）税，简称出口退税，是指对出口产品退还其在国内生产和流通环节实际缴纳的产品税、增值税、营业税和特别消费税。

退税主要是通过退还出口产品的国内已纳税款来平衡国内产品的税收负担，使本国产品以不含税成本进入国际市场，与国外产品在同等条件下进行竞争，扩大出口创汇。

（六）要考虑不同差价因素的影响

差价主要有以下几种：

1. 品质差价

在国际市场上，一般都贯彻按质论价的原则，即优质优价、次货次价。品质的优劣，档次的高低，效能的差异，包装装潢的好坏，式样的新旧，商标、品牌的知名度，都会影响商品的价格。

2. 数量差价

按国际贸易的习惯做法，成交量的大小影响价格，即成交量大时，在价格上应给予适当优惠，或者采用数量折扣的办法；如成交量过少，甚至低于起订量，则可以适当提高出售价格。那种不论成交量多少都采取同一价格成交的做法是不妥当的，我们应当掌握好数量方面的差价。

3. 季节差价

按照销售淡季、旺季对商品需求的差异，掌握一定的差价，力争在旺季以较高的价格增加出口。我国进口商品也应依据季节性掌握好进口时机，力争对我方有利的价格，节约外汇支出。

4. 运输距离差价

各个国家及销售地区的供求关系、运输距离的远近、运输条件会影响运费和保险费的开支，从而影响商品的价格。因此,确定商品价格时,必须核算运输成本,做好比价工作,以体现地区差价。

5. 交货地点和交货条件差价

在国际贸易中,因为交货地点和交货条件的不同,买卖双方承担的责任、费用以及风险不同,因此在确定进出口商品价格的时候,必须考虑这些因素的影响。

二、掌握价格术语之间的换算方法

在国际贸易中,不同的贸易术语表示其价格构成因素不同,即包括不同的从属费用。例如,FOB 术语中不包括从装运港至目的港的运费和保险费;CFR 术语中则包括从装运港至目的港的通常运费;CIF 术语中除包括从装运港至目的港的通常运费外,还包括保险费。在对外洽商过程中,有时一方会按某种贸易术语报价,而对方要求改报其他术语所表示的价格,如一方按 FOB 报价,而对方要求改按 CIF 或 CFR 报价,这就涉及价格的换算问题。了解贸易术语的价格构成及其换算方法,是从事国际贸易人员所必须掌握的基本知识和技能。现将最常用的 FOB、CFR 和 CIF 三种价格的换算方法及公式介绍如下:

1. FOB 价换算为其他价

$$CFR 价 = FOB 价 + 运费 = FOB + F(运费)$$

$$CIF 价 = (FOB 价 + 运费) + CIF 价 \times (1+投保加成率) \times 保险费率$$
$$= (FOB + F)/[1-保险费率 \times (1+投保加成率)]$$

即 $CIF = (FOB + F)/[1-(1+R) \times r]$

其中,F 代表运费;R 为投保加成率;r 为保险费率。

2. CFR 价换算为其他价

$$FOB 价 = CFR 价 - F$$
$$CIF 价 = CFR 价 /[1-(1+R) \times r]$$

3. CIF 价换算为其他价

$$FOB 价 = CIF 价 \times [1-(1+R) \times r] - F$$
$$CFR 价 = CIF 价 \times [1-(1+R) \times r]$$

【例 4-1】××公司出口货物一批,对外报价为每公吨 2000 美元 CIF New York。该种货物每公吨出口运费为 150 美元,投保一切险费率为 1%,计算该货物的 FOB 价。

$$FOB 价 = CIF 价 \times [1-(1+R) \times r] - F$$
$$= 2000 \times [1-(1+10\%) \times 1\%] - 150$$
$$= 1828(美元)$$

三、商品作价的基本方法

在国际货物买卖中,作价的方法多种多样。我们可以根据交易的具体情况分别选择合理的作价方法。

(一) 固定价格

固定价格即固定作价,也叫"死价""一口价",是指买卖双方在签订合同时,将货物的价格一次"订死",不再变动。按照各国法律的规定,合同价格一经确定,就必须严格执行,任何一方都不得擅自更改。在合同中规定固定价格是一种常规做法。例如:

单价为每箱 200 美元 CIF 波士顿。此价格不得调整。(Unit price USD100 per carton CIF Boston. No price adjustment shall be allowed.)

可以看出,固定价格具有明确、具体、肯定和便于核算的特点。不过,由于国际商品市场行情多变,价格涨跌不定。因此,在国际货物买卖合同中规定固定价格,意味着买卖双方要承担从订约到交货付款至转售时价格变动的风险。况且,如果行市变动过于剧烈,这种做法就可能影响合同的顺利执行。一些不守信用的商人很可能为逃避巨额损失而寻找各种借口撕毁合同。因此,为了减少价格风险,采用固定价格时,首先,必须对影响商品供需的各种因素进行仔细研究,并在此基础上对价格的前景做出判断,以此作为确定合同价格的依据;其次,对客户的资信进行了解和研究,并采取相应的避免风险的防范措施,如订立保值条款、对资信不佳的开证行必须要求有保兑行等。

这种固定作价的办法比较适合交易量不大、市场价格变动不大、交货期短的商品交易,在大宗商品交易时应慎重选用。

(二)非固定价格

1. 非固定价格的种类

非固定价格,即一般业务上所说的"活价"。

(1)在合同中只规定作价方式,具体价格留待以后确定。这种规定又可分为下列两种情况:一是在价格条款中明确规定定价时间和定价方法。例如,"在装船月份前 50 天,参照当地及国际市场价格水平,协商议定正式价格",或"按提单日期的国际市场价格计算"。二是只规定作价时间,如"由双方在××年×月×日协商确定价格"。这种方式由于未就作价方式做出规定,容易给合同带来较大的不稳定性,双方可能因缺乏明确的作价标准而在商订价格时产生较大分歧,导致合同无法执行。因此,这种方式一般只应用于有长期贸易关系的老客户之间。

(2)暂定价。由双方在合同中先订立一个初步价格,作为开立信用证和初步付款的依据,待日后双方确定最后价格后再进行最后清算,多退少补。例如:"单价暂定 CIF 伦敦,每公吨 500 英镑,作价方法:以某一交易所三个月期货,按装船月份月平均价加 8 英镑计算,买方按本合同规定的暂定价开立信用证。"

(3)部分固定价格,部分非固定价格。此价俗称"半死不活价"。这种作价方法是为了解决双方在采用固定价格或非固定价格方面的分歧而采取的折中做法,即交货期近的价格在订约时固定下来,余者在交货前一定时期内作价。

2. 采用非固定价格条款时应注意的问题

(1)作价标准的确定。为减少非固定价格条款给合同带来的不稳定因素,消除双方在作价方面的矛盾,明确订立作价标准就是一个重要的、必不可少的前提。作价标准可根据不同商品酌情做出规定。例如,以某商品交易所公布的价格为准,或以某国际市场价格为准等。

(2)明确规定作价时间。关于作价时间的确定,可以采用下列几种做法:

① 在装船前作价。一般规定在合同签订后若干天或装船前若干天作价。采用此种作价办法,对及时收汇比较有保障。但交易双方仍要承担从作价至付款到期日的价格变动风险。

② 装船时作价。一般是指按提单日期的行市或装船月的平均价作价。这种做法实际上只能

在装船后进行,除非有明确的作价标准,否则卖方不会轻易采用,因为他仍承担从作价至付款到期日的价格变动风险。

③ 装船后作价。一般是指在装船后若干天,甚至在船到目的地后开始作价。采用这类做法时,卖方承担的风险也较大,一般只应用在作价标准明确、具体的情况下,故一般很少使用。例如:

每箱 600 美元 CIF 纽约。此价格为暂定价,于装运月份前 20 天由买卖双方另行协商确定价格。(USD 600 per carton CIF New York. This price is a provision price, which shall be determined through negotiation between the buyer and seller 20 days before the month of shipment.)

四、滑动价格

滑动价格,也称价格调整条款,是指根据合同的规定,在一定条件下货价可以在将来调整的价格。合同中的价格实际上只是暂定价格。

在国际货物买卖中,有的合同除规定具体价格外,还规定了各种不同的价格调整条款。例如:"如卖方对其他客户的成交价高于或低于合同价格5%,对本合同未执行的数量,双方协商调整价格。"这种做法的目的是把价格变动的风险规定在一定范围之内,以提高客户经营的信心。

"价格调整(修正)条款"比较适合于加工周期较长的机器设备合同。双方在订约时只规定初步价格(initial price),同时规定如原料价格、工资发生变化、卖方保留调整价格的权利等。

例如,有的合同规定:如交货前所使用的原料或零部件成本发生变化,卖方保留调整合同价格的权利。(The seller reserves the right to adjust the contract price if prior to delivery there is any substantial variation in the cost of raw materials or component part used.)

滑动价格的计算公式为:

$$P = P_0 \times \left(A + B \frac{M}{M_0} + C \frac{W}{W_0} \right)$$

式中,P 为交货时的最终价格;P_0 为签约时的暂定价格;M 是计算 P 时的有关物价指数;M_0 是签约时的有关物价指数;W 是计算 P 时的有关工资指数;W_0 是签约时的有关工资指数。

式中的 A、B、C 都是常数,各占价格若干百分比,由买卖双方在签约时商定。采用哪一种物价指数和工资指数也由双方签约时商定。

对于某些生产周期长的机器设备和原材料商品,买卖双方为了避免承担价格变动的风险,往往采用价格调整的方法。

第二节 计价货币和报价方法

由于世界各国的货币价值并不是一成不变的,特别是在许多国家普遍实行浮动汇率的条件下,通常被用来计价的各种主要货币的市值严重不稳定。国际货物买卖的交货期通常都比较长,从订约到履行合同往往需要是一个长期过程。在此期间,计价货币的汇率是会发生变动的,甚至出现大幅度的起伏,其结果必然直接影响进出口双方的经济利益。因此,如何选择合同的计价货币就具有重大的经济意义,是买卖双方在确定价格时必须注意的问题。

一、计价货币与支付货币

计价货币（money of account）是指合同中规定用来计算价格的货币。如合同中的价格是用一种双方当事人约定的货币（如美元）来表示，没有规定用其他货币支付，则合同中规定的货币既是计价货币，又是支付货币（money of payment）；如在计价货币之外还规定了其他货币如马克支付，则其他货币如马克就是支付货币。在一般的国际货物买卖合同中，价格都表现为一定量的特定货币（如每公吨为 300 美元），通常不再规定支付货币。

二、计价货币的选择

根据国际贸易的特点，用来计价的货币可以是出口国家的货币，也可以是进口国家的货币或双方同意的第三国货币，具体由买卖双方协商确定。在选择计价货币时，要注意以下几个问题。

（一）使用可自由兑换的货币

除双方国家订有贸易协定和支付协定，而交易本身又属于上述协定的交易，必须按规定的货币进行清算外，一般进出口合同都采用可兑换的、国际上通用的，或双方同意的支付手段进行计价和支付。

（二）把握"进软出硬"的原则

在合同中规定用一种货币计价而用另一种货币支付的情况下，因为两种货币在市场中的地位不同，其中有的坚挺（称硬币），有的疲软（称软币），这两种货币按何时的汇率进行结算，是关系到买卖双方利害得失的一个重要问题。在出口贸易中，选择硬币或具有上浮趋势的货币作为计价货币进行结算，不仅可以避免出口收汇因汇率下浮而遭受损失的风险，而且尚能有所补益；在进口贸易中，使用软币或具有下浮趋势的货币作为计价货币，不仅可以避免因货币升值而加大进口成本的风险，还可能因软币下浮而减少进口成本。

（三）多种货币组合

"多种货币组合"也称"一揽子货币计价"，是指在进出口合同中使用两种以上的货币来计价，以消除外汇汇率波动的风险。当公司进口或出口货物时，假如其中一种货币发生升值或贬值，而其他货币的价值不变，则该货币价值的改变不会给公司带来很大的风险，或者说风险因分散而减轻；若计价货币中几种货币升值，另外几种货币贬值，则升值的货币所带来的收益可以抵消贬值的货币所带来的损失，从而减轻或消除外汇风险。如果为达成交易而不得不采用对我方不利的货币，则可以采用这种办法。

三、根据汇率变动趋势，做好对外报价工作

汇率变动大致有两个方向，即上浮或下跌。两者对进出口双方的经济影响基本相反。我们着重讨论如何根据汇率变动趋势做好出口商品的报价工作。由于进口报价与出口报价的方向相反，因此，虽然略去了进口报价工作，应当不难从出口报价中推出。

（一）人民币报价，人民币成交结汇

以人民币报价并以人民币成交结汇的出口商品，应区别汇率上下浮动两种趋势，根据下列

相应的公式对外报价。

1. 人民币对进口国货币呈上升趋势时

当进口国货币对人民币汇率呈下浮趋势时，即人民币对进口国货币呈上升趋势时，以人民币对外报价的公式是：

$$人民币报价 = 人民币底价$$

即当进口国货币对人民币汇率呈下跌趋势时，则以出口商品的原定人民币底价对外报价。所谓人民币底价，是指商品以人民币作为计价单位的预定报价收取的金额。商品的底价通常是根据商品的成本和利润等因素来确定的。

采用上述报价公式，从总体上看，我方将多收外汇。

2. 人民币对进口国货币呈下浮趋势时

进口国货币对人民币汇率呈上升趋势时，即人民币对进口国货币呈下浮趋势时，以人民币对外报价的公式是：

$$人民币报价 = 人民币底价 + 一定百分比幅度$$

现假定我方向日本出口某种商品，日元对人民币的汇率为 100 000∶5000，商品的原定人民币底价为每台 5000 元人民币 CIF 大阪，有关权威机构预测日元呈上浮趋势。此时，如果我方仍按原人民币底价报价，那么到结汇时，若日元对人民币的汇率升至 100 000∶5200，虽然我方仍可收到原定底价人民币 5000 元，但日商只需 96 154 日元（100 000/5200×5000 = 96 154）就能向东京中国银行购买 5000 元人民币支付货款，国家减少了日元外汇收入。由此可见，我方应在原人民币底价的基础上适当加价，以免减少外汇收入。

（二）以外币报价，外币成交结汇

在我国的对外贸易中，出口商品的底价是用人民币来表示的。因此，以外币报价，外币成交结汇，就是将原出口商品底价的人民币改为外币报价，外币成交结汇。进行换算时，选用适当的汇率，使换算出的货币金额跟原来的商品底价相吻合。现将各种改报的计算方法分别举例加以说明。原出口商品底价为人民币，外商要求改报外币价格。

1. 改报的外币外汇管理局有牌价

USD100 = RMB688.31 – 688.90

假设我公司原报价出口商品的底价为每公斤 100 元人民币 CIF 旧金山，后来外商要求改用美元报价，我方报价如下：

$$美元报价 = 100 \div 688.31（买入价）\times 100 = 14.53（美元）$$

这样，我方收到的美元外汇要卖给外汇银行，即外汇银行要买进外汇，所以我们用买入价来计算，到时公司收到 100 元人民币（688.31/100×14.53 = 100）。这一结算后的人民币数额正好与原底价人民币数额相等，否则我出口公司就会遭受损失。

除以上考虑人民币对外币的折算问题外，还应根据外币对人民币汇率变动趋势来调整报价。以下分报价外币对人民币汇率呈上升和下跌两种情况列出报价公式。

（1）报价外币对人民币汇率呈上升趋势时的外币报价。

$$外币报价 = 人民币底价 \div 1 单位外币折合人民币的数额（买入价）$$

即当报价外币对人民币的汇率呈上升趋势时，我方出口公司可维持原定人民币底价不变，成交时按外汇管理局公布的外币对人民币的买入汇率折成外币报价。这样，当外币升值后，出口公司收到的外币结售给外汇银行后，所得人民币的金额肯定会大于原定人民币底价金额，即可获得外币上浮的好处。假如我公司向美国出口某商品的底价为每只 100 元人民币 CIF 波士顿，成交时按外汇管理局公布的美元对人民币的买入汇率为 USD1 = RMB6.8831，而美元汇率呈上升趋势，那么，将 100 元人民币底价改用美元报价，其金额为：

$$美元报价 = 100 \div 6.8831 = 14.53（美元）$$

即改报后的 CIF 波士顿价为 14.53 美元。在收汇时，如果美元升至 USD1 = RMB6.9961，虽然我方收汇时仍为 14.53 美元，但向银行结汇时，就可得人民币 101.65 元（6.9961×14.53 = 101.65），比原定人民币多了 1.65 元。

（2）报价外币对人民币呈下跌趋势的外币报价。

$$外币报价 = 人民币底价 \div 1 单位外币折合人民币数 \times（1 + 保险系数）$$

在某种情况下，为了不影响成交，我们也可采用具有下浮趋势的外币报价。这时，如果将人民币底价改用具有下浮趋势的外币报价，首先需要将人民币底价按外汇管理局公布的外币对人民币的买入汇率折成一定数额的外币，再将这一外币金额乘以一个从成交到结汇这一段时间外币下浮的保险系数，以弥补因外币下跌而造成的汇价损失。保险系数的计算公式有以下两种：

① 汇价风险系数计算公式之一：

$$保险系数 = 买卖远期人民币的远期费率$$

② 汇价风险保险系数计算公式之二：

$$保险系数 =（软币年利率 - 硬币年利率）\times 远期月数 \div 12$$

报价时，采用以上两种保险系数均能避免因报价外币汇率下浮而造成的损失。在对外贸易工作中，业务员需随时掌握远期人民币的远期费率及欧洲货币市场西方主要货币的利率情况。这样才能准确地报价，以避免汇率变动的风险。

2. 改报的外币外汇管理局无牌价

假设我公司向爱尔兰出口一批商品，底价为每打 100 元人民币 CIF 都柏林。现爱尔兰商人要求改用爱尔兰镑报价，那么我方应报多少爱尔兰镑，才能使底价保持不变？

在我国，外汇管理局不公布爱尔兰镑对人民币的汇率。在这种情况下，我们可以参照纽约外汇市场美元对爱尔兰镑的汇率。假定纽约外汇市场，1 美元 =（0.6670 ~ 0.6685）爱尔兰镑，我国外汇管理局公布的美元对人民币的汇价为 1 美元 =（6.8831 ~ 6.8890）元人民币。那么，将 100 元人民币底价改用爱尔兰镑报价，其金额应为：

$$爱尔兰镑报价 = 100 \div 6.8831 \times 0.6685 = 9.71（爱尔兰镑）$$

即改报后的 CIF 都柏林的价格为 9.71 爱尔兰镑。计算时所用的汇价都是买入价，因为我方收取的爱尔兰镑要卖给美国银行换取美元，换取美元金额为：9.71÷0.6685（买入价）=14.53（美元）；然后再将美元按外汇管理局公布的牌价卖给中国银行，换取的人民币金额为 6.8831（买入价）×14.53 = 100（元）。可见，为使人民币底价保持不变，我方在改报爱尔兰镑价格时，也必须相应地根据买入价计算。

除以上考虑人民币对爱尔兰镑的折算外，还应根据美元对爱尔兰镑及美元对人民币汇率的浮动趋势来调整爱尔兰镑的报价，以避免汇率变动的风险。

第三节 佣金和折扣

在价格条款中,有时会有佣金或折扣的规定。佣金或折扣是国际贸易中普遍采用的习惯做法。在价格条款中,有时会规定佣金与折扣,以达到促销的目的。

一、佣 金

(一)佣金与含佣价的含义

佣金(commission),又称经手费(brokerage),是指买方或卖方给予代理人或经纪人以及中间商的对其介绍交易、代买或代卖商品或提供服务而收取的报酬。佣金分为明佣、暗佣和双头佣。明佣,是指合同条款中将佣金率以及支付方法明示出来的报酬;暗佣是指在合同中没有明示,而是另在佣金协议中明确的报酬;双头佣,是指中间商、代理商向贸易合同的买卖双方都收取的佣金。

含佣价(price including commission),是指包括佣金在内的价格。在合同中,表示含佣价时有两种方法。

(二)佣金的表示方法

1. 用缩写表示

用缩写表示即在价格条件后加上代表佣金的缩写字母"C"和佣金率。例如,每公吨200美元CIFC3%伦敦(USD200 per metric ton CIFC3% London)。这就表示每公吨200美元,但价格中包含了3%的佣金。

2. 以文字说明来表示

例如,每公吨200美元CIF伦敦包括3%的佣金(USD200 per metric ton CIF London, including 3% commission)。

净价(net price),是指不包含佣金(或折扣)的实际价格。为了明确说明成交的价格是净价,可以在价格条款中加上净价字样。例如:每件CIF净价纽约25美元(USD25 per piece CIF net New York)。

(三)佣金的计算方法

在国际贸易中,计算佣金的方法不一。有的是按成交金额计算,也有的按成交商品的数量来计算,即按每一单位数量收取若干佣金计算。在我国进出口业务中,计算方法也不一致,按成交金额和按成交商品的数量计算的都有。在按成交金额计算时,传统的做法是以发票总金额作为计算佣金的基数,如果发票金额为含佣价(CIFC3%),则计算佣金时就直接以该发票价格乘以佣金率。有的则以CIF净价为基数计算佣金,有的以FOB总值为基数来计算佣金。

计算佣金时,我国的贸易习惯是根据含佣价计算佣金。已知净价(净价就是不包含佣金的价格)和佣金率时,含佣价的计算公式为:

$$佣金 = 含佣价 \times 佣金率$$

$$净价 = 含佣价 - 佣金 = 含佣价 \times (1 - 佣金率)$$

假如已知净价，则含佣价的计算公式为：

$$含佣价 = 净价 \div (1 - 佣金率)$$

（四）佣金的支付方式

佣金的支付方式有两种：一种是由中间商直接从货价中扣除佣金；另一种是在委托人收清货款之后，再按事先约定的期限和佣金比率另行付给中间商。无论采用哪一种支付方式，都应在合同中订明。另外，在支付佣金时，应防止错付、漏付和重付等失误的发生。

二、折 扣

（一）折扣的含义

折扣（rebate, allowance），是卖方给予买方的价格减让。从性质上看，它是一种从价格上给予的适当优惠。折扣直接关系到商品的价格，货价中是否包括折扣和折扣率的大小，都影响着商品价格。折扣率越高，则价格越低。

凡在价格条款中明确规定折扣率的，叫作"明扣"；凡交易双方就折扣问题已达成协议，而在价格条款中不明示折扣率的，叫作"暗扣"。

折扣和佣金一样，都是市场经济的产物。正确运用折扣，有利于调动买方的积极性，扩大产品销路。在国际贸易中，它是加强对外竞争的一种手段。

需要注意的是，折扣在国内的写法与国际上的习惯不同，如商场打折优惠，同样是100元的商品卖80元，即优惠20%。国内的习惯是写"8折优惠"；国外的写法是"less 20"或"20% off"。在国际贸易中，折扣价的表示是按照国外的习惯写法。

（二）折扣的规定办法

1. 用文字表示

例如：CIF伦敦每公吨200美元，减2%折扣（USD200 per M/T CIF London, less 2% discount）。

2. 用缩写表示

用缩写表示即在贸易术语上加注折扣的缩写英文字母"D"和折扣的百分比来表示。例如：每公吨200美元 CIFD3%伦敦（USD200 per M/T CIFD3% London）。

（三）折扣的计算方法

计算折扣时，一般按照成交的金额或以发票金额为基础来计算。其计算方法如下：

$$单位货物折扣额 = 原价（或含折扣价）\times 折扣率$$
$$卖方实际净收入 = 原价 - 单位货物折扣额$$
$$含折扣价 = 净价 \div (1 - 折扣率)$$

但也有按照成交商品的数量来计算折扣的。其计算方法如下：

$$折扣额 = 成交商品数量 \times 每单位数量折扣$$

（四）折扣的支付方式

折扣一般在买方支付货款时预先予以扣除。也有的折扣额不直接从货价中扣除，而按暗中达成的协议另行支付给买方,这种做法通常在"暗扣"或"回扣"时采用。

(五)佣金与折扣的区别

(1)付给的对象不同。佣金是买方或者卖方付给中间商的报酬,而折扣是卖方给予买方的价格减让。

(2)如果卖方将中间商的佣金包括在货价内,如出口使用 CIF 价,卖方投保时应将佣金计算在保险金额内;而买方在付款时就已将折扣扣除,因此不包括在保险金额内。

(3)许多国家对佣金要征收所得税,而由于折扣对买方有利害关系,因而不征税。

第四节 出口商品价格构成和出口报价

一、出口商品价格构成

(一)出口商品价格构成要素

出口商品价格构成包括商品本身的成本、国内经营总费用、国外经营总费用和卖方的预期利润。这几个方面相互联系、相互影响,共同构成出口报价的基础。

(二)出口商品成本构成

企业的出口商品成本包括商品本身的成本、国内经营总费用和国外经营总费用。

1. 商品本身的成本

根据出口商类型不同,商品本身的成本分为生产成本、加工成本和采购成本三种类型。生产成本是指制造商生产某一产品所需的投入;加工成本是指加工商对成品或半成品进行加工所需的投入;采购成本是指贸易商向供应商采购的价格。

2. 国内经营总费用

(1)认证费:出口商办理出口许可、配额、产地证明、其他证明所支付的费用。

(2)包装费:包装费通常包括在采购成本之中,但如果客户对货物的包装有特殊要求,由此产生的费用就要作为包装费另加。

(3)仓储费:需要提前采购或另外存仓的货物往往会发生仓储费用。

(4)国内运输费:出口货物在装运前所发生的境内运输费,通常有卡车运输费、内河运输费、路桥费、过境费及装卸费。

(5)商检费:出口商品检验机构根据国家的有关规定或出口商的请求对货物进行检验所发生的费用。

(6)税费:国家对出口商品征收、代收或退还的有关税费,通常有出口关税、增值税等。

(7)港区杂费:出口货物在装运前在港区码头所需支付的各种费用。

(8)贷款利息:出口商由国内供应商购进货物开始至从国外买方收到货款期间,由于资金的占用而造成的利息损失,以及出口商给予买方延期付款的利息损失。

(9)业务费用:出口商在经营中发生的有关费用,如通信费、交通费、交际费、广告费等。

（10）银行费用：出口商委托银行向国外客户收取货款、进行资信调查等所支出的费用。

3. 国外经营总费用

（1）运费：货物出口时支付的海运、陆运或空运费用。

（2）保险费：出口商向保险公司购买保险时所支付的费用。

（3）佣金：以含佣价成交，出口商支付给中间商的酬金。

（三）预期利润

预期利润（expected profit）是出口商的预期收入，是经营好坏的主要指标。它是交易的最终目的，是价格的重要组成部分，也是商人最为关心的要素。

出口成本、运费和保险费及佣金构成了出口商的支出，预期利润为出口商的收益。因此，根据"报价＝成本＋费用＋利润"公式，预期利润可以换算成：

利润＝销售收入－实际成本－费用

二、出口商品价格预算

（一）出口商品成本预算

对于从事贸易的出口商而言，商品成本即为采购成本，是贸易商向供货厂商购买货物的支出。一般来讲，供货厂商所报的价格就是贸易商的采购成本。然而，供货厂商报出的价格一般包含税收，即增值税。增值税是以商品进入流通环节所发生的增值额为课税对象的一种流转税。由于出口商品是进入国外的流通领域，为了增加其产品在售价上的竞争力，往往会将含税的采购成本中的出口退税部分予以扣除，从而得出实际采购成本。我国实行出口商品零税制，目前对不同的商品实施不同的退税率。

实际采购成本＝采购成本－出口退税额

采购成本＝购货净价（不含税价）＋增值税税额

＝购货净价＋购货净价×增值税税率

＝购货净价×（1＋增值税税率）

购货净价＝采购成本÷（1＋增值税税率）

出口退税额＝购货净价×出口退税率

＝采购成本÷（1＋增值税税率）×出口退税率

实际采购成本＝采购成本－出口退税额

＝采购成本－采购成本÷（1＋增值税税率）×出口退税率

＝采购成本×[1－出口退税率÷（1＋增值税税率）]

（二）出口商品国内总费用预算

出口货物涉及的各种国内费用在报价时大部分还没有发生，因此该费用的预算实际是一种估算。国内总费用包括内陆运费、报检费、报关费、核销费、公司综合业务费和快递费。其方法有两种：

第一种是将货物装运前的各项费用根据以往的经验进行估算并叠加，然后除以出口商品数量获得单位商品装运前的费用。

$$单位出口商品国内总费用=国内总费用÷出口商品数量$$

第二种是采用定额费用率的做法。所谓定额费用率，是指贸易公司在业务操作中对货物装运前发生的费用按公司年度实际支出状况规定一个百分比，一般为公司采购成本的3%~10%。实际业务中，该费率由贸易公司按不同的商品、交易额大小、竞争的激烈程度自行确定，然后以采购成本为基础计算各笔业务的出口费用额。

$$单位出口商品国内总费用=采购成本×定额费用率$$

究竟用哪一种方法确定单位产品国内费用，应结合所采数据的准确性、价格的竞争性及定价策略等综合考虑决定。在实践中，因出口费用涉及项目繁杂，单位众多，各项费用不易精确估算，因而常用定额费率的方法加以预算。

（三）国外经营总费用预算

（1）海运费的预算。详见第五章。

（2）保险费预算。详见第六章。

（3）佣金预算。详见本章第三节。

（四）利润预算

价格中所包含的利润，根据商品价格与商品出口成本之差来决定。在实践中，贸易商决定利润的方法有两种：一是根据出口成本利润率计算利润，二是以出口销售价格利润率为基数预算利润额。

1. 以出口成本利润率计算利润

$$出口价格=出口成本+利润额$$
$$=出口成本+出口成本×成本利润率$$
$$=出口成本×（1+成本利润率）$$

2. 以出口销售利润率计算利润

$$出口价格=出口成本+利润额=出口成本+出口价格×销售利润率$$
$$出口价格=出口成本÷（1-销售利润率）$$

计算利润的基础不同，出口报价和利润大小也不同。因此，公司在进行价格预算时，应特别注意本公司的利润预算，以免报价失误，造成损失。

（五）出口盈亏预算

在弄清出口成本的基础上，我们可以进行盈亏预算。

1. 换汇成本的预算

换汇成本是指某出口商品换回一单位外汇所需的人民币成本。换言之，即用多少元人民币的"出口成本"可换回单位外币的"净收入外汇"。其计算公式为：

$$出口换汇成本=出口商品人民币总成本÷出口销售外汇净收入（FOB价）$$
$$=[出口商品购进价（含增值税）+定额费用]÷出口销售外汇净收入$$

出口外汇净收入为FOB净收入（扣除佣金、运费、保险费等劳务费用后的外汇净收入）。

2. 出口盈亏率的计算

出口盈亏率是盈亏额与出口总成本的比率，用百分比表示，它是衡量出口盈亏程度的一项重要指标。其计算公式为：

$$出口盈亏率 = （盈亏额÷出口总成本）\times 100\%$$
$$=（出口销售人民币净收入-出口总成本）÷出口总成本\times 100\%$$

出口盈亏额，是指出口销售人民币净收入与出口总成本的差额，若计算结果为正，则表示盈利；若为负，则表示亏损。

其中，出口总成本=进出口商品的进货价+出口前的一切费用（包括国内运费、加工整理费、商品流通费、杂费、经营管理费、税金、利息等）；

$$出口销售人民币净收入=FOB 价\times 外汇牌价$$

出口销售人民币净收入如果大于出口总成本，及计算结果是正数，则为盈利；反之，则为亏损。

【例 4-2】××公司购买甲方商品，进货价为 RMB68 000，出口后外汇净收入为 US10 000。试问：××公司该商品的盈亏率是多少？（假设 US1=RMB7）

出货商品盈亏率=（7×10 000－68 000）÷68 000×100%=2.94%

3. 外汇增值率的计算

外汇增值率又称创汇率，它直接反映以外汇购进原辅料，经加工成成品出口的创汇效果。其反映新创收的外汇和为创外汇而支出的外汇之间的比率。如原料为国产品，其外汇成本可按照原料的 FOB 出口价计算；如原料是进口的，则按照该原料的 CIF 价计算。尤其是在进料或来料加工的情况下，它是核算其经济效益的主要指标。计算公式为：

$$外汇增值率 = 外汇增值额÷进口原料外汇支出\times 100\%$$
$$= [成品出口外汇净收入-进口原料外汇支出（CIF 价）]÷$$
$$进口原料外汇支出（CIF 价）\times 100\%$$

若计算结果为正，则表示外汇增值；若为负，说明"倒贴外汇"。

在核算出口创汇率时，应注意以下几个问题：第一，进口原料不论按何种价格成交，一律应折合成 CIF 价格计算；第二，成品出口时，不论按何种价格成交，一律应按 FOB 价格作为成品出口外汇净收入；第三，如果原辅料全是国产的或出口成品中部分辅料是国产的，其外汇成本应比照出口该原料的 FOB 价格计算。

为了合理确定成交价格，以提高经济效益，在价格掌握上，要防止不计成本、不管盈亏和单纯追求成交量的偏向，尤其在出口商品价格的掌握上更要注意。

三、出口商品还价预算及技巧

在进出口业务中，对于出口商来说，在对外报价后十分愿意收到肯定的回复。然而，交易中很少遇到不还价的对手，在激烈的市场竞争环境中，讨价还价实属常事。在进出口交易中，无论是出口商还是进口商，在收到对方还价后，都应进行还价预算，以便对还价做出合理的反应。出口商可以采取以下几个方面的对策：

（1）努力说服客户接受原价，不做让步。追求利润是买卖双方经营的目标，利润太低，出口商自然不愿意；但利润太高也会吓跑客户，失去成交的机会。因此，要详细了解客户的需求和市场的竞争状况，谨慎地采取这一对策。

（2）减少公司的利润以满足客户的降价要求。这虽然是最直接和最简便的方法，但它牺牲的是出口商自身的利润，因而往往是出口商最不愿意采取的对策。

（3）降低采购成本。采购成本在价格构成中所占比例最大，因而通过降低供货价格来调整报价，达到降低报价目的显得很重要。当然，降低采购价格不能一厢情愿，而需要经过同供货商艰难的谈判。

（4）减少运输费用和保险费。目前，经营外运和保险的公司较多，竞争激烈，经营灵活。通过谈判，运费和保险费也可以调整。另外，增加数量，也可以摊薄出口成本，使价格下降。

总而言之，无论采用什么对策，正确的还价预算都是必要的。

在出口还价预算时，出口商首先考虑的是在客户还价后，自己是否还有利润和有多少利润。计算利润额时可以以单一商品利润或一个品种、一个集装箱或整个订单的利润额为基础，即单价法和总价法。总价法比较直观且精确。除了计算利润额以外，有时出口商还会进行利润率的预算，这样做的目的是将经过还价后的利润和报价利润率进行比照。

第五节　进口成本预算

一、进口货物价格

（一）作价原则

进口商品的作价应以平等互利的原则为基础，以国际市场价格水平为依据，结合企业的经营意图，制定进口商品的适当价格。同时，也要考虑该市场其他经营者要价的平均水平、交易总量、总供应、总需求和市场份额等的影响，根据实际情况慎重作价。

在具体交易中，进口商品的作价应遵循以下原则：

（1）凡有国际市场价格的商品，按国际市场价格水平作价；

（2）凡一时无法掌握国际市场价格的一般商品，则参考类似商品的国际市场价格作价；

（3）进口机械设备之类的商品，应根据产品质量、技术性能等条件，经与其他产品比较、评估后再定价。

（二）进口货物成本

企业进口货物，不论是在国内销售，还是自身使用、加工，都必须核算进口成本，做到进口合理化，并最大限度地降低进口成本，节约外汇支出；或在一定的外汇数量下，增加实际进口量，从而提高企业的经济效益。

进口成本即供应商报价加各项进口费用，也就是进口合同价加各项进口费用。用公式表示如下：

$$货物进口成本 = 进口合同价格 + 进口费用$$

进口合同价格在进口合同成立之前是一种估价，是买卖双方通过磋商可以取得一致意见的合同价格，有时也是进口方争取以此为基础达成交易的价格。进口费用包括很多内容，就每一笔具体的进口业务而言，由于成交的条件不同，进口方所承担的费用也不同。

三种主要贸易术语的进口货物成本的计算公式如下：
FOB 进口货物成本 = FOB 进口合同价 + 运费 + 保险费 + 进口国内总费用 + 进口税费
CFR 进口货物成本 = CFR 进口合同价 + 保险费 + 进口国内总费用 + 进口税费
CIF 进口货物成本 = CIF 进口合同价 + 进口国内总费用 + 进口税费

（三）进口成本核算

进口商品盈亏率是指该商品的进口盈亏额与进口商品价格的比率，反映每进口 1 美元商品的获利能力。其计算公式如下：

进口商品盈亏率 = （国内销售人民币收入 − 进口人民币成本）÷ 进口商品外汇价格 × 100%

二、进口国内总费用

进口国内总费用包括以下内容：
（1）从装运港到我国卸货港的国外运输费用。
（2）上述运输途中货物的保险费用。
（3）卸货费、驳船费、码头建设费、码头仓租费等费用。
（4）进口商品的检验费和其他公证费。
（5）银行费用，如开证费及其他手续费。
（6）报关提货费。
（7）国内运费、仓租费。
（8）从开证付款至收回货款之间所发生的利息支出。
（9）按进口货物的品种分别征收的税款，如进口关税、消费税、增值税等。
（10）其他费用。

进口国内总费用预算与出口国内总费用预算相同。在 FOB 条件下，进口运输和保险由进口方办理，并支付运费和保费，其计算方法与出口中运输和保险费的计算方法相同。但进口货物应交纳进口关税和海关代征的商品流转税，如增值税、消费税等。

三、货物进口关税的计算

海关在征收关税的过程中，要做到依率计征，除了要对进出口货物进行税则归类，确定应按哪个税号的适用税率征税外，还要正确审定计征关税的计税价格。计税价格即海关的完税价格，是海关计征关税的依据。

进口货物完税价格由海关以进口货物的成交价格为基础审核确定。一般包括货价、货物运抵中华人民共和国海关境内输入地点起卸前的运费和保费，通常以 CIF 价为基础。若货物在交易的过程中，卖方付给我方正常的折扣，则应在成交价格中扣除。

进口货物采用 CFR 价格术语成交，应加保险费组成完税价格。其公式为：

完税价格 = CFR ÷ （1 − 保险费率）

进口货物采用 FOB 价格术语成交，应加保险费和运费组成完税价格，其公式为：

完税价格 = （FOB 价 + 运费）÷ （1 − 保险费率）

完税价格确定后，查出适用的税率就可以直接进行计算了。其公式为：

应纳关税额 = 应纳税进口货物数量 × 完税后价格 × 适用关税税率

四、应纳消费税的计算

从国外进口应税消费品,海关要征收消费税。消费税的计算执行从价税和从量税两种计算方法。

1. 从价定率征收消费税

$$单位货物应纳消费税税额 = 组成计税价格 \times 适用消费税税率$$
$$组成计税价格 = 关税完税价格 + 关税 + 消费税$$

其中,关税完税价格即上述进口货物完税价格。故公式可整理为:

$$组成计税价格 = [关税完税价格 \times (1 + 适用关税税率)] \div (1 - 适用的消费税税率)$$

2. 从量定额征收消费税

$$应纳消费税额 = 应纳税进口数量 \times 适用定额税率$$

五、应纳增值税的计算

增值税属于价外税,其大小由组成应纳增值税价格与适用的增值税税率计算所得,即:

$$应纳增值税额 = 组成计税价格 \times 适用税率 \times 应税进口数量$$
$$组成计税价格 = 关税完税价格 + 关税 + 消费税$$

若进口货物为非应税消费品,则不征消费税。

六、进口总成本

将以上各项加总即得:

$$\begin{aligned}进口总成本 &= FOB合同价 + 运费 + 保险费 + 进口货物国内总费用 + 关税 + 消费税 + 增值税\\ &= CFR合同价 + 保险费 + 进口货物国内总费用 + 关税 + 消费税 + 增值税\\ &= CIF合同价 + 进口货物国内总费用 + 关税 + 消费税 + 增值税\end{aligned}$$

若进口是通过中间商进行的,则还要加上佣金。

第六节 合同中的价格条款

进出口合同中的价格条款,一般包括商品的单价和总值两项基本内容。确定单价的作价办法和与单价有关的佣金及折扣的运用,也属于价格条款的内容。

合同中,价格条款是一个非常重要的条款,是各项主要交易条件的核心。因此,在确定价格时一定要格外仔细、认真。制定价格条款时,应注意下列问题:

第一,要在充分的市场调查、信息分析的基础上合理地确定商品的单价,防止作价偏高或偏低,特别是不能盲目定价,没有依据地定价。

第二,根据经营意图和船源、货源等实际情况,在权衡利弊的基础上选择适当的贸易术语,并争取选择有利的计价货币,以免遭受币值变动带来的风险。如不得不采用不利的计价货币,必要时可加订保值条款。

第三,灵活运用各种不同的作价办法,尽可能地避免承担价格变动的风险。如交货品质和数量如果约定有一定的机动幅度，应一并订明机动部分作价和包装费计价的具体办法。

第四，单价中涉及的计量单位、计价货币、装卸地名称，必须书写正确、清楚，以利于合同的执行。对佣金和折扣的规定要符合贸易习惯。例如：每打 200 美元 CFRC3%纽约（USD200 per dozen CFRC3% New York）。

本章小结

合理的报价核算是交易磋商的重要环节之一。价格是国际货物买卖合同的核心，是买卖双方最关心的问题之一。国际贸易中的商品报价比国内贸易要复杂得多。本章主要围绕 FOB、CFR、CIF 三个国际贸易中常用的价格术语，明确成本、费用及利润的含义及核算原理，根据各价格术语的特点和要求合理报出进出口商品的价格，尤其是出口商品的报价，并通过案例详细阐述操作步骤和程序。本章应着重掌握在给定报价资料的条件下出口商品的报价及还价核算方法。

基本概念

成本　费用　预期利润　运费　保险费　佣金　折扣　价格条款

模拟测试

一、名词解释

进货成本　佣金　硬币　软币　含佣价

二、填空题

1. 价格调整条款是按照_____和_____来计算合同的最后价格。
2. 无论选择哪种计价货币，都应达到_____、_____的目的，必要时还可以订立_____，以减少汇兑损失。
3. 直接标价法是用_____来表示_____，我国采用_____法。
4. 佣金往往是在出口商收到全部货款后，再另行支付给中间商；也有_____的做法，合同对此要做出明确的规定。
5. 出口总成本是指_____加上_____。
6. 代理人或经纪人为委托人进行交易提供服务而取得的报酬称作_____。
7. 合同中的价款一般包括货物的单价和_____两项基本内容。
8. 合同中的单价通常由四部分组成，它们是_____、_____、_____和_____。
9. FOB 出口报价包括_____、_____和_____三部分。
10. 银行费用、佣金、折扣、保险费的计费基础是_____。

三、单项选择题

1. 某公司对外报价为每公吨 500 美元 CIF 纽约，外商要求改报 CIFC5%纽约，我方报价应为（　　）。

　　A. 526.3 美元　　B. 25 美元　　C. 526.5 美元　　D. 526.9 美元

2. 如果我方报价中包含有折扣，则折扣率越高，货物的实际价格就（　　）。

A. 越高   B. 越低   C. 不变   D. 不确定

3. 每公吨1000美元，折扣2%，则卖方支付给买方的折扣是（ ）。

   A. 20美元   B. 22美元   C. 21美元   D. 23美元

4. 某公司对外出口报价是每公吨500美元CIFC5%纽约，该报价是（ ）。

   A. 含佣金   B. 净价   C. 成本价   D. 折扣价

5. CIF价涉及的国内费用不包括（ ）。

   A. 加工整理费   B. 货物运至装运港的运费

   C. 装船费   D. 海上运输保险费

6. FOBC3中的"C3"是指（ ）。

   A. 含3%的佣金   B. 含3%的折扣

   C. 含3成的佣金   D. 含3成的折扣

7. 凡货价中不包含佣金和折扣的被称为（ ）。

   A. 折扣价   B. 含佣价   C. 净价   D. 出厂价

四、多项选择题

1. 确定进出口商品的价格除要考虑商品的质量和档次、运输的距离、成交数量外，还要考虑（ ）。

   A. 交货地点和交货条件   B. 季节性需求的变化

   C. 支付条件和汇率变动的风险   D. 国际市场商品供求变化和价格走势

2. 在进出口业务中，非固定价格的规定方法主要有（ ）。

   A. 只规定作价的方式而具体价格留待后确定   B. 暂定价

   C. 部分固定价格，部分非固定价格   D. 支付一定的订金，余款后付

3. 在进出口合同中，单价条款包括的内容是（ ）。

   A. 计量单位   B. 单位价格金额   C. 计价货币   D. 贸易术语

4. 国际市场价格通常是指（ ）。

   A. 集散地市场的商品价格   B. 主要出口国家（地区）的出口价格

   C. 主要进口国的价格   D. 国际上具有代表性的成交价格

5. 在国际货物买卖中，作价的方法主要有（ ）。

   A. 预付款   B. 固定作价   C. 非固定作价   D. 价格调整条款

6. 佣金的表示方式有（ ）。

   A. 用文字"含佣%"表示   B. 用字母"C"表示

   C. 用字母"含佣"表示   D. 用字母"D"表示

7. FOB、CFR、CIF和FCA、CPT、CIP两组术语的价格构成都包括（ ）。

   A. 保险费   B. 进货成本   C. 杂费   D. 净利润

8. 下列是我方某公司业务员的进口报价，（ ）是正确的。

   A. USD75.00 PER DOZ CIF DALIAN   B. USD75.00 PER DOZ FCA SHANGHAI

   C. USD75.00 PER DOZ FOB LONDON   D. USD75.00 PER DOZ CIF NEWYORK

   E. USD75.00 PER DOZ FCA LINER TERMS LONDON

9. 下列是我某公司业务员的出口报价，（ ）是正确的。

   A. 每打50港元FOB广州黄埔   B. 每套200美元CIFC3%香港

C. 每台 5800 日元 FOB 大连，含 3%的折扣　　D. 每桶 36 英镑 CFR 伦敦

五、判断题

1. 买卖双方在合同中规定："按提单日期的国际市场价格计算。"这是固定作价的一种规定方法。（　　）

2. 不论在何种情况下，固定作价都比非固定作价有利。（　　）

3. 佣金和折扣都可分为明佣（扣）和暗佣（扣）两种。（　　）

4. 在规定单价时，若明确规定佣金的百分比，则规定总值时也应做出相应的规定。（　　）

5. 含佣价=净价/（1-佣金率），其中的净价一定是 FOB 价。（　　）

6. 我方出口合同中规定的价格应与出口总成本相一致。（　　）

7. 出口销售外汇净收入是指出口商品的 FOB 价按当时外汇牌价折成人民币的数额。（　　）

8. 在实际业务中，经常采用的作价办法是固定作价。（　　）

9. 价格条款包括计量单位、单位价格金额、计价货币和价格术语。（　　）

10. 佣金和折扣都是在收到全部货款之后再支付的。（　　）

六、简答题

1. 试述价格条款的内容及其注意事项。

2. 试述出口报价核算的主要内容。

3. 出口业务中常见的费用有哪些？

七、计算题

1. 某公司出口化工原料，报价为每公吨 100 美元，FOB 厦门包括 2%佣金，共计 1000 公吨。请计算该商品的外汇净收入。

2. 我方对外出售商品一批，报价 CIF 香港 23 500 英镑（按发票金额 110%投保一切险和战争险，两者费率合计 0.7%），客户要求改报 CFR 伦敦。试问：在不影响收汇额的前提下，正确的 CFR 价应报多少？

3. 某出口公司与西欧某中间商达成一笔交易，合同规定我方出口某商品 2500 千克，每千克 15 美元，CFRC2%汉堡。海运运费为每千克 0.15 美元。出口收汇后出口公司向国外中间商汇付佣金。

计算：

（1）该出口公司向中国银行购买支付佣金的美元共需多少人民币？

（2）该出口公司的外汇净收入为多少美元？（按当时中国银行牌价：100 美元：625 人民币）

4. 某外贸公司出口自行车至荷兰，共计 28 500 辆。出口价格条件为每辆 75 美元，CFR 鹿特丹。其中，中国口岸至鹿特丹海上运输费占 7.5%。

计算：

（1）每辆自行车外汇净收入金额。

（2）该笔交易外汇净收入总金额。

八、案例分析题

某年 5 月 3 日，我方 A 公司接到中东一客商寻购某商品 20 万磅，请我方报价。我方于 5 月 5 日去电，提出：同意供货 20 万磅，分五次装运，从当年 8 月至 12 月，每月装 4 万磅，CIFC2%巴林，每磅 1.38 美元，有效期至 5 月 10 日。5 月 9 日客商来电称：我已说服我中东客户接受

你方价格,请考虑数量22万磅,5月至12月平均装量,电告合同号码。后发现单价核算错误,每磅低报0.14美元,此笔生意如此做下来将损失2.8万美元。在分析过程中我方发现,有挽回损失的余地:一是对方使用accepting字样,可理解为正在接受中;二是数量和装运其做了变更;三是让我方电告合同号码,可视为对方的还盘。于是我方回电对方:你9日电悉,商品20万磅,8月至12月交货,信用证必须于5月25日开到,5月11日我方时间确认有效。但对方超过有效期一天接受。遂告知对方货已他售,可供另一种规格货物10万磅。但对方仍然要求按原价及数量供货。我方看时机已经成熟,去电告知:我方可供15 000磅CIFC2%1.52美元,10—12月平均装运,限5月31日确认。最后交易达成,我方避免了损失。

请谈一谈从本案可以吸取哪些教训?

九、实务训练题:出口商品价格预算

某企业经营的产品详细信息如下:

产品名称:三色戴帽熊
英文名称:BEAR WITH 3 COLOR ASST
商品编号:03001
海关编码:95034100
类别:玩具
中文描述:每箱5打,每打12个
英文描述:5 DOZ PER CARTON 12 PCS
产地:中国
销售单位:PC(只)
包装单位:CARTON(箱),1CARTON(箱)=60PC(只)
毛重:11.000 kg/CARTON
净重:9.000 kg/CARTON
体积:0.164 00 Cubic Meter /CARTON
供应商报价:每只6元
人民币对美元汇率为:6.8861∶1

要求如下:

(1)报价数量的预算。

商品03001(三色戴帽熊)的包装单位是CARTON(箱),销售单位是PC(只),规格描述是每箱装60只,每箱体积为0.164立方米。试分别计算该商品用20英尺(25立方米)、40英尺(50立方米)集装箱运输出口时的最大包装数量和报价数量。

(2)求采购9120只的成本。

(3)出口退税收入计算。

增值税率为17%,出口退税率为15%,已从供应商处得知供货价为每只6元(含增值税17%)。试算9120只三色戴帽熊出口退税收入。

(4)国内总费用预算。

国内总费用包括内陆运费、报检费、报关费、核销费、公司综合业务费和快递费。其中,内陆运费为每立方米100元,报检费120元,报关费150元,核销费100元,公司综合业务费3000元,快递费100元。求报价数量为9120只的内陆运费是多少?国内费用是多少?

（5）海运费预算。

商品 03001 "三色戴帽熊"要出口到加拿大，目的港是蒙特利尔港口。每 20 英尺集装箱 USD 1350，每 40 英尺集装箱 USD 2430，拼箱每立方米 USD 65。试分别计算报价数量为 5000 只和 9120 只的海运费。

（6）保险费预算。

商品 03001 的 CIF 价格为 USD 8937.6，进口商要求按成交价格的 110%投保一切险（保险费率 0.8%）和战争险（保险费率 0.08%），试计算出口商应付给保险公司的保险费用。

（7）银行费用预算。

报价总金额为 USD 8846.4 时，L/C 费率 1%，D/A 费率 0.15%，D/P 费率 0.17%，T/T 费率 0.1%。分别计算 L/C、D/P、D/A、T/T 的银行费用。

（8）利润预算。

商品 03001，增值税率 17%，退税率 15%，体积每箱 0.164 立方米，报价数量为 9120 只，FOB 报价金额为每只 0.8 美元，采购成本为每只 6 元，报检费 120 元，报关费 150 元，内陆运费 2492.8 元，核销费 100 元，银行费用 601.92 元，公司综合业务费 3000 元。试计算该笔 FOB 报价的利润额。

（9）报价预算。

"三色戴帽熊"每箱装 60 只，每箱体积 0.164 立方米，供货价格每只 6 元，供货单价中均包括 17%的增值税，出口毛绒玩具的退税率为 15%，内陆运费（每立方米）100 元，报检费 120 元，报关费 150 元，核销费 100 元，公司综合费用 3000 元。银行费用为报价的 1%（L/C 银行手续费 1%）；海运费：从上海至加拿大蒙特利尔港口一个 20 英尺集装箱的费用为 1350 美元。货运保险：CIF 成交金额的基础上加 10%投保中国人民保险公司海运货物保险条款中的一切险（费率 0.8%）和战争险（费率 0.08%）。报价利润：报价的 10%。试分别报出 FOB SHANGHAI、CFR MONTREAL、CIF MONTREAL 各为多少。

第五章 国际货物运输

【学习目标】

熟练掌握海洋运输方式、铁路运输方式、航空运输方式及其他各种国际贸易运输方式,重点是海洋货物运输方式;熟练掌握和应用合同中的装运条款,掌握海运提单的格式、内容及分类。

【案例导入】

中国某公司曾按 FOB 条件从北欧进口一批大宗商品。双方约定的装运港原是一个比较偏僻的小港,大船不能直接进港装货。签约后,买方才了解该港条件,便要求变更装运港,但卖方不同意更改。买方只好租用小船,将货运至汉堡集中,然后再装海洋巨轮运回国内。这不仅延误了时间,而且还增加了运杂费用,给国家和企业造成了严重的经济损失。

在国际货物贸易中,国际货物运输是国际贸易的一个环节。在一笔具体的进出口交易中,国际货物运输涉及很多问题,其中包括:由何方负责安排运输与支付运费,采用何种运输方式,如何确定货物装运和交接的时间和地点,可否分批装运或中途转运,装卸时间、装卸率和滞期速遣费如何规定,以及如何发出货运通知和提供装运单据等。因此,国际货物运输是一项政策性、时间性强、面广、线长、环节多的复杂工作。所以,要求从事国际贸易的人员必须熟悉和掌握有关国际货物运输的基本知识,在磋商交易和签订合同时充分考虑运输方面的问题,并事先谈妥,在合同中做出明确、具体的规定,以利于合同双方的当事人按照约定条件发送或接运货物以及办理货物交接等有关事项。

第一节 运输方式

在国际货物运输中,涉及的运输方式很多,其中包括海洋运输、铁路运输、航空运输、河流运输、公路运输、管道运输、邮政运输、集装箱运输、大陆桥运输以及国际多式联运等。这些运输方式都有各自的特点以及独特的经营方式,因此,买卖双方商订合同时,必须从实际需要出发,在权衡利弊的基础上,约定适当的运输方式,以利于完成进出口运输任务,从而确保进出口合同的顺利履行。现将我国常用的几种方式简单加以介绍。

一、海洋运输

(一)海洋运输的特点

在国际货物运输中,运用最广泛的是海洋运输(ocean transport)。海洋运输在国际货运总量中占 80% 以上。之所以海洋运输被如此广泛地采用,是因为海洋运输通过能力大,可以利用其四通八达的天然航道,它不像火车、汽车受轨道和道路的限制。船舶的运载量也高于其他运输工具,且运费相对较低。但是,海洋运输也有不足之处,如海洋运输受气候和自然条件的影响较大,航期不易准确,而且风险较大。此外,海洋运输的速度也相对较低。

(二)海洋运输船舶的经营方式

按照海洋运输船舶经营方式的不同,海洋运输可分为班轮运输(liner transport)和租船运输(shipping by chartering)。

1. 班轮运输

班轮运输又称定期船运输,是在不定期船运输的基础上逐渐发展起来的,它是当今国际海洋运输中不可缺少的主要运输方式之一。

(1)班轮运输的特点。

① 船舶按照固定的航线、港口以及固定的船期表(sailing schedule)航行,并按相对固定的运费率收取运费。因此,它具有"四固定"的基本特点:固定航线、固定港口、固定船期和相对固定的运费率。

② "一负责":货物由船方负责配载和装卸,运费内包括货物在装运港的装货费、在目的港的卸货费。班轮公司和托运人双方不计滞期费和速遣费。

③ 船方和货主一般不订立书面合同,双方的权利、义务和责任豁免,以船方签发的提单条款为依据。

④ 班轮承运货物的品种、数量比较灵活,货运质量较有保证,且一般采取在码头仓库交接货物,故为货主提供了更便利的条件。

(2)班轮运费的构成。

班轮运费包括基本运费(basic rate)和附加费(surcharge or additional)两部分。按基本费率算出基本运费,附加运费是根据不同情况加收的。

基本运费是班轮运费的主要部分,是根据班轮公司公布的相对稳定的运价表(Liner's Freight Tariff)来计算的,运价表的结构包括货物名称、计算标准、等级三个部分,其中等级共分20级,1级为低价货,运费最低,20级为高档货物、运费最高。

根据不同的商品,对运费的计收标准,通常采用下列几种:

① 按货物毛重计收运费,又称重量吨(weight ton),运价表内用"W"表示。

② 按货物的体积计收,又称尺码吨(measurement ton),运价表中用"M"表示。

③ 按重量或尺码计收,由船公司选择其中收费较高的作为计费吨,运价表中用"W/M"表示。

④ 按商品价格计收,又称为从价运费,运价表内用"A.V"或"Ad.Val"表示。从价运费一般按货物FOB价格的百分之几收取。

⑤ 在货物重量、尺码或价值三者中选择最高的一种计收,运价表中用"W/M or Ad. Val."表示。

⑥ 按货物重量或尺码选择其高者,再加上从价运费计算,运价表中以"W/M plus Ad. Aal."表示。

⑦ 按每件货物作为一个计费单位收费,如活牲畜按"每头"(per head),车辆按"每辆"(per unit)收费。

⑧ 由货主和船公司临时议定价格，通常适用于承运粮食、豆类、矿石、煤炭等运量较大、货值较低、装卸容易、装卸速度快的农副产品和矿产品。议价货物的运费率一般较低，在运价表中以"open"表示。

在实际业务中，基本运费的计算标准，以按货物的毛重（"W"）和按货物的体积（"M"）或按重量、体积选择（"W/M"）的方式为多。贵重物品则多按货物的FOB总值（"A.V."）计收。

上述计算运费的重量吨和尺码吨，统称为运费吨（freight ton），又称计费吨。现在国际上一般都采用公制（米制），其重量单位为公吨（metric ton，缩写为T），尺码单位为立方米（cubic metre，缩写为m^3）。计算运费时，1立方米作为1尺码吨。

值得注意的是，根据运价表规定：不同货物混装在一个包装内（集装箱除外）全部货物按费率高的计收；同一提单内有两种以上不同计价标准的货物，托运时未分列货名和数量的，计费标准和运价全部按高者计收。对于无商业价值的样品，凡体积不超过0.2立方米，重量不超过50千克的可要求船公司免费运送。另外，一般运价表中还有起码运费的规定，即每份提单最低必须收取若干运费，其具体金额需视不同地区、是否转船等情况而定。

附加费是除基本运费之外另外加收的各种费用。附加费名目繁多，而且会随着航运情况的变化而变化。常见的附加费有以下几种：

① 超重附加费（extra charges on heavy lifts），即由于货物单件重量超过一定限度而加收的一种附加费。

② 超长附加费（extra charges on over lengths），即由于单件货物的长度超过一定限度而增收的一种附加费。

③ 选卸附加费（additional on optional discharging port）。由于选卸货物需要在积载方面给予特殊的安排，势必会增加一定的手续费用甚至风险，从而需要追加费用，因此加收选卸附加费。

④ 直航附加费（additional on direct）。当一批货物达到规定的数量时，托运人要求将一批货抵达非基本港口卸货，船公司为此加收的费用，称为直航附加费。

⑤ 转船附加费（transhipment additional）。当货物需要转船运输时，船公司必须在转船港口办理换装和转船手续，由此增加的费用，称为转船附加费。

⑥ 港口附加费（port additional）。由于某些港口的情况比较复杂，装卸效率较低或港口收费较高等原因，船公司特此加收的一定费用，称为港口附加费。

除上述各种费用以外，船公司有时还根据各种不同情况临时决定增收某种费用，如燃油附加费、货币附加费、绕航附加费、货币贬值附加费等。班轮运费通常是按照班轮运费表的规定计收的。运价表不仅包括在不同航线上运输不同的货种的单位费率，而且包括计算运费的规则和规定，如运价的适用范围、计费标准、计费的币种、货物的分类和分级，以及各种附加费的计算办法和费率等。目前，在国际航运业务中，班轮运价表种类很多，分法也不尽一致，有班轮公会运价表、班轮公司运价表、双边运价表、货方运价表等。我国按照使用不同的班轮，分别采用不同的运价表。

（3）班轮运费的计算。

班轮运费的计算步骤如下：

① 选择相关的运价本；

② 根据货物名称，在货物分级表中查运费计算标准（basis）和等级（class）；

③ 在等级费率表基本费率部分，找到相应的航线、起运港、目的港，按等级查基本运价；

④ 从附加费部分查出所应收（付）的附加费项目和数额（或比率）及货币种类；

⑤ 根据基本运价和附加费算出特定货物每运费吨的单位运价；
⑥ 计算运费。

$$运费 = 单位基本运费 \times (1 + 附加费率之和) \times 总货物量$$

【案例 5-1】

上海某公司出口一批棉布，共计 350 件，每件体积为 0.43 立方米，毛重 402.73 千克，运往拉卡奇（Karachi）。这批货物的运费是多少？（查阅班轮运输运价表，根据货物等级得知，棉布及棉织品的运费计算标准为 M，等级为 10 级。根据杂货航线费率表，上海到拉卡奇航线 10 级货的基本运费率为每运费吨 61 美元。根据附加费备注栏得知，Shanghai-Karachi 应交的附加费包括燃油附加费 10% 和港口拥挤附加费 20%。）

【案例 5-2】

出口箱装货物共 100 箱，报价为每箱 4000 美元 FOB 上海，基本费率为每运费吨 26 美元或 1.5%，以 W/M or Ad Val 选择法计算，每箱体积为 1.4 m×1.3 m×1.1 m，毛重为每箱 2 公吨，并加收燃油附加费 10%，转船附加费 40%，求总运费。

2. 租船运输

租船运输又称不定期船（tramp）运输。它与班轮运输的运营方式不同，既没有预订的船期表，船舶经由的航线和停靠的港口也不固定，须按租船双方签订的租船合同来安排；有关船舶的航线和停靠的港口、运输货物的种类以及航行时间等，都按承租人的要求由船舶所有人确认而定；运费或租金也由双方根据船市场行市在租船合同中加以约定。

租船运输的方式有如下几种：

（1）定程租船（voyage charter），又称航次租船，是由船舶所有人负责提供船舶，在指定港口之间进行一个航次或数个航次，承运指定货物的租船运输。定程租船就其租赁方式的不同可分为单程或单航次租船、来回航次租船、连续航次租船和包运合同四种。

（2）定期租船（time charter），是指由船舶所有人将船舶出租给承租人，供其使用一定时期的租船运输。承租人也可以将此期租船充作班轮或程租船使用。

（3）航次期租，是指以完成一个航次运输为目的，按完成航次所需的时间和约定的租金率计算租金的方式，是近年来国际航运市场出现的一种介于定程租船与定期租船之间的一种租船方式。

（4）光船租船（bareboat charter），是指船舶所有人将船舶出租给承租人使用一个时期，但船舶所有人所提供的船舶是一艘空船，既无船长，又未配备船员。承租人自己要任命船长，配备船员，负责船员的给养和船舶运营管理所需的一切费用。这种光船租船实际上属于单纯的财产租赁，与上述定期租船有所不同。由于这种租船方式比较复杂，在当前国际贸易中很少使用。

租船运输通常适用于大宗货物的运输，因此，我国大宗货物的进出口如粮食、油料、矿产品和工业原料等通常采用租船运输方式。就我国外贸企业来说，使用较多的租船方式为定程租船。在采用这种方式时，除了要对运输进出口商品的运费占成本中的比例做出正确的估价和判断外，还必须对国际航运市场的运费行市的发展趋势做出预测，以便正确选择适当的贸易术语。

定程租船的运费计算方式与支付时间以及装卸费的负担，均由租船人与船方在租船合同中具体注明。定期租船的运费计算方式有两种：一种是按运费率，即规定每单位重量或单位体积的运费额，同时规定按装船时的货物重量或按卸船时的货物重量来计算总运费；另一种是整船报价，即规定一笔整船运费，船方保证船舶能提供的载货重量和容积，不管对方实际装货多少，一律按整船报价付费。

在定程租船情况下，有关货物装卸费的负担，通常有下列几种规定办法：

① 船方负担装卸费（gross terms or liner terms），又称"班轮条件"。

② 船方不负担装卸费（free in and out，FIO）。此种规定办法一般适用于散装货。采用此种规定，有时还需明确理舱费和平舱费由谁负担。一般都规定租船人负担，即船方不负担装卸、理舱和平舱费条件（free in and out, Stowed, Trimmed, F.I.O.S.T.）。

③ 船方只负担装货费而不管卸货费（free out，F.O.）。

④ 船方只负担卸货费而不管装货费（free in，F.I.）。

在定程租船装运的情况下，船方为了促进租船人尽快装卸，以加速船舶的周转，故在租船合同中除约定装卸时间外，往往还约定了奖励与处罚的措施。

二、铁路运输

在国际货物运输中，铁路运输（rail transport）是一种仅次于海洋运输的主要运输方式，海洋运输的进出口货物也大多是靠铁路运输进行货物的集中和分散的。

铁路运输一般不受气候条件的影响，可保障全年的正常运输，并且具有运量较大、运输速度较快、运途风险较小并有高度的连续性等特点。此外，收发货人可在就近的车站托运和提货，办理货运的手续也比海洋运输简单。因此，在国际货运总量中，铁路货运量仅次于海洋货运量。

（一）国内铁路货物运输

凡是进出口货物在口岸和国内各地之间的铁路运输以及进出口货物在国内各地之间的铁路运输，均属于国内铁路货物运输。

我国对外贸易货物在国内的调拨和集散，有很多需要通过铁路运输，如出口货物经由铁路运往港口装船，或进口货物卸船后从港口经由铁路运至内地。我国香港地区的铁路货物运输，区别于国际联运，也区别于一般的国内运输，是一种独特的运输方式，包括大陆段和港段。由内地省市供应港、澳地区的货物，以及通过港、澳地区进口的货物，即通过广九铁路将货物运至深圳北站办理出口交接手续，或从深圳北站接收进口货物，然后通过广九铁路运往内地。这种运输当然也属于国内铁路运输。不过，它同一般通过铁路向港口集中或从港口疏运对外贸易货物的运输仍有所区别。我方在深圳北站设有外贸机构，它直接与香港代办外贸收发货机构办理货物的交接等事项。例如，我出口货物由发货人按《国内铁路货物运送规程》的规定，从始发站托运至深圳北站后，先由我方设在深圳北站的外贸机构办理接货（但不卸车），然后再由香港代办外贸收发货的机构，向香港铁路当局办理托运和支付运费等手续。为了灵活运用各种运输方式和便于根据车船情况安排出运，我方向港、澳地区输出大宗货物时，在买卖合同装运条款中，应争取加注"海运或陆运可由卖方选择"字样。

（二）国际铁路货物运输

凡是使用一份统一的国际联运票据，由铁路负责经过两国或两国以上铁路的全程运送，并且由一国铁路向另一国铁路移交货物时不需发货人和收货人参加的，称为国际铁路货物联运。

采用国际铁路货物联运，有关当事国事先必须有书面的约定。欧洲国家的铁路联运工作开始较早，许多欧洲国家先后参加了《国际铁路货物运送公约》（简称《国际货约》）。从1951年4月1日起，我国参加了《国际铁路货物联运协定》（简称《国际货协》），开办了国际铁路联运。接着，朝鲜、蒙古和越南也参加了国际铁路联运。目前，我国对朝鲜、蒙古和俄罗斯等有铁路相通连的国家的许多出口货物，都是采用国际铁路联运的方式运送的。

根据《国际货协》的规定，凡是缔约国之间或缔约国与非缔约国之间的进出口货物，只要从发货国家的始发站办妥托运手续，使用一份统一的国际铁路货物联运单，即可由铁路负责全程运输，将货物运至收货国家的终点站。而且，在不同国家的铁路之间交接货物时，无须发货人和收货人到现场。在运送全程中的一切业务及行政手续（如在国境交接站的换装、交接和转发手续等），概由有关铁路负责办理，发货人或收货人自己无须在国境交接站设立机构来办理交接转运等手续。

三、航空运输

航空运输（air transport）是一种现代化的运输方式。与海洋运输、铁路运输相比，航空运输具有速度快、时间短、货运质量高，且不受地面条件的限制等优点，但运量有限，且运费较高。航空运费通常是按重量或体积算的，以其中收费较高者为准。尽管航空运费一般较高，但便于货物抢行应市和应急救灾，所以小件急需品、救灾物品和贵重货物较适宜航空运输。

航空运输承运人主要有航空公司和航空货运代理公司。航空公司是航空运输业务中实际承运人，它负责办理自起运机场至目的机场的货物运输，并对全程运输负责。航空货运代理公司既可以是货主的代理，负责办理航空货运的订舱、报关、货物交接，也可以为航空公司的代理，接受货主的货物，向货主签发航空运单，并对货物的安全负责任。

航空货物运输的方式有以下几种：

（1）班机运输（scheduled airline）。班机运输是指在固定时间、固定航线、固定始发站和目的站的航班运输。班机运输通常使用客货混合型飞机，大的航空公司也有开辟定期全货机航班的。

（2）包机运输（chartered carrier）。包机分为整包机和部分包机两种。整包机是指同一发货人或同一航空货运代理公司包租整架飞机运送货物。部分包机是指由几个发货人或几个航空货运代理公司联合包租一架飞机运送货物。整包机适于运送数量较大的商品，部分包机适用于多个发货人但目的站是同一地点的货物运输。

（3）集中托运（consolidation）。集中托运是指航空货运代理公司把若干单独发运的货物组成一整批货物，集中向航空公司办理托运，将货物整批发运至预定目的地。货物运抵目的地后，由航空货运代理公司在当地的代理负责接货、报关、分拨并交付给收货人。集中托运的运费较低，因此业务中采用较多。

（4）航空快递（air express）。航空快递是指专门经营此项业务的机构与航空公司密切合作，设专人以最快的速度在货主、机场、收货人之间传递。其适用于急需的药品、贵重物品、货样及单证等的传送，被称为"桌到桌运输"。

四、公路运输

公路运输（road transport）是一种现代化运输方式，也是车站、港口和机场集散进出口货物的重要手段。它具有机动灵活、速度快、方便等特点，但其载货量有限，运输成本高，易造成货损事故。公路运输在我国进出口货物运输中占有重要的地位，担负着我国港口、车站和机场集散进出口货物的任务。并且，我国同许多周边国家有公路相连，适于同周边国家的货物输送,以及我国内地同港、澳地区的部分货物运输。随着我国家公路建设的扩展,特别是高速公路的增加,公路运输在实现多式联运和"门到门"运输中,将担负更重要的角色。

五、内河运输

内河运输(inland water transport)是水上运输的重要组成部分,是连接内陆腹地与沿海地区的纽带,在运输和集散进出口货物中起着重要的作用。它具有投资少、运量大、成本低的特点。我国拥有四通八达的江河航运网,长江、珠江等江河的一些港口已对外开放,同一些邻国还有国际河流相通,这为我国外贸物资通过河流运输和集散提供了有利条件。莱茵河、多瑙河分别流经欧洲多个国家,货运量都位居世界前列,是重要的国际航道。

六、邮包运输

邮包运输(parcel post transport)是一种较简便的运输方式。其手续简便,费用也不太高,但运量有限,故只适用于运输量轻、体积小的商品。

国际邮包运输具有国际多式联运和"门到门"运输的性质,我国同许多国家签订了邮政运输协议和邮电协定。通过这些协定和公约,各国的邮件包裹可以互相传递,从而形成国际邮包运输网,这为我国发展对外贸易货物的邮包运输提供了有利的条件。

邮包运输包括普通邮包和航空邮包两种。国际邮包运输对邮包的重量和体积均有限制,如每包裹重量不得超过 20 千克,长度不得超过 1 公尺(1 公尺=1 米)。因此,邮包运输只适用于量轻、体积小的货物,如精密仪器、机器零部件、药品、金银首饰、样品和其他零星物品。

七、管道运输

管道运输(pipeline transport)是一种特殊的运输方式,主要适用于运送液体、气体货物,如石油、天然气等。它具有固定投资大、建成后成本低的特点。20 世纪 60 年代以来,世界输油管道发展迅速,在北美、苏联、西欧、中东等地出现了稠密的管道网。

2006 年 7 月 11 日正式投入使用的中哈石油运输管道,使我国每年可以从哈萨克斯坦获得 2000 万吨以上的石油,也使我国成为有输油管道通往世界上可开采石油储量最大的里海地区卡沙甘油田的国家之一,同时,也使俄罗斯石油从这里"借道"出口我国。我国至朝鲜早已铺设管道,以供朝鲜输入石油之用。随着我国对石油需求的不断增长和石油工业的继续发展,管道运输在我国国民经济和对外贸易中将起着日益重要的作用。

八、集装箱运输

集装箱运输(container transport)是以集装箱作为运输单位进行运输的一种现代化运输方式,它可适用于海洋运输、铁路运输、国际多式联运等。集装箱海运发展之所以如此迅速,是因为同海运相比,它具有如下特点:有利于提高装卸率和加速船舶周转;有利于提高运输质量和降低货损货差;有利于节省各项费用和降低货运成本;有利于简化货运手续和便利货物运输;把传统的单一运输串联成连贯的成组化运输,从而促进了国际多式联运的发展。

(一)集装箱的主要规格

集装箱在国际货物运输中使用最多的有两种规格,即 20 英尺(1 英尺=0.3048 米)和 40 英尺。20英尺的集装箱（也称"20英尺货柜"）是国际上计算集装箱的标准单位，英文称为"twenty-foot equivalent unit"，简称"TEU"。

20英尺的货柜最大毛重为20公吨，最大容积为31立方米，一般可装17.5公吨或25立方米的货物。40英尺的货柜最大毛重为30公吨，最大容积为67立方米，一般可装25公吨或55立方米的货物。

按用途分，集装箱可分为通用型集装箱和专用集装箱。通用型集装箱一般用来装运普通成件有包装的货物，如各种制成品。专用集装箱用来装运特定货物，如面粉、谷物、蔬菜、牲畜等。

（二）集装箱货物的装箱方式

根据集装箱货物装入集装箱的方式和数量不同，装箱方式可分为整箱和拼箱两种。

（1）整箱（full container load，FCL）：是指在海关的监督下，由货主自行将货物装满整箱后，以箱为单位托运的集装箱。集装箱可以是货主自备的，也可以向承运人或集装箱租赁公司租用。装货一般是在货主仓库，货主将货物装入箱内，加锁、铅封后交承运人。

（2）拼箱（less than container load，LCL）：是指承运人负责将货主托运的货物装入集装箱，由于单个托运人所托运的货物数量不足以装够一个整箱，由承运人按货物类别、目的地等集中若干个不同货主的货物拼装在一起。拼箱货的装箱（拆箱）一般是在承运人码头集装箱货运站或内陆集装箱转运站进行。

（三）集装箱运输的场站机构

（1）集装箱堆场（container yard，CY），是指专门用来保管和堆放集装箱（重箱或空箱）的场所，是整箱货办理交接的地方，一般设在港口的装卸区内。

（2）集装箱货运站（container freight station，CFS），是拼箱货办理交接的地方，一般设在港口、车站附近，或内陆城市交通方便的场所。

（四）集装箱的交接方式

由于集装箱装箱方式不同，因此集装箱的交接方式也有所不同，大致上可分为四种类型：

（1）整箱交、整箱收（FCL—FCL），这种方式下集装箱的装箱与拆箱均由货方负责；

（2）整箱交、拆箱收（FCL—LCL），这种方式下集装箱的装箱由货主负责，拆箱由承运人负责；

（3）拼箱交、整箱收（LCL—FCL），这种方式下集装箱的装箱由承运人负责，拆箱由货主负责；

（4）拼箱交、拆箱收（LCL—LCL），这种方式下集装箱的装箱、拆箱均由承运人负责。

以上四种方式，整箱交、整箱收的方式最有效率，能充分发挥集装箱运输的优势。

（五）集装箱运输的费用

1. 费用构成

集装箱运费由内陆运费（inland transport charge）、堆场服务费（terminal handling charge，THC）、拼箱服务费（service charge）、集装箱及其他设备使用费（charge of container and other equipments）、海运费（ocean freight）等项构成。其具体情况如下：①整箱/整箱：装港拖箱费+

码头操作费+运费+卸港码头操作费+拖箱费；②整箱/拼箱：船公司提供的拖箱费+码头操作费+运费+拆箱费；③拼箱/拼箱：装箱费+运费+拆箱费；④拼箱/整箱：装箱费+运费+码头操作费+船公司提供的拖箱费。

2. 运　　费

集装箱海上运价体系比较成熟，基本上可以分成两大类：一类是沿用传统的件杂货运费计算方法，即以每运费吨作为计费单位；另一类是以每个集装箱作为计费单位，即包箱费率。前一类适合于拼箱运输，后一类适合于整箱货物运输。在国际集装箱运输中，包箱费率计算方式正逐步取代传统杂货运输的计算方式。

常见的包箱费率有以下三种表现形式：

（1）FAK 包箱费率（freight for all kinds），既不分货物种类，也不计货量，只规定统一的每个集装箱收取的费率，参见表 5-1。

表 5-1　中国—新加坡航线资费表（FAK）　　　　　　　　　　单位：美元

装运港 port of loading	货物 commodity	LCL W/M	CFS/CY 20'/40'	CY/CY 20'/40'
黄埔 Huangpu	普通货 general cargo	47.5	830/1510	750/1350
	半危货 semi-hazardous cargo	62.5	1130/2050	1050/1890
	全危货 hazardous cargo	77.5	1430/2590	1350/2430

（2）FCS 包箱费率（freight for class），即按不同货物等级制定的包箱费率。集装箱普通货物的等级划分与杂货运输分法相同，仍是 1~20 级，但是集装箱货物的费率相差远远小于杂货费率级差，一般低价货费率高于传统运输费率，高价货费率则低于传统运输费率，同一等级的货物，实重货运价高于体积货运价。可见，船公司鼓励人们把高价货和体积货装箱运输。在这种费率下，拼箱货运费计算与传统运输一样，根据货物名称查等级、计算标准，然后去套用相应的费率，再乘以运费吨，即得运费，参见表 5-2。

表 5-2　中国主要港口—地中海航线集装箱资费表（FCS）　　　　单位：美元

等级 class	计费标准	CY/CY 20'/40'	LCL （F/T）
1~7	W/M	1700/3230	95
8~13	W/M	1800/3240	100
14~20	W/M	1900/3510	105

（3）FCB 包箱费率（freight for class & basis），是指即按照不同货物等级或货类，又按计算标准制定的费率。同一级费率因计算标准不同，费率也不同，如 8~10 级，CY/CY 交接方式，20 英尺集装箱货物如按重量计费为 1500 美元，如按尺码计费则为 1450 美元，参见表 5-3。

表 5-3　中国主要港口—澳大利亚航线集装箱资费表（FCB）　　　单位：美元

等级 class	LCL		FCL	
	W	M	20'CY	40'CY
1~7	131	100	2250	4200
8~13	133	102	2330	4412
14~20	136	110	2450	4640

【案例 5-3】

我国某公司从黄埔分别向新加坡、伦敦和墨尔本出口货物，该批货物用纸箱包装，每箱毛重为 110 千克，净重 100 千克，体积为 0.09 立方米。经查运价表，该批货物等级为 7 级，集装箱码头使用费为每 20 英尺集装箱 370 元人民币，拼箱也同样收取该使用费，拼箱服务费为每运费吨 10 美元。假定 1 美元=6.27 元人民币。

请计算：（1）向新加坡出口 50 箱货物的运费。

（2）向伦敦出口 1 个 20 英尺集装箱的运费。

（3）向墨尔本出口 1 个 20 英尺集装箱的运费。

九、国际多式联运输

国际多式联运（international multimodal transport）是在集装箱运输的基础上产生和发展起来的一种综合性的连贯运输方式。它以集装箱为媒介，把海、陆、空各种传统的单一运输方式有机地结合起来，组成一种国际连贯运输。它通过至少两种不同的运输方式，由多式联运经营人将货物从一国境内接管货物的地点运至另一国境内指定的交货地点。

1. 国际多式联运应具备的条件

（1）必须是国际货物运输；

（2）必须有一个多式联运合同，且合同中应明确规定多式联运经营人和托运人之间的权利、义务、责任以及豁免；

（3）必须使用一份包括全程的多式联运单据；

（4）必须至少是两种不同运输方式的连贯运输；

（5）必须由一个多式联运经营人负责全程运输；

（6）必须是全程单一的运费费率。

多式联运经营人既可以是掌握运输工具的实际承运人，也可以是不掌握运输工具的承运人。如果多式联运经营人不掌握运输工具或者不掌握所需的多种运输工具，它就具备双重身份：对货主来说它是承运人；对实际承运人来说，它又是托运人。目前，我国有"外运""中远"等航运公司可经营多式联运。

2. 多式联运的注意事项

开展国际多式联运是实现"门到门"运输的有效途径。它简化了手续，减少了中间环节，加快了货运速度，降低了运输成本，并提高了货运质量。为了更有效地开展以集装箱为媒介的国际多式联运，我们除加强交通运输设施的现代化建设外，还需注意下列事项：

（1）要考虑货价和货物性质是否适宜装集装箱。

（2）要注意装运港和目的港有无集装箱航线，有无装卸及搬运集装箱的机械设备，铁路、公路沿途桥梁、隧道、涵洞的负荷能力如何。

（3）装箱点和起运点能否办理海关手续。

十、大陆桥运输

大陆桥运输（land bridge transport）是指以横贯大陆的铁路（或公路）运输作为中间桥梁，把大陆两端的海洋运输连接起来的集装箱连贯运输方式。大陆桥运输实质上属于国际多式联运范围。目前，世界的大陆桥主要是北美大陆桥和欧亚大陆桥。

1. 北美大陆桥

美国大陆桥和加拿大大陆桥可统称为北美大陆桥，两者是平行的，且都是连接大西洋和太平洋的大陆通道，主要运送从远东国家经北美销往欧洲的货物。美国大陆桥是世界上第一座大陆桥。

2. 欧亚大陆桥

欧亚大陆桥包括西伯利亚大陆桥和新欧亚大陆桥。西伯利亚大陆桥以俄罗斯西伯利亚铁路作为桥梁，把远东地区与波罗的海和黑海沿岸以及西欧大西洋口岸连接起来。其主要运送远东国家经西伯利亚到欧洲各国或亚洲的伊朗、阿富汗等国的货物，经过这条路线运往欧洲的货物要比经苏伊士运河缩短路程约 8000 千米，时间可节省 20 天左右。

新欧亚大陆桥也称第二条欧亚大陆桥，1992 年正式营运，它东起我国连云港，途经陇海、兰新、北疆铁路，到达我国边境的阿拉山口，进入哈萨克斯坦，再经俄罗斯、白俄罗斯、波兰、德国，西至荷兰的世界第一大港鹿特丹港。

第二节 装运条款

在国际贸易中，买卖双方须就货物的装运条件进行磋商和约定，并在合同的装运条款中列明，如交货的时间、地点和目的地，能否分批，能否转船，滞期、速遣的安排等内容。明确、完整而合理地制定装运条款，是保证进出口合同顺利履行的重要条件。

一、装运时间与交货时间的含义、区别及意义

装运时间又称装运期（time of shipment），是指卖方在启运地点装运货物的期限。它与交货期（time of delivery）是两个含义不同的概念，不应混同使用。例如，在目的地交货（DES）条件下，装运期是指在装运港装船的期限，交货期则是指在目的地交货的时间，两者在时间上显然不同。

在装运地或装运港交货条件下，装运期是买卖合同中的主要条件，如装运合同当事人违反此项条件，另一方则有权要求赔偿其损失，甚至可以撤销合同。因此，在进出口业务中，订好买卖合同中的装运期条款，使装运期规定合理和切实可行，以保证按时完成约定的装运任务，有着十分重要的意义。

装运期与交货期都是合同中的主要条件，而且在装运期与交货期问题上又很容易引起买卖

双方之间的争议。因此，无论是买方还是卖方，都应高度重视合同中有关装运期与交货期条款的规定，使其具体明确和切实可行，以利于合同的履行和双方贸易关系的发展。

二、约定装运期与交货期的方法

在装运期与交货期条款中，应当写明成交商品装运与交付的期限。如装运合同，卖方在装运地或装运港装运货物的时间都要在合同的装运期栏内列明。关于装运期的规定方法，由买卖双方共同商定，常见的有下列几种。

（一）装运期的规定方法

目前，常用的有如下几种规定方法。

1. 明确规定具体装运时间

这种规定的方法可以是在合同中订明某年某月装运或某年跨月度装运，或某年某季度装运，或跨年度、跨季度、跨月度装运等。也就是说，装运时间一般不确定在某一个日期上，而是确定在一段时间内。

这种规定方法期限具体，含义明确，双方不至于因在交货时间的理解和解释上产生分歧，因此，在国际货物买卖合同中采用较为普遍。

（1）规定在某月内装运。例如：Shipment during July 2016，2016年7月份装船。

（2）规定在某月月底以前装运。例如：Shipment before the end of January 2017，2017年1月底以前装船。

（3）规定在某月某日以前装运。例如：Shipment on or before June 15th，6月15日或以前装船。

（4）跨月装运，即规定在某几个月内装运。例如：Shipment during Jan./Feb./Mar，1/2/3月份装船。

2. 规定在收到信用证后若干天或若干月装运

这类规定方法主要适用于下列情况：

（1）按买方要求的花色、品种和规格或专为某一地区或某商号生产的商品，或者是一旦买方拒绝履约难以转售的商品。为防止遭受经济上的损失，则可采用此种规定方法。

（2）在一些外汇管制较严的国家和地区，或实行进口许可证或进出口配额制的国家，为促成交易，有时也可采用这种方法。

（3）对某些信用较差的客户，为促使其按时开证，也可酌情采用这一方法。

采用这种规定方法时，合同应订明：收到信用证后45天内装运（Shipment within 45 days after receipt of L/C）；或订明：收到信用证后3个月内装运（Shipment within 3 months after receipt of L/C），等等。

但是，在采用此种装运期的规定时，必须同时规定有关信用证的开到期限或开出日期等。例如，买方必须最迟于××（日期）将有关信用证开抵卖方（The buyers must open the relative L/C to reach the sellers before ××date）。

如不订明信用证开到期限或开出期限，则可能由于买方拖延或拒绝开证，使卖方无法及时安排生产、包装、装运而陷于被动。为了促使买方按期开证，通常还应在合同中加列带有约束性的条款,如"买方如不按合同规定开证,则卖方有权按买方违约提出索赔"。

3. 收到信汇、电汇或票汇后若干天装运

例如:Shipment within 30 days after receipt of draft,收到汇票后 30 天内装运。

4. 笼统规定近期装运

例如:Immediate Shipment,立即装运;Prompt Shipment,即期装运;Shipment as soon as possible,尽快装运;Shipment by first available steamer,有船即装。由于这种规定太笼统,各国的解释不同,国际商会修订的《跟单信用证统一惯例》规定,应尽量避免使用"迅速""立即""尽速"或类似的词语。

(二)规定装运时间的注意事项

1. 应充分考虑货源的供应与需求情况

买卖双方洽商装运期与交货期时,由于彼此考虑问题的角度不同,往往会出现意见不一的情况,这是很正常的。就卖方而言,首先应着重考虑货源情况,在货源未落实的情况下,不能轻易确定装运期或交货期,以免发生到时无货出运与交货落空的危险或出现"冬扇""夏炉"和"雨后送伞"的情况。就买方而言,应根据实际需要来确定装运期或交货期,如约定期限过长,势必会影响实际需要;如约定期限太短,过早到货,又会增加库存和费用开支。

2. 应充分考虑运输方面的各种因素

在约定装运期或交货期时,负责安排运输的买方或卖方必须充分考虑运输方面的各种因素,如自身运输能力、市场船源供求情况、安排运输的时间和装卸条件等。这些因素对能否按期装运或交货有着直接影响。那种只顾签约成交而不考虑运输可能性的做法,是十分错误而有害的。

3. 装运期与交货期的长短要适度

装运期与交货期的长短,应视不同商品的产销情况和运输的可能性等因素而定。装运期或交货期规定过长也不合适。就买方而言,如装运期或交货期过长,到货太晚,不仅会影响使用并要承担货价波动的风险,而且还占压其开证资金和增加利息开支;就卖方而言,如果装运期或交货期过长,既不能抢行应市,赶上有利的销售时机,又影响买方订购商品的积极性,不利于扩大出口和使出口商品卖上好价。

4. 应注意装运期或交货期同开证日期之间的衔接

在采用信用证付款方式时,装运期与交货期同开证日期是互相关联的,因此,在约定装运期或交货期的同时,应一并约定开证日期,并考虑其与开证日期的相互衔接。一般来说,信用证应在装运期或交货期开始前一个合理的时间开到卖方,以便给卖方留出必要的时间备货和安排运输。如果在约定装运期或交货期时忽略了约定开证日期,或约定的开证日期极不合理,没有给卖方备货和安排运输留出合理的时间,则装运期或交货期就有可能出现落空的危险。

5. 应注意装运期或交货期与信用证有效期之间的间隔

为了便于卖方在装运或交货之后有时间缮制有关单据和向银行办理结汇手续,装运期或交货期与信用证结汇有效期之间应留有合理的间隔时间。一般来说,信用证结汇有效期应比装运期或交货期长半个月至一个月。应当指出,在实际业务中,有的信用证的结汇有效期与装运期或交货期在同一天到期,即出现所谓"双到期"的情况,这不利于卖方安全收汇,卖方有权要求买方修改。为了防止出现"双到期"的情况,事先应在买卖合同中约定好"信用证结汇有效期延至装运或交货后××天在卖方所在地到期"的条款。

6. 约定装运期与交货期应考虑装卸地的具体情况和气候条件

世界各地的具体情况不同,气候条件差异很大。有些地方节假日很多,在节假日期间停止装卸作业;有些地区有冰冻期或季风季节,这会影响船舶通行或无法进行正常的装卸作业。在确定装运期与交货期时,必须考虑这些因素。例如,索马里的摩加迪沙港每年6月至9月为季风季节,严重影响装卸作业,若按FOB条件进口,从该港接运货物,或按CFR或CIF条件出口,到该港卸货,应避开这段不利的时间。又如,对某些容易腐烂发臭的货物,在确定装运期或交货期时,也应尽量避开高温季节。

7. 约定装运期或交货期应当明确、具体而又留有余地

为了便于按约定期限装运或交货,对装运期或交货期的规定应当明确、具体。但是,国际贸易和国际运输的情况复杂多变,因此,对装运期或交货期不宜规定过死,而应留有机动余地。例如,我国某出口公司在约定装运期时,曾限定在5月5日这一天装运,这显然不妥。因为影响装运的因素很多,具体要求在哪一天装运确实很难办到。正确的做法应当是将装运期约定为某一段时间,或在某月某日前装运。

8. 某些季节性商品的装运期或交货期可与增减价条款结合使用

某些季节性商品的时间性很强,故对其装运期或交货期的要求非常严格。2016年,我国某出口公司向英国出售一批核桃仁,合同规定限11月底到货,后因货到伦敦晚9小时,买方遂拒收货物,致使卖方蒙受巨额损失。后来,该公司在吸取此项教训的基础上,改变了合同条款和实际做法,即将限期到港交货和商品增减价条款结合使用。同时,也改进了备货、装运等环节的工作。

三、装运港和目的港

装运港也称装货港,是指货物开始装运的港口;目的港是指最终卸货的港口。在国际货物贸易中,装运地一般由卖方提出,经买方同意后确定;目的地一般由买方提出,经卖方同意后确定。由于国际货物运输中可能采用各种不同的运输方式,因此装运地和目的地可能包括港口、车站、机场等不同的场所。鉴于国际货物通过海洋运输的比重最大,故本节阐述的装运地和目的地主要侧重于装运港和目的港。

(一)约定装运地(港)与目的地(港)的意义

在国际货物贸易中,买卖双方相距遥远,卖方在何处装运其出售的货物、买方在何处受领其购买的货物,涉及合同当事人的利害得失,因而成为合同当事人所关注的重要问题。

在国际货物买卖合同中,约定装运地(港)和目的地(港),既有利于卖方按约定地点组织货源和发运货物,也有利于买方按约定地点接运或受领货物。由此可见,约定装运地(港)和目的地(港)对确保履行进出口合同,具有十分重要的意义。

在这里需要特别指出,在海洋运输条件下,装运港和目的港在合同中的地位和重要性因成交条件不同而有差异。例如,按FOB条件成交,装运港在合同中具有重要地位,它是FOB合同中的一项主要条件,交易双方均不得擅自改变约定的装运港。因为更改装运港,势必导致卖

方出运和装船地点的改变，以及买方派船接运货物的航线与装货地点的改变，这就涉及交易双方的利害关系。

（二）装运港和目的港的规定方法

（1）明确规定，装运港和目的港各一个，并分别列明其具体名称。例如：装运港为上海，目的港为纽约。

（2）可规定两个或更多装运港或目的港，并分别列明其具体名称。例如：装运港为天津/上海/黄埔，目的港为伦敦/利物浦/鹿特丹。

（3）笼统规定某一航区为装运港和目的港。例如：装运港为中国主要港口，目的港为西欧主要港口。

（三）规定装运港和目的港的注意事项

装运港一般由卖方提出，经买方同意后确定。原则上应选择接近货源地、储运设施较完备的港口，同时考虑国内运输的条件、港口设施、泊位多少、吃水深度、吞吐能力、装卸设备、装卸速度、费用水平等因素。特别是签订FOB进口合同和CIF或CFR出口合同时，对国外装卸港的规定更应考虑周全，审慎从事。在洽商进出口合同中的装运地（港）和目的地（港）条款时，应当注意下列事项：

1. 要注意装运地（港）与目的地（港）的具体条件

在选择装运地（港）或目的地（港）时，应考虑当地管理制度和办法、社会治安状况、堵塞和拥挤与否、气候变化情况、有无冰封期、有无直达班轮、装卸设施的好坏、装卸效率的高低和运输装卸费用的大小等。这些直接关系到货运成本及租船订舱等问题。注意上述条件，有利于做出正确的抉择和采取相应的对策。

2. 要注意装卸地（港）与目的地（港）有无重名的问题

在世界范围内，海运港口重名的很多。例如，波特兰（Portland）港，在美国和其他国家有同名港，且在美国东部和西部各有1个波特兰港；澳大利亚和加拿大均有悉尼（Sydney）港；而维多利亚（Victoria）港在世界上有12个之多；在黎巴嫩和利比亚各有1个的黎波里（Tripoli）港。为了防止在交接货物中发生差错，在进出口合同中，除列明港口名称外，还应注明该港所在国家和地区的名称。

3. 合理运用选择港办法

当海运进口货物需要运用选择港办法时，其选择的港口应在同一航区、同一航线上，而且不宜过多，一般以不超过3个为宜。例如，我国某公司在广交会订立出口合同时，在目的港栏内填写"欧洲主要港口"，而附加条件上竟列出8个欧洲港口的名称，至于由何方选择港口和选港费由谁负担，却未明确。这些错误做法不仅会给履约带来实际困难，而且还会增加不必要的风险和费用开支。

4. 应按就近原则选定装运地（港）与目的地（港）

为了加速货运和节省运输费用，一般来说，装运地（港）应尽可能地靠近货源地，目的地（港）应尽可能地靠近用货部门，以利于缩短运输里程，节约运输能力，减少中间环节，从而降低运输成本。

5. 装运地（港）与目的地（港）的规定应当明确

在订立海运进出口合同时，常有规定了两条不同航线的 3 个目的港，却没有明确由谁来选择目的港的情况，致使合同的履行受到影响。例如，某公司按 CIF 条件订立的出口合同，上边写 CIF 香港，下边目的港写澳门，这就互相矛盾，给履约带来困难。

6. 不能接受内陆城市为装运港或目的港的条件

因为接受这一条件，我方要承担从港口到内陆城市这段路程的运费和风险。

【案例 5-4】

我国某公司接到加拿大一公司订单，欲以每公吨 1000 美元 CIF 魁北克条件向该公司购买某商品，12 月份装运，不可撤销即期信用证付款。

请问：该公司能否接受该订单？

四、分批装运和转运

（一）分批装运

分批装运（partial shipment）是指一笔成交的货物先后分若干期或若干次装运。在国际贸易中，凡影响较大或受货源、运输条件、市场销售或资金的条件所限，有必要分期、分批装运到货者，均应在买卖合同中规定分批装运条款。

根据《跟单信用证统一惯例》的规定，同一船只、同一航次中多次装运货物，即使是提单表示不同的装船日期或不同的装货港口，也不作为分批装运。因为全部货物可同时到达目的地，收货人可同时提货，这与整批装运并没什么不同。

如为了减少提货手续，节省费用，在进口业务中要求国外出口人一次装运货物的，应在进口合同中规定不准分批装运（partial shipment not allowed）条款。一般来说，允许分批装运和转运，对卖方来说比较主动（明确规定分期数量者除外）。根据国际商会《跟单信用证统一惯例》的规定，除非信用证做相反规定，可准许分批装运。但是，如果信用证规定不准分批装运，卖方就无权分批装运。分批装运的表示方法有以下几种：

1. 信用证允许分批装运，但未规定分批装运的数量及时间

在这种情况下，通常可按合同规定装运。如合同没有明确规定，在最后装船期限内可自行规定分批装运的时间和数量。这种做法对卖方比较有利，卖方完全可以根据货源和运输条件，在合同规定的交货期内灵活掌握。

2. 信用证规定按期平均装运

如从三月份起分三四个月装运，每月各装 1/4。

3. 信用证规定定量不定期分批装运

2016 年 8 月底前分两批平均装运（不限定每批装运的具体时间和两批装运的间隔时间）。

4. 信用证规定定量按期装运

如规定两个月两次，每个月装运一次，至于每次装运多少量须双方商定。卖方应严格按照合同和信用证规定的分批装运条款装运，否则会被视为违约。

在分批装运合同情况下，注意事项主要有以下几条：

（1）在合同中明确规定，将每批交货视作一个独立的合同。这是最常见的做法。其好处是把不同批次的交货互相分割开来，不会因某一批交货方面的异议、纠纷而影响整个合同的履行。即使在个别批次的交货中发生违约，也不会使整个合同失效。也就是说，受损害的一方只能对该批交货提出异议，要求损害赔偿，以至拒收，但不得撤销整个合同。

（2）在合同中不做上述规定，而是把每批交货看作合同的不可分割的组成部分。在这种情况下，所交的货物如果出现严重违约或连续违约，就可能被视为违反整个合同，从而影响整个合同的履行及其有效性。

【案例 5-5】

我国某公司按照 FOB 青岛/大连出口玉米 3000 公吨，国外开来信用证规定不准分批装运，临近装传期，货物尚分散在各地，一时难以全部集中到一个港口，于是只好分别在青岛、大连两个港口各装 1500 公吨于同一航次的同一只船上。

请问：这样是否符合来证要求，为什么？

（二）转船

1. 转船的含义

转船（transhipment）又称允许转船或转运，是指一个合同项下的货物从装运地运至目的地的运输过程中，中途需要转换运输工具。例如，卖方出售的货物，如没有直达船驶往目的港或船期不固定或航次间隔时间太长，为了便于装运，卖方往往要求在合同中增加允许转运（transhipment to be allowed）的条款。

2. 约定转船条款的意义

根据《跟单信用证统一惯例》规定，除非信用证有相反的规定，可准许转运。为了明确责任和便于安排装运，交易双方是否同意转运以及有关转运的办法和转运费的负担等问题，都应在买卖合同中具体订明。一般来说，货物中途转运，既延误时间，增加中转费用，又容易产生货损货差，故买方一般不愿意中途转运，往往要求在合同中增加"限制转运"的条款。与此相反，卖方为了便于装运，往往要求在买卖合同中增加"允许转运"的条款。

五、装运通知

装运通知（advice of shipment）是装运条款中不可缺少的一项重要内容。不论按哪种贸易术语成交，交易双方都要承担相互通知的义务。规定装运通知的目的在于明确买卖双方的责任，促使买卖双方互相配合，共同搞好车、船、货的衔接，并便于办理货运保险。因此，订好装运通知条款，有利于合同的履行。装运通知的情况有：按照在 FOB 条件成交时，卖方应在约定的装运期开始之前，一般在装运月前 30 天或 45 天，向买方发出货物备妥的通知，以便买方及时安排船只；买方必须在装运期开始前若干天，将拟派出的船名、预计到达日期、装运数量等通知卖方，以便卖方安排货物和准备装船。卖方在将货物装运完毕后，应及时给买方发出货物已装妥的通知。

装运通知对于在 FOB 和 CFR 等由买方办理保险的贸易术语有非常重要的意义，卖方在货物装船后必须毫无迟延地向买方发出装运通知，以便买方及时办理保险，否则应承担货物在运输途中的一切风险。

至于 CIF 条件下的交易，货物一经装船，其风险即转由买方负担，如按英国惯例和判例，卖方发装船通知并非法律上的当然义务。但是，负担风险的买方有可能需要追加保险，如战争险、货价上涨的追加保险等，故就买方而言，当然希望卖方尽快向其发出装船通知，以便及时办理追加保险。

六、装卸时间、装卸率与滞期、速遣条款

在国际货物运输中，当大量货物需要采用程租船运输时，通常在租船合同中约定好装卸时间、装卸率和滞期、速遣费条款，以促使租船人快速装卸。但实际上负责装卸货物的不一定是租船人，而往往是买卖合同的一方当事人。因此，负责安排租船的买方或卖方，为了便于日后签订租船合同，便先在买卖合同中约定装卸时间、装卸率和滞期、速遣费条款。

1. 装卸时间、装卸率与滞期、速遣费的含义

装卸时间是指允许完成装卸任务所约定的时间，通常以天数或小时数来表示。装卸率是指每日装卸货物的数量，是按港口的正常装卸速度来确定的。负责装卸的一方未按约定的装卸时间及装卸率完成装卸任务，应向船方支付一定的罚金，此罚金称为滞期费（demurrage）；反之，如提前完成装卸任务，可从船方领取一定的奖金，此资金称为速遣费（despatch）。

2. 约定装卸时间、装卸率与滞期、速遣费条款的意义

鉴于大宗货物一般多通过租船运输，而租船合同中都有装卸时间、装卸率和滞期、速遣费条款，故交易双方签订买卖合同时，应考虑随后签订的租船合同的要求，并与之相互衔接，以便租船合同和买卖合同都切实可行。按 FOB 条件成交，由买方安排租船，由卖方负责装货；按 CFR 或 CIF 条件成交，则由卖方负责安排租船，由买方负责卸货。为了使负责装货或卸货的一方当事人依约定时间和速度装卸货物，在买卖合同中应对装卸时间、装卸率和滞期、速遣费条款做出明确、合理的规定。在买卖合同中约定好此项条款，不仅有利于订立运输合同和确保买卖合同的顺利履行，而且有助于促使早日完成装卸任务，加速船舶周转，提高经济效益。

3. 约定装卸时间、装卸率与滞期、速遣费条款的注意事项

（1）装卸时间的约定应明确合理。明确合理地约定装卸时间，有利于滞期费与速遣费的计算与支付。规定装卸时间的方法很多，其中有的对租船人有利，有的则不利。就负责安排租船的买方或卖方而言，应考虑从中选择对己有利的规定方法。当前，国际上普遍采用而且比较公平合理的是按连续 24 小时好天气工作日计算装卸时间。在采用此种规定方法时，对有关装卸港的法定节假日是否计算和如何算法，以及装卸时间的起算和止算时间，也应一并做出明确具体的规定。

（2）要注意实事求是地约定装卸率。滞期费及速遣费与约定的装卸率密切相关。一般应按照装卸港的正常装卸速度来确定。如装卸率规定过高，完不成装卸任务，租船人要承担滞期费的损失；反之，规定过低，虽能提前完成装卸任务，可从船方获取速遣费，但船方会因装卸率低影响船舶周转速度而增加出租船舶的租金，这样反而使租船人得不偿失。因此，约定买卖合同中的装卸率时，要注意掌握实事求是的原则。

（3）要注意滞期费与速遣费的比例是可争取改变的。按国际航运的一般惯例，速遣费通常为滞期费的一半，这是船方片面维护自身利益的习惯做法，它不符合对等原则。但是，在船多

货少的情况下，这种习惯做法也是可以打破的。租方可以利用租船市场上船源供过于求的有利形势，争取滞期费与速遣费每天的金额相等。

以上对订立买卖合同中的装卸时间、装卸率与滞期、速遣费条款应当注意的事项做了说明，凡从事贸易的人员订立买卖合同时，都应考虑运输方面的要求。但鉴于租船合同是在买卖合同订立后签订的，因此在签订租船合同时，还应当充分考虑买卖合同的规定和要求，使租船合同与买卖合同衔接好，以免因出现彼此脱节而蒙受经济损失。

七、其他装运条款

在买卖合同中，根据业务上的实际需要，除上述装运条款外，有时还规定一些与装运有关的其他条款。现列举其中几种介绍如下。

1. 划分装卸费负担的条款

大宗货物一般通过租船运输。船方出租船舶时，有的船主不愿负担装卸费，要求装卸费由租船人负担，因此，负责租船的买方或卖方在订立买卖合同时即应约定装卸费由何方负担，以明确责任。

2. 对某些特殊商品规定一些与装运有关的其他条款

冷冻品、危险品和活牲畜等，在运输过程中需要有特殊的运输设备和特殊照料，因此，在买卖合同中可增加一些与装运有关的条件。如果属于冷冻品，可约定"货物须装冷藏舱"。如果属于危险品，可约定"发货人应在货运单证文件上详细列明危险货物性能及有关装卸注意事项"，并在货物包装上注明国际海运危险品标志，以引起运输装卸、保管人员的注意。活牲畜一般装在船舶甲板上，承运人对其灭失、伤亡不负责任，因此，在买卖合同中应注明以装船时的数量或卸船时的数量为准。

3. 关于美国 OCP 运输条款

在同美国进行贸易时，为了取得运费上的优待，可以采用 OCP 条款。"OCP"是 overland common points 的缩写，意为"内陆地区"。所谓"内陆地区"，是根据美国运费率规定，以美国西部 9 个州为界，也就是以洛矶山脉为界，洛矶山脉以东的地区均为内陆地区范围。

按 OCP 运输条款达成的交易，出口商不仅可享受美国内陆运输的优惠费率，而且可以享受 OCP 海运的优惠率。因此，在对美交易中，采用 OCP 运输条款对进出口双方均有利。不过，在采用此条款时必须注意下列问题：

（1）货物最终目的地必须属于 OCP 地区范围。

（2）货物必须经由美国西海岸港口中转，因此，签订 CFR 和 CIF 出口合同时，目的港必须是美国西海岸港口。

（3）提单上必须标明"OCP"字样，并且在提单的目的港一栏中，除填明美国西部海岸港口名称外，还要加注内陆地区的城市名称。

第三节 运输单据

在国际贸易实务中，买卖双方根据运输方式和实际需要，一般会在合同中明确规定卖方应提供的运输单据种类和份数。因此，运输单据是合同条款中不可缺少的内容。提交合同约定的运输单据是卖方的基本义务。

运输单据（transport documents）是承运人收到货物后向托运人签发的证明已将货物发运或监管或装上运输工具的文件。根据运输方式的不同，运输单据可分为海运提单、铁路运输单据、航空运单、邮包收据和多式联运单据等。

一、海运提单

（一）海运提单的性质和作用

海运提单（ocean bill of lading，B/L）简称提单，是船方或其代理接管承运货物或货物装船后签发给托运人的货物收据，以及承运人据以保证交付货物的凭证。提单的性质和作用有以下三点：

（1）承运人或其代理人出具的货物收据。其用以证实其已按提单的记载收到托运人的货物。

（2）货物所有权凭证。提单的持有人拥有支配货物的权利。提单既可以用来向银行议付货款和向承运人提取货物，也可用来抵押或转让。

（3）承运人和托运人双方订立的运输契约的证明。由于运输契约是在装货前商订的，而提单一般是在装货后签发的，故提单本身不是运输契约，而只是运输契约的证明。

在承运人接受托运人货物时要签发装货单，自装货单签发之日起，承运人与托运人之间的合同关系即成立。承托双方发生争议时依据的是海运提单，海运提单的内容比装货单详尽。海运提单是处理承运人与托运人之间争议的法律依据。

（二）海运提单的格式与内容

世界各船公司都有自己印就的提单格式，其基本内容大致相同，一般包括提单正面的记载事项和提单背面印就的运输条款。

1. 提单的正面内容

提单正面的记载事项，分别由托运人和承运人或其代理人填写。提单的正面内容一般包括下列事项：

（1）提单号码（B/L NO.）；

（2）托运人（shipper）；

（3）收货人或指示（consignee or order）；

（4）被通知人（notify party）；

（5）前程运输（pre-carriage by）；

（6）装货港（port of loading）；

（7）船名及航次（vessel）；

（8）转运港（port of transshipment）；

（9）卸货港（port of discharge）；

（10）最后目的地（final destination）；

（11）货物的件数、包装种类和货物的描述（number and kind of packages description of goods）；

（12）毛重（gross weight）；

（13）尺码（measurement）；

（14）运费和费用（Freight and Charges）等。

2. 提单的背面条款

在班轮提单背面，通常印有运输条款，它是确定承托双方以及承运人、收货人和提单持有人之间的权利与义务的主要依据。提单中的运输条款，起初是由船方自行规定的。后来由于船方在提单中加列越来越多的免责条款，使货方的利益失去保障，并降低了提单作为物权凭证的作用。为了缓解船、货双方的矛盾并照顾到船、货双方的利益，国际上为了统一提单背面条款的内容，曾先后签署了有关提单的国际公约，其中包括：1924 年签署的《关于统一提单的若干法律规则的国际公约》，简称《海牙规则》（The Hague Rules）；1968 年签署的《布鲁塞尔议定书》，简称《维斯比规则》（The Vishy Rules）；1978 年签署的《联合国海上货物运输公约》，简称《汉堡规则》（The Humburg Rules）。

由于上述三项公约签署的历史背景不同，内容不一，各国对这些公约所持有的态度也不相同，因此，各国船公司签发的提单背面条款也就存在差异。

（三）海运提单的分类

1. 根据货物是否已经装船来划分

根据货物是否已经装船来划分，海运提单可分为已装船提单（on board B/L）和备运提单（received for shipment B/L）。

已装船提单是指货物装船后，由承运人签发给托运人的提单，它必须载明船名和装船日期。由于这种提单对收货人按时收货有保障，故买方订立买卖合同时，一般都规定卖方必须提供已装船提单。备运提单是指承运人收到托运货物，但尚未装船时向托运人签发的提单。由于这种提单没有载明装货日期，也没有注明船名，将来货物能否装运和何时装运都难以预料，故买方一般不愿接受这种提单。

2. 根据提单上对货物外表状况有无不良批注来划分

根据提单上对货物外表状况有无不良批注来划分，海运提单可分为清洁提单（clean B/L）和不清洁提单（unclean B/L 或 foul B/L）。

清洁提单是指托运货物的外表状况良好，承运人未加有关货损或包装不良之类批语的提单，买方一般都要求卖方提供清洁提单。不清洁提单是指承运人加注了托运货物外表状况不良或存在缺陷等批语的提单。此种提单买方通常不接受，银行也拒绝收取。

【案例 5-6】

中国广州远洋运输公司于 2009 年 1 月与 A 出口公司签订了承运 100 箱货物的海上运输合同。广远用"辽阳"和"虎林"轮运载该货，并出具清洁提单。货抵荷兰鹿特丹后，买方发现下列情况：① 少了 5 箱；② 10 箱包装严重破损，内部货物已散失 50%；③ 10 箱包装外表完好，箱内货物有短少。请问上述情况应属谁的责任？

3. 根据运输方式来划分

根据运输方式划分，海运提单可分为直达提单（direct B/L）、转船提单（transshipment B/L）、联运提单（through B/L）。

直达提单是将货物从装运港直接运达目的港所签发的提单。转船提单是指载货船舶不直接驶往目的港，须在途中某港换装另一船舶时所签发的包括运输全程的提单。转船提单上一般注有"在某港转船"字样。联运提单是在由海运和其他运输方式所组成的联合运输时签发的提单，其中第一程为海运，签发人一般只承担它负责运输的一段航程内的货运责任。

4. 根据抬头（收货人）不同来划分

根据抬头（收货人）的不同来划分，海运提单可以分为记名提单（straight B/L）、不记名提单（bearer B/L）和指示提单（order B/L）三种。

记名提单是指在提单收货人栏内列明收货人名称的提单。此种提单只能由指定的收货人提货，不能背书（endorsement）转让。不记名提单是指在提单收货人栏内不填写收货人名称而留空，故又称空名提单。不记名提单仅凭单交货，风险较大。所以，这两种提单在国际贸易中很少使用。指示提单是指在提单收货人栏内填写"凭指定"（to order）或"凭某人指定"（to order of）字样的提单。此种提单可以通过背书转让，有利于资金周转，故在业务中使用较多。指示提单的背书有"空白背书"和"记名背书"之分。空白背书是由背书人（提单转让人）在提单背面签章，但不注明被背书人的名称；记名背书除了背书人签章外，还要注明被背书人的名称，如再行转让可再加背书。目前，业务中使用得最多的是凭指定并经空白背书的提单，习惯上称其为"空白抬头、空白背书"提单。

5. 根据内容的繁简来划分

根据内容的繁简来划分，海运提单可分为全式提单（long term B/L）和简式提单（short term B/L）。

全式提单既有正面条款又有背面条款，对承托双方的权利、义务都有明确的规定。简式提单仅有正面内容，略去了背面条款。一般提单副本及租船合同项下的提单多使用简式提单。至于租船合同项下提单有关当事人的责任、权利和义务，多在提单上注有"按照本公司全式提单上的条款办理"的字样。

6. 根据运费支付方式的不同来划分

根据运费支付方式的不同来划分，海运提单可分为运费预付提单（freight prepaid B/L）和运费到付提单（fright to be collected B/L）。

运费预付提单是指货物装船后立即支付运费的提单。运费到付提单是指货物到达目的港后，收货人提取货物前支付运费的提单。此种提单在收货人付清运费前，船方可行使货物留置权。

7. 根据船舶营运方式的不同来划分

根据船舶营运方式的不同来划分，海运提单可分为班轮提单（liner B/L）和租船提单（charter party B/L）。

班轮提单是指由班轮公司承运货物后所签发给托运人的提单。租船提单是指承运人根据租船合同而签发的提单。这种提单受租船合同条款的约束。银行或买方在接受这种提单时，通常要求买方提供租船合同的副本。

8. 根据提单使用效力的不同来划分

根据提单使用效力的不同来划分，海运提单可分为正本提单（original B/L）和副本提单（copy B/L）。

正本提单是指提单上有正本（original）字样的提单，是提货的依据、议付的凭证。全套正本海运提单（full set ocean original B/L）可以是一式两份或三份，根据合同或信用证要求来定，其中一份提货后其余各份均告失效。

副本提单仅供内部流转、业务工作参考及企业确认之用。

9. 其他种类提单

（1）集装箱提单（container B/L）。凡由集装箱装运货物而由承运人签发给托运人的提单，称为集装箱提单。集装箱提单与传统的海运提单有所不同，其中包括集装箱联运提单（combined transport B/L，CTB/L）和多式联运单据（multimodel transport document，MTD）等。

（2）舱面提单（on deck B/L），是指货物装在船舶甲板上运输的提单，故又称甲板提单。提单上应注明"在舱面"（on deck）字样。《海牙规则》不适用甲板货，除非在提单条款中明确注明。货物装在甲板上受损的风险很大，所以进口商一般不愿意将货物装在甲板上，不接受甲板提单。根据《跟单信用证统一惯例》的规定，除非信用证另有约定，银行不接受甲板提单。

（3）过期提单（stale B/L）。关于过期提单有两种说法：① 提单晚于货物到达目的港，称为过期提单。在近洋运输中难免会出现这种情况，因此在买卖合同中一般都规定"过期提单可以接受"的条款。② 向银行交单时间超过提单签发日期 21 天，这种滞期交到银行的提单，按照惯例，如信用证无特殊规定，银行将拒绝接受这种过期提单。

（4）倒签提单（anti-dated B/L）。它是指承运人应托运人要求，在货物装船完毕后，以早于该票货物实际装船完毕的日期作为签发日期的提单。这种提单是为方便托运人结汇而签发的，承运人为此承担相当大的风险。

（5）预借提单（advanced B/L）。它是指货物尚未装船或尚未装船完毕的情况下，信用证规定结汇期（即信用证有效期）即将届满，托运人为了能及时结汇，而要求承运人或其代理人提前签发的已装船清洁提单，即托运人为了能及时结汇而从承运人那里借用的已装船清洁提单。签发这种提单已构成实质违约，一般要出具银行保函，船方才肯签发，但这种做法很可能会招致买方起诉。

二、海运单

海运单（sea waybill，ocean waybill）是证明海上运输合同和货物由承运人接管或装船，以及承运人保证据以将货物交付给单证所载明的收货人的一种不可流通的单证，故其又称"不可转让海运单"（non-negotiable sea waybill）。

海运单与海运提单不同，它不是物权凭证，因而不可转让。收货人不凭海运单提货而凭到货通知提货。因此，海运单"收货人"一栏应填写实际收货人的名称和地址，以利于货物到达目的港后通知收货人提货。近年来，欧洲、北美和某些远东、中东地区的贸易界越来越倾向于使用不可转让的海运单，这主要是因为海运单便于进口商及时提货，且简化手续，节省费用，还可以在一定程度上减少以假单据进行诈骗的现象。

三、铁路运输单据

铁路运输可分为国际铁路联运和国内铁路运输两种方式，前者使用国际铁路联运运单，后者使用国内铁路运单。但我国内地通过铁路运输对港、澳出口的货物，由于国内铁路运单不能作为对外结汇的凭证，故使用承运货物收据这种特定性质和格式的单据。现将这几种铁路运输单据分别说明如下：

1. 国际铁路货物联运运单（international through rail waybill）

国际铁路货物联运运单简称国际铁路运单，是参加国际铁路货物联运的发货人与发货国铁路之间的运输单据。运单正本记载了货物运送全程的费用，它随同货物至终到站交给收货人。运单副本在铁路加盖承运日期戳记后交给发货人，发货人凭此向收货人结算货款。国际铁路联运运单不是物权凭证，不可以背书转让。国际铁路货物联运运单由五张组成：第一张是运单正本，第二张是运行报单，第三张是运单副本，第四张是货物交付单，第五张是货物到达通知单。

2. 承运货物收据（cargo receipt）

承运货物收据是中国内地对香港、澳门地区的铁路运输所使用的运输单据，它是承运人与托运人之间的运输契约，是承运人向托运人签发的货物收据，也是托运人向银行结汇及收货人凭以提货的凭证。

四、航空运单

航空运单（air waybill）是承运人收到货物时向托运人签发的货物收据，是承运人与托运人之间的运输契约，也是货物报关和收货人凭以核收货物的单据。航空运单不是物权凭证，收货人凭"到货通知"提取货物，并在航空运单上签收。航空运单不能流通转让。航空运单分为航空主运单和航空分运单两大类。航空主运单（master air waybill，MAWS）又称航空总运单，是指航空公司收到货物时向集中托运人签发的航空运单；航空分运单（house air waybill，HAWB）是指集中托运人办理集中托运业务时向每一托运人签发的航空运单。

航空运单共有正本一式三份：第一份正本注明"Original for the Shipper"，应交托运人；第二份正本注明"Original for the Issuing Carrier"，由航空公司留存；第三份正本注明"Orginal for the Consignee"，由航空公司随机带交收货人。

五、邮包收据

邮包收据（parcel post receipt）是采用邮包运输时所使用的主要单据，它既是邮政局收到邮包后向寄件人签发的收据，也是收件人提取邮包的收据，不是物权证件。邮戳日期即装运日期。当邮包发生灭失或损坏时，它可作为索赔和理赔的依据。

邮寄证明（certificate of posting）是邮局出具的证明文件，据此证实所寄发的单据或邮包确已寄出并作为邮寄日期的证明。有的信用证规定，出口商寄送有关单据、样品或包裹后，除要出具邮件收据外，还要提供邮寄证明，以作为结汇的一种单据。

专递收据（courier receipt）是特快专递机构收到寄件人的邮件后签发的凭证。

六、多式联运单据

多式联运单据（multimodal transport documents，MTD）是指在采用国际多式联运方式运送货物的情况下所使用的运输单据。依照发货人的选择，多式联运单据可以是可转让的，也可以是不可转让的。"多式联运单据"与海运中"联运提单"虽然都使用多种运输方式运送货物，但是联运单据与多式联运单据存在本质的区别。

（1）多式联运使用的是由两种或两种以上的运输方式组成，适用于水路、公路、铁路和航空多种运输方式；而联合运输是由海运和其他运输方式所组成的运输，而且第一程是海运。

（2）多式联运单据是一份包括运输全程的单据，多式联运单据签发人对全程都必须负责；而联运提单签发人仅对第一程运输负责。

（3）多式联运单据签发人是多式联运经营人，而联运提单由船公司或代理签发。

本章小结

国际货物运输方式很多，每种运输方式都有自己的特点和独特的经营方式。交易双方合理选用并约定好运输方式，有利于完成进出口货运任务。装运期与交货期是两个不同的概念，它们都是买卖合同中的主要条件，合同当事人应当审慎地予以约定。装运期与交货期约定后，任何一方不得擅自变更，否则构成违约。

基本概念

班轮运输　国际多式联运　装运期与交货期　分批装运　滞期　速遣费条款

模拟测试

一、名词解释

班轮运输　　租船运输　　国际多式联运　　海运提单

二、填空题

1. 按照海洋运输船舶经营方式的不同，海洋运输可分为_____运输和_____运输。
2. 租船运输方式包括_____、_____、_____以及光船租船。
3. 国际贸易中的铁路运输可分为_____和_____两种。
4. 有关国际铁路货物联运的条约和协定有_____和_____。
5. 国际航空运输的主要方式有_____和_____。
6. 为了统一提单背面条款的内容，国际上曾先后签署了有关提单的国际公约，即_____和_____。
7. 提单收货人栏内填写"To Order"或"To Order of ××××Bank"时，两者均属于_____提单，但前者须由_____背书后才能转让，而后者须由_____背书后才能转让。
8. 大宗货物一般都采用_____运输。
9. 国际邮包运输具有_____和_____运输的性质。

三、单项选择题

1. 班轮运输最大的特点是（　　）。
   A. 运量大　　　　　　　　　　B. 承运人负责装卸货物，不另计装卸费
   C. 运速快　　　　　　　　　　D. 费用低
2. 对于成交量较小、批次较多、交接港口分散的货物运输比较适宜（　　）。
   A. 班轮运输　　　　　　　　　B. 租船运输

C. 定期租船运输 D. 定程租船运输

3. 有关装卸时间的规定方法中，最合理、目前采用最多的是（　　）。
   A. 晴天工作日 B. 24小时晴天工作日
   C. 连续24小时晴天工作日 D. 累计24小时工作日

4. 我国出口到蒙古的杂货运输应选择（　　）。
   A. 海洋运输 B. 铁路运输
   C. 航空运输 D. 管道运输

5. 铁路运输最大的特点是（　　）。
   A. 风险较小 B. 有高度的连续性
   C. 中途转运较多 D. 费用低

6. 在国际货物运输中，使用最多的是（　　）。
   A. 公路 B. 铁路
   C. 航空 D. 海洋

7. OCP条款适用的范围为（　　）。
   A. 远东出口到北美OCP地区 B. 远东出口到美国
   C. 远东出口到美国OCP地区 D. 美国OCP地区出口到远东

8. 40英尺集装箱的规格为8英尺×8英尺×40英尺，有效容积一般为55立方米，载重量一般为（　　）公吨。
   A. 24.5 B. 20 C. 25.3 D. 25.4

9. 海洋运输的特点是（　　）。
   A. 投资大 B. 运输量大
   C. 运费高 D. 运输速度慢

10. 班轮运费包括（　　）。
    A. 基本运费+附加费 B. 基本运费+装卸费
    C. 基本运费+速遣费 D. 基本运费+滞期费

11. 下列表示"装船提单"日期的是（　　）。
    A. 货于5月24日送交船公司 B. 货于6月4日全部装完
    C. 货于6月4日开始装船 D. 货于6月4日到达目的港

12. 在国际货物运输中，能够作为物权凭证的运输单据是（　　）。
    A. 铁路运单 B. 海运提单
    C. 航空运单 D. 邮包收据

13. 过期提单是指卖方超过信用证规定的交单日期或在提单签发日期后（　　）才到银行议付的提单。
    A. 21天 B. 25天 C. 30天 D. 35天

14. 倒签提单是指承运人应托运人的要求（　　）。
    A. 签发提单的日期早于实际装船日期的提单
    B. 签发提单的日期晚于实际装船日期的提单
    C. 装运前事先就签好提单的日期
    D. 船运走后才签发提单

15. 以下哪种提单不属于按运输方式分类的是（　　）。

A. 直达提单 B. 转船提单
   C. 联运提单 D. 正本提单
16. 以下说法正确的是（   ）。
   A. 海运单是物权凭证
   B. 海运单是债权凭证
   C. 海运单是承运人收到托运人货物的收据
   D. 海运单是提货单
17. 速遣费是指装卸方从船方获得的（   ）。
   A. 罚款   B. 奖金   C. 加班费   D. 附加费
18. 出口商办理装运后，凭以向船公司换取提单的凭证是（   ）。
   A. 装货单   B. 大副收据
   C. 商检证书 D. 保险单
19. 必须经过背书才能转让的海运提单是（   ）。
   A. 记名提单 B. 不记名提单
   C. 指示提单 D. 不清洁提单

四、多项选择题

1. 班轮运费的构成包括（   ）。
   A. 基本运费 B. 附加运费
   C. 装卸费   D. 燃油费
2. 国际邮包运输具有（   ）性质。
   A. 集装箱   B. 多式联运
   C. 门到门   D. 航空运输
3. 目前，国际贸易中常用到的大陆桥是（   ）。
   A. 美国大陆桥   B. 加拿大大陆桥
   C. 西伯利亚大陆桥 D. 欧亚大陆桥
4. 国际航空运输的方式有（   ）。
   A. 班机运输 B. 包机运输
   C. 集中托运 D. 急件运送
5. 国际标准化组织为统一集装箱的规格，推荐了3个系列13种规格的集装箱。我国在贸易中最常使用的是（   ）。
   A. 10英尺   B. 20英尺   C. 30英尺   D. 40英尺
6. 海洋运输的特点是（   ）。
   A. 运输量大   B. 通过能力强
   C. 投资小，运费低 D. 速度快   E. 风险小
7. 班轮运输特点中的"四固定"是指（   ）。
   A. 航线固定 B. 港口固定
   C. 船期固定 D. 费率固定   E. 风险固定
8. 租船运输的特点是（   ）。
   A. 大宗货物，整船运输   B. 运价不固定

C. 按租船合同安排航行　　D. 运价固定
E. 费用较高

9. 海运航线按营运方式不同可分为（　　）。
   A. 定期航线　　B. 不定期航线
   C. 远洋航线　　D. 近洋航线
   E. 沿海航线

10. 规定承运人、托运人之间权利、义务、责任豁免的公约有（　　）。
    A. 海牙规则　　B. 维斯比规则
    C. 汉堡规则　　D. 国际商会
    E. 600号出版物

11. 以集装箱为媒介的国际多式联运，其意义在于（　　）。
    A. 简化发运手续　　B. 加快货运速度
    C. 降低运输成本　　D. 提高货运质量
    E. 促进交易达成

12. 海运提单是（　　）。
    A. 货物收据　　B. 物权凭证
    C. 运输契约的证明　　D. 交易合同

13. 按承运人在提单上对运输货物表面状况有无不良批注，可分（　　）。
    A. 清洁提单　　B. 不清洁提单
    C. 记名提单　　D. 不记名提单

14. 海运提单按运输方式分为（　　）。
    A. 直达提单　　B. 转船提单
    C. 联运提单　　D. 指示提单

15. 装运时间的规定方法有（　　）。
    A. 明确规定具体装运时间
    B. 在收到信用证后若干天或若干月装运
    C. 收到信汇、电汇或票汇后若干天装运
    D. 随卖方而定

五、简答题

1. 海洋运输有哪几种经营方式？分别是什么？
2. 什么是大陆桥运输？目前世界上有几条大陆桥运输线？

六、计算题

1. 某公司出口产品共100箱，该商品的内包装为塑料袋，每袋重1磅（1磅=0.4536千克），外包装为纸箱，每箱100袋，箱的尺寸为47×39×26（厘米），经查该商品为5级货，运费计收标准为"M"，每吨的基本运费为367港元，另加转船费15%，燃料费33%，港口拥挤费5%。
   问：该货物的运费是多少？

2. 某商品纸箱装，每箱毛重45千克，每箱体积0.05立方米，原报价每箱38美元FOB天津，现客户要求改报CFRC2%伦敦价。

问：在不减少收汇额的条件下，我方应报多少（该商品计费标准为 W/M，每运费吨的基本运费为 200 美元，到伦敦港口拥挤附加费为 10%）？

七、案例分析题

1．某国际贸易公司对国外乔治公司出口 500 公吨花生。买方申请开来的信用证规定："分5 个月装运；3 月份 80 公吨；4 月份 120 公吨；5 月 140 公吨；6 月份 110 公吨；7 月份 50 公吨。每月不许分批装运。装运从中国港口至伦敦。"

国际贸易公司接到信用证后，根据信用证规定于 3 月 15 日在青岛港装运了 80 公吨；于 4 月 20 日在青岛港装运了 120 公吨，均顺利收回了货款。

国际贸易公司后因货源不足于 5 月 20 日在青岛港只装了 71 公吨。经联系得知烟台某公司有一部分同样规格的货物，所以国际贸易公司要求"HULIN"轮再驶往烟台港继续装其不足之数。船方考虑目前船舱空载，所以同意在烟台港又装了 69 公吨。国际贸易公司向银行提交了两套单据：一套是在青岛于 5 月 20 日签发的提单，其货量为 71 公吨；另一套是在烟台于 5 月 28 日签发的提单，货量为 69 公吨。

银行认为单据有两处不符点：在青岛和烟台分批装运货物。

问题：不符点是否成立？

2．某对外贸易进出口公司于 5 月 23 日接到一张国外开来信用证，信用证规定受益人为对外贸易进出口公司（卖方），申请人为 E 贸易有限公司（买方）。信用证对装运期和议付有效期条款规定："Shipment must be effected not prior to 31st May, 2016. The Draft must be negotiated not later than 30th June, 2016."

对外贸易进出口公司发现信用证装运期太紧，23 日收到信用证，31 日装运就到期。所以有关人员即于 5 月 26 日（24 日和 25 日系双休日）按装运期 5 月 31 日通知储运部安排装运。储运部根据信用证分析单上规定的 5 月 31 日装运期即向货运代理公司配船。因装运期太紧，经多方努力才设法商洽将其他公司已配上的货退载，换上对外贸易进出口公司的货，勉强挤上有效的船期。

对外贸易进出口公司经各方努力，终于 5 月 30 日装运完毕，并取得 5 月 30 日签发的提单。6 月 2 日备齐所有单据向开证行交单。6 月 16 日开证行来电提出："提单记载 5 月 30 日装运货物，不符合信用证规定的装运期限。不同意接受单据……"请分析开证行拒付是否有道理？

八、实务训练题

依照所附海运提单（见表 5-4），回答下列问题：

（1）该提单应由谁首先背书？
（2）作为收货人的代理人，你如何知道找谁提货？
（3）收货人提货时应交出几份提单？
（4）收货人提货时是否应交出海运提单？
（5）卸货港是哪里？
（6）谁是承运人？
（7）该提单下有几个集装箱？
（8）XYZ Co. Ltd. 是否一定是收货人？
（9）提单是否一定要经过 XYZ Co. Ltd. 背书？
（10）该提单由谁签署？

表 5-4

1. Shipper Insert Name, Address and Phone SHANGHAI FOREIGN TRADE CORP			B/L No.	
2. Consignee Insert Name, Address and Phone TO ORDER OF BANGKOK BANK PUBLIC COMPANY LIMITED, BANGKOK			中远集装箱运输有限公司 COSCO CONTAINER LINES TLX: 330×× COSCO CN FAX: +86 (021) 6545 89×× ORIGINAL	
3. Notify Party Insert Name, Address and Phone (It is agreed that no responsibility shall attsch to the Carrier or his agents for failure to notify) MOUN CO., LTD NO. 443 249 ROAD BANGKOK THAILAND			Port-to-Port or Combined Transport BILL OF LADING RECEIVED in external apparent good order and condition except as other-Wise noted. The total number of packages or unites stuffed in the container, The description of the goods and the weights shown in this Bill of Lading are Furnished by the Merchants, and which the carrier has no reasonable means Of checking and is not a part of this Bill of Lading contract. The carrier has	
4. Combined Transport *	5. Combined Transport* SHANGHAI		Issued the number of Bills of Lading stated below, all of this tenor and date, One of the original Bills of Lading must be surrendered and endorsed or sig- Ned against the delivery of the shipment and whereupon any other original Bills of Lading shall be void. The Merchants agree to be bound by the terms And conditions of this Bill of Lading as if each had personally signed this Bill of Lading. SEE clause 4 on the back of this Bill of Lading (Terms continued on the back Hereof, please read carefully). *Applicable Only When Document Used as a Combined Transport Bill of Lading.	
Pre - carriage by	Place of Receipt			
6. Ocean Vessel Voy. No.: JENNY/03	7. Port of Loading SHANGHAI, CHINA			
8. Port of Discharge BANGKOK, THAILAND	9. Combined Transport *BANGKOK, THAILAND			
	Place of Delivery			
Marks & Nos. Container / Seal No.	No. of Containers or Packages	Description of Goods (If Dangerous Goods, See Clause 20)	Gross Weight Kgs	Measurement
N/M UXXU4240250/0169255	40 DRUMS 1*40 ONTAINERS CFS/CFS	2 000 KGS.ISONIAZID BP98 L/C NO.KKB1103043	2 200KGS	
		Description of Contents for Shipper's Use Only (Not part of This B/L Contract)		
10. Total Number of containers and/or packages (in words)				
Subject to Clause 7 Limitation	TOTAL FORTY DRUMS IN 40'CONTAINERS			
11. Freight & Charges	Revenue Tons	Rate	Per	Prepaid	Collect
FREIGT PREPAID					
Declared Value Charge					

Ex. Rate:	Prepaid at	Payable at	Place and date of issue
			12/10/2000 SHANGHAI, CHINA
	Total Prepaid	No. of Original B (s) /L THREE	Signed for the Carrier, COSCO CONTAINER LINES
LADEN ON BOARD THE VESSEL			

第六章　国际货物运输保险

【学习目标】

了解进出口货物保险的基本知识，熟练掌握进出口货物保险的如下专业知识：海上货物运输保险的承保范围，中国人民保险公司海上货物运输保险条款，伦敦保险协会货物条款，保险费的计算，进出口合同保险条款的主要内容和制定方法等。

【案例导入】

中国某进出口公司出口一批纺织品，投保了平安险。承载该批货物的轮船在海上突遇风暴，船体严重受损并沉没。该公司向保险公司索赔，保险公司以该批货物的损失是由自然灾害造成为由拒绝赔偿。于是，该公司向法院起诉，要求保险公司赔偿损失。

分析：根据《中国人民保险公司海洋运输货物保险条款》的规定，平安险虽然对自然灾害造成的部分损失不负责赔偿，但对自然灾害造成的全部损失应负责赔偿。在本案例中，进出口公司投保的是平安险，而所保货物在船只因风暴沉没时全部灭失，发生了实际全损，故保险公司应负责赔偿。

国际贸易中货物往往需要经过长途运输，在运输、装卸、存储过程中，货物有可能遇到各种风险和遭受各种损失。为了保障货物在遭受损失时能得到经济上的补偿，买方或卖方就需要办理货物的运输保险。

国际贸易货物的运输保险，是指保险人在收取约定的保险费后，对被保险货物遭遇承保责任范围内的风险而受到损失时负赔偿责任，它属于财产保险的范畴。国际贸易货物的运输保险，通常作为交易条件之一，由买卖双方在合同中洽定。为了有效地办理货物运输保险，并使买卖合同中的保险条款规定得合理，我们必须深入了解和认真研究有关货运保险方面的问题。

目前，中国人民保险公司承保的对外贸易货物运输保险业务根据运输方式的不同，分为海上运输保险、陆上运输保险、航空运输保险和邮包运输保险等，其中业务量最大的是海上运输保险。

第一节　海洋运输货物保险的承保范围

在国际贸易中，由于海洋运输具有运费低廉、运量大等优点，货物运输大部分都是通过海洋运输方式来完成的。而海洋运输由于受自然条件的制约较大，与其他运输方式相比有更大的风险。因此，海洋货物运输保险在国际贸易中有着非常重要的意义。海洋运输的承保范围，包括承保的风险、损失与费用三个方面。国际保险市场对其承保的风险、损失和费用都有特定的解释。因此，正确理解其含义和承保范围，对合理选择投保险别和正确处理保险索赔问题，具有重要的实践意义。

一、风　险

海洋运输货物承保的风险并非泛指所有发生在海上的风险。在海洋货物运输保险实践中，海上风险有其特定的含义和范围，仅指海上偶然发生的自然灾害和意外事故，并不包括海上经常发生和必然发生的事件。与海上风险相对应的外部原因所造成的风险，其中包括一般外来风险和特殊外来风险，也属于海洋运输保险的承保范围。

（一）海上风险（perils of sea）

按照国际保险市场的一般解释和习惯做法，保险公司所承保的海上风险，一方面并不包括所有发生在海上的风险，另一方面又不局限于航海中所发生的风险。在现代海运保险业务中，凡与海运相连的，包括陆上、内河、驳船运输过程的风险，也包括在海上风险之内予以承保。

海上风险一般包括自然灾害和意外事故两种，具体内容如下：

1. 自然灾害（natural calamity）

所谓自然灾害，并非指一切由于自然力量所造成的灾害，而是指恶劣气候（如暴风雨）、雷电、海啸、地震、洪水以及其他人力不可抗拒的灾害。

2. 海上意外事故（fortuitous accidents at sea）

海上意外事故不同于一般的事故，这里所指的主要是船舶搁浅、触礁、沉没、火灾、爆炸、碰撞、船舶失踪或其他类似事故。

（二）外来风险（extraneous risks）

外来风险是指海上风险以外的其他外来原因引起的风险。外来风险可分为一般外来风险和特殊外来风险两种。

1. 一般外来风险

凡一般外来原因造成的风险，称为一般外来风险。这类风险一般包括被保险货物在运输途中可能遭受的偷窃、破碎、雨淋、受潮、受热、发霉、串味、玷污、短量、渗漏、钩损、锈损等。

2. 特殊外来风险

特殊外来风险是指除一般外来风险以外的其他原因导致的风险。常见的特殊外来风险主要有战争、罢工、进口国有关当局的拒绝进口或没收货物的风险。

凡以上所指的各类风险，均属海洋运输保险所承保的范围，买方或卖方可根据需要向保险公司投保。

二、损　失

海运保险货物在海洋运输中由于海上风险所造成的损坏或灭失，称为海损。根据国际保险市场的一般解释，凡与海陆连接的陆上和内河运输中所发生的损失或灭失，也属海损。按照货物损失的程度，海损可以分为全部损失（total loss）与部分损失（partial loss）。

（一）全部损失

全部损失简称全损，是指运输途中的货物全部灭失或完全变质或不可能归还被保险人等。

根据全损情况的不同,又可分为实际全损(actual total loss)和推定全损(constructive total loss)两种。

1. 实际全损

实际全损是指被保险货物发生保险事故后完全灭失,或者受到严重损坏完全失去原有价值,或不能再归还被保险人拥有。实际全损主要有下列四种情形:① 保险标的已遭毁灭,如船舶与货物沉入海底无法打捞或货物被大火毁灭;② 保险标的属性上的毁灭,原有的商业价值已不复存在,如茶叶遭海水浸湿后香味尽失、水泥浸海水后变成块状;③ 被保险人已不能恢复其所丧失的所有权,如船舶与货物被捕获或扣押后释放无期,或已被没收;④ 船舶失踪已达一定时期,如半年仍无音讯,则可视作全损。被保险人如果遭遇实际全损,即由保险人按保险金额全部赔付。

2. 推定全损

推定全损是指被保险货物受损后并未完全丧失,是可以修复或可以收回的,但进行施救整理或恢复原状所需的费用,超过恢复后的货价;或者施救及修理费用加上续运至目的地的费用的总和,估计要超过货物在目的地的完好状态的价格,因此得不偿失。在此情况下,保险公司放弃努力,给予被保险人以保险金额的全部赔偿。

(二)部分损失

部分损失是指货物的损失没有达到全部损失的程度。部分损失可以分为共同海损和单独海损。

1. 共同海损(general average, G. A.)

在海运途中,载货的船舶遇到危险时,船方为了维护船舶和所有货物的共同安全或使航程得以继续完成,有意采取合理措施所做的某些特殊牺牲而支出某些特殊的额外费用。这些特殊的牺牲和额外费用,叫作共同海损。

根据以上概念,构成共同海损应具备下列几方面的条件:

(1)必须确实遭遇危险;
(2)所采取的措施必须是有意识的、合理的;
(3)必须是为了船、货各方面的共同安全;
(4)必须是属于非常情况下的损失。

2. 单独海损(particular average, P. A.)

被保险货物遭受海损以后,如未达到全损程度,仅属部分损失,而且这种损失又不属共同海损,不是由多方面的关系人共同分摊,仅由受损方自己负责,这种损失称为单独海损。

综上所述,共同海损与单独海损有明显区别,主要表现在以下两个方面:

(1)造成海损的原因不同。单独海损是承保风险所直接导致的船、货损失;共同海损则不是承保风险所直接导致的损失,而是为了解除或减轻共同危险人为地造成的一种损失。
(2)承担损失的责任不同。单独海损的损失一般由受损方自行承担;共同海损的损失则应由受益的各方按照受益大小的比例共同分摊。

三、费　用

当海洋运输货物发生海上危险事故时,为避免损失的发生和扩大而采取适当措施所引起的

费用,保险人按其性质和赔付原则予以赔偿。关于保险人负责赔偿的费用,主要有以下两种:

(1)施救费用(sue and labour charges)。施救费用是指被保险的货物在遭受承保责任范围内的灾害事故时,被保险人或其代理人与受让人为了避免或减少损失,采取了各种抢救或防护措施而所支付的合理费用。

(2)救助费用(salvage charges)。救助费用是指被保险货物在遭受了承保责任范围内的灾害事故时,由保险人和被保险人以外的第三者采取了有效的救助措施,在救助成功后,由被救方付给救助人的一种报酬。对于这些费用,保险公司一般予以承保。

第二节 我国海洋货物运输保险条款

在海洋货物运输保险业务中,保险人承保的责任范围都是通过各种不同的保险条款规定的。为了适应国际货物海运保险的需要,中国人民保险公司参照国际保险市场的一般习惯做法,并结合我国实际情况,制定了各种保险条款,总称为"中国保险条款"(China Insurance Clause,CIC),其中包括《海洋运输货物保险条款》和《海洋运输货物战争险条款》。

一、海洋货物运输保险条款的责任范围

按照我国保险条款的规定,海洋货物运输保险险别包括基本险和附加险。

(一)基本险

基本险又称主险,中国人民保险公司承保的基本险别包括平安险、水渍险和一切险。

1. 平安险(free from particular average,FPA)

投保了平安险,保险公司对下列损失负赔偿责任:

(1)被保险货物在运输途中由于恶劣气候、雷电、海啸、地震、洪水等自然灾害造成整批货物的全部损失或推定全损。

(2)由于运输工具遭到搁浅、触礁、沉没、互撞、与流冰或其他物体碰撞及失火、爆炸等意外事故所造成的货物全部或部分损失。

(3)在运输工具已经发生搁浅、触礁沉没、焚毁等意外事故的情况下,货物在此前后又在海上遭受恶劣气候、雷电、海啸等自然灾害所造成的部分损失。

(4)在装卸或转运时由于一件或数件甚至整批货物落海所造成的全部或部分损失。

(5)被保险人对遭受承保责任内的危险货物采取抢救、防止或减少货损的措施所支付的合理费用,但以不超过该批被毁货物的保险金额为限。

(6)运输工具遭遇海难后,在避难港由于卸货引起的损失及在中途港或避难港由于卸货、存仓和运送货物所产生的特殊费用。

(7)共同海损的牺牲、分摊和救助费用。

(8)运输契约中如订有"船舶互撞责任"条款,则根据该条款规定应由货方偿还船方的损失。

2. 水渍险(with average or with particular average, WA or WPA)

投保水渍险后,保险公司除担负上述平安险的各项责任外,还对被保险货物遭受恶劣气候、雷电、海啸、地震、洪水等自然灾害所造成的部分损失负赔偿责任。

3. 一切险（all risks, AR）

投保一切险后，保险公司除担负平安险和水渍险的各项责任外，还对被保险货物在运输途中由于一般外来原因而遭受的全部或部分损失负赔偿责任。

（二）附加险别

在海运保险业务中，进出口商除了投保货物的上述基本险别外，还可根据货物的特点和实际需要，酌情再选择若干适当的附加险别。附加险别包括一般附加险和特殊附加险。

1. 一般附加险

一般附加险不能作为一个单独的项目投保，而只能在投保平安险或水渍险的基础上，根据货物的特性和需要加保一种或若干种一般附加险。如果加保所有的一般附加险，就叫投保一切险。可见，一般附加险被包括在一切险的承保范围内，故在投保一切险时不存在再加保一般附加险的问题。

由于被保险货物的品种繁多，货物的性能和特点各异，而一般外来的风险又多种多样，故一般附加险的种类也很多，其中主要有偷窃提货不着险、淡水雨淋险、渗漏险、短量险、钩损险、污染险、破碎险、碰损险、生锈险、串味险和受潮受热险等。

2. 特殊附加险

（1）战争险。凡加保战争险时，保险公司则按投保战争险条款的责任范围，对由于战争和其他各种敌对行为所造成的损失负赔偿责任。按中国人民保险公司的保险条款规定，战争险不能作为一个单独的项目投保，而只能在投保上述三种基本险别之一的基础上加保。

（2）罢工险。根据国际保险市场的习惯做法，一般将罢工险与战争险同时承保，如投保了战争险又需加保罢工险时，仅需在保单中附上罢工险条款即可，保险公司不再另行收费。

（3）其他特殊附加险。为了适应对外贸易货运保险的需要，中国人民保险公司除承保上述各种附加险外，还承保交货不到险、进口关税险、舱面险、拒收险、黄曲霉素险以及我国某些出口货物至港、澳地区的存仓火险责任扩展条款等特殊附加险。

二、海洋货物运输保险条款的除外责任

这是指保险人不负责赔偿的损失或费用，即在投保基本险别的条件下，对下列损失不负赔偿责任：

（1）被保险人的故意行为或过失所造成的损失。
（2）属于发货人责任所引起的损失。
（3）在保险责任开始前，被保险货物已存在的品质不良或数量短差所造成的损失。
（4）被保险货物的自然损耗、本质缺陷、特性以及市场跌落、运输延迟所引起的损失或费用。
（5）本公司海洋货物运输战争险条款和罢工险条款规定的责任范围和除外责任。

三、海洋货物运输保险条款的责任起讫期限

根据条款规定，保险责任起讫采用"仓至仓条款"（Warehouse to Warehouse Clause，W/W

Clause），即指保险责任自被保险货物远离保险单所载明的起运地仓库或储存处所时开始，在正常运输过程中继续有效，直至货物送达保险单所载明的目的地最后仓库或储存处所时为止。如未抵达上述仓库或储存处所，则以被保险货物在最后卸载港全部卸离海轮后满 60 天为止；如在上述 60 天内被保险货物需转运至非保险单所载明的目的地，则以该货物开始转运时终止。上述保险期限，适用于除战争险以外的各种险别。

战争险的保险责任起讫不采取"仓至仓条款"，而是从货物装上海轮开始至货物运抵目的港卸离海轮为止，即只负水面风险。如不卸离海轮或驳船，则从海轮到达目的港的当日午夜起满 15 天，保险责任自行终止；如在中途港转船，不论货物在当地卸货与否，保险责任以海轮到达该港或卸货地点的当日午夜起满 15 天为止。在此期限内，只要货物再装上续运海轮，保险责任继续有效。

四、海洋货物运输保险条款的被保险人义务

我国海洋货物运输保险条款对被保险人应承担的义务做了以下规定：

（1）及时提货义务。当被保险货物运抵目的地后，被保险人应及时提货。若发现被保险货物受到任何损失，应立即向保险单上规定的检验、理赔代理人申请检验，并向有关当局（海关等）索取货损货差证明；如涉及第三者责任，必要时还需延长索赔时效和凭证。

（2）合理抢救义务。对受损失的货物，被保险人应采取合理抢救措施，以减少损失。

（3）对保险内容变化的通知义务和加缴保险费义务。被保险人如果遇到承运船舶的航程变更或发现保险单所载明的货物、船名或航程有遗漏或错误时，被保险人应在获悉后立即通知保险人，并在必要时加缴保险费。

（4）索赔时提供单证义务。在向保险人索赔时，应提供下列单证：保险单、提单、发票、装箱单、货损货差证明、检验报告及索赔清单。若涉及第三方责任，还需提供向第三方追偿的有关单证和文件。

（5）对船舶互撞责任的通知义务。被保险人在获悉有关运输合同中"船舶互撞责任"条款的实际责任后，应及时通知保险人。

第三节　伦敦保险协会海洋货物运输保险条款

在国际保险市场上，各国保险组织都分别有自己的保险条款。其中，具有较大影响的是英国伦敦保险协会所制定的《协会货物保险条款》（*Institute Cargo Clause*，ICC）。在我国按 CIF 或 CIP 条件成交的出口交易中，外国商人有时要求按照伦敦保险协会《协会货物保险条款》投保，我国的出口公司一般均按该条款办理。

现行的《协会货物保险条款》主要包括下列几种：

（1）协会货物条款（A）[Institute Cargo Clause（A），ICC（A）]；

（2）协会货物条款（B）[Institute Cargo Clause（B），ICC（B）]；

（3）协会货物条款（C）[Institute Cargo Clause（C），ICC（C）]；

（4）协会战争险条款（货物）[Institute War Clause-Cargo]；

（5）协会罢工险条款（货物）[Institute Strikes Clause-Cargo]；

（6）恶意损害险条款（Malicious Damage Clauses）。

伦敦保险协会修订公布的上述6种险别中的恶意损害险属附加险别，故其内容比较简单，其他5种险别都具有独立完整的结构，对承保风险及除外责任有明确的规定。因此，除A险、B险和C险可以单独投保外，必要时，战争险和罢工险也可征得保险公司的同意，作为独立的险别进行投保。

一、协会货物条款（A）

协会货物条款（A）险是基本险中承保范围最大的险别，与前述一切险范围大致相同。在这里，采用"一切险减除外责任"的方式，即除了"除外责任"项下所列风险所致损失不予负责外，其他风险所致损失均应负责。具体的除外责任有以下四项：

1. 一般除外责任

一般除外责任是指被保险人故意的不法行为所造成的损失或费用，被保险货物的自然渗漏、重量或容量的自然损耗或自然磨损，由于包装或准备不足或不当所造成的损失或费用，因被保险货物内在缺陷或特征所造成的损失或费用，直接由于延迟所引起的损失或费用；因船舶所有人、租船人经营破产或不履行债务所造成的损失或费用，由于任何原子或热核武器所造成的损失或费用。

2. 不适航、不适货除外责任

不适航、不适货除外责任主要是指被保险人在被保险货物装船时已知船舶不适航，以及船舶、运输工具、集装箱等不适货。

3. 战争除外责任

战争除外责任是指由于国与国之间的战争、内战、敌对行为等造成的损失或费用，由于捕获、拘留、扣留等（海盗除外）所造成的损失，由于漂流水雷、鱼雷等所造成的损失或费用。

4. 罢工除外责任

罢工除外责任是指由于罢工、被迫停工所造成的损失或费用，由于罢工者、被迫停工工人等所造成的损失或费用，任何恐怖主义者或由于政治动机而行动的人所造成的损失或费用。

二、协会货物条款（B）

协会货物条款（B）险对承保风险的规定采用"列明风险"的方式，将所承保的风险一一列举，凡属承保责任范围内的损失，无论是全部损失还是部分损失，保险人按损失程度均负责赔偿。B险承保的风险是：火灾、爆炸，船舶或驳船触礁、搁浅、沉没或者倾覆，陆上运输工具倾覆或出轨，船舶、驳船或运输工具同水外的任何外界物体碰撞，在避难港卸货，地震、火山爆发、雷电，共同海损牺牲，抛货，浪击落海，海水、湖水或河水进入船舶、驳船、运输工具、集装箱和大型海运箱或储存处所，货物在装卸时落海或跌落造成整件的全损。

B险在除外责任方面，除对"海盗行为"和恶意损害的责任不予负责外，其他均与A险的除外责任相同。

三、协会货物条款（C）

协会货物条款（C）险与前述的平安险类似，但责任范围要小一些。（C）险采用"列明风险"方式，但是仅对"重大意外事故"所致损失负责，对非重大意外事故和自然灾害所致损失不负责任。C险的承保风险是：火灾、爆炸，船舶或驳船触礁、搁浅、沉没或者倾覆，陆上运输工具倾覆或出轨，船舶、驳船或运输工具同水外的任何外界物体碰撞，在避难港卸货，共同海损牺牲，抛货。

C险的除外责任与B险完全相同。

恶意损害险是新增的附加险别，承保被保险人以外的其他人（如船长、船员等）的故意破坏行为所致被保险货物的灭失或损坏。

在保险期限的规定上，ICC（A）、ICC（B）、ICC（C）均采用仓至仓条款，但比我国规定得更为详细。

第四节　其他运输方式的货物运输保险

在国际保险业务中，除海洋运输的货物需要保险外，陆上运输、航空运输和邮包运输的货物也需要办理保险。现根据中国人民保险公司制定的货物运输保险条款，将陆运、空运、邮包运输货物保险的主要内容分别加以简单介绍。

一、陆上运输货物保险

陆上运输货物保险主要承保以火车、汽车等陆上运输工具进行货物运输的保险。根据1981年1月1日修订的中国人民保险公司的陆上运输货物保险条款规定，陆上运输货物的基本险别分为陆运险（overland transportation risks）和陆运一切险（overland transportati on all risks）两种。此外，还有适用于陆运冷藏货物的专门保险——陆上运输冷藏货物险（也属基本险性质）以及附加险——陆上运输货物战争险（火车）。

（一）陆运险和陆运一切险

陆运险的承保责任范围同海运货物保险中的"水渍险"相似。保险公司负责赔偿被保险货物在运输过程中受到暴风雨、雷电、洪水、地震、火山爆发以及霜、雪、冰、雹等自然灾害，或由于陆上运输工具（主要是指火车、汽车）受碰撞、倾覆或出轨、路基坍塌、桥梁折断和道路损坏等意外事故所造成的全部或部分损失。此外，被保险人对受承保责任范围内风险的货物采取抢救、防止或减少货损的措施而支付的合理费用，保险公司也负责赔偿，但以不超过该批被救货物的保险金额为限。

陆运一切险的承保责任范围同海运货物保险条款中的"一切险"相似。保险公司除承担上述陆运险的赔付责任外，还负责被保险货物在运输途中由于一般外来原因造成的短少、短量、偷盗、渗漏、破损、雨淋、生锈、受潮、受热、发霉、串味、玷污等全部或部分损失。

上述责任范围均适用于火车和汽车运输，并以此为限。陆运险与陆运一切险的责任起讫，也采用"仓至仓"责任条款，即自被保险货物运离保险单所载仓库或储存处所时开始，在正常运输过程中继续有效,直至货物送达保险单所载地点的最后仓库或储存处所时为止。若未运抵上述仓库或储存处所,则以被保险货物运抵最后卸载的车站满 60 天为止。

陆运险和陆运一切险的除外责任和海运货物保险条款的除外责任相同。

陆运货物如发生承保范围内的损失,应向保险公司提出索赔。其索赔时效从被保险货物在最后目的地车站全部卸离车辆后起算,最多不得超过两年。

(二)陆上运输冷藏货物险

陆上运输冷藏货物险是陆上运输货物险的一种专门险。其主要责任范围除陆运险所列举的自然灾害和意外事故所造成的全部或部分损失外,还负责赔偿由于冷藏机器或隔温设备在运输途中损坏所造成的被保险冷藏货物解冻溶化而腐败的损失。但因战争、工人罢工或运输延迟而造成的被保险冷藏货物的腐败或损失,以及因被保险冷藏货物在保险责任开始时未能保持良好状况、整理、包扎不妥或冷冻不符合规格所造成的损失则除外。一般的除外责任条款也适用于本险别。

(三)陆上运输货物战争险

陆上运输货物战争险是陆上运输货物保险的特殊附加险,只有在投保了陆运险和陆运一切险的基础上方可投保。

二、航空运输货物保险

货物通过航空运输时,可能遇到各种风险和损失。例如,由于飞机碰撞、倾覆、坠落和失踪所引起的货物损失,或由于遭受恶劣气候、火灾、雷电、爆炸、风暴、台风或其他危难事故所引起的货物的损失,以及由于外来原因造成的损失(如偷窃、短少等)。在选择航空运输险别时,也应根据货物特点来确定。航空运输保险的基本险分为航空运输险和航空运输一切险以及附加险——航空运输货物战争险。

航空运输险的承保范围同海运货物保险中的"水渍险"相似。航空运输一切险的承保责任范围同海运货物保险条款中的"一切险"相似。

航空运输货物的保险责任是自被保险货物经航空公司收讫并签发航空运单时起开始生效,在正常运输过程中继续有效,直至该项货物运抵目的地交给收货人仓库或储存处所时为止。但保险货物到达目的地后航空公司保管期间的保险责任,以自航空公司发出到货通知书给收货人当日午夜起算 30 天为限。

三、邮包运输保险

货物在邮运途中可能遭遇各种自然灾害或意外事故所引起的损失,如由于遭遇暴风、雷电、流冰、海啸、地震、洪水等自然灾害,或由于运输工具搁浅、触礁、沉没、碰撞、出轨、倾覆、坠落或失踪,或由于失火和爆炸等意外事故造成的损失,以及由于外来原因造成的损失(如偷窃、短少等)。邮包保险基本险别分为邮包险和邮包一切险两种。此外,还有附加险——邮包战争险。

邮包运输的保险责任自被保险货物经邮局收讫并签发邮包收据时开始生效,直至该项货物到达保险单所载明目的地邮局送交收件人为止。但保险货物到达目的地后在邮局保管的最长保险责任期限,以邮局发出通知书给收件人当日午夜起算15天为限。

第五节　国际贸易合同中的货运保险条款

若选择不同的贸易术语,则分别由负责办理保险的当事人,根据商品的特点及相关因素,按照投保程序向保险公司进行投保。在国际货物买卖合同中,为明确买卖双方在货运保险方面的责任,通常在合同中订立保险条款。保险条款的主要内容有投保人、保险公司、保险费率和保险金额等。

一、国际货物运输保险实务

货物的投保是由卖方办理还是由买方办理,主要取决于贸易双方所达成的贸易术语。贸易术语不同,投保人也就不同,险别的选择、保险责任的期限起讫也会发生变化。国际贸易中普遍使用的 FOB 和 CFR 是由买方投保,CIF 则是由卖方办理保险。

（一）保险险别的选择

保险险别中关于保险人与被保险人之间的权利与义务的规定,是保险公司确定赔偿责任的主要依据。险别不同,保险公司的责任也不同,收取的保险费也不同。一般来说,应根据进出口运输货物的实际情况,恰当地选择保险险别,既要使货物得到充分保障,又要注意保险费的合理分担。在通常情况下,保险险别的选择可以考虑以下几方面的因素：

（1）从货物的种类、性质和特点出发选择投保险别。
（2）从货物的包装状况来选择保险险别。
（3）从运输工具、运输路线、港口情况来选择投保险别。
（4）从货物的价值大小来选择适当的险别。

（二）保险金额与保险费的计算

保险金额是被保险人对被保险货物的实际投保金额,是保险人依据投保合同所应承担的最高赔偿金额,也是计算保费的基础。根据保险市场的习惯做法,保险金额一般是按 CIF 价或 CIP 价加成计算,即按照发票金额再加一定的百分比率。此项保险加成率,主要是作为买方的预期利润。按国际惯例,预期利润一般按 CIF 或 CIP 价的 10% 估算,因此,如果买卖合同中未规定保险金额时,习惯上是按 CIF 或 CIP 价的 10% 投保。

保险费的计算取决于投保金额和保险费率。保险费率是由保险公司在货物的损失率和赔付率的基础上,根据不同的运输工具、不同的目的地、不同的商品和不同的险别,分别制定出来的。

如果按照 CIF 或 CIP 条件作价成交,其投保金额和保险费的计算公式分别为：

$$保险金额 = CIF 或 CIP \times (1 + 加成率)$$
$$保险费 = 保险金额 \times 保险费率$$
$$= CIF 或 CIP \times (1 + 加成率) \times 保险费率$$

（三）填写投保单和交付保险费

投保单是投保人向保险公司提出投保的书面申请，是保险公司接受投保、出具保险单的依据。我国进出口货物的投保，一般需要被保险人逐笔填写投保单，并交付保险费。投保单经保险公司接受后，保险即开始生效。投保单的内容主要包括被保险人的姓名，被保险货物的品名、标记、数量及包装，保险金额，运输工具名称，开航日期及起讫地点，投保险别，投保日期及签章等。

（四）领取保险单据

交付保险费后，投保人取得保险单。保险单据是保险公司与投保人之间订立保险合同的证明文件，反映了保险人和被保险人之间的权利和义务关系，也是保险公司对投保人出具的承保证明。在被保险货物因承保的危险而发生灭失或损害时，保险单证是向被保险人索赔的主要依据，也是保险人理赔的主要依据。

目前，国际保险市场上习惯使用的保险单据主要有以下几种。

1. 保险单（insurance policy）

保险单是保险人已接受保险的正式凭证，俗称"大保单"，它是使用得最广泛的一种保险单。保险单具有法律效力，对双方当事人均有约束力。保险单上一般须载明当事人的名称和地址，保险标的的名称、数量或重量、唛头，运输工具，保险险别，保险责任期限起讫时间和地点，保险币值和金额，保险费，出立保险单的日期和地点，保险人签章，赔款偿付地点以及经保险人和被保险人双方约定的其他事项等内容。保险单背面载明保险人与被保险人之间权利与义务等方面的保险条款，也是保险单的重要内容。

2. 保险凭证（certificate of insurance）

保险凭证是保险人对货物已接受保险的一种证明文件，俗称"小保单"，是简化的保险单。保险凭证仅载明被保险人名称、被保险货物名称及数量、船名、航程、开航日期、险别、保险期限和保险金额等必要的项目，而对保险公司与被保险人的权利和义务则不予载明，仍以正式保险单详细的保险条款为准。在使用上，保险凭证与保险单具有同等效力。

3. 联合凭证（combined certificate）

联合凭证是比保险凭证更简化的保险单证。保险公司仅将承保险别、保险金额、保险和理赔代理人名称和地址以及保险编号加注在进出口公司开具的出口货物发票上，作为已经保险的证明。至于其他项目，均以发票所列明者为准。所以，其又叫作发票与保险单相结合的联合凭证。目前，这种联合凭证仅适用于承保对港、澳地区的部分交易。

4. 预约保险单（open policy）

预约保险单是保险人承保被保险人在一定时期内分批发运的货物所出列的保险单。在预约保险单内，载明保险货物的范围、险别，保险费率、每批运输货物的最高保险金额以及保险费的结算办理等。凡属预约保险范围内的进出口货物，一经启运，即自动按预约保险单所列条件保险，保险人可不再签发每批货物的保险单。但被保险人应在获悉每批货物启运时立即以启运通知书或其他书面形式将该批货物的名称、数量、保险金额、运输工具的种类和名称、航程起讫地点、开航日期等情况通知保险人。这种预约保险单，在我国仅适用于以 FOB 或 CFR 条件成交的进口货物的保险业务。

（五）保险索赔

保险索赔是指进出口货物在保险责任有效期限内发生属于保险责任范围内的损失，投保人按照保险单的有关规定向保险公司要求赔偿损失的一种行为。索赔应当在保险有效期内提出并办理。被保险人在办理索赔时，通常有以下步骤：

1. 损失通知

被保险人一旦获悉被保险货物受损，应立即向保险公司或其代理人发出损失通知。一般来讲，在保险条款中通常要求被保险人尽快通报保险事故并在规定的期限内提交损失证据。中国人民保险公司保险条款规定的索赔期限为2年，自被保险货物在目的港（地）全部卸离运输工具之日算起。

2. 申请检验

应及时向保险单指定的检验机构或理赔代理人申请检验，并要求其出具检验报告，或向承运人或有关当局索取货损货差证明，以确定损失原因和损失程度。

3. 提交索赔单证

被保险人收到上述检验报告后，可连同有关单据向保险公司索赔。按照我国货物运输保险条款的规定，被保险人提供的单据主要有保险单、商业发票、货运单据、装箱单、货物检验报告、货损货差证明、索赔清单等。

二、合同中的保险条款

保险条款是进出口合同的重要组成部分之一，其订立必须明确、合理。在通常情况下，进出口合同中保险条款包括以下几项内容：

1. 投保人

采用的贸易术语不同，办理投保的人就不同。按FOB或CFR条件成交时，在保险条款中，一般只订明"保险由买方自理"，如买方委托卖方代为保险，则应明确规定保险金额、投保险别、适用保险条款及保险费由买方负担等。按DAT或DAP条件成交时，在保险条款中可订明"保险由卖方自理"。按CIF或CIP条件成交的合同，应由卖方办理投保，条款内容须明确规定保险险别、保险金额的确定方法及按什么条款投保，并注明该条款的生效日期。

2. 保险公司和保险条款

在进出口业务中，买方一般都要求卖方向信誉良好的保险公司投保，因为这涉及保险受益人的切身利益。按CIF或CIP条件成交时，买方一般要求在合同中限定保险公司和采用的保险条款，并注明该条款的生效日期，以利于日后保险索赔工作顺利进行。我国按CIF或CIP条件出口时，合同中通常规定由卖方向中国人民保险公司投保，并按该公司的保险条款办理。

3. 保险险别

根据货物的具体情况、可能遇到的风险大小、运输方式以及承包的保险公司的保险条款决定选择何种险别。按CIF或CIP条件成交时，根据《2010年通则》的规定，卖方应投保最低责任的险别。卖方也可应买方要求，并在承担费用的情况下加保战争险、罢工险等附加险。如约定采用英国伦敦保险协会的货物保险条款,就应根据货物特性和实际需要约定条款的具体险别。

4. 投保金额和投保币种

按 CIF 或 CIP 条件成交时,根据国际货物保险的习惯做法,保险金额一般都是按 CIF 或 CIP 价加成计算的,即按发票金额再加一定的百分比率。此项保险加成率作为买方的预期利润。按国际惯例,预期利润一般按 CIF 价的 10%估算,因此,习惯上按 CIF 或 CIP 价的 110%投保。如买方要求保险公司加成率超过 10%,经保险公司同意后,卖方也可酌情接受。投保货币一般按合同货币投保。例如:

保险由卖方按发票金额的 110%投保伦敦货物协会 A 险,按伦敦保险协会 1982 年 1 月 1 日货物(A)险条款。

The seller shall cover the insurance for 110% of total invoice value against ICC(A), as per Institute Cargo Clause(A)date 1/1/1982.

附:保险单

保险单(正面)

中国人民保险公司

(总公司设于北京 一九四九年创立)

海洋货物运输保险单

保险单号:

中国人民保险公司(以下简称承保人)根据_____(以下简称为被保险人)的要求由被保险人向本公司缴付约定的保险费,按照本保险单承保险别和背后所载条款与下列条款承保下述货物运输保险,特立本保险单。

标记	包装及数量	保险货物项目	保险金额

总保险金额:_____

保　费:_____ 费率:_____ 装载工具:_____

开航日期:_____ 自_____ 至_____

承保险别:_____

所保货物,如遇风险,本公司凭本保险单及其有关证件给付赔款。所保货物如发生保险单项下负责赔偿的损失或事故,应立即通知本公司下述代理人查勘。

赔款偿付地点:_____

出单公司地址:_____ 日期:_____

本章小结

为转嫁国际货物在运输中可能因自然灾害、意外事故而造成损坏、产生费用的风险,可根据货物性质、运输方式及线路等具体情况,选择合适的保险险别,向保险公司投保。中国保险条款(CIC)包括基本险(平安险、水渍险、一切险)、陆运基本险、空运基本险、邮包险以及战争险、罢工险等附加险别。伦敦保险协会保险条款（ICC）主要有ICC（A）、ICC（B）、ICC（C）、协会战争险、协会罢工险、恶意损害险。保险单是保险索赔和理赔的主要依据。保险条款是国际货物买卖合同的重要组成部分，内容包括由哪一方负责办理保险手续、投保险别、保险金额以及按什么保险条款投保，并注明该条款的生效日期。

基本概念

海上风险　　施救费　　救助费　　　　　平安险　　水渍险　　一切险
共同海损　　单独海损　保险单仓至仓条款

模拟测试

一、名词解释

施救费　救助费　仓至仓条款　共同海损　部分损失　单独海损

二、填空题

1. 海上风险一般包括_____和_____。
2. 海上损失根据损失的程度分为_____和_____。
3. CIC是_____的英文简称。根据中国人民保险公司的规定，基本险包括_____、_____、_____。
4. 附加险别主要包括_____、_____。
5. 海上运输货物保险保障的费用主要有_____和_____两种。
6. 根据我国《海洋运输货物保险条款》，海运货物保险险别分为_____和_____两类。
7. 根据我国现行的《海洋货物运输保险条款》的规定，在基本险别中包括_____、_____和_____三种。
8. 根据我国《海洋运输货物保险条款》的规定，保险公司对基本险承保的责任期限起讫均采用的是_____。
9. 保险公司对战争险保险期限仅限于_____或运输工具危险。
10. 英国现行的"协会货物条款"共规定了六种险别，它们分别是_____、_____、_____、_____、_____和_____。

三、单项选择题

1. 在海运货物保险业务中，共同海损属于（　　）。
   A. 全部损失的一种　　　B. 部分损失的一种　　　C. 单独海损的一种
2. 某外贸公司以CIF条件与国外客户达成一笔出口业务，由出口商负责投保，按照《2010年通则》应投保（　　）。
   A. 一切险　　　　　　　B. 水渍险　　　　　　　C. 平安险
3. 某公司按CIF条件出口坯布1000包，货物在途中因货舱淡水管道漏水遭到150包货物水渍，保险公司负责承保的是（　　）。
   A. 一切险　　　　　　　B. 水渍险　　　　　　　C. 平安险

4. 按照我国《海洋运输货物保险条款》，投保一切险后，还可以投保（　　）。
   A. 偷窃提货不着险　　B. 卖方利益险　　C. 战争、罢工险
5. 在海运过程中，被保险物被海盗劫持造成的损失属于（　　）。
   A. 实际全损　　B. 推定全损　　C. 共同海损　　D. 单独海损
6. 船舶搁浅时，为使船舶脱险而雇佣驳船强行脱浅所支出的费用，属于（　　）。
   A. 实际全损　　B. 推定全损　　C. 共同海损　　D. 单独海损

四、多项选择题

1. 以下属于平安险承保范围的是（　　）。
   A. 意外事故引起的全部损失　　B. 意外事故引起的单独海损
   C. 自然灾害引起的推定全损　　D. 自然灾害引起的共同海损
   E. 合理的施救费用　　F. 共同海损的分摊
2. 以下属于一般附加险的是（　　）。
   A. 战争险　　B. 钩损险　　C. 淡水雨淋险　　D. 短量险
   E. 罢工险　　F. 进口关税险　　G. 黄曲霉素险　　H. 串味险
3. 为了防止运输途中货物被偷窃，应该投保（　　）。
   A. 偷窃提货不着险　　B. 一切险　　C. 一切险加保偷窃险
   D. 水渍险加保偷窃险　　E. 平安险加保偷窃险
4. 某公司出口肠衣一批，为了防止在运输途中因为容器破坏引起渗漏损失，保险应该投保（　　）。
   A. 渗漏险　　B. 一切险
   C. 一切险加保渗漏险　　D. 水渍险加保渗漏险
   E. 平安险加保渗漏险

五、简答题

1. 在海运货物保险中，保险公司分别承保哪几类风险、损失与费用？
2. 什么叫共同海损？什么叫单独海损？两者有何区别？
3. 中国人民保险公司的海洋运输货物保险条款包括哪些险别？其除外责任与保险期限是如何规定的？
4. 保险单据的作用是什么？保险单据有哪几种？

六、计算题

1. 某公司出口货一批物，单价为1200美元/公吨 CIF 纽约，按发票金额的110%投保一切险，保险费率为0.8%。现在客户要求改报 CFR 价格，计算在不影响我国收汇的前提下，应该报价多少？
2. 报价某商品 CIF 旧金山 2000 美元/公吨，按发票金额的110%投保，费率合计0.6%，客户要求按发票金额的130%投保，我们应该如何报价？

第七章　国际贸易的货款支付

【学习目标】

理解和掌握国际贸易的支付工具和支付方式，重点掌握汇票业务和信用证的含义、特点、种类及业务流程；了解各种支付方式的业务流程及优缺点，能够根据实际业务需要合理选择支付方式，审核各种结汇单据，熟练掌握合同中支付条款的基本内容。

【案例导入】

某进口商购买景德镇的瓷器，约定分五批装运，支付方式为不可撤销即期信用证。第一批货物抵达目的地后，该进口商办理了付款赎单手续。但收到货后发现货物品质与合同不符，便通知开证行对第二批信用证项下的货运单据不要议付，银行未予理睬，仍然对第二批信用证项下的与信用证规定相符的货运单据予以议付。议付后，通知该进口商付款赎单，遭到拒付。开证行诉诸法院，法院判令进口商付款。

国际贸易结算，是指国际商品交换所引起的货币收付活动。国际结算制度是随着社会经济制度的变革、生产力的提高、经济的增长以及货币制度、银行制度、信用制度的发展而产生和发展的。随着科学技术水平的提高，国际结算所使用的结算工具和手段已经面目一新，国际结算工具和支付方式的新发展，大大提高了国际结算的效率，促进了国际贸易的发展。

第一节　支付工具

【案例7-1】

××年×月×日，美国A公司从中国B公司进口一批价值100万美元的汽车轮胎，且签发了一张面额为100万美元，见票一个月后付款，以中国B公司为收款人，中国银行纽约分行为付款人的汇票，交与中国B公司作为付款，中国B公司欣然接受。随后B公司将汇票转让给了C公司，取得了票款。

问题：

（1）中国公司为什么愿意接受一张汇票作为A公司的付款？汇票有什么作用？

（2）案例中的汇票能否用本票或支票来代替？

（3）C公司为什么愿意受让B公司的汇票？C公司在汇票到期时向谁收取票款？不担心收不到票款吗？

该案例涉及非现金结算和票据的流通转让问题。按照是否直接使用现金，结算可分为现金结算和非现金结算。但对于企业货款的结算，在大多数情况下，不是直接使用现金，而是采用票据来结清彼此间的债权债务，这是票据结算方式，即非现金结算方式。常见的票据有汇票、本票和支票，它们可以代替货币，行使支付手段、流通手段的职能。问题（1）涉及非现金结算问题；问题（2）的解决需要正确理解三种票据的概念；问题（3）涉及票据的特征及当事人。

国际贸易的支付工具主要是货币和票据，当今的国际贸易结算主要使用票据。本章主要介绍狭义的票据，它包括汇票、本票和支票三类。

一、票据概述

（一）票据的范围

票据有狭义和广义之分。狭义的票据是指以支付一定金额为目的，可以流通转让的有价证券，仅用于债权债务的清偿和结算的凭证。广义的票据是指一般的商业凭证，除狭义的票据外，还包括提单、保险单、存单等票据。通常所说的票据是指狭义的票据，即汇票、本票和支票，也是本节所研究的票据。

（二）票据的含义

就广义票据而言，无论在性质上还是在形式上都有很大的差异，难以用明确的概念将它们统一，因此，狭义的票据概念更容易界定。

狭义的票据是指由出票人签发的，无条件约定自己或要求他人支付一定金额，可流通转让的有价证券，持有人具有一定收款权利的凭证。汇票或支票是出票人委托他人付款的无条件书面支付命令，而本票是出票人约定自己付款的无条件书面支付承诺。狭义票据的概念涵盖了汇、本、支三种票据的基本性质。

（三）票据的特性

作为一种非现金结算工具，票据主要具有以下特性：

1. 无因性

票据的无因性是指票据是一种不要过问原因的证券。可以从以下两个方面来理解票据：

（1）票据的产生是有原因的。票据是出票人签发给收款人、保证由自己或第三人付款的凭证。这种保证的做出是有原因的，其原因可能是由于出票人与付款人之间的资金关系，也可能是由于对价（value）关系。票据当事人的权利义务就是以上述关系为原因，称为票据原因。

（2）票据的成立是没有原因的。票据一旦做成，票据上的权利就与原因相分离，即票据受让人无须调查票据原因，只要票据记载合格，就能享受票据权利。票据的这种特性有利于票据的流通。

2. 要式性

要式性指票据的形式和内容，即票据上所记载的事项，必须符合法律规定。这种符合主要有两层含义：其一是法律规定必须记载的事项应当记载齐全，否则票据无效；其二是票据上所记载的各种事项均应符合法律规定，记载事项不符合法律规定的票据也会影响其效力甚至无效。

此外，票据行为也必须严格按照《中华人民共和国票据法》所规定的程序和方式进行方为有效。上述要求，称之为票据的要式性。符合上述要求的票据，称为要式齐全。这些要求使据以确定票据当事人权利和义务的票据文义有了明确的规范，并保证了票据行为的合法有效。

3. 流通性

流通性指票据是可流通证券，票据的权利可以凭背书交付而转移，不必通知债务人。在票据流通中,受让人的权利优先让与人的权利,不受其前手的权利瑕疵的影响,其不仅获得票据的全部法律权利,还可以以自己的名义提出司法诉讼。

总之,无因性、要式性和流通性是票据三个最基本的特性。但是,在某些情况下,票据也可能失去流通性。如果票据上加了限制性批注,如"只能付某人""付某人而不得转让"等,这种票据就失去了流通性。

此外,票据还具有设权性、文义性、提示性、可追索性和返还性这几个特性。

(四)票据的当事人

票据主要涉及三个基本的当事人:出票人、受票人和收款人。而票据进入流通领域后,又会出现其他一些当事人,如承兑人、背书人、持票人等。

出票人(drawer):签发票据并交付给收款人的当事人。

受票人(drawee):又称付款人,根据出票人的命令支付票款的当事人。

收款人(payee):收取票款的人,也是票据的债权人。

付款人对票据做出承兑,即成为承兑人。背书人是指收款人或持票人在票据背面签字,并把票据转让给他人的当事人。票据的收款人或被背书人是票据的持有人。

(五)票据行为

票据行为是指以票据上规定的权利和义务所确定的法律行为。根据票据法的一般规则,每个票据行为不因其他票据行为的不合法而受到影响。

票据行为可分为主票据行为和从票据行为。前者为出票,是票据最基本、最原始的行为;后者为提示、承兑、背书、参加承兑、保证、付款、参加付款、贴现、追索等。

二、汇票

汇票(bill of exchange)是国际结算中使用最为广泛的一种信用工具和支付工具,汇票样票见表7-1。

表7-1 汇票样票

Exchange for GBP 5 000.00　　　　　　　　　　　　　Beijing,21th,2015 At 90 days after sight of this First of Exchange(Second of the same tenor and date unpaid),pay to C Co.or order the sum of five thousand pounds only. Drawn under Bank of Europe Letter of Credit No.1234 date 21th May. 2015.. To:Bank of Europe London　　　　　　　　　　　　　　　　　　　　　　For A Company 　　　　　　　　　　　　　　　　　　　　　　　　　×××,Director 　　　　　　　　　　　　　　　　　　　　　　　　　Beijing

(一)汇票的概念

依据英国票据法,汇票是由一人向另一签发的,要求即期或于一定日期或在可以确定的将来的某个时间,向某人或其指定人或持票人无条件支付一定金额的书面支付命令。

按照《中华人民共和国票据法》的解释,汇票是出票人签发的,委托付款人在见票时或者在指定日期无条件支付确定金额给收款人或持票人的票据。

（二）汇票的记载事项

根据《日内瓦统一票据法》的规定，汇票一般应包括以下内容：

1. 汇票字样

汇票上必须标明"汇票"字样，这样易于认清它的性质，以免发生混淆，方便实务处理。

2. 无条件支付命令（unconditional order to pay）

所谓支付命令，是指出票人命令付款人支付汇票金额的意思表示。无条件则是指仅为单纯的命令，不得附加其他行为或事件为前提。汇票的支付命令通常用"pay to ×× or order"或"pay to the order of ××"等形式表示。

3. 确定的金额（in certain amount）

汇票为金钱证券，其支付标的必须是金钱，而不能为金钱之外的其他行为或物品表示，因而汇票上必须有可以确定的金钱的记载。

4. 付款人（受票人）（drawee or payer）

多数国家的票据法将付款人名称规定为绝对必要记载事项。付款人是受出票人的委托而支付汇票金额的人。但付款人一经对汇票承兑，即成为汇票的主债务人，承担汇票到期付款责任，而出票人则退居次债务人地位。

5. 收款人（payee）

收款人又称抬头，是汇票关系中的基本当事人之一，是出票时汇票上的权利人。收款人有权向付款人要求付款，若遭拒付则有权向出票人行使追索权。

按照收款人记载方式的不同，可分为限制性抬头、指示性抬头和来人抬头。

（1）限制性抬头（restrictive order），是指汇票的收款人只能是汇票上记载的某个特定人，此种汇票不可流通转让。实务中有三种写法：

① Pay to John Smith only；

② Pay to John Smith not transferable；

③ Pay to John Smith，然后再汇票正面加注 not transferable 字样。

由于这种抬头的汇票不能流通转让，在一定程度上限制了汇票支付功能的发挥，因此这种汇票在实务中的使用并不普遍。

（2）指示性抬头（demonstrative order），是指汇票的收款人为汇票上记载的特定人的指定人。这种抬头的汇票并不强调一定要收款人本人亲自收款，收款人可以通过背书将汇票转让给他人，由受让人以持票人身份取得票款。实务中有三种写法：

① Pay to the order of a Co.；

② Pay to a Co. or order；

③ Pay to a Co.，这种抬头虽然没有指定人字样，但收款人仍有权将票据背书转让。根据英国《票据法》，这种写法可看作"Pay to a Co. or order"。

指示性抬头汇票既可以流通转让，又要求背书才可以转让，因此使用时安全可靠，使用广泛。

（3）来人抬头（bearer order）是指汇票中并不载明具体的收款人，任何持有汇票的人都能获得汇票下的款项。这种抬头的汇票无需背书仅凭交付就可实现转让。实务中有两种写法：

① Pay to bearer；

② Pay to a Co. or bearer。

由于来人抬头汇票容易因丢失而被他人冒领，收款人的权利缺乏保障，实际中较少使用。而《日内瓦统一票据法》则规定，不允许汇票做成"来人抬头"的方式。

6. 出票日期（date of presentation）

多数国家的票据法和统一法公约都将出票日期规定为绝对必要记载事项。依多数国家的票据法和统一法公约，出票日期以汇票上记载的为准，而不论其与实际出票日期是否相符。

7. 出票人签章（signature of the drawer）

出票人签章是汇票的绝对必要记载事项，出票人签字则意味着他承担签发汇票的责任。若汇票上没有出票人签字或签字是伪造的，则该汇票无效。

8. 出票地点（place of issue）

出票地点是指出票人签发汇票时，在汇票上所记载的开立汇票的处所地点。汇票的出票地关系到汇票的使用法律问题，若汇票上没有记载出票地，则推定出票人的营业场所、住所或经常居住地为出票地。

9. 付款地点（place of payment）

付款地点是指汇票金额所应支付的地域。若没有记载付款地，通常以付款人的营业场所、住所或经常居住地为付款地。

10. 付款期限（tenor）

付款期限是指汇票权利人行使权利、义务人履行义务的日期。到期日并不是汇票的绝对必要记载事项，若汇票没有记载付款时间，则视为见票即付。

（1）即期汇票，即"见票即付"（at sight or on demand）。在持票人向付款人做付款提示时，付款人应马上付款。

（2）远期汇票。远期汇票比即期汇票更复杂多样，大致有四种不同情况：

第一种可称为"板期"（at a fixed date），也就是定日付款。

第二种是见票后定期付款（at a fixed period after sight）。这种汇票是现有持票人在规定时间内向付款人做承兑提示，然后以承兑日为起点，推算到期日。

第三种是出票后定期付款（at a fixed period after date）。载明出票日后若干天或若干月（如出票日后 90 天、出票日后 4 个月）才付款。

第四种是提单日后若干天付款（at a fixed period after date of B/L）（如提单日后 90 天、提单日后 4 个月付款）。

（三）汇票行为

票据行为是指能够产生票据债权债务关系的要式法律行为。汇票行为通常包括汇票的出票、背书、承兑、保证、付款、拒付与追索等。其中，出票是主票据行为，其他行为以"出票"所开立的票据为基础，因此其他行为又称为附属票据行为。

1. 出票（issue）

出票是指出票人签发（或开立）汇票并将其交付给收（受）款人，从而产生汇票权利义务关系的票据行为。出票包括两个环节：一个是出票人填写汇票并签字，另一个是将汇票交付收款人。

2. 提示（presentation）

持票人向付款人出示汇票要求其付款或承兑的行为。提示分为承兑提示（presentation for acceptance）和付款提示（presentation for payment）。即期汇票只需一次提示即付款提示；远期汇票需要两次提示即承兑提示和付款提示。各国票据法都规定，持票人应在规定时间内，在规定地点提示汇票要求承兑或付款，否则持票人将丧失对其前手及出票人的追索权。

3. 承兑

承兑（acceptance）是指远期汇票的付款人同意并记载于汇票正面上的在到期日支付汇票金额的一项承诺。付款人承兑汇票后成为承兑人，他的签名表明他已承诺付款并愿意按照承兑文义保证付款。

4. 背书

背书是指收款人在汇票的背面签名和记载有关事项，并把汇票交付给被背书人的行为。背书的目的是为了转让票据及票据权利。

背书包括两项必要行为：① 在票据背面或者粘单上记载有关事项并签名。根据我国《票据法》规定，背书必须记载以下事项：签章、背书日期、被背书人名称等。② 将汇票交付给被背书人。

背书行为一旦完成，对背书双方即产生不同影响。对背书人来说，票据权利转让给被背书人，背书人承担担保承兑和付款的责任。如果被背书人持有的票据在向付款人提示时被拒付，那么他应当接受被背书人的追索。对被背书人来说，接受票据后即成为持票人，享有票据的全部权利，包括付款请求权和追索权。背书前手越多，表明被背书人的债权担保人越多。

背书通常有三种方式：

（1）限制性背书（restrictive endorsement）。限制性背书即指定某个特定的人为被背书人或记载有"不得转让"字样的背书。如：

Pay to B Company only

For D Company

（Signed）

（2）特别背书（special endorsement）。特别背书又称记名背书、完全背书、正式背书，是指记载了背书人和被背书人双方名称的背书。

特别背书的特点是：内容背书完整，记载支付给被背书人的名称，并经背书人签字。记名背书的票据，可以继续背书转让。如：

Pay to the order of a bank

For B Company, Shanghai

（signed）

如果汇票经过连续多次特别背书，则背书必须连续，以证明持票人取得票据权利的合法性。所谓背书连续是指第一次背书的背书人应当是汇票的收款人，前一次背书的被背书人是下一次背书的背书人，具体见表 7-2。

表 7-2　背书人情况

	第一次	第二次	第三次	
背书人	A	B	C	…
被背书人	B	C	D	…

（3）空白背书（endorsement in blank）。空白背书又称无记名背书、略式背书，指背书人仅在票据背面签名而不记载被背书人的名称的背书。做这种背书后的汇票不但可以自由流通，而且仅凭交付即可转让。如：

For A Co., Beijing
（Signature）

我国《票据法》禁止使用空白背书，该种背书行为无效。

5. 付款（payment）

付款是指即期票据或到期的远期票据的持票人向付款人或承兑人提示付款，经后者正当付款后，这张汇票的债权债务关系随之解除的票据行为。付款是使汇票退出流通领域的行为。

正当付款的条件：

（1）到期日或以后付款，而不能在到期日以前付款。

（2）汇票如被转让，前手背书必须连续和真实。

（3）善意的付款，不知道持票人的权利有何缺陷，指付款人按照专业惯例，尽了专业职责，利用专业信息都不知道持票人权利有何缺陷的付款。

6. 拒付（dishonor）

拒付又称退票，指汇票在提示付款或提示承兑时遭到拒绝。拒付的情形包括：① 拒绝承兑；② 拒绝付款；③ 汇票到期日前承兑人或付款人死亡或逃匿；④ 承兑人或付款人被依法宣告破产或因违法被责令终止业务活动等。

拒付后，持票人立即产生追索权，其有权向背书人和出票人追索票款。

7. 追索（recourse）

追索是指当汇票遭到拒付时，为保护持票人的利益，持票人有权向背书人、出票人请求偿还汇票金额的行为。

行使追索权必须具备如下条件：

（1）必须在法定期限内提示。未经提示，持票人不得向其前手追索。

（2）必须在法定期限内通知。在法定期限内将拒付事实通知前手。

（3）必须在法定期限内做出拒付证书（protest）。

拒付证书是由拒付地点的法定公证人做出的证明拒付事实的文件。持票人请求公证人做成拒付证书时，应将汇票交出，由公证人持票向付款人再做提示，仍遭拒付时，即由公证人按规定格式做成拒付证书，连同汇票交还持票人，持票人凭拒付证书及退回的汇票向前手背书人行使追索权。

债务人责任无大小之分，只要签过字就要对票据债务负责，因此持票人可以向任何一个前手追索，也可同时向所有前手追索。对未承兑汇票，出票人是主债务人，当然是向他追索；对已承兑汇票，承兑人是主债务人。但在实务中，持票人一般都是向出票人追索。这是因为如果依次按顺序追索，势必造成手续繁杂、费用增加的状况，即使是在承兑人是主债务人的情况下。此时，如果出票人清偿，他可向承兑人追索，只要他与承兑人有资金关系。承兑人若仍不付，出票人可向法院起诉。

8. 贴现（discount）

贴现是指远期汇票承兑后，倘未到期，将其转让给银行或贴现公司，后者从票面金额中扣除按一定贴现率计算的贴现息后，将余额支付给贴现人的行为。

贴现行持有贴进的汇票直至到期日，提示要求承兑人付款，承兑人按票面金额付款，贴现银行收回垫款，并赚取了贴现利息。所以贴现业务既可以看成是票据的买卖，又可看作资金融通。

$$贴现息 = 票面金额 \times [到期天数/360（365）] \times 贴现率$$

【例 7-1】面值为 10 000 美元的见票后 90 天付款的汇票于 6 月 20 日得到付款人的承兑，则该汇票应于 9 月 18 日到期，持票人于 6 月 30 日持汇票去某银行要求贴现，银行需计算计息天数，7 月份和 8 月份各 31 天，9 月份 18 天，共计 80 天，如贴现率为 10%，按欧美算法，一年按 360 天计算。

则贴现息应为：$10\,000 \times 80 \times 10\% \div 360 = 222.22$（美元）

银行向持票人净付款为：$10\,000 - 222.22 = 9777.78$（美元）

银行受让汇票后，于 9 月 18 日向付款人提示，收取票款 10 000 美元。

（四）汇票的种类

国际结算中使用的汇票，按其内容和特征的不同，可分成许多种类。

1. 即期汇票和远期汇票

根据汇票付款期限的不同，可分为即期汇票和远期汇票。即期汇票（sight bill/draft，demand bill/draft）是指在提示或见票时立即付款的汇票，又称见票即付汇票。远期汇票（time bill/draft）是指必须到约定日期方可请求付款的汇票。根据汇票上关于付款日期的记载，远期汇票包括出票后定期付款汇票、见票后定期付款汇票和定日付款汇票三种。

2. 银行汇票和商业汇票

根据汇票出票人身份的不同，可分为银行汇票和商业汇票。银行汇票（banker's draft）的出票人和付款人都是银行。商业汇票（commercial draft）的出票人是工商企业或个人，付款人可能是企业、个人或银行。

3. 银行承兑汇票和商业承兑汇票

银行承兑汇票（banker's acceptance draft）是指建立在银行信用基础之上的，由银行承兑的远期汇票。商业承兑汇票（commercial acceptance draft）是指建立在商业信用基础之上的，由工商企业或个人承兑的远期汇票，其出票人也是工商企业或个人。

4. 光票和跟单汇票

根据汇票是否附有货运单据，可分为光票和跟单汇票。光票（clean bill）是指不附带代表货物所有权的货运单据的汇票。其流通完全依靠当事人（出票人、付款人、背书人）的信用。所以，光票一般不用于收取货款，而只用于运费、保险费、利息的收取。银行汇票大多是光票。跟单汇票（documentary bill）是指附带代表货物所有权的货运单据的汇票。跟单汇票的信用除了依靠当事人的信用外，还有物的保障，因而在国际贸易中被广泛使用。商业汇票大多是跟单汇票。

【案例7-2】

A公司为支付所欠B公司货款，于2010年5月5日开出一张50万元的商业汇票。B公司将此汇票背书转让给C公司，以购买一批原材料。但事后不久，B公司发现C公司根本无货可供，完全是一场骗局，于是马上通知付款人停止向C公司支付票据。C公司获此票据后，又将该票据背书转给D公司，以支付所欠工程款。D公司用此汇票向E公司购买一批钢丝，背书时注明"货到后此汇票方生效"。E公司于2010年7月5日向付款人请求付款。付款人在对该汇票审查后拒绝付款，理由是：①C公司以欺诈行为从B公司获得票据的行为是无效票据行为，B公司已通知付款人停止付款；②该汇票未记载付款日期，且背书附有条件，为无效票据。随即付款人便做成退票理由书，交付于E公司。

请问：（1）付款人能否以C公司的欺诈为由拒绝向E公司支付票款，为什么？

（2）A公司开出的汇票未记载付款日期，是否为无效票据，为什么？

（3）D公司的背书是否有效？该条件是否影响汇票效力？

（4）E公司的付款请求权得不到实现时，可以向哪些当事人行使追索权？其追索期限如何？

（5）E公司在行使其追索权时要求得到以下补偿：50万元的汇票金额，自2010年7月5日提示付款日至清偿日50万元的利息2000元，被拒绝付款后E公司造成1万元的经营损失，E公司从付款人处取得拒绝证明以及发出通知书的500元支出。根据《中华人民共和国票据法》的有关规定，E公司能够得到的补偿额是多少？

分析：

（1）由于票据的付款具有无因性，因此付款人不能以C公司的欺诈为由拒绝向E公司支付票款。

（2）《中华人民共和国票据法》第二十三条规定："汇票上未记载付款日期的，为见票即付。"

（3）《中华人民共和国票据法》第三十三条规定："背书时附有条件的，所附条件不具有汇票上的效力。"因此，背书是有效的，但背书中所附带的条件是无效的。

（4）E公司的付款请求权得不到实现时，可以向其所有前手行使追索权，包括A、B、C、D公司。《中华人民共和国票据法》第十七条规定："持票人对前手的追索权，自被拒绝承兑或者被拒绝付款之日起6个月。"

（5）E公司能够得到的补偿额包括50万元的汇票金额、自2010年7月5日提示付款日至清偿日50万元的利息2000元，及从付款人处取得拒绝证明以及发出通知书的500元支出，共计502 500元。

三、本票

（一）本票的含义

英国《票据法》规定：本票是一人向另一人签发的，保证即期或在可以确定的将来时间，对某人或其指定人无条件支付一定金额的书面付款承诺。

我国《票据法》规定：本票是出票人签发的，承诺自己在见票时无条件支付确定金额给收款人或者持票人的票据。

英国《票据法》界定的本票有即、远期之分；而我国《票据法》只规定了银行本票，银行本票都是即期的。

从本票的含义中可看出本票具有以下性质：① 本票是无条件支付承诺；② 本票的出票人和付款人是同一个人；③ 本票无须承兑。

（二）本票的基本内容

我国《票据法》规定，本票的绝对必要记载项目有以下六个方面：
（1）表明"本票"的字样。
（2）出票日期。
（3）收款人名称。
（4）确定的金额。
（5）无条件支付承诺。
（6）出票人签章。

本票上未记载前款规定事项之一的，本票无效。

（三）本票的种类

按出票人的不同分为银行本票和商业本票。银行本票的出票人是银行，商业本票的出票人是工商企业或个人，它又称一般本票。银行本票都是即期的。商业本票按付款时间可分为即期本票和远期本票。目前，本票的签发一般仅限于大的银行、工商企业和资信良好的个人，一般企业和私人很少签发。我国的票据法规定，本票仅指银行本票，在进出口结算业务中使用的本票大都是银行本票。

根据付款时间上的不同，分为即期本票和远期本票。即期本票是见票后立即付款的本票。有的银行发行见票即付、不记载收款人的本票或是来人抬头的本票，它的流通性与纸币相似。远期本票是必须到约定日期，才能请求付款的本票。在国际贸易中，利用出口信贷进口成套大型设备时，进口商通常开出类似借据的远期付款本票。经进口商背书保证，到期由出票人偿还本息。

（四）本票的使用

在本票的票据行为中，对于出票、背书、付款等与汇票类似，但本票还有一些特定的规定。例如，我国《票据法》规定：本票只能由中国人民银行审定的银行或其他金融机构签发；出票人必须具有支付本票金额的可靠资金来源；本票自出票之日起，付款期限最长不得超过两个月；本票持票人未按规定期限提示见票的，丧失对出票人以外前手的追索权。

（五）本票与汇票的区别

作为支付工具，本票与汇票都属于票据的范畴，但两者又有所不同，其主要区别如下：

1. 性质不同

本票是无条件的支付承诺，而汇票则是无条件的支付命令。

2. 涉及的当事人个数不同

本票的基本当事人有两个,即出票人与收款人;汇票的基本当事人有三个,即出票人、付款人和收款人。

3. 是否需要承兑

本票的出票人即付款人,本票无须办理承兑手续;而远期汇票则要办理承兑手续。

4. 承担主债务人的当事人不同

本票的出票人在任何情况下都是主债务人;汇票的出票人在承兑前是主债务人,承兑后,承兑人是主债务人。

5. 份数不同

本票只能开出一张;而商业汇票则可以开出一套,即一式两份或数份。

【案例7-3】

甲市的A向某农行申请了一张本票,准备拿到乙市去做生意。该本票上记载的内容有:出票日期是2012年3月5日;金额5000元;"本票"字样;无条件支付的承诺;出票地为甲市某农行所在地。A将此本票背书转让给了乙市的B,B又转让给了同市的C。

(1) 该本票的出票行为有效吗?为什么?若是欠缺某些事项,又是哪些?

(2) 若该本票为一张有效的本票,而该本票上并未记载付款地,那么,票据法上对此是如何规定的?哪些当事人是本票上的债务人?

分析:

(1) 无效;欠缺绝对必要记载事项;出票人签章和收款人名称。

(2) 以出票人的营业场所为付款地;农行、A、B。

四、支　票

(一) 支票的含义

英国《票据法》规定,支票是以银行为付款人的即期汇票,即存款人对银行的无条件支付一定金额的委托或命令。出票人在支票上签发一定的金额,要求受票的银行于见票时立即支付一定金额给特定人或持票人。

我国《票据法》规定,支票是出票人签发的,委托办理支票存款业务的银行或其他金融机构在见票时无条件支付确定金额给收款人或持票人的票据。

我国《票据法》第八十八条规定,支票的出票人所签发的支票金额不得超过其付款时在付款人处实有的存款金额。出票人签发的支票金额超过其付款时在付款人处实有的存款金额的,为空头支票。禁止签发空头支票。

(二) 支票的主要内容

我国《票据法》第八十五条规定,支票必须记载下列事项:

(1) 表明"支票"的字样。

(2) 无条件支付的命令。

(3) 确定的金额。

（4）付款人的名称。
（5）出票日期。
（6）出票人的签章。
支票上未记载规定事项之一的，支票无效。

（三）支票的种类

1. 按支票是否记名，分为记名支票和不记名支票

记名支票是指写明收款人姓名的支票，取款时必须由收款人签章后方可支取。

不记名支票（空白支票）是指不记载收款人姓名，只写"付来人"，仅凭交付转让。

2. 按收款方式有无限制，分为一般支票和划线支票

一般支票是指可通过银行转账，也可提取现金的支票。

划线支票是指由出票人、收款人或代收银行在支票上划上两条横跨票面的平行线，这种支票只能用于银行转账，不能提取现金，以防支票遗失被冒领。

划线支票又可分为：① 一般划线支票，是指划线之间空白，并在平行线内注明"××公司"或"不可流通"字样，这种支票，任何银行都可以代收转账。② 特别划线支票，要在平行线内写明具体代收票款银行的名称。这种支票只能委托票面写明的银行收账，不能委托其他任何银行收账。

支票的受票银行如违反划线的规定，如将普通划线支票付给非银行或支付现金，将特别划线支票支付给了非指定银行，由此而使支票的真正所有人遭受的损失，该受票银行要承担责任。

持票人可将一张未划线的支票加上普通划线或特别划线。普通划线支票的持票人可以在普通划线上加注他的开户银行成为特别划线支票，但不可做相反方向的改变。

3. 保付支票

保付支票是指为避免出票人开空头支票，收款人可要求支票要先经付款行加盖"保付"戳记并签字，表明在支票提示时一定付款。

支票一经保付，付款银行就成为主债务人，对出票人、背书人都可免予追索。

（四）支票的票据行为

在支票的票据行为中，对于出票、背书、付款行为和追索权的行使，适用票据法中对于汇票的相应行为和权利行使的规定，但对支票的特殊规定除外。例如，我国《票据法》规定，支票的持票人应当自出票日起10日内提示付款；异地适用的支票，其提示付款的期限由中国人民银行另行规定。超过提示付款期限的，付款人可以不予付款；付款人不予付款的，出票人仍应当对持票人承担票据责任。

（五）支票与汇票的区别

1. 种类不同

汇票有即期汇票和远期汇票之分；支票一般为见票即付、无须提示承兑。

2. 主债务人不同

远期汇票承兑前的主债务人是出票人，承兑后的主债务人是承兑人；支票的主债务人是出

票人。

3. 份数不同

汇票可以开出一式两份或一式多份，而支票只能开出一张。

4. 付款人不同

汇票的付款人可以是公司、企业、个人或银行，而支票的付款人则一定是银行或其他金融机构。

5. 出票人承担的责任不同

汇票的出票人责任是担保付款人承兑和付款，支票的出票人责任是担保银行一定付款。

【案例 7-4】

某甲开立 100 英镑的支票给乙，授权乙向丙银行取款，乙拿到支票后拖延很久不去取款，恰在此时，丙银行倒闭，甲在丙银行账户里的存款分文无着。乙在未获支票款项的情况下，找到了甲，要甲负责。甲以支票已过期为由拒绝对乙负责。

分析：

甲可以对乙拒绝负责，但理由并不是因为支票过期。支票不同于即期汇票，即期汇票的持票人如不在合理的时间内向付款人提出付款，出票人和所有背书人均得解除责任。但支票的持票人如不在合理时间内提示付款，出票人仍必须对支票负责，除非持票人的延迟提示而使出票人受了损失。

在上例中，由于乙的晚提示致使甲遭受了损失。那么甲就可不对该支票负责，因为乙如果及时去取款，甲就不会受到损失，所以他可对支票不负责任。

第二节 汇付和托收

国际货款支付方式主要有汇付、托收和信用证三种。本节主要介绍汇付和托收两种支付方式及其在国际贸易中的应用。汇付和托收都属于商业信用，都是由买卖双方根据贸易合同互相提供信用支付的方式。按资金的流动方向与支付工具的传递方向是否一致，汇付可以分为顺汇和逆汇两种。顺汇是指资金的流动方向与支付工具的传递方向一致，汇付方式属于顺汇；逆汇是指资金的流动方向与支付工具的传递方向相反，托收方式属于逆汇。

一、汇 付

（一）汇付的含义

汇付也称汇款，是指银行或其他金融机构（汇出行）应汇款人（付款人）的要求，通过一定的方式将一定的金额交给其国外的代理机构（汇入行），并由汇入行将款项解付给收款人的一种结算方式。

（二）汇付的当事人

在汇付业务中，通常有四个当事人，即汇款人、收款人、汇出行和汇入行。

1. 汇款人（remitter）

汇款人是委托汇出行向国外债权人支付款项的债务人。在国际贸易中，汇款人通常为进口商，其义务是向汇出行交款付费。

2. 收款人（payee or beneficiary）

收款人是指接受汇款人所汇款项的债权人。在国际贸易中，收款人通常为出口商。在汇付业务中，收款人是汇款业务的受益人。

3. 汇出行（remitting bank）

汇出行是接受汇款人的委托，办理汇款业务的银行。该银行常为汇款人所在地的一家银行。

4. 汇入行（paying bank）

汇入行是接受汇出行的委托，向收款人解付款项的银行。该银行通常为收款人所在地的银行，一般为汇出行的联行，又称解付银行。

（三）汇付的种类

按资金转移方法或支付工具的不同，汇付可分为信汇、电汇和票汇三种形式。

1. 信汇（mail transfer，M/T）

信汇是汇出行依汇款人的申请，使用航空信函指示汇入行解付一定金额给收款人的一种汇付方式。信汇方式的优点是费用较低，缺点是资金转移速度慢。随着国际电讯的飞速发展，信汇在国际贸易中已经很少使用。信汇业务流程如图7-1所示。

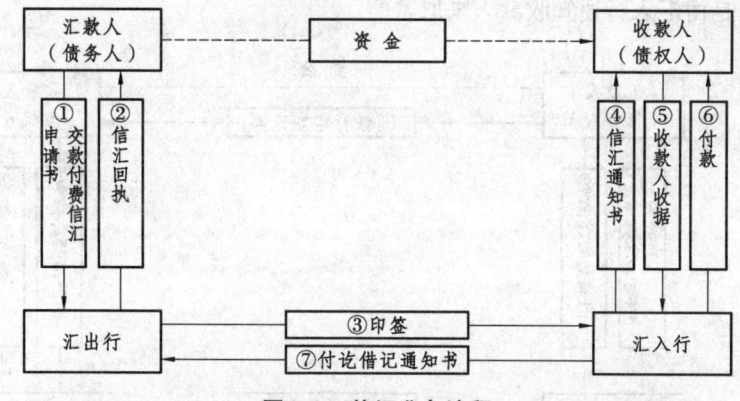

图7-1 信汇业务流程

①进口商向汇出行申请信汇汇款；②汇出行接受汇款申请，并签发信汇回执；③汇出行向汇入行邮寄信汇委托书；④汇入行通知出口商取款；⑤出口商收款并向汇入行签署收据；⑥汇入行向出口商付款；⑦汇入行向汇出行通知货款付讫。

2. 电汇（telegraphic transfer，T/T）

电汇是汇出行依汇款人的申请，拍发加押电报、电传或SWIFT给国外汇入行，指示其解付一定金额给收款人的一种汇付方式。对国外汇入行而言，电汇业务程序与信汇基本相同。其不同之处是，汇出行根据汇款人申请书的内容，以电报、电传或SWIFT通知汇入行授权解付时，为了使其得以证实电传内容，汇出行要加列双方银行约定使用的密押（test key）。汇入行收到电文后，核对密押，在确认无误后办理解付手续。

电汇业务流程与信汇的流程基本相同,如图 7-2 所示。

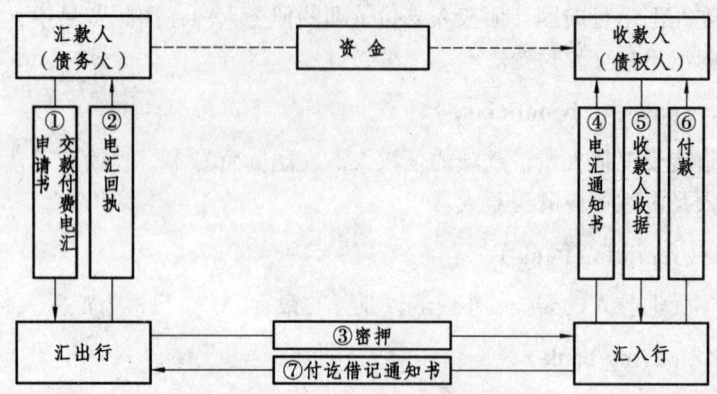

图 7-2　电汇业务流程

3. 票汇(banker's demand draft D/D)

票汇(D/D)是指汇出行应汇款申请人的申请,代汇款人开立以其分行或者联行为解付行的银行即期汇票,交汇款人自行邮寄给收款人,收款人凭汇票取款的一种汇款方式。票汇业务流程如图 7-3 所示。

信汇、电汇的收款人只能在一家汇入行取款,而票汇可以在任何一家汇出行的代理行取款,只要汇入行能够鉴别汇票签字的真伪。汇票经背书后,可以在市场上流通转让,到银行取款的人不一定是原来的收款人。票汇的汇入行无须通知收款人取款,而是由汇款人持汇票登门自取。而电汇、信汇是由汇入行通知收款人来取款的。

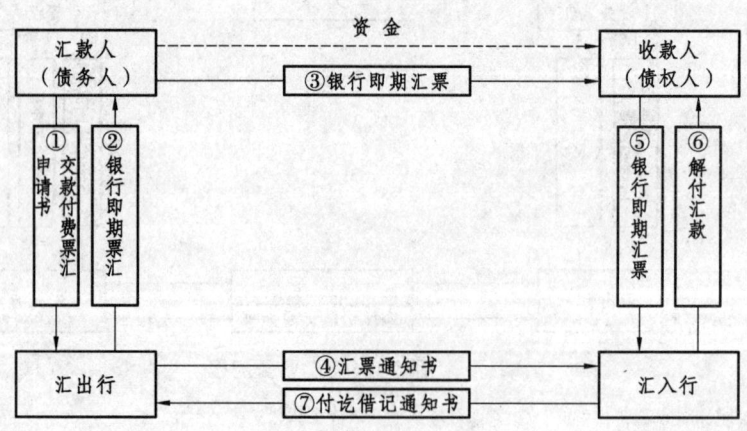

图 7-3　票汇业务流程

① 进口商向汇出行申请票汇付款,交款付费;② 汇出行接受票汇,向进口商开立银行即期汇票;
③ 进口商将银行即期汇票寄给出口商,或自行带到出口国;④ 汇出行向汇入行发出汇票通知书;
⑤ 出口商自行向汇入行提示汇票要求付款;⑥ 汇入行核对汇票并向出口商付款;
⑦ 汇入行通知汇出行票款付讫。

(四)汇付方式的使用

汇付方式的主要功能是转移资金,因此大量地被用于非贸易的国际资金调拨业务中,如信贷、外汇交易、捐赠、私人汇款等。汇付方式也可以用于国际贸易结算，主要是订金、尾款以及佣金等小额费用的支付，国际贸易中一些大宗交易使用分期付款或延期付款时也可以采用汇款方式。

因此，实务中汇付方式通常有预付货款、随订单付款、货到付款、记账赊销等几种主要方式。其中，预付货款和随订单付款对卖方有利，因为可以先得到货款再发货，收汇安全有保证；货到付款和记账赊销对买方有利，因为可以在收到货物后再付款，占用了对方的资金。下面主要介绍预付货款和货到付款两种典型的汇款方式的使用。

1. 预付货款

预付货款是指进口商先将部分或全部的货款支付给出口商，然后由出口商按照销售合同的规定，备货发运的结算方式。在预先支付货款时，进口商多采用汇款的方式。目前，国际贸易活动中预付全部货款的情况非常少见，一般是预付合同金额的一小部分，如付10%作为买方支付全部货款的担保，称为"订金"（down payment）。

预付货款方式对卖方最为有利，因为卖方既掌握着物权又可以收到货款；该方式对买方不利，因为他先支付货款而后收到货物，在交易中失去了主动权。一般预付货款的结算方式主要用于紧俏商品和行情看涨商品的进口交易和卖方市场的货物。

2. 货到付款

货到付款又称"赊账贸易""延期付款"，与预付货款的做法正好相反，是出口商先发运货物，进口商在收货后或收货后的一段时间才以汇款方式结清货款。这种做法有利于买方而对卖方十分不利，因为出口商发货后不能立即得到货款，占压了资金，而且还要承担收不回货款的风险。货到付款通常用于出口产品供货商竞争较为激烈的买方市场的货物。货到付款一般有以下两种做法：

（1）售定（be sold out）。

售定是最常见的做法，买卖双方签订正式销售合同，确定货价与支付时间，卖方先发货，买方收货后按合同规定将货款汇交卖方。这种赊账做法常用于有长期贸易关系且资信良好的交易伙伴之间，如我国内地向香港地区提供水电，出口蔬菜、家禽及花卉等鲜活商品就是使用售定的方式进行结算。

（2）寄售（consignment）。

寄售是指出口商先出运货物，委托国外的经销商，按照双方事先商定的条件在当地市场上代为销售，待货物售出后，国外商人再将扣除佣金和费用的货款汇交出口商。这种做法只有寄售协议，没有明确的订单和销售合同。由于双方是委托而不是买卖关系，出口商除了有资金积压的不便外，同时还要承担海外代理不尽职的风险，所以该方法只用于一些特殊的情况，如新产品的试销、滞销产品的促销以及在国外参加展览会后展品的处理等。

（五）汇付方式的特点

1. 商业信用

汇付结算方式虽然以银行作为媒介进行国际结算，但银行仅仅以受委托的身份收付款项，而对买卖双方在履行合同中的义务并不提供任何担保。汇款业务的完成，取决于买卖双方之间的信用。

2. 风险较大

因为汇款交易凭双方的商业信用，一旦付了款或发了货就会失去制约对方的手段，能否及时安全地收货或收款，完全依赖于对方的信用，如果对方信用不好，很可能就会钱货两空。因此，在国际贸易中汇付结算方式只能在一些特殊的情况下才使用。

3. 资金负担不平衡

汇付结算方式对于预付货款的买方和赊账贸易的卖方来说，资金负担较重，他们需要提供几乎整个交易过程的资金。

4. 手续简便，费用少

汇付结算方式的手续是最简单的，收款人不需要准备货运单据，银行也只负责转移资金，不垫款、不承担风险，因此手续费很低。在资信状况良好、合作关系密切的当事人之间，跨国公司的不同子公司之间，采用汇付结算方式是比较合适的。

二、托收（collection）

（一）托收的含义

国际商会《托收统一规则》（URC522）第2条规定：托收是指由接受托收指示的银行依据所收到的指示处理金融单据或商业单据以便取得付款或承兑，或凭付款或承兑交出商业单据或凭其他条款或条件交出单据。

托收是建立在商业信用基础之上的一种结算方式，其最大特点就是"收妥付汇、实收实付"。出口商与托收银行之间、托收银行与代收银行之间只是一种代理关系。银行并不承担付款的责任。因此，这种结算方式对进出口商双方来说，利益风险很不平衡。对出口商而言，其风险要更大一些。托收方式是逆汇方式，结算工具（汇票）的走向与货款的流向是逆向的。

（二）托收的当事人及相互之间的关系

1. 托收的当事人

（1）托收业务的基本当事人。

委托人（consignor, principal）：委托人是委托所在国银行办理托收业务的当事人。委托人需填写托收申请书，并连同托收跟单汇票一并交给银行委托托收。委托方通常为出口商，也是汇票的出票人。

托收行（remitting bank）：接受委托人的委托，转委国外银行代为收款的出口地银行。由于托收行需将相关单据寄送给代收行并委托其收款，因此也称为寄单行和委托行。在托收业务当中，托收行将开出托收指示（collection advice），委托代收行代为收款。

代收行（collecting bank）：接受托收银行的委托，代为向付款人收款的进口地银行。它是托收汇票的被背书人或收款人，也叫受托行。

付款人（payer）：是指在委托人提供合格单据的情况下，根据合同规定付款的人，也叫受票人（drawee），通常为进口商。

（2）其他当事人。

提示行（presenting bank）：是指向付款人提示相关单据的银行。一般情况下，代收行就是提示行。根据实际业务的需要，代收行也可委托与付款人有账户往来关系的另家银行作提示行。

需要时代理（customer's representative in case of need）：在托收业务中，如发生拒付，委托方可指定付款地的代理人代为料理货物存仓、转售、运回等事宜，这个代理人叫作"需要时代理"。委托方如指定需要时代理人，必须在托收委托书上写明此代理人的权限。

2. 托收当事人之间的关系

（1）委托人与付款人的关系。

委托人与付款人的关系是以他们所订立的契约为基础的债权债务关系。如委托人与国外付款人订立的国际货物买卖合同中，委托人是卖方，付款人是买方。据此，双方的关系是买卖关系。

（2）委托人与托收行的关系。

委托人与托收行之间是委托代理关系，这是依据委托人给托收银行的托收申请书（collection application）确定的，申请书的主要内容是托收的具体事项以及委托人和托收银行双方的责任范围。

（3）代收行与付款人的关系。

代收行与付款人之间并不存在契约关系，付款人对于代收行应否付款，并非根据他对代收行应负的责任，而是根据付款人与委托人之间订立的契约中所承担的债务，即对托收票据或凭证的付款责任。

（4）托收行与代收行之间的关系。

托收行与代收行之间也是委托代理关系，依据是托收行给代收行签发的托收指示（collection advice）。委托指示的内容应与委托人对托收行所发出的申请书内容一致。代收行接受委托书后，双方对于一笔托收业务的委托代理关系即告成立。

（三）托收的种类及业务流程

根据是否随附货运单据，托收可以分成光票托收和跟单托收两大类。

1. 光票托收（clean collection，collection on clean bill）

光票托收是出口人仅开具汇票，委托银行收款，不随附任何货运单据。光票托收一般用于收取出口货款尾数、代垫费用、佣金、样品费等。光票托收不是托收的主要方式。

2. 跟单托收（documentary collection）

跟单托收是出口人发运货物后，开具汇票，连同全套货运单据委托银行向进口人收取货款的一种方式。在国际贸易中，使用托收方式收取货款主要采用跟单托收的办法。

跟单托收分为付款交单和承兑交单两种。

（1）付款交单。付款交单（documents against payment，D/P）是指接受委托处理代收业务的代收行，必须在付款人（进口商）付清票款以后才能交付货运单据的一种方式。由于交付货运单据是在付清货款之后，即使汇票遭到拒付，出口商也保有对货物的支配权，故风险较小。

付款交单根据付款期限来划分，可分为即期付款交单（D/P at sight）和远期付款交单（D/P at ××days sight）。即期付款交单和远期付款交单的业务流程区别如图7-4和图7-5所示。

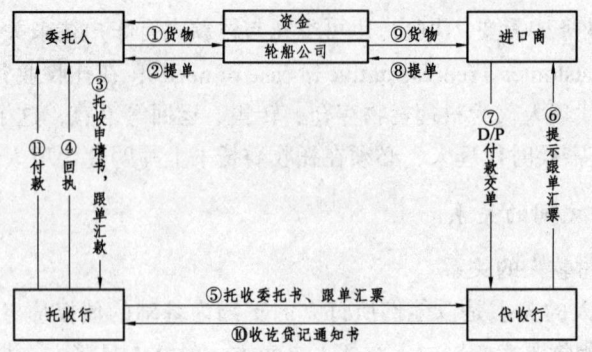

图 7-4 D/P 即期业务流程

①委托人备货、交货;②交出单据;③填写托收申请书;④托收行给出口商回执;⑤托收行发出托收委托书并寄单;⑥提示跟单汇票;⑦进口商付款后代收行交单;⑧进口商凭单提货;⑨船公司凭单放货;⑩代收行发出付讫通知;⑪托收行向委托人付款。

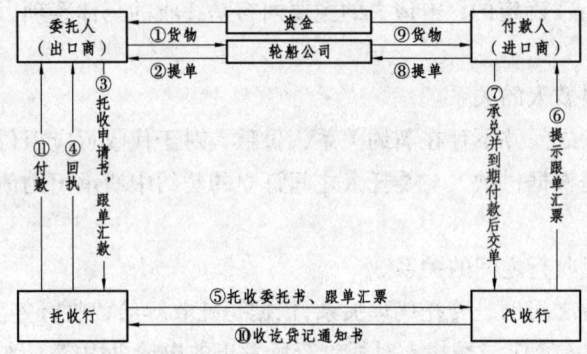

图 7-5 D/P 远期业务流程

①委托人备货、交货;②交出单据;③填写托收申请书;④托收行给出口商回执;⑤托收行发出托收委托书并寄单;⑥提示跟单汇票;⑦进口商承兑、付款后代收行交单;⑧进口商凭单提货;⑨船公司凭单放货;⑩代收行发出付讫通知;⑪托收行向委托人付款。

(2)承兑交单。承兑交单(documents against acceptance,D/A)是指被委托的代收银行在付款人承兑汇票以后,将货运单据交付给付款人,而承兑人(付款人)在汇票到期时履行其付款义务的一种方式。在这种方式下,交单的条件只凭付款人对远期汇票进行承兑,而无须付清货款,代收银行即可交付货运单据。承兑交单业务流程如图 7-6 所示。

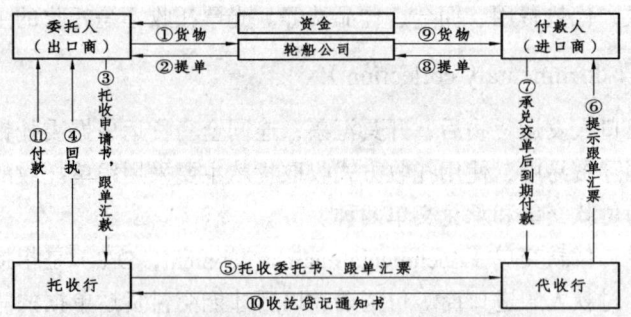

图 7-6 D/A 业务流程

①委托人备货、交货;②交出单据;③填写托收申请书;④托收行给出口商回执;⑤托收行发出托收委托书并寄单;⑥提示跟单汇票;⑦进口商承兑后代收行交单;⑧进口商凭单提货;⑨船公司凭单放货;⑩代收行发出付讫通知;⑪托收行向委托人付款。

（四）托收的特征

1. 商业信用

托收虽然通过银行办理，但银行只是按卖方的指示办事，不承担付款的责任，不过问单据的真伪，如无特殊约定，对已运到目的地的货物不负提货和看管的责任。因此，卖方交货后，能否收回货款，完全取决于买方的信誉。

2. 资金负担不够平衡

这主要是指出口商的负担较重。除了出口商预收订金的情况以外，出口商必须动用自有资金来备货、组织出运，而结汇又必须等到进口商付款之后，因此资金占用多、回收慢。相反，进口商只需在代收行交付货运单据时才付款，甚至只需要承兑远期汇票就可以获得单据，有较长的时间处理货物，及时回笼货款，因此占用资金少、时间短。

3. 结算手续相对简单，费用较低

托收方式同汇款方式相比，结算手续较为复杂，银行手续费也高一些，但是回收货款比汇款方式有保障；与另一种重要的结算方式信用证方式相比，托收的程序则要简便得多，结算费用也相应较低。另外，托收方式还可以提供融资的便利，如押汇、信托收据、保付代理等。因此，在比较熟悉和可靠的贸易伙伴之间，托收是一种较好的结算方式。

4. 风险较大

对于出口商来说，托收方式风险较大。因为如果进口商商业信用差，违约拒付，或因破产、倒闭而无力支付货款，出口商就既得不到货款也收不回货物，损失会很大。另外，进口商故意刁难，不愿意付款赎单借以趁机压价的情况也是很常见的。

对于进口商来说，同样也承受着来自出口商的信用风险。大多数情况下，进口商付款时只能得到货运单据，因为货物尚未运到，所以无法了解货物的真实状况，只能相信出口商遵守合同，发运合格的货物。如果出口商交货时以次充好、滥竽充数，进口商是无法回避这种风险的。此外，进口商如果承兑了远期汇票，还要承担票据风险。

从总体上看，进口商比出口商更有主动性，出口商承担的风险比进口商更多、更大，因此托收方式是一种倾向于对进口商有利的结算方式。

（五）国际商会《托收统一规则》

国际商会在1958年即草拟了《商业单据托收统一规则》，并建议各国银行采用。后几经修订，于1995年公布了新的《托收统一规则》，简称URC522，并于1996年1月1日生效。

URC522包括7部分：A. 总则及定义；B. 托收的方式及结构；C. 提示方式；D. 义务与责任；E. 付款；F. 利息、手续费及费用；G. 其他规定，共26条。

URC522的主要内容及新增条款介绍如下：

（1）银行办理托收业务应以托收指示为准。一切寄出的托收单据均须附有托收指示，并注明该项托收按照URC522办理。托收指示是银行及有关当事人办理托收的依据。

（2）托收指示中应包括的主要内容如下：

① 托收行、委托人、付款人、提示行的情况；

② 托收金额及货币；

③ 所附单据及其份数；

④光票托收时据以取得付款和（或）承兑的条款及条件，跟单托收时据以交单的条件及其他条件；

⑤应收取的费用，同时须注明该费用是否可以放弃；

⑥应收取的利息（如果有），同时须注明该项是否可以放弃，并应包括利率、计息期和计算方法（如一年是按360天还是365天计算）；

⑦付款的方式和付款通知的形式；

⑧发生拒付、不承兑和（或）执行其他指示情况下的指示。

（3）不提供D/P远期。URC522第7条规定：托收不应含有远期汇票而又同时规定商业单据要在付款后才交付。如果托收含有远期汇票，托收指示书应注明商业单据是凭承兑（D/A）交付款人还是凭付款（D/P）交付款人。如无此项注明，商业单据仅能凭付款交付，代收行对因迟交单据产生的任何后果不负责任。如果托收单据中含有远期付款汇票，且托收指示注明凭付款交付商业单据，则单据只能凭付款交付，代收行对于因任何迟交单据所产生的后果概不负责。

（4）除非事先征得银行同意，货物不应直接运交银行，不应以银行或其指定人为收货人。银行对跟单托收项下的货物没有义务采取任何行动，货物的风险和责任由发货人承担。

（5）银行必须核实其所收到的单据与托收指示所列的内容表面是否相符，若发现单据缺少，银行有义务用电讯或其他快捷方式通知委托人。除此之外，银行没有进一步审核单据的义务。

（6）如果委托人在托收指示中指定一名代表，在遭到拒绝付款或拒绝承兑时作为"需要时的代理"，并应在托收指示中明确而且完整地注明此代理的权项。

（7）托收如被拒付，提示行应尽力确定拒绝付款和拒绝承兑的原因并须毫不延误地向发出托收指示的银行送交拒付的通知。委托行收到此项通知后，必须对单据如何处理给予相应的指示。提示行如在发出拒付通知后60天内仍未收到此项指示，则提示行可将单据退回发出托收指示的银行，而不再负任何责任。

《托收统一规则》公布实施后，已成为具有一定影响的托收业务国际惯例，并已被各国银行采纳和使用。但应指出，只有在有关当事人事先约定的条件下，才受该惯例的约束。我国银行在办理国际贸易结算，使用托收方式时，也参照该规则的解释办理。

（六）托收的注意事项

在我国的出口业务中，为加强对外竞争能力和扩大出口，可针对不同商品、不同贸易对象和不同国家与地区的习惯，适当和慎重地使用托收方式。但是，在使用此种方式时，应注意下列问题：

（1）认真考察进口人的资信情况和经营作风，并根据进口人的具体情况妥善掌握成交金额，不宜超过其信用程度。

（2）对于贸易管理和外汇管制较严的进口国家和地区不宜使用托收方式，以免货到目的地后，由于不准进口或收不到外汇而造成损失。

（3）要了解进口国家的商业惯例，以免由于当地习惯做法，影响安全迅速收汇。例如，有些拉美国家的银行，对远期付款交单的托收按当地的法律和习惯，在进口人承兑远期汇票后立即把商业单据交给进口人，即把远期付款交单（D/P远期）改为按承兑交单（D/A）处理，从而使出口人收汇的风险增大，并可能引起争议和纠纷。

（4）出口合同应争取按CIF或CIP条件成交，由出口方办理货运保险，出口方也可投保出口信用保险。在不采用CIF或CIP条件时，应投保卖方利益险。

（5）采用托收方式收款时，要建立健全管理制度，定期检查，及时催收清理，发现问题应迅速采取措施，以避免或减少可能发生的损失。

在我国进口业务中，也有采用跟单托收方式支付货款的。我国进口企业使用托收方式，可以节省费用，免于支付国外银行手续费。进口跟单托收方式，一般只采用即期付款交单条件，但也有采用远期付款的。在来料加工、来件装配业务中，为了坚持先收后付、不垫外汇的原则，在来料、来件需要计价结算的情况下，对来料、来件有时可用远期承兑交单托收方式。加工、装配后的成品出口，采用即期付款交单或其他即期付款方式，收取成品外汇后，再用以偿付到期应付的进口料件托收价款。

（七）合同中的托收条款

现将合同中有关托收条款举例说明如下：

1. 即期付款交单（D/P at sight）

"买方应凭卖方开具的即期跟单汇票于见票时立即付款，付款后交单。"

2. 远期付款交单（D/P after sight）

（1）"买方对卖方开具的见票后××天付款的跟单汇票，于第一次提示时应予以承兑，并应于汇票到期日立即予以付款，付款后交单。"

（2）"买方应凭卖方开具的跟单汇票，于提单日后××天付款，付款后交单。"

（3）"买方应凭卖方开具的跟单汇票，于汇票出票日后××天付款，付款后交单。"

3. 承兑交单（D/A）

（1）"买方对卖方开具的见票后××天付款的跟单汇票，于第一次提示时应予以承兑，并应于汇票到期日立即付款，承兑后交单。"

（2）"买方对卖方开具的跟单汇票，于提示时承兑，并应于提单日后（或出票日后）××天付款，承兑后交单。"

第三节　信用证

信用证结算方式是随着国际贸易的发展，在托收方式的基础上演变出来的一种比较完善、安全的结算方式。在信用证结算方式下，银行作为中间人，为双方提供银行信用，即银行承诺卖方只要向它提交合格的全套单据，就可以保证得到货款；而买方只要向它付清货款，就一定能拿到全套单据凭以提货，从而使双方面临的风险得到了有效规避。

一、信用证（letter of credit，L/C）的含义

信用证是开证行根据申请人（或进口商）的请求，或以其自身的名义，向受益人（或出口商）开立的承诺在一定期限内凭规定的单据在指定地点支付一定金额的书面保证。

国际商会第 600 号出版物《跟单信用证统一惯例》（*Uniform Customs and Practice for Documentary Credit*，UCP600）对信用证给出了如下简明的定义："信用证意指一项约定，无论

其如何命名或描述,该约定不可撤销并因此构成开证行对于相符提示予以兑付的确定承诺。"

该定义除了强调开证行的付款承诺是确定和不可撤销的之外,还表明开证行的付款或兑付必须是在受益人提示信用证规定的且与信用证条款相符的单据的前提下才能进行。这说明信用证的实质是一家银行对信用证受益人的有条件的付款承诺。

由于国际贸易结算中使用的信用证基本上都要求附带全套单据,所以信用证通常也称为跟单信用证(documentary credit)。

二、信用证结算的当事人

1. 开证申请人(applicant)

申请人与开证行之间存在委托开证的契约关系和与受益人之间的买卖合同关系,其权利与义务受到这两种关系的约束。开证申请人的主要权利和义务:按照合同及时申请开证的义务;及时付款赎单的义务;得到合格单据的权利;有权对货物进行检验;对于卖方利用信用证的欺诈行为,在不损及善意第三方利益和开证行未付款或承兑的前提下,只要买方有确实证据证明卖方的欺诈行为,即使受益人提供了符合信用证要求的全套单据,买方也有权请求银行拒付,或请求法院通过冻结令强制银行停止对信用证的支付。

2. 开证行(open bank,issuing bank)

在信用证业务中,开证行的义务和权利主要由三方面的契约关系所规定:一是由开证申请书确立的与申请人的契约关系;二是由信用证所确立的与受益人的契约关系;三是由信用证表达的对通知行、议付行、付款行、保兑行等的委托请求,如果受托银行接受了委托,则开证行就与之建立了委托代理关系。开证行的主要权利和义务:根据申请人的指示开证;应按 UCP 600 的要求开立信用证;承担第一性、终局性的付款责任等。

3. 受益人(beneficiary)

受益人有根据信用证的指示提交正确单据的义务,享有凭正确单据获得开证行付款的权利。

【案例 7-5】

我公司按 CIF 条件出口货物一批,由买方通过当地银行开来不可撤销的即期信用证,规定八月份装船。七月底,我公司通过在当地的其他客户了解到买方资金困难濒临破产倒闭,问在这种情况下,我公司还能继续发货吗?货款收回有无保障?

分析:由于信用证是银行的付款保证,所以只要出口商提交的单据满足"单单相符,单证一致",可以要求银行付款,而开证行也不应以买方濒临破产而拒绝付款。

4. 通知行(advising bank/notifying bank)

通知行是接受开证行的委托履行信用证通知义务的受托人。通知行接受通知委托后,应立即证明信用证印鉴或密押的真实性,并迅速、准确地将信用证内容通知受益人。

【案例 7-6】

2015 年,中国银行某分行收到 140 万美元的信用证,该证由纽约 C 银行传递。虽然 C 银行在转证时说明已经核准开证行的密押,但是未加列它的密押。这引起中国银行的注意。在收到信用证当天,受益人得到信息前来查证,并要求尽早正式通知。通过多种手段查询,中国银行获悉开证行从未开立这样的信用证。中国银行最后通知受益人该信用证纯属伪造。

分析：对开证行的电开信用证应当核对密押，对于转递行转递的电开信用证应当要求转递行加押并核对其密押。这都是确保信用证真实性的有效手段，是符合 UCP600 有关通知信用证的要求的。通知行的行为可以在一定程度上防范利用假信用证的诈骗活动。

5. 议付行（negotiating bank）

议付行是由开证行指定或自愿买入受益人的汇票和单据，向其垫款的银行。开证行可在信用证中指定一家银行为议付行，也可以不指定，具体由受益人自己来定。通常把出口地的通知行作为议付行。

议付行若接受开证行的委托或同意议付，则在单、证相符条件下，应买单垫款，同时向开证行寄单索汇。若单、证不符，则有权拒绝买单垫款。

议付行作为合法持票人，在议付后，如果不能从开证行处得到偿付，有权向受益人追索已垫付的货款。此外，银行为了避免风险，除了在受益人交单议付时明确追索权外，还往往要求受益人出具质押书，声明一旦发生意外时，议付行有权处分单据及其所代表的货物。

议付行在议付时，可扣除自议付日至从开证行收回垫款日的押汇利息以及手续费。对于即期汇票，计息天数为议付行向开证行寄单邮程、开证行审单日程和汇款日程之和；如为远期汇票，则在上述天数的基础上，还需加上汇票上所规定的见票后定期付款的天数。

6. 付款行（paying bank）

付款行是信用证中指定的担任信用证项下付款或承兑的银行，可以是开证行自己，也可以是开证行指定的另一家银行，通常为出口地的通知行。

7. 保兑行（confirming bank）

应开证行的请求，在信用证上加具保兑的银行称为保兑行。保兑行和开证行一样，对受益人承担第一性的、终局性的审单付款责任。受益人或议付行可以在开证行和保兑行之间任意选择一家交单，保兑行收到符合信用证条款的单据，必须按信用证的规定予以付款或延期付款或承兑后到期付款。保兑行的付款同样是不可追索的。保兑行付款后，向开证行索偿，由开证行偿还其垫付的货款。

8. 偿付行（reimbursing bank）

偿付行是指开证行在信用证中指定的，代开证行向议付行或付款行清偿垫款的银行。开证行之所以指定偿付行，是为了便于调拨资金，所以偿付行总是开证行在国外的账户银行，并且双方订有代理业务的协议。

开证行在信用证中指定偿付行的同时，应向偿付行给予适当指示。出口地银行在议付或付款后，一面把单据寄给开证行，一面向偿付行发出索偿通知书，偿付行在开证行授权范围内予以清偿。

UCP 600 规定："开证行不应要求索偿行向偿付行提供与信用证条款相符的证明。"所以，比较付款行和偿付行可以发现，虽然同样是开证行的付款代理，付款行经审单后才能付款，然后向开证行索偿；而偿付行并不审单，无权要求受益人或议付行证明单证相符，它仅是开证行的出纳机构，清偿时听候开证行的指示。

三、信用证的形式和内容

(一) 信用证的形式

按照信用证的开立方式,即信用证的通知方式,信用证可分为信开信用证(opened by airmail)、电开信用证(credit opened by telecommunication)以及 SWIFT 信用证。

1. 信开信用证

信开信用证(mail credit)指开证行用信函格式开立并通过邮寄方式送达通知行的信用证。由于传递速度慢,有遗失的风险,且开证成本比电开信用证高,因而,这种开证方式已较少使用。

2. 电开信用证

电开信用证是指开证行以电讯方式开立和传递的信用证。电讯方式包括加押电报、加押电传和 SWIFT。通常情况下,信用证首先传至通知行,经其核押后再将电开信用证通知受益人。多数通知行在核押无误后,加注"Test Authenticated"标记,以证明信用证的真实性。但若无此标记,通常视为真实信用证。

电开信用证又分为简电开证和全电信用证。

(1) 简电开证(brief cable credit)。

简电开证又称"预先通知信用证"(pre-advice credit),是开证行将信用证的主要内容,如信用证号码、受益人名称和地址,申请开证人名称、信用证金额、货名、数量、价格条件、有效期等,以电报或电传的方式预先告知通知行,详细的条款将以信用证格式航邮给通知行。通知行接到简开电报后,须缮制信用证简电通知书,照录电报原文,在通知出口公司时,须注明"此系简电通知,不凭以议付"。

根据 UCP600 规定,简电或预先通知信用证不是有效的信用证文件,即受益人不能凭以发货,银行不能凭以付款、承兑或议付。开证行在发出简电或预先通知信用证后,必须及时地将信用证证实书(有效信用证文件)寄送通知行,由其转递给受益人,凭以发货,银行凭以付款、承兑或议付。

常见的简电开证用语:

Please notify beneficiary that we issue an irrevocable credit No. ×××…Details to follow.

Advised through×××bank by brief cable. Essentials advised by cable.

Airmailing irrevocable credit No. ×××for USD×××…Advise this brief cable immediately.

Preliminary advice by wire to you on×××(date)

Pre-advice credit by cable to you on×××(date)

【案例 7-7】

我某公司与外商按 CIF 条件签订一笔大宗商品出口合同,合同规定装运为 8 月份,但未规定具体开证日期。外商拖延开证,我方见装运期快到,从 7 月底开始,连续多次电催外商开证。8 月 5 日,收到开证行的简电通知,我方因怕耽误装运期,即按简电办理装运。8 月 28 日,外商开来信用证正本,正本上对有关单据做了不符合合同的规定。我方审证时未予以注意,交银行议付时,银行也未发现。后开证行以单据不符为由拒绝付款。试分析我方做法是否妥当。

分析:简电开证是将所开立信用证的要点以简要电文经过通知行转达受益人,其所起的作用仅是告知受益人,买方已按合同开出信用证,请备货发运。受益人收到此项简电后不能凭以向议付行要求议付单据。

（2）全电信用证。

它是指开证行以电讯方式开立完整的、有效的信用证，无须再寄送证实书。多数电开信用证都是全电信用证。有些银行在电文中表明：

This cable is the operative credit instrument and no mail confirmation will follow. 以示为有效信用证文件。

3. SWIFT信用证

SWIFT信用证是Society for Worldwide Interbank Financial Telecommunications（全球银行间金融电讯协会）的简称。该组织于1973年在比利时成立，协会已有209个国家的9000多家银行、证券机构和企业客户参加，通过自动化国际金融电信网办理成员银行间资金调拨，汇款结算，开立信用证，办理信用证项下的汇票业务和托收等业务。

SWIFT有自动开证格式，在信用证开端标着MT700，MT701代号。MT700是由开证行发送给通知行，用来列明发报行（开证行）开立的跟单信用证条款的报文格式。当跟单信用证内容超过MT700报文格式的容量时，可以使用几个（最多三个）MT701报文格式传送有关跟单信用证条款。

SWIFT成员银行均参加国际商会，遵守SWIFT规定，使用SWIFT格式开立信用证，其信用证则受国际商会UCP600条款约束。所以通过SWIFT格式开证，实质上已相当于根据UCP600开立信用证。SWIFT的使用，大大提高了银行的结算速度，使其更加安全、可靠、快捷、标准化、自动化。

SWIFT实行会员制，我国的大多数专业银行都是其成员。SWIFT的费用相对较低，同样多的内容，SWIFT的费用只有TELEX（电传）的18%左右，CABLE（电报）的2.5%左右。SWIFT的安全性较高，它使用的密押比电传的密押可靠性强、保密性高，且具有较高的自动化水平。SWIFT的格式具有标准化，对于SWIFT电文，SWIFT组织有着统一的要求和标准格式。采用SWIFT信用证必须遵守SWIFT的规定，也必须使用SWIFT手册规定的代号（Tag），而且信用证必须遵循国际商会《跟单信用证统一惯例》各项条款的规定。在SWIFT信用证中可以省去开证行的承诺条款（Undertaking Clause），但不能因此免除银行所应承担的义务。SWIFT信用证的特点是快速、准确、简明、可靠。

在一份SWIFT报文中，有些规定项目是必不可少的，称为必选项目（Mandatory Field，M）；有些规定项目可以由操作员根据业务需要确定是否选用，这些项目称为可选项目（Optional Field，O）。项目代号（Tag）由2位数字或2位数字加一个小写字母后缀组成，该小写字母后缀在某一份报文中必须由某一个规定的大写字母替换。带上不同的大写字母后缀，其含义和用法也就不一样。具体分析如下：

27：报文页次。

如果该跟单信用证条款能够全部容纳在该MT700报文中，那么该项目内就填入"1/1"。如果该证由一份MT700报文和一份MT701报文组成，那么在MT700报文的项目"27"中填入"1/2"，在MT701报文的项目："27"中填入"2/2"。以此类推。

40A：跟单信用证形式。

不可撤销跟单信用证和/或可转让跟单信用证。如果为可转让信用证，则详细的转让条款应在项目"47a"中列明。

20：跟单信用证号码。

23：预先通知编号。

如果采用此格式开立的信用证已被预先通知，此项目内应填入"PREADV/"，后跟预先通知的编号或日期。

31C：开证日期。

该项目列明开证行开立跟单信用证的日期。如果报文无此项目，那么开证日期就是该报文的发送日期。

40E：适用规则。

该项目有 6 种可供使用的选择，分别为：

① "UCP LATEST VERSION"（统一惯例最新版本），表示信用证适用在开证日有效的国际商会跟单信用证统一惯例。

② "EUCP LATEST VERSION"（电子化交单统一惯例最新版本），表示信用证适用在开证日生效的国际商会跟单信用证统一惯例电子化交单附则。

③ "UCP URR LATEST VERSION"（统一惯例及偿付统一规则最新版本），表示信用证适用在开证日有效的国际商会跟单信用证统一惯例及国际商会银行间偿付统一规则。

④ "EUCP URR LATEST VERSION"（电子化交单统一惯例及偿付统一规则最新版本），表示信用证适用在开证日有效的国际商会跟单信用证统一惯例电子化交单附则及国际商会银行间偿付统一规则。

⑤ "ISP LATEST VERSION"（《国际备用证惯例》最新版本），表示备用信用证适用在开证日有效的国际商会国际备用证惯例。

⑥ "OTHER"（其他），表示信用证适用任何其他规则，此时应在项目"47"中注明该信用证适用的具体规则的名称。只有使用代码字 OTHER 时，才可以后跟附加信息。

31D：到期日及到期地点。

该项目列明跟单信用证最迟交单日期和交单地点。

51a：开证申请人的银行。

如果开证行和开证申请人的银行不是同一家银行，该报文使用该项目列明开证申请人的银行。

50：开证申请人。

59：受益人。

32B：跟单信用证的货币及金额。

39A：信用证金额浮动允许范围。

该项目列明信用证金额上下浮动最大允许范围，用百分比表示，如用"10/10"来表示允许上下浮动各不超过 10%。

注：39A 与 39B 不能同时出现。

39B：信用证金额最高限额。

该项目"UP TO""MAXIMUM"或"NOT EXCEEDING"（后跟金额），表示跟单信用证金额最高限额。

39C：附加金额。

该项目列明信用证所涉及的附加金额，诸如保险费、运费、利息等。

41a：指定的有关银行及信用证兑付方式。

该项目列明被授权对该证付款、承兑或议付的银行及该信用证的兑付方式。

① 银行表示方法。

该项目代号为"41A"时，用 SWIFT 名址码表示银行。

该项目代号为"41D"时，用行名地址表示银行。

如果信用证为自由议付信用证时，该项目代号应为"41D"，银行用"ANY BANK IN...（地名/国名）"指定银行。

如果信用证为自由议付信用证，而且对议付地点也无限制时，该项目代号应为"41D"，银行用"ANY BANK"表示。

② 兑付方式表示方法。

BY PAYMENT：即期付款；

BY ACCEPTANCE：远期承兑；

BY NEGOTIATION：议付；

BY DEF PAYMENT：迟期付款；

BY MIXED PYMT：混合付款。

如果该证系延期付款信用证，有关付款的详细条款将在项目"42P"中列明。如果该证系混合付款信用证，有关付款的详细条款将在项目"42M"中列明。

42C：汇票付款期限。

该项目列明跟单信用证项下汇票付款期限。

42a：汇票付款人。

该项目列明跟单信用证项下汇票的付款人，必须与"42C"同时出现。该项目内不能出现账号。

42M：混合付款条款。

该项目列明混合付款跟单信用证项下付款日期、金额及其确定的方式。

42P：延期付款条款。

该项目列明只有在延期付款跟单信用证项下的付款日期及其确定的方式。

43P：分批装运条款。

该项目列明跟单信用证项下分批装运是否允许。

43T：转运条款。

该项目列明跟单信用证项下货物转运是否允许。

44A：接受监管地/发运地/收货地。

该项目列明货物起运地点（在使用多种方式联运单据的情况下），接收地（公路、铁路、内陆水运单据、信件、快递服务单据），标注在货运单据上的发货地。

44E：装运港/出发机场。

该项目描述了货运单据中列明的装货港口或始发航空港的名称。

44F：卸货港/目的地机场。

该项目描述了货运单据中列明的卸货港口或航空港目的地的名称。

44B：最终目的地/运往……/交货地。

该项目描述了货运单据中列明的最终目的地或交货地点名称。

44C：最后装运日。

该项目列明最迟装船、发运和接受监管的日期。

注:"44C"与"44D"不能同时出现。

44D:装运期间。

该项目列明最迟装船、发运和接受监管的期间。

45a:货物/劳务描述。

价格条款,如 FOB、CFR、CIF 等,列在该项目中。

46a:单据要求。

如果信用证规定运输单据的最迟出单日期,该条款应和有关单据的要求一起在该项目中列明。

47a:附加条款。

该项目列明信用证的附加条款。

注意:当一份信用证由一份 MT700 报文和一至三份 MT701 报文组成时,项目"45a""46a"和"47a"的内容只能完整地出现在某一份报文中(即在 MT700 或某一份 MT701 中),不能被分割成几部分分别出现在几个报文中。

在 MT700 报文中,"45a""46a""47a"三个项目的代号应分别为"45A""46A"和"47A",在报文 MT701 中,这三个项目的代号应分别为"45B""46B""47B"。

71B:费用负担。

该项目的出现只表示费用由受益人负担。若报文无此项目,则表示除议付费、转让费外,其他费用均由开证申请人负担。

48:交单期限。

该项目列明在开立运输单据后多少天内交单。若报文未使用该项目,则表示在开立运输单据后 21 天内交单。

49:保兑指示。

该项目列明给收报行的保兑指示。该项目内容有:

CONFIRM:要求收报行保兑该信用证。

MAY ADD:收报行可以对该信用证加具保兑。

WITHOUT:不要求收报行保兑该信用证。

53a:偿付行。

该项目列明被开证行授权偿付跟单信用证金额的银行。该偿付行可以是发报行的分行,或收报行的分行,也可以是完全不同的另一家银行。

78:给付款行、承兑行、议付行的指示。

57a:通知行。

如果该信用证需通过收报行以外的另一家银行转递、通知或加具保兑后给受益人,则在该项目内填写该银行。

72:附言。

该项目可能出现的代码:

/PHONBEN/:请用电话通知受益人(后跟电话号码)。

(MT701)27:报文页次。

(MT701)20:跟单信用证号码。

(MT701)45B:货物/劳务描述。

(MT701)46B:单据要求。

（MT701）47B：附加条款。

如对已经开出的 SWIFT 信用证进行修改，则需采用 MT707 标准格式传递信息。以下为 MT707 详细分析：

20：发报行的编号。

21：收报行的编号。

如果发报行不知道收报行的编号，可在该栏目内填写"NONREF"。

23：开证银行的编号。

如果该 MT707 报文是由开证行以外的银行（即通知行）发送的，则使用该项目列明开证行的跟单信用证号码。

52a：开证银行。

如果发报行不是开证行，则使用该项目列明开证行。

31C：开证日期。

该项目列明原跟单信用证开立的日期，即开证行开立信用证的日期。

30：修改日期。

该项目列明开证行修改信用证的日期。如果报文未使用该项目，则修改日期即为该 MT707 报文的发送日期。

26E：修改次数。

该项目列明信用证修改的次数，要求按顺序排列。

59：信用证的受益人（本次修改前的）

该项目为原信用证的受益人，如果要修改信用证的受益人，则需要在 79（修改详述）中列明。

31E：信用证新的有效期。

信用证修改后的最后的交单日期。

32B：跟单信用证金额的增额。

33B：跟单信用证金额的减额。

34B：跟单信用证修改后的金额。

39A：信用证金额上下浮动允许的最大范围的修改。

该项目的表示方法较为特殊，数值表示百分比的数值，如 5/5，表示上下浮动最大为 5%。（注：39B 与 39A 不能同时出现）

39B：信用证最大限制金额的修改。

该项目用"UP TO""MAXIMUM"或"NOT EXCEEDING"（后跟金额），表示新的跟单信用证金额最高限额。（注：39B 与 39A 不能同时出现）。

39C：附加金额的修改。

该项目列明对信用证所涉及的保险费、利息、运费等金额的修改。

44A：接受监管地/发运地/收货地的修改。

44E：装运港/出发机场的修改。

44F：卸货港/目的地机场的修改。

44B：最终目的地/运往……/交货地的修改。

44C：最后装运日的修改。

该项目列明对最迟装船、发运和接受监管日期的修改。（注：44C 与 44D 不能同时出现）

44D：装运期间的修改。

该项目列明对装船、发运和接受监管日期的修改。（注：44C 与 44D 不能同时出现）

79：修改详述。

72：附言。

该项目可能出现的代码有：

/BENCON/：要求收报行通知发报行受益人是否接受该信用证的修改。

/PHONBEN/：请电话通知受益人（列出受益人的电话号码）。

/TELEBEN/：请用快捷有效的电讯方式通知受益人，包括 SWIFT、传真、电报、电传等。

（二）信用证的内容

不论信用证采用何种形式，其基本内容一般都包括以下几项。

1. 关于信用证本身的项目

（1）信用证的种类，一般都要表明这是不可撤销的信用证。

（2）信用证号码，即开证行的信用证编号。

（3）开证行的名称。

（4）开证地点与开证日期。在 SWIFT 格式中，日期的表达顺序是"年—月—日"，共六位数。如："Date of Issue 060423"。

（5）信用证有关当事人如申请人、受益人、通知行、议付行等的名称与地址。

（6）信用证的金额，应适用国际标准化组织指定的货币代号如 USD、GBP、DEM 来表示，并注意大小写金额保持一致。

（7）信用证的有效期限和到期地点，如"Date 060821 Place PUSAN（KOREA）"。

（8）受委托开证文句，一般是声明受某某指示开立本证。

2. 要求受益人履行的条件

（1）汇票条款，一般规定汇票的类型（远期或即期）、出票的根据、汇票的付款人、期限、金额等。如：

"DRAFTS AT 42C：AT SIGHT.

DRAWEE 42 A：BANK OF AMERICA

BERKELEY，CA USA."

（2）货物描述，包括品名、品质、规格、数量、包装、单价、贸易术语、唛头等，有时在此项下还可加注合同号及溢短装之类的文句。如：

"CIF BERKELEY，CA USA

100%COTTON SKIRTS（CONTRACT NO 56988）

ART NO QUANTITY UNIT PRICE

57—001 2000PCS USD10.25/PC

57—002 3000PCS USD10.95/PC."

（3）单据条款，包括商业发票、运输单据、保险单据、其他单据，如产地证、包装单、重量单等。如：

+SIGNED COMMERCIAL INVOICE IN THREE FOLD.

+FULL SET OF CLEAN ON BOARD BILL OF LADING ISSUED TO ORDER AND BLANK

ENDORSEMENT
+SIGNED PACKING LIST IN THREE FOLD.
+FORM A.

（4）装运条款，包括运输方式、装运港（地）、目的港（地）、装运日期和是否可以分运或转运之类的文句。

（5）银行费用条款。一般规定应由受益人承担的费用。

（6）交单期限。

（7）其他条款。

3. 其他项目

（1）开证行保证付款的文句，此条对受益人、议付行及其他有关当事人有重大利害关系。SWIFT 信用证一般省略了该文句，但并不意味着免去银行所应承担的义务。

（2）保兑信息，即开证行是否请另一家银行为信用证加具了保兑。

（3）银行间的指示。开证行对各指定银行的指示一般为偿付方式、寄单地址和寄单方式等。

（4）遵循国际商会《跟单信用证统一惯例》的文句。SWIFT 信用证虽然一般省略了该文句，但自动适用《跟单信用证统一惯例》。

四、信用证的业务流程

一笔以信用证方式结算的贸易业务从开始到结束大体上有 12 个环节，如图 7-7 所示。

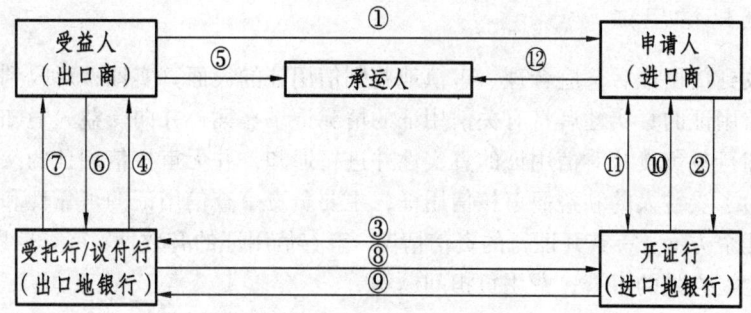

图 7-7 信用证业务流程

①进出口商签订买卖合同，并约定以信用证进行结算；②进口商向所在地银行申请开立信用证；③开证行开出信用证；④通知行将信用证通知给受益人（出口商）；⑤出口商接受信用证后将货物交与承运人，取得相关单据；⑥出口商备齐信用证规定的单据和汇票后向议付行提示，要求议付；⑦议付行审单无误后垫付货款给出口商（议付）；⑧议付行议付后将单据和汇票寄开证行索汇；⑨开证行收到与信用证相符的单据后审单付款；⑩开证行通知进口商备款赎单；⑪进口商审核单证相符后付清所欠款项（申请开证时已交保证金），开证行将信用证下的单据交进口商，不再受开证申请书的约束；⑫进口商凭单据向承运人提货。

一笔信用证结算业务一般包括 12 个环节。对贸易中的各方当事人来说，要想成功地完成货款的收付，必须认真把握每一个环节，稍有失误，就可能不但达不到从交易中获利的目的，还会因为陷入信用证的业务纠纷而给自己带来不利的后果。以下就几个主要环节进行分析。

（一）申请开立信用证

进口商必须在合同规定的期限内选择经营外汇业务的银行办理申请开立信用证。

进口商申请开证时，要向银行提交进口合同的副本以及所需附件，如进口许可证、填写开证申请书、备妥有关文件交银行审验、交付保证金和支付开证手续费。

进口商申请开证时应注意几个问题：掌握好开证时间；申请开证前，要落实进口审批手续及外汇来源；应选择好开证银行；开证时要注意"证同一致"；在申请开证时，进口商应将对出口商的要求按合同有关规定转化成有关单据具体规定在信用证中；应与开证行谈妥保证金比例等。

（二）开证行审核、开立信用证

开证行如接受申请人的开证委托，就必须在合理的工作日内开出信用证，并将信用证交通知行通知受益人。在实务中，银行为减轻自身的风险，通常进行"三查一保"。"三查"是指审查开证申请书和开证申请人声明，审查开证申请人的资信情况，审查该笔业务的贸易背景和有关进口开证必须提供的有效文件。"一保"是指开证申请人必须向开证行缴纳开证保证金。

开证行对开证申请书审核无误，并收取保证金或抵押品、质押品以后，即按开证申请书的要求开立信用证，并根据申请人指示的传递方式（信开或电开）向通知行发出信用证，同时将信用证副本送交申请人。

开证行在选择通知行时，通常首选其在出口商所在地的分支机构或代理行，因为开证行和分支机构或代理行之间定期交换密押、印鉴（签字样本），可以通过审核密押和印鉴是否一致来确定信用证的真实性。

（三）通知信用证

通知行收到信用证后，应合理、审慎地鉴别信用证的表面真实性，对收到的信用证进行登记；在确认信用证的真实性后将有关信用证的情况记录在案，并向受益人通知信用证。

虽然通知行只负责核对信用证的真实性并进行通知，并无审核信用证的义务，但是实务中通知行往往为了受益人的利益而审核信用证，主要负责审查信用证的可靠性和有效性。重点内容包括如下几个方面：审查开证行的资信情况；审查信用证的有效性；审查信用证的责任条款；索汇路线和索汇方式的审查；费用负担问题等。

（四）受益人审证、发货、交单

1. 受益人审证

受益人审证是信用证业务的重要环节，关系到受益人能否提供与信用证相符的单据，顺利收回货款。受益人在接受信用证时，必须严格根据合同审证，消除信用证交单时的潜在风险。

2. 受益人发货、备单、交单

受益人审证无误后，应按照信用证的规定准备货物、发运货物，同时按照信用证中单据条款的要求制作所需要提交的单据。

信用证的交单期限，是除了有效期限以外，每个要求出具运输单据的信用证还应规定的一个在装运日期后的一定时间内向银行交单的期限。如果没有规定该期限，根据国际惯例，银行将拒绝受理迟于装运日期后 21 天提交的单据。但无论如何，单据必须在不迟于信用证的有效日期内提交。

（五）议付行议付信用证

议付行是准备向受益人购买信用证下单据的银行，议付行可以是通知行或其他被指定的愿意议付该信用证的银行，一般是出口商所在地银行。议付银行审单不得超过5个营业日，即银行应在接受单据之日第二天起不超过五个营业日之内审核单据并决定接受或拒绝单据。

银行（包括议付行）审单应遵循以下几个准则：

（1）信用证交易为单据交易，银行审单就是审查单据是否"单证相符"和"单单相符。"

（2）银行只从单据表面上审查，即银行不需要亲自过问单据是否是真的，是否失效，或货物是否真正装运。除非银行知道所进行的是欺诈行为，否则这些实际发生的情况与银行无关。

（3）银行审单应该不违反"合理性""公平性"和"善意性"，但并非每个字母、每个标点符号都相符。

（4）银行对未规定单据不负责任。如果银行收到这类单据，他们将把单据退回给受益人或传递给开证行，并不负任何责任。

（5）银行审单不得超过五个营业日，即银行应在接受单据之日第二天起不超过五个营业日之内审核单据并决定接受或拒绝单据。

如出口商于货物出运后交来的全套单据已构成单据不符，而又无法更正，也来不及对外交涉修改信用证者，议付行应从维护国家信誉、防止和减少经济损失出发，可同出口商协商，根据金额大小，不符点的具体情节，进口国家贸易外汇管制，开证行和进口商的经营作风，以及证下货物销路的畅滞、价格涨跌等因素，酌情处理。

（六）寄单索偿

议付行议付后，取得了信用证规定的全套单据，即可凭单据向开证行或其指定银行请求偿付货款。

开证行或付款行如发现单据和信用证不符，应在不迟于收到单据的次日起7个营业日内通知议付行表示拒绝接受单据。如果未在该期限内表示拒绝，则开证行必须履行付款责任。

（七）申请人付款赎单

开证行在向议付行偿付后，即通知申请人付款赎单。开证人应到开证行审核单据，若单据无误，即应付清全部货款与有关费用（如开证时曾交付押金，则应扣除押金的本息）；若单据和信用证不符，申请人有权拒付。申请人付款后，即可从开证行取得全套单据。此时，申请人与开证银行之间因开立信用证而构成的契约关系即告结束。

五、信用证的特点和作用

（一）信用证的特点

1. 信用证是一种银行信用

UCP600规定，自信用证开立之时起，开证行即不可撤销地受到兑付责任的约束。即使开证申请人或受益人未能履行贸易合同中的义务，只要受益人所提交的单据符合信用证条款的要求，以及UCP600中适用于这些单据的规定，开证行就必须履行第一性的付款责任（primary liabilities for payment）。开证行的拒付只能以单据上存在的有效不符点为理由。

【案例7-8】

某进口商购买景德镇的瓷器，约定分五批装运，支付方式为不可撤销即期信用证。第一批货物抵达目的地后，该进口商办理了付款赎单手续。但收到货后发现货物品质与合同不符，便通知开证行对第二批信用证项下的货运单据不要议付，银行未予理睬。银行仍然对第二批信用证项下的与信用证规定相符的货运单据予以议付。议付后，通知该进口商付款赎单，遭到拒付。请问：银行这样处理是否合适？进口商拒绝付款赎单是否有道理？

分析：银行这样处理是对的。因为这笔业务的支付方式为不可撤销即期信用证方式。自信用证开立之时起，开证行即不可撤销地受到兑付责任的约束。只要单证相符，不管货物是否合格，开证行都必须承担信用证项下的付款义务。遭到损失的进口商只能凭贸易合同与出口商交涉，或申请仲裁，甚至提起诉讼。

2. 信用证是独立于合同之外的一种自足的文件

虽然信用证的开立必须以贸易合同为基础，但一经开出，信用证即构成独立于贸易合同以外的一份自足的契约。UCP600规定，信用证与可能作为其依据的销售合同或其他合同，是相互独立的交易。即使信用证中提及该合同，银行也完全与该合同无关，且不受其约束。可见，信用证项下各有关当事人的权利与义务仅以信用证的条款为依据，与原贸易合同无关，不受其约束。

【案例7-9】

我国上海某外贸公司出口"永久"牌女式24英寸自行车，国外来证开成了"女式26英寸自行车"。该公司出口制单时，仍写成"女式24英寸自行车"。国外开证行见单后，立即以单证不符为由拒付。该公司与开证行交涉时辩称，他们是按照合同规定写的，因为合同中标明是"女式24英寸自行车"，开证行不应拒付。请问开证行的做法对否？

分析：开证行是有理由拒付的。因为信用证一经开出，就成为独立于合同以外的保证文件，是不受合同制约的。该公司业务员不熟悉信用证的这一特点，在审证时发现来证的品名与合同不符后，将单据制成与合同相符是无效的，因为开证行付款的依据是"单证相符"。所以该公司正确的做法应是及时通知对方修改信用证，以达到"单证相符"，否则只会造成对自己不利的后果。

3. 信用证业务是一种纯粹的单据业务

按照UCP600的规定，银行处理的是单据，而不是单据所涉及的货物、服务或其他行为。按照指定行事的被指定银行、保兑行（如有）以及开证行必须对提供的单据进行审核，并仅以单据为基础，以决定单据在表面上看来是否构成相符提示；银行对任何单据的形式、充分性、准确性、内容真实性、虚假性或法律效力，或对单据中规定或添加的一般或特殊条件，概不负责；银行对任何单据所代表的货物、服务或其他履约行为的描述、数量、重量、品质、状况、包装、交付、价值或其存在与否，或对发货人、托运人、货运代理人、收货人、货物的保险人或其他任何人的诚信与否，作为或不作为、清偿能力、履约或资信状况，也概不负责。简而言之，信用证业务是不管合同、不管货物、不管单据真伪、不管是否履约的"四不管"业务。对开证申请人而言，即使发现单据是伪造的，但只要单据表面上与信用证相符，申请人就必须向开证行付款。

【案例7-10】

某年我出口公司对墨西哥出口商品一批，对方来证在"转运"栏内规定"允许转运"，而在

"议付单据"栏内则要求提供"转运通知"。我方工作人员从逻辑推理上认为：来证既然允许转运，我方有转运或不转运的选择权，如不转运，便无义务也无必要提供"转运通知"。因而对议付单据栏内的转运通知未予以照办。结果遭到开证行拒绝付款，双方发生争议。试分析应如何解决该纠纷。

分析：信用证业务是非常单据化的结算方式，因而出口商发货前首先应该仔细审核 L/C。当发现 L/C 内容有相互矛盾之处，应提出修改信用证，以可以提供信用证规定的单据为准则。

（二）信用证的作用

从上述信用证的特点可以看出，信用证作为一种国际贸易结算方式，具有其他方式不可比拟的优点。尤其是将托收方式中由进口商履行的付款责任，转由银行履行，可以保证进出口双方的货款和代表货物的单据不致落空，同时又使双方在资金融通上获得便利；而参与信用证业务的有关银行同样也可以取得实惠。因此，信用证对促进国际贸易的顺利发展及对金融业务的扩大发挥了极为重要的作用。

1. 信用证对出口商的作用

出口商是信用证支付方式的最大受益者，信用证对促进出口贸易的发展起到了重要的推动作用。

（1）信用证可保证出口商的货款取得安全保障。在国际贸易中，出口商对进口商的信用状况最为担心，如进口商订立了买卖合同后，由于物价下跌，或同其他出口商订立了条件更为有利的合同等，有可能拒绝履行合同甚至拒绝提货，或趁机要求降价。但有了信用证，出口商只要按其规定交付了货物并提交合格单据，开证银行就保证支付货款。因此，银行信用的介入弥补了商业信用的不足，为出口商提供了有力的信用保障。

（2）信用证使出口商获得了外汇保障。若进口国实施外汇管制，进口商对所支付的货款必须由进口国外汇管理当局批准，因此，出口商的外汇货款有可能长期被滞留在进口国。若采用信用证付款方式，因进口商向银行申请开立信用证时，首先要获得外汇管制当局的批准，开证银行才能开立信用证；换言之，出口商若能获得信用证，则说明进口国外汇管理当局已批准所需的外汇。这样，出口商的外汇货款被冻结的风险就大大降低了。

（3）信用证增加了出口贸易的稳定性。出口合同的签订仅仅是贸易的开始，合同能否最终得以履行还要取决于其他很多因素，如进口商认为无利可图，可能会寻找借口取消合同；若进口国突然实行贸易管制，出口合同可能会被取消，等等。但是，若出口商获得了不可撤销的信用证，则非经出口商的同意，信用证不得撤销或修改，开证银行和进口商必须履行信用证和贸易合同，即支付货款并收取货物。

（4）信用证可使出口商获得融资便利。采用信用证付款，银行信用取代了进口商的信用，只要出口商提交符合信用证规定的单据即可获得银行的付款、承兑或议付，因而使出口商及时地取得融资；若采用预支信用证、可转让信用证或背对背信用证等，出口商还可以在交付货物前取得更为便利的融资。出口商还可将信用证作为担保向银行获得贷款等。

2. 信用证对进口商的作用

以信用证作为国际贸易付款方式同样也会使进口商获得一定的好处，对控制出口商按时履约、提供交易安全保障以及融资等也可以发挥不同程度的作用。

（1）信用证可以控制出口商按时交货。信用证中规定了出口商交货的装运期，出口商必须按此期限交付货物，否则违反信用证条款，无法获得银行付款、承兑或议付。这样，进口商可以通过信用证来促使出口商按时交货，以保证进口商按时取得合同货物。

（2）信用证为进口商提供一定的交易安全保障。为了保证出口商提交符合合同规定的货物，进口商通常可在信用证中规定出口商应提交证明货物合格的各种证明，如质量证书、检验检疫证书、ISO9000或ISO14000证书以及其他有关单据等；同时，有关银行负有对各种单据进行严格审核的责任。这样，信用证可在一定程度上为进口商提供交易安全保障。但进口商应注意，这种安全保障程度是有限的。

（3）信用证可为进口商融资提供一定的便利。银行按进口商的请求开立信用证时，在通常情况下，进口商同意将信用证下进口的货物作为担保，由开证行控制直至进口商按规定对开证行偿付为止。若开证行认为进口商的信用加上该信用证下进口货物的价值不足以保障其债权的安全实现，则银行还可要求进口商缴纳一定的保证金。但在一般情况下，信用良好的进口商不预缴保证金或以很少的保证金就可要求银行开立信用证。

3. 信用证对银行的作用

银行参与信用证交易也为银行带来一定的利益。作为议付行的出口地银行参与信用证业务，一方面可以扩大其业务量，获得商业利润；另一方面接受议付后，只要单据符合信用证的规定，议付行就可以从开证行那里获得偿付。即使开证行拒付，议付行可向受益人追索垫款或凭货运单据处理货物以补偿垫款。因此，议付行参与信用证业务只有获利，基本上没有风险。

六、信用证的种类

（一）按信用证是否加以保兑划分

按信用证是否加以保兑，信用证可分为保兑信用证和不保兑信用证。

1. 保兑信用证

如果一家银行所开的信用证经由另一家银行加以保证兑付，则该信用证称为保兑信用证，另一家银行就是保兑行。保兑信用证一般由保兑行在信用证上批注"我行为此信用证加具保兑"（This credit is confirmed by us），并签章。

保兑行承担与开证行相同的责任。根据UCP600的规定，自为信用证加具保兑之时起，保兑行即不可撤销地受到兑付或者议付责任的约束。

保兑的不可撤销信用证，意味着该信用证不但有开证行不可撤销的付款保证，而且有保兑行的兑付保证，所以这种有双重保证的信用证对受益人最为有利。受益人可以要求开证行或保兑行履行付款责任，但他首先要服从信用证条款的规定。如信用证规定保兑行为付款人时，受益人应该先要求保兑行付款；如以开证行为付款人，则应先向开证行提示，只有在开证行不付款时，才能要求保兑行履行付款责任。

2. 不保兑信用证

不保兑信用证是指一家银行所开立的未经另一家银行保兑的信用证。通知行一般在这种信用证上注明"此系为以上所指名的银行开立的信用证作出通知，我行不承担任何责任"。不保兑信用证上的付款保证人是开证行。目前，世界各国使用的信用证绝大多数都是不保兑信用证。

（二）按信用证的付款方式划分

1. 即期付款信用证

如果信用证规定指定银行收到符合信用证规定的单据时立即履行付款义务，则该信用证称为即期付款信用证。如信用证包含以下或类似的条款，即可被认为是即期付款信用证："本信用证指定由××银行即期付款。"（This credit is available by sight payment with ××bank.）这里的"××银行"是指付款行，可以是开证行，也可以是开证行指定的其他银行，一般为出口地的银行。

2. 远期付款信用证

如果信用证规定开证行或其指定的付款行在货物装船后若干天付款，或收到受益人提交的单据后并不立即付款，而是等到信用证规定的期限届满时才付款，则该信用证称为远期付款信用证。

使用远期付款信用证，对进口商的好处是可以利用出口商的资金，便于自身的资金周转；对出口商来说，便于成交，扩大出口，收汇也较托收安全。但是，双方都要承担一定风险。例如当外币升值时，进口商在付款赎单时就要付出较多的本币，则这种情况对进口商不利，对出口商有利；反之，如果外币贬值，出口商在结汇时所收到的本币就比预期的少，这就对进口商有利，对出口商不利。

远期付款信用证具体可分为两类：延期付款信用证和承兑信用证。

（1）延期付款信用证（deferred payment credit）。

延期付款信用证一般包含以下条款："本信用证指定由××银行延期付款。"（This Credit is available by deferred payment with ×× bank.）这里的"××银行"即为指定的付款行，也可以是开证行本身。

此类信用证不要求出口商开立汇票，因此出口商不能利用贴现市场获取资金融通，只能自行垫款或向银行借贷。在出口业务中，若使用这种信用证，货价应比使用承兑信用证高一些，以拉平贷款利率与贴现率之间的差额。

（2）承兑信用证（acceptance credit）。

承兑是指开证行指定一家银行在收到符合信用证条款的跟单汇票后予以承兑，于汇票到期日再付款的信用证。

开证行通常在信用证中规定承兑方式，如 This Credit is to expire on or before＿＿＿（有效期日）at＿＿＿（交单地点：被指定银行所在城市）and is available with＿＿＿（开证行或被指定银行名称）by acceptance of draft(s) at ××days sight against the beneficiary's draft(s) at ×× days sight drawn＿＿＿（被指定的承兑银行名称）and the documents detailed herein.

承兑信用证与延期付款信用证两者最主要的区别就是，承兑信用证要求出口商开立远期汇票。开证行或其指定银行在收到受益人提交的单据和远期汇票后予以承兑，等汇票到期时再履行付款义务。

承兑信用证项下，汇票的承兑人必须是银行，所以承兑信用证又称为银行承兑信用证。指定银行在承兑后，应按票据法的规定，对出票人、善意持票人承担到期付款的责任。承兑信用证中一般都载有相应的保证承兑和付款的条款，如："We hereby engage that draft drawn in conformity with the terms of this credit will be duly accepted on presentation and duly honored at maturity."承兑信用证项下的跟单汇票由银行承兑后，则构成承兑行在到期日无条件付款的承诺。作为汇票的持票人，受益人可在汇票承兑后请求承兑行或其他金融机构贴现汇票，立即获得现款融资。

3. 议付信用证

按照 UCP600 的定义，议付是指被指定银行在其应获得偿付的银行日或在此之前，通过向受益人预付或者同意向受益人预付款项的方式购买相符提示项下的汇票（汇票付款人为被指定银行以外的银行）或单据。可见，议付是一种银行买入受益人的汇票和单据，向受益人提供资金融通的方式。

议付又被称作"买单"或"押汇"。其具体做法是，议付行审单相符后，凭出口商提交的包括代表货权的提单在内的全套出口单证的抵押，买入汇票垫付货款，即按票面金额扣除从议付日到汇票到期日之间的利息，将净款付给受益人。议付行对受益人具有追索权。

议付信用证是指开证行允许受益人向某一指定银行或任何银行交单议付的信用证。议付信用证一般包含以下条款："本信用证指定由××银行议付。"（This credit is available by negotiation with ××bank.）

（三）按信用证使用的目的划分

按信用证使用的目的划分，信用证可分为循环信用证（revolving credit）、可转让信用证（transferable credit）和背对背信用证（back-to-back credit）。

1. 循环信用证

循环信用证是指信用证的金额被全部或部分使用后，又恢复到原金额，可再次使用，直至到达规定的次数或规定的总金额为止。

按信用证金额用完后其恢复生效的方式来划分，循环信用证可分为以下三类：

（1）自动循环信用证。受益人按规定发运货物并提交单据后，信用证立即自动恢复到原金额，不需等待开证行通知，受益人可再次使用。

（2）半自动循环信用证。受益人装运货物提交单据后，若在一定期限内没有收到开证行停止循环的通知，则信用证金额即自动恢复，可再次使用。

（3）非自动循环信用证。受益人按规定装运货物提交单据后，信用证并不能自动恢复原金额而必须等到开证行关于恢复金额的通知，且必须在收到开证行声明本证可恢复的通知方可恢复。

2. 可转让信用证

可转让信用证是指开证行授权受益人可以将信用证的权利全部或部分转让给一个或数个第三者，即第二受益人（second beneficiary）的信用证。

UCP600 专门对可转让信用证做出了明确和详细的规定：

（1）只有在信用证中明确注明"可转让"（transferable）字样的才为可转让信用证。

（2）根据受益人（第一受益人）的请求，转让信用证可以被全部或部分地转让给其他受益人（第二受益人）。可转让信用证只能转让一次，第二受益人不得再行转让。

（3）转让银行是指办理信用证转让的被指定银行。在适用于任何银行的信用证中，转让银行是由开证行特别授权并办理转让信用证的银行（一般为通知行、议付行、付款行或保兑行）。开证行也可担任转让银行。

信用证中如果未注明"可转让"字样，就是不可转让信用证，受益人就不能将此信用证的权利转让给他人。一般的信用证都是不可转让信用证。

【案例 7-11】

上海市的 A、B 两家服装进出口公司共同对外成交出口男式西服一批，双方约定各交货50%，各自结汇，由 A 公司对外签订合同。不久，外商开来以 A 公司为受益人的不可撤销信用证，证中未注明"可转让"字样，但规定允许分批装运。A 公司收到信用证后及时通知了 B 公司。两家公司都根据信用证的规定各出口了 50%的货物，并以各自的名义制作有关的结汇单据。请问：两家公司的做法是否妥当？为什么？

分析：两家公司的做法不妥。根据 UCP600 规定：在信用证中明确注明"可转让"（transferable）字样的才为可转让信用证。本例中，A 公司收到的不可撤销信用证未注明"可转让"字样，则该证是一份不可转让的信用证，受益人只能是 A 公司。两家公司可根据约定各出50%的货物，但结汇单据的制作必须符合信用证的规定，以 A 公司为受益人制作整套结汇单据，否则，银行将以单证不符为由拒付货款。

可转让信用证转让需遵循几个规则：可转让信用证只能转让一次，第二受益人不得再行转让；转让信用证必须准确转载原证的条款及条件，包括保兑（如有），但下列项目除外：

信用证金额；信用证规定的任何单价；到期日；单据提示期限；最迟装运日期或规定的装运期间（以上任何一项或全部均可减少或缩短）；必须投保的保险金额的投保比例可以增加，以满足原信用证或本惯例规定的投保金额；可以用第一受益人的名称替换原信用证中申请人的名称；除非转让时另有约定，所有因办理转让而产生的费用（诸如佣金、手续费、成本或开支）必须由第一受益人支付；由第二受益人或代表第二受益人提交的单据必须向转让银行提示；必须指明是否以及在何种条件下可以将修改通知第二受益人；如果信用证被转让给一个以上的第二受益人，其中一个或多个第二受益人拒绝接受某个信用证修改并不影响其他第二受益人接受修改。对于接受修改的第二受益人而言，信用证已做相应的修改；对于拒绝接受修改的第二受益人而言，该转让信用证仍未被修改。

3. 背对背信用证

背对背信用证又称转开信用证，是指信用证的受益人（或中间商）以自己为申请人，要求原证的通知行或其他银行以开证行的身份另开一张以原证为基础和保证，以实际供货人为受益人的内容相似的新信用证。

国际贸易中之所以使用背对背信用证，可能有如下原因：

（1）进口商向银行申请开立以中间商为受益人的信用证不允许转让，或者实际供货人不接受买方国家银行开立的信用证。为了便于供货人直接发运货物，中间商以原证为基础和保证，要求银行另外开立一张内容相近的新证给供货方。

（2）作为中间商的出口方，为了不让供货厂商了解国外买主的情况，利用开具背对背信用证的方法来达到对交易内容保密的目的。

（3）尚未建立直接贸易关系的国家或地区之间的贸易往来，也经常采取由第三国银行开具背对背信用证的做法。

（四）按信用证使用的特殊性划分

按信用证使用的特殊性划分，信用证可分为假远期信用证（usance credit payable at sight）、预支信用证（anticipatory credit）、对开信用证（reciprocate credit）和备用信用证（standby credit）。

1. 假远期信用证

假远期信用证是指买卖双方达成即期交易，但进口商出于某种目的和需要，在信用证中要求受益人以即期交易价格报价，开立远期汇票，由进口商负担贴现息及有关费用，而受益人按规定即期收汇的一种信用证。由于该信用证中规定开立远期汇票，开证申请人要等到汇票到期日才付款偿付开证行，因此，该信用证对开证申请人而言具有远期信用证同样的效果。但对受益人而言，由于它能按规定即期十足收汇，因而习惯上称之为"假远期信用证"。

假远期信用证的一些常见付款条款有以下几种：

"Please pay the beneficiary on a sight draft basis. Discount charges at current rate and acceptance commission are for buyer's account in excess of the credit amount."（即期付款给受益人。按现行利率计算的贴现息和承兑手续费均由买方负担，可在信用证金额外支付。）

"Drawee bank's discount and acceptance commission are for the account of the applicant and therefore the beneficiary can receive the face value of the term drafts if drawn at sight."（付款行的贴现息和承兑费用均由开证申请人负担，受益人可按即期收汇。）

2. 预支信用证

预支信用证是指开证行授权指定银行在受益人提交规定的单据之前，向其预付信用证金额的全部或部分，由开证行保证偿还并负担利息。

申请开立预支信用证的进口商要求开证行在证中加列预支条款，内容包括开证行授权预支的最高额度，以及开证申请人、受益人、开证行和预支行的权利和义务等。以前，为引人注目，预支条款常用红色打印，俗称"红条款信用证"（red clause credit）。但现在一般不用红色标明。

3. 对开信用证

对开信用证是指两张信用证的开证申请人互相以对方为受益人而开立的信用证。其特点是，第一张信用证的受益人（出口商）和开证申请人（进口商），同时又分别是第二张信用证的开证申请人和受益人。第一张信用证的通知行是第二张信用证的开证行，第二张信用证的通知行也是第一张信用证的开证行。第二张信用证称为回头证，与第一张信用证的金额大致相同。

4. 备用信用证

备用信用证又称担保信用证、履约信用证、商业票据信用证，是指不以清偿商品交易的价款为目的，而以贷款融资，或担保债务偿还为目的所开立的信用证。

备用信用证开证行的付款责任与跟单信用证开证行的付款责任是不同的。在备用信用证业务中，备用信用证是一种银行保证，开证行一般处于次债务人的地位，其付款责任是第二性的，即只有在开证申请人违约时开证行才承担付款责任。而跟单信用证开证行的付款责任是第一性的，只要受益人提交信用证规定的单据，且"单证相符"，开证行就必须立即付款，而不管此时开证申请人是否付款。

备用信用证最早流行于美国，因美国法律不允许银行开立保函，故银行采用备用信用证来代替保函，后来其逐渐发展成为国际性合同提供履约担保的信用工具，其用途十分广泛，如国际承包工程的投标、国际租赁、预付货款、赊销业务以及国际融资等业务。

七、《跟单信用证统一惯例》(UCP600)

UCP600已经于2007年7月1日正式生效。UCP全称"跟单信用证统一惯例",是全世界公认的非政府商业机构制定的最为成功的国际惯例。目前世界上有100多个国家和地区的近万家银行在信用证上声明适用UCP。

事实上,如果单从结构、遣词造句来看,UCP600和UCP500区别不大,而UCP600的真正意义表现在以下几方面:

(1)可撤销信用证的提法被取消。在实务操作中,当事人开的都是不可撤销的信用证,所以,可撤销信用证不再有存在的必要。

(2)UCP600出现了一个新定义——"承付"。"承付"概括了在即期付款、延期付款和承兑信用证下,开证行、保兑行或指定行除议付行外的其他向受益人进行支付的行为。同时,对"议付"的定义也进行了修订,争议颇大的"给付对价"的说法被删除,在新条款中却被称为"购买",明确了议付是对票据和单据的"购买",属于对受益人的预付或承诺预付。实际上,这个说法就意味着对"议付"的解释又回到了俗称的"买单"之说法。如此设计使"议付"从UCP500中规定的四种支付方式中单列出来,用"买单说"来解释议付行的行为,也表明了其融资的性质,从而将议付信用证对受益人的融资功能纳入了统一惯例的保护范围。

(3)单据处理天数出现变化。这对于出口商的利益而言是极大的维护。首先,UCP500中"合理时间"的概念在UCP600被删去,因为在各国的银行惯例中,何为"合理时间"存在很大争议,同时对"合理"的长度没有明确的规定,在实务中容易产生纠纷。实际上,UCP600尽可能地将UCP500中一些容易产生争议的问题规范化,如定义了14个概念;讲到通知行、议付行等当事人的时候,明确了各自的职能,可以最大化地避免因为概念不清产生职责方面的纠纷,同时也能节省当事人因为职能不清而造成的大量的法庭诉讼费负担。此外,UCP500中各当事银行处理单据的时间为"不超过收到单据之日起7个工作日",由于信用证业务流程中涉及多个当事银行,受益人收到款项的周期较长,因而UCP600将银行处理单据的时间改为"最多为收到单据次日起第5个工作日",明显缩短了单据处理的时间,因此有助于受益人提前收汇,并将促使银行更有效率地处理信用证业务。

从整体上讲,UCP600能更加适应国际贸易发展的需求,给国际贸易发展松了绑,更加便于企业参与国际贸易。

八、合同中的信用证条款

信用证支付条款的订法因进出口合同种类的不同而各异,又因信用证种类的各异而不同。

1. 即期信用证支付条款

"买方应于装运月份前××天通过卖方可接受的银行开立并送达卖方不可撤销的即期信用证,有效期至装运月份后15天在中国议付。"

The buyers shall open through a bank acceptable to the sellers an irrevocable sight letter of credit to reach the sellers ×× days before the month of shipment, valid for negotiation in China until the 15th day after the month of shipment.

2. 远期信用证支付条款

"买方应于××年×月×日前（或接到卖方通知后×天内或签约后×天内）通过××银行开立以卖方为受益人的不可撤销（可转让）的见票后××天（或装船日后××天）付款的银行承兑信用证，信用证议付有效期延至上述装运期后15天在中国到期。"

The buyers shall arrange with ×× bank for opening an irrevocable (transferable) bankers acceptance letter of credit in favour of the sellers before.... (or within...days after receipt of sellers advice; or within...days after signing of this contract), the said letter of credit shall be available by draft (s) at sight (or after date of shipment) and remain valid for negotiation in China until the 15th after the aforesaid time of shipment.

3. 假远期信用证支付条款

"本信用证项下的远期汇票由付款人承兑和贴现，所有费用由买方负担，远期汇票可即期收款。"

Drawee will accept and discount usance drafts drawn under this credit. All charges are for buyers account, usance draft payable at sight basis.

4. 循环信用证支付条款

"买方应于第一批装运月份前通过卖方可接受的银行开立并送达卖方不可撤销即期循环信用证，该证在20××年期间，每月自动可供××（金额），并保持有效至20××年1月15日在北京议付。"

The buyers shall open through a bank acceptable to the sellers an irrevocable revolving letter of credit at sight to reach the sellers ××days before the month of first shipment. The credit shall be automatically available during the period of 20XX for ××(value) per month, and remain valid for negotiation in Beijing until Jan.15, 20××.

第四节 银行保函

一、银行保函的含义与性质

（一）银行保函的含义

银行保函（banker's letter of guarantee）是银行根据申请人的请求，向受益人开立的一种书面保证文件。担保申请人如未对受益人履行某项义务，则由银行作为担保人承担保证书中所规定的付款责任。

银行保函属于银行信用，是一种银行担保凭证，它被广泛地应用于国际贸易中，并在国际结算中占有重要地位。在保函项下，按索偿条件划分，它通常可分为以下两种：

1. 有条件保函

有条件保函（conditional L/G）是指担保人向受益人付款是有条件的，只有在符合保函规定的条件下，担保人才予以付款。可见，有条件保函的担保人承担的是第二性、附属的付款责任。

2. 见索即付保函

国际商会《见索即付保函统一规则》（国际商会第458号出版物）规定：见索即付保函（demand guarantees）是指"由银行、保险公司或其他任何组织或个人出具的书面保证，在提交符合保函条款的索赔书时，承担付款责任的承诺文件"。据此，见索即付保函的担保人承担的是第一性的、直接的付款责任。所以，这种保函又称无条件保函（unconditional L/G）。银行保函大多属于见索即付保函。

（二）保函的性质

1. 开立保函的目的是为了提供信用担保

申请人申请开立保函后，万一自己未能履约，最终还是要支付赔款，因此，开立保函能促使申请人履行基础合同。而对于担保行来说，是出于对申请人履约能力的信任才出具保函的，因银行开立保函的目的不是为了赔款，而是为了提供信用保证，解决交易双方互不信任的问题，使合同可以顺利实施。

2. 保函独立于基础合同

保函虽源于一定的商业合约，但一经出具，其本身的效力却不依附于基础合同而独立存在，基础合同的消亡并不意味着保函也随之自动失效。

3. 由于保函对单据的要求比较简单，所以在保函的情况下更易发生欺诈行为

为此，《见索即付保函统一规则》中明确规定，该规则"并不影响国家法律有关欺诈、滥用权力和对保函不公平索偿的原则和规定"，并规定受益人在提交的索偿要求中应说明申请人在哪一方面违约。

二、银行保函的当事人

银行保函的基本当事人有三个，即委托人、担保人、受益人。

1. 委托人（principal）

委托人即保函的申请人，是向银行申请开立保函的人。委托人的权责如下：

（1）在担保人按照保函规定向受益人付款后，立即偿还担保人垫付的款项；

（2）负担保函项下的一切费用及利息；

（3）担保人如果认为需要，应预支部分或全部押金。

2. 担保人（guarantor）

担保人是接受委托人的申请开立保函的银行。担保人的权责如下：

（1）开立保函。在接受委托人申请后，依委托人的指示开立保函给受益人。

（2）审单付款。保函一经开出就有责任按照保函承诺条件，合理审慎地审核提交的包括索赔书在内的所有单据，向受益人付款。

（3）担保权的实现及追索。在委托人不能立即偿还担保人已付的款项情况下，有权处置押金、抵押品、担保品。如果处置后仍不足抵偿，则担保人有权向委托人追索不足部分。

3. 受益人（beneficiary）

受益人是指有权按保函的规定出具索款通知或连同其他单据，向担保人索取款项的人。受

益人的权利是：按照保函规定，在保函有效期内提交相符的索款声明，或连同有关单据，向担保人索款，并取得付款。

三、银行保函的种类

银行保函在实际业务中的使用范围很广，它不仅适用于货物的买卖，而且广泛适用于其他国际经济合作领域。银行保函按其用途和功能划分，可分为出口保函、进口保函、对销贸易保函和其他保函。

（一）出口保函

1. 投标保函（tender guarantee）

它是指银行（担保人）向受益人（招标人）承诺或按照担保申请人所授权的银行的指示向招标人承诺，当申请人（投标人）不履行其投标所产生的义务时，担保人应在规定的金额限度内向受益人付款。

2. 履约保函（performance guarantee）

在国际承包工程中，履约保函是担保人根据承包人（申请人）的要求，向业主（受益人）出具的保证承包人履约承包合同的书面信用文件。这种履约保函的担保人的主要责任：保证承包人按期、按质、按量地完成所承包的工程，一旦承包人违约或无力履行合同，担保人应根据保函条件向业主赔偿经济损失。

履约保函的金额由招标人确定，一般为合同总价的 5%~10%。

履约保函的适用范围很广，除了用于国际工程承包外，在一般货物进出口交易、国际租赁和各类加工、补偿贸易中也使用。履约保函又可分为进口履约保函和出口履约保函。

（1）进口履约保函：担保人应申请人（进口商）的申请开给受益人（出口商）的保证承诺。保函规定，如出口商按期交货后进口商未按合同规定付款，则由担保人负责偿还。这种履约保函对出口商来说，是一种简便、及时和确定的保障。

（2）出口履约保函：担保人应申请人（出口商）的申请开给受益人（进口商）的保证承诺。保函规定，如出口商未能按合同规定交货，担保人负责赔偿进口商的损失。这种履约保函对进口商有一定的保障。

3. 还款保函（repayment guarantee）

它又被称为预付款保函（advance payment guarantee）或定金保函，是指担保人应合同一方当事人的申请，向合同另一方当事人开立的保函。保函规定，如申请人不履行其与受益人订立的合同的义务，保证将受益人预付或支付的款项退还或还款给受益人。

4. 留置金保函（retention money guarantee）

它也称为"预留金保函""尾款保函"等。它是指担保银行应工程承包方、供货方的申请而向业主或买方出具的，保证承包方、供货方在提前支取合同价款中的尾款部分后履行合同义务的书面文件。这种保函适用于合同执行后期业主或买方滞留尾款，而承包方、供货方欲提前支取尾款的情况。

5. 质量保函和维修保函（quality guarantee and maintenance guarantee）

在供货合同中，买方要求卖方提供银行担保，保证如货物质量不符合合同规定，而卖方又不能更换或维修时，担保人将保函金额赔付买方。质量保函金额一般为合同金额的 5%~10%，保函有效期一般至合同规定的质量保证期满，再加 3~15 天索偿期。

（二）进口保函

1. 付款保函

付款保函（payment guarantee）是指银行应买方或业主申请，向卖方或承包方所出具的一种旨在保证货款支付或承包工程进度款支付的付款保证承诺。

2. 延期付款保函

延期付款保函（deferred payment guarantee）是指银行应买主或业主的委托，向卖方或承保商开立的对延期支付或远期支付的合同价款和利息所做出的付款保证承诺。

采用延期付款方式进口货物时，出口商要求银行出具担保，保证进口商不能按照约定方式延付部分货款时，由担保人代为付款。这种保函主要应用在大型机电产品、成套设备、船舶等贸易及大型工程项目建造中。

3. 租赁保函

租赁保函（leasing guarantee）是指承租人根据租赁协议的规定，请求银行向出租人所出具的一种旨在保证承租人按期向出租人支付租金的付款保证承诺。

4. 票据保付保函

在国际工程承包和国际贸易项下的结算中，买方或业主常要求以本票或支票作为结算支付手段，而这些票据属于商业信用，因此，买方或业主须向银行申请对卖方或承包方开立保函，保证在票据到期后如买方或业主拒绝付款或无力付款，则由担保银行负责偿付，这种保函称为票据保付保函。保函金额为票面金额。

（三）对销贸易保函

1. 补偿贸易保函

补偿贸易保函（compensation guarantee）是指在补偿贸易合同项下，银行应设备或技术引进方的申请，向设备或技术的提供方所做出的一种旨在保证引进方在引进后的一定时期内，以其所生产的产成品或以产成品外销所得款项，来抵偿所引进的设备或技术的价款及利息的保证承诺。

2. 来料加工和来件装配保函

来料加工和来件装配保函（processing guarantee and assembly guarantee）是指在来料加工和来件装配业务中银行应进料或进件方的申请，向供料或供件方提供银行保函，保证进料或进件方收到与合同相符的原料或元件后，如未能以该原料或元件加工或装配，并按合同规定将成品交付供料或供件方，或由其指定的第三者，又不能以现汇偿付来料或来件价款及附加利息，担保人将对供料或供件方进行赔付的保证承诺。

第五节 保理业务

一、保理的含义

随着国际贸易竞争的日益激烈，国际贸易买方市场逐渐形成。对进口商不利的信用证结算比例逐年下降，赊销日益盛行。由于保理业务能够很好地解决赊销中出口商面临的资金占压和进口商信用风险的问题，因而自 20 世纪 80 年代起，世界各国都在竞相发展国际保理业务，以提高本国出口商品在国际市场上的竞争能力。

国际保理业务（international factoring）又称国际保付代理业务，是指出口商以挂账、承兑交单等方式销售货物时，保理商买进出口商的应收账款，并向其提供资金融通、进口商资信评估、销售账户管理、信用风险担保、账款催收等一系列服务的综合金融服务方式。

在国际保理业务中，保理商将负责对买方的资信进行调查，提供风险担保，并替出口商催收账款及进行有关账务管理和资金融通等，从而解除卖方的后顾之忧。同时，资金的占用也是一个突出的问题，赊销将使出口商的资金大量被应收账款所占用。国际保理业务便是一种专门为出口赊销服务的金融工具，它可以使企业在得到赊销利益的同时，最大限度地避免赊销的负面影响，从而实现企业利润最大化的目标。

二、保理业务的种类

（一）依据保理商的不同，保理业务可分为单一保理商模式和双保理商模式

1. 单一保理商模式

这种保理业务是指出口商与进口地的保理商（进口保理商）签订保理合同，进口保理商再与出口地的一家银行（非保理商）订立协议，出口地银行只负责传递信息和划拨款项，不承担保理商的责任。因此，这种保理业务只有三方关系人：出口商、进口商和进口保理商。由于这种保理业务存在诸多不便和缺点，因而目前极少使用。

2. 双保理商模式

这种保理业务是指出口商与出口地的保理商（出口保理商）订立保理合同，出口保理商再与进口保理商订立协议，相互委托代理业务，出口保理商向出口商提供保理业务服务。因此，这种保理业务包括四方关系人：出口商、进口商、出口保理商和进口保理商。由于这种保理业务对各方关系人均有利，因而使用较多。通常所说的保理业务一般是指双保理商业务。

（二）依据有无追索权，保理业务可分为有追索权保理和无追索权保理

1. 有追索权保理

它是指保理商不负责为出口商核定信用额度和提供坏账担保，只提供包括融资在内的其他业务。若进口商因偿付能力不足而形成坏账，则保理商有权向出口商追索。

2. 无追索权保理

它是指保理商负责为出口商核定信用额度和提供坏账担保，在额度内因进口商的资信等问

题形成的坏账损失由保理商承担。

三、保理当事人及业务流程

1. 国际保理的基本当事人

（1）出口商；
（2）出口保理商（export factor）或出口保理公司（在出口地）；
（3）进口商；
（4）进口保理商（import factor）或进口保理公司（在进口地）。

保理商一般都隶属于办理贸易结算业务的商业银行。保理商仅承担出口商的财务风险。如果进口商并非因财务方面的原因而拒付，而是因为货物品质、数量等不符合合同规定而拒付，保理商将不予担保，对超过信用额度的部分也不予担保。

2. 国际保理的业务流程（见图7-8）

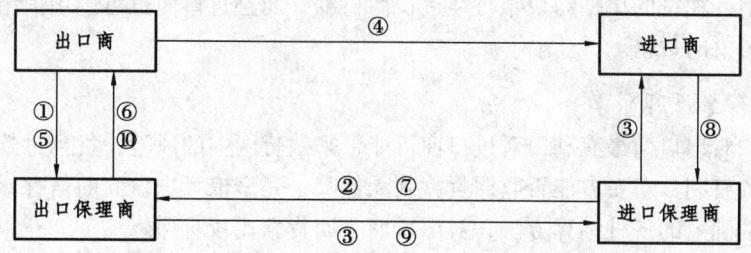

图7-8　国际保理业务流程

① 出口商向本地保理商申请叙作保理业务，通知进口商的名址、申请（进口商）的信用额度；
② 出口保理商传递申请给进口保理商；
③ 进口保理商资信调查，并初步核定信用额度，通知出口保理商，由出口保理商向出口商通知信用额度、提出报价；
④ 出口商与出口保理商正式签订《出口保理协议》后，与进口商正式签约发货，寄正本单据（提单、发票、保险单、原产地证明等）；⑤ 出口商将应收账款（债权）转让给出口保理商：发票等有关单据副本、《债权转让通知书》《出口保理融资申请书》提交给出口保理商；⑥ 出口保理商按《出口保理协议》向出口商提供发票金额80%的融资；
⑦ 出口保理商将债权再转让给进口保理商，发票及单据的详细内容通过EDI-Factoring系统通知进口保理商；
⑧ 进口保理商在规定时间按商业惯例向进口商收款，进口商到期付款；⑨ 货款转交；⑩ 扣除预付款、服务费或贴息后付余款。

第六节　各种支付方式的选用

一、影响结算方法选择的因素

选择适当的结算方法是一项复杂的工作，需要考虑诸多因素，概括起来包括两个方面，即结算方法自身的特点和买卖双方的有关情况。

（一）各种结算方法的比较

不同的结算方法具有不同的特点，有的适合正常履约时使用，有的适合在违约时使用；有的对出口商有利，有的对进口商有利；有的便于融资、便于控制风险，有的则不能融资，难以防范风险。只有对各种结算方法了如指掌，才能做出正确的选择。

1. 资金负担程度

信用证对买卖双方而言，资金负担最为平衡。汇付和托收则不然，预付货款中的进口商、货到付款和托收中的出口商资金负担比较重。

2. 业务程序和费用

信用证的业务流程是所有结算方法中最复杂、步骤最多的一种，因而导致银行手续费用最高，但汇付结算程序简单，银行费用最低。而托收则介于两者之间。

3. 控制风险的措施

汇付中无论是买方还是卖方，都没有有效地控制对方履约的措施，即预付货款中的买方不能约束卖方发货交单，而货到付款中的卖方也不能约束买方按约定付款，因而导致买卖双方的风险比较大。托收中出口商凭交单条件（指付款交单条件）可以约束进口商付款，但承兑交单又使出口商失去了对进口商付款的制约。信用证在这个方面显示出了自己的优越性，不仅出口商能用与信用证相符的单据约束银行或进口商付款，而且进口商也可以用信用证条款约束出口商发运自己需要的货物。

4. 对买卖双方的影响

预付货款对出口商最有利，对进口商可能带来钱货两空的风险，货到付款则恰恰相反。托收对买方比较有利，对卖方能否收回货款则无保障，完全依赖进口商的信誉。信用证则是建立在银行信用基础上的一种结算方法，对出口商收回货款比较有保障。

（二）买卖双方的情况

这包括双方的信誉、双方的往来关系、产品的情况（如性能、质量等）、谈妥的贸易件和货物的运输情况等。这些情况都会影响结算方法的选择。

二、结算方法的选择

1. 根据结算的不同目的选择

在正常履约时，一般应使用汇付、托收、信用证结算方法；在非正常履约时，可以使用银行保函；在需要融资时，可以选择保理、包买票据等。

2. 根据客户信用选择

在国际贸易中，依法订立的合同能否顺利地履行，客户的信用有着决定性的影响。因此，在国际贸易中要做到安全收汇或收到符合合同的货物，就必须事先做好对国外客户的信用调查，以便根据客户的具体情况选用适当的结算产品，这是选用结算产品成败的关键和基础。对于信用不好或者尚未对其做充分了解的客户，应选择风险较小的结算方式；对信用好的客户进行交易，由于风险较小，就可选择手续比较简单、费用较小的结算方式；如果采用承兑交单或赊账交易，除非是本企业的子公司或分支机构，或者确有把握者，一般不宜采用，或者将其与其他新兴产品结合，如保理。

3. 根据货物的销路选择

货物的市场销售情况是影响结算产品选择的另一关键因素。在交易磋商过程中，支付条件仅次于价格条件，买卖双方需要反复磋商，而且经常会影响交易能否达成。如果合同货物是畅销商品,则该商品一般是求大于供,处于卖方市场状态,卖方处于有利地位;出口商不仅可以提高售价,而且可选择对他最有利的结算产品,尤其是资金占用方面对他有利的方式,如预付货款、信用证、银行保函等方式。对买方来说,畅销商品或是盈利很大的交易,在支付方式上可以做适当让步。如果合同货物是滞销商品,或是市场竞争十分激烈的商品,则该商品是供大于求,处于买方市场状态,买方处于有利地位。他不仅可以要求卖方给予价格方面的优惠,还可以选择对自己有利的结算方式,如赊销、托收,特别是 D/A 等方式。对卖方来说,通常只有接受这些条件,才能增强市场竞争能力,达到出口销货的目的,否则可能难以达成交易。不过,在选择以上产品时,卖方为降低出口收汇风险,可以要求买方提供银行保函,或申请保理服务或包买票据服务。这些产品不仅可以提供风险担保,还可以提供融资服务。

4. 根据贸易术语选择

国际货物买卖合同中采用不同的国际贸易术语,表明各项合同的交货方式和使用的运输方式不同,而不同的交货方式和运输方式不是都能适用于任何一种支付条件。在使用 CIF、CFR、CPT、CTP 等属于象征性交货条件时,由于卖方交货与买方收货不在同时发生,转移货物所有权是以单据为媒介,因而可以选择跟单信用证结算货款。如买方信用可靠,也可采用跟单托收。但是,在使用 DAP、DAT、DDP 等属于实际交货方式的交易中,由于卖方无法通过单据控制物权,因此,除非有可靠处理和控制货物的方法,一般不使用信用证和托收。在这几种贸易术语下,如果通过银行向进口商收款,其实质是一笔货到付款业务,即属于赊销交易,卖方承担的风险极大,银行因难以控制货物,一般不愿为这种交易开立信用证。

5. 根据运输单据性质选择

在海上运输方式下,如果运输单据为海运提单,因其是货物所有权凭证,是在目的港凭以向船公司提货的凭证,所以在交付给进口商前出口商尚能控制货物,故可采用信用证方式和托收方式结算货款,即进口商要付款才能赎单提货,出口商和银行可以通过控制单据来控制货物。如果进口商到期拒不付款赎单,则出口商除可与进口商进行交涉外,还可将货物另外处理或运回来。出口商虽要承担额外的费用及降价损失等风险,但尚不至于钱货两空。如果运输单据为不可转让的海运单或空运单、铁路运单、邮包收据等非货物所有权凭证,由于进口商提取货物时不需要凭这些单据,而是凭海运公司、航空公司、铁路部门签发的到货通知和有关证明提货,出口商掌握空运单、铁路运单等非物权凭证并不能控制货物,因而利益自然得不到保证。因此,以空运、国际铁路联运、邮政运输及海运单为运输方式时,不宜选择托收,除非收货人抬头做成银行。在选择信用证时,也应要求以开证行为收货人,以便银行控制货物。

6. 根据承运人信誉选择

国际贸易的货物要依靠运输实现交付。运输合同成立后,承运人就要按照托运人的要求和运输合同的规定在收妥托运货物后承担提供适当运输工具,管理和安全运送货物至指定目的地并交付给指定收货人的责任。因此,正确选择承运人对完成货物的运送、交付至关重要。一般来说,承运人应是具有相当实力、信誉良好、能按国际惯例办事、恪守职责、管理水平较高的人。如果是实际承运人,则还应具有先进的运输工具和配备必要的辅助设施、适当的运输操作和管理人员。无论选择使用哪一种承运人,诚实可靠是最基本的要求,否则就有可能产生意外,如货物到达不及时、数量短缺、质量受损、错误交付等。有的不法承运人甚至与有关方勾结对货主实施诈骗。所以,在实际业务中,无论是进口还是出口,都应争取由我方安排运输,而由对方安排运输，都应持谨慎态度。至于外方有异常要求的，则更需提高警惕。

7. 货币因素

货币因素是指采用什么货币来结算货款，它直接涉及由哪一方来承担汇率风险。支付货币有三种情况，以出口国货币支付、以进口国货币支付、以第三国货币支付。承担汇率风险的一方，应该有权选择有利于自己的结算产品。对于进出口各方来说，无论采用哪一种结算产品都各有利弊。因此，如何合理选择和灵活运用不同的结算产品，以防范和规避收付汇风险，是国际贸易中进出口双方应慎重考虑的问题。

此外，在选择支付方式时，还应考虑销售国家或地区的商业习惯、商品竞争情况、交易数额大小、卖方在销售地点是否设有代表机构等因素，以减少风险。

三、各种支付方式的结合使用

由于国际经济往来的复杂性和多样性，一种结算方法往往难以适应实际需要。于是，将多种结算方法及融资方法结合使用的综合结算方式应运而生。

1. 信用证与保函相结合

在成套设备或工程承包交易中，除了支付货款外，还要预付定金或收取留置金。在这样的交易条件下，一般货款可用信用证方式支付，留置金的支付及出口商违约时的预付定金的归还可以使用保函解决。同时，进口商在申请开证时，除了向开证行提供抵押金、抵押品外，还可以用保函作抵押开证。

2. 汇付与银行保函或信用证结合

汇付与银行保函或信用证结合使用的形式常用于成套设备、大型机械和大型交通运输工具（飞机、船舶等）等货款的结算。这类产品交易金额大，生产周期长，往往要求买方以汇付方式预付部分货款或定金,其余大部分货款则由买方按信用证规定或开加保函分期付款或迟期付款。

3. 托收与保函结合使用

为使出口商收取货款有保障，可以由进口商申请开出保证托收付款的银行保函。如果进口商在收到单据后没有在规定的时间内付款，出口商就有权向开立保函的银行索取出口货款。通过托收与保函的结合使用，出口商能在商业信用的结算方法中借助银行信用。

4. 信用证与托收结合使用

这是指一笔交易的货款，部分用信用证方式支付，余额用托收方式结算。这种结合形式的具体做法通常是：信用证规定受益人（出口人）开立两张汇票，属于信用证项下的部分货款凭光票支付，而其余额则将货运单据附在托收的汇票项下，按即期或远期付款交单方式托收。这种做法对出口人的收汇较为安全，对进口人而言可减少垫金，易为双方接受。但信用证必须订明信用证的种类和支付金额以及托收方式的种类，也必须订明"在全部付清发票金额后方可交单"的条款。

5. 信用证与汇付结合

这是指一笔交易的货款，部分用信用证方式支付，余额用汇付方式结算。这种结算方式的结合形式常用于允许其交货数量有一定机动幅度的某些初级产品的交易。对此，经双方同意，信用证规定凭装运单据先付发票金额或在货物发运前预付金额若干成,余额待货到目的地(港)后或经再检验的实际数量用汇付方式支付。使用这种结合形式,必须首先订明采用的是何种信用证和何种汇付方式以及按信用证支付金额的比例。

6. 不同支付方式与分期付款、延期付款相结合

在国际贸易中,进出口商双方经谈判对大型设备、成套机械及大型交通工具进行交易时,可采用上述支付方式。这种特定的贸易方式的特点是,契约货物金额大、制造生产周期长、检验手段复杂、交货条件严格及产品质量保证期较长等。其可采用以下两种不同的支付方式:

(1)进出口商双方对开保函与分期付款相结合。进口商依契约规定开具银行保函(letter of guarantee),而依生产进度分期交付货款。进口商为了保障本身的利益,防止出口商延迟交货,或产品质量与契约不符,或因故违约等,故亦要求出口商提供保函(letter of guarantee)。

(2)预付定金与延期付款相结合。依契约由进口商提交一定金额作为定金,并依契约规定延期付款。延期付款的金额系在交货后若干年付款,亦称赊购支付方式。对进口商来讲,必须支付延期付款期间的利息。

在实务中,除采用上述相结合的办法作为支付方式外,还有一些其他的方式可以运用,如采用部分现汇、部分托收或部分金额采用信用证作为支付方式等。

本章小结

本章主要讨论了国际贸易中的支付工具、支付方式及不同支付方式的选用和合同中支付条款的制定等问题。在国际贸易中,支付工具主要是票据,包括汇票、本票和支票,其中使用得最多的是汇票。因此,在支付工具中,本章主要介绍了汇票的概念、记载事项及使用程序。

国际贸易结算方式主要有汇付、托收、信用证和银行保函等。每一种结算方式都各有利弊。出口商如何选用合理的结算方式,需要考虑商品特性、客户的资信状况、市场结构、价格、双方承担风险的能力和收汇安全等诸多因素。因为我国进出口贸易主要使用信用证结算,所以本章重点介绍信用证结算。

基本概念

汇票　汇付　托收　承兑交单　付款交单　信用证　银行保函　保理

模拟测试

一、填空题

1. 国际结算中使用的票据主要有_____、_____和_____。
2. 汇票的当事人有_____、_____和_____。
3. 按照使用时有无随附商业单据,汇票可分为_____和_____。
4. 支付方式按资金流向可分为_____和_____。

5. 汇付方式可分为_____、_____和_____。
6. 托收方式通常涉及四个当事人，即_____、_____、_____和_____。
7. 跟单托收按照交单条件的不同可以分为_____和_____，其中_____对于出口商的风险更大。
8. 信用证的三个基本特征是_____、_____和_____。
9. 根据UCP600，信用证的第一付款人为_____，还可能是_____。
10. 依照UCP600，信用证未注明是否可转让的，应视为_____。

二、判断题

1. 付款交单比承兑交单的风险相对较小，更容易被出口商所接受。（   ）
2. 信用证是银行应进口商的申请而开立的，因此，进口商应承担第一付款责任。（   ）
3. 信用证和汇付、托收一样，属于商业信用。（   ）
4. 对信用证条款的修改，只要出口商和进口商协商一致即可。（   ）
5. 出口商超量发货导致货款总额超过信用证金额时，只要发货数量在合同允许的机动幅度内，银行就应该付款。（   ）

三、单项选择题

1. 承兑是（   ）对远期汇票表示承担到期付款责任的行为。
　　A. 付款人　　B. 收款人　　C. 出口人　　D. 托收行
2. 信用证上未注明汇票的付款人，根据《跟单信用证统一惯例》，汇票的付款人应是（   ）。
　　A. 申请人　　B. 开证行　　C. 出口人　　D. 议付行
3. 用完一定金额后，须等待开证行的通知到达才能恢复到原金额继续使用的信用证是（   ）。
　　A. 非自动循环信用证　　　　B. 半自动循环信用证
　　C. 自动循环信用证　　　　　D. 视具体情况而定
4. 信用证与托收相结合时，其全套货运单据应（   ）。
　　A. 随信用证项下的汇票
　　B. 随托收项下的汇票
　　C. 50%随信用证项下的汇票，50%随托收项下的汇票
　　D. 单据与票据分列在信用证和托收汇票项下
5. 信用证的第一付款人是（   ）。
　　A. 进口商　　B. 开证行　　C. 通知行　　D. 议付行

四、多项选择题

1. 在国际贸易中，主要的支付方式有（   ）。
　　A. 预付　　B. 汇付　　C. 托收　　D. 信用证
2. 国际货款结算工具的种类有（   ）。
　　A. 支票　　B. 汇票　　C. 现钞　　D. 票据
3. 以下对可转让信用证表述正确的是（   ）。
　　A. 可转让信用证只能转让一次
　　B. 可转让信用证可以转让无数次

  C. 第二受益人可将信用证转回给第一受益人
  D. 转让后，买卖合同的卖方仍应承担合同义务
4. 假远期信用证与远期信用证的区别是（ ）。
  A. 开证基础不同   B. 信用证条款不同
  C. 利息负担者不同   D. 收汇时间不同
5. 银行保函按用途可分为（ ）。
  A. 投标保函 B. 履约保函 C. 还款保函 D. 质量保函

五、简答题

1. 我国《票据法》规定汇票上面有哪些绝对必要记载项目？
2. 汇票与本票的区别是什么？
3. 比较电汇、信汇、票汇的不同点。
4. 信用证的含义及作用是什么？
5. 银行保函与信用证的区别是什么的？

六、案例分析题

1. 甲公司向某工商银行申请一张银行承兑汇票，该银行做了必要的审查后受理了这份申请，并依法在票据上签章。甲公司得到这张票据将该票据直接交付给乙公司作为购贷款。乙公司又将此票据背书转让给丙公司以偿债。到了票据上记载的付款日期，丙公司持票向承兑银行请求付款时，该银行以甲公司此时破产为理由拒绝付款。

（1）根据我国《票据法》关于汇票票据行为的规定，哪些事项为相对必要记载事项？

（2）银行既然在票据上依法签章，它可以拒绝付款吗？为什么？

2. 国内 A 公司与国外 B 公司签订了一份出口合同，付款条件为获取提单后 70 天内电汇付款。合同签订后，A 公司将货物装上船，取得提单并交给 B 公司。但货物到港后，B 公司以货物存在质量问题为由拒绝付款，A 公司因此遭受巨大损失。

请问：什么原因导致 A 公司遭受损失？

3. 我某公司向日本商人以 D/P 即期付款方式推销某商品，对方答复，如我方接受 D/P after 90 days 付款，并通过他指定的 A 银行代收则可接受。

问题：日本商人为什么提出此要求？

4. 某出口公司对美成交女上衣 1000 件，合同规定绿色和红色上衣按 3∶7 搭配，即绿色 300 件，红色 700 件。后国外来证上改为红色 30%，绿色 70%，但该出口公司仍按原合同规定的花色比例装船出口，后信用证遭银行拒付。

（1）为什么银行拒付？

（2）收到来证后，我方应如何处理？

七、实务操作题

2015 年 2 月 20 日，Smith 开立了一张金额为 USD100 000.00，以 Brown 为付款人，出票后 90 天的汇票，因为他们出售了价值为 USD100 000.00 的货物给 Brown。3 月 2 日，Smith 又从 Jack 那里买进价值相等的货物，所以他就把这张汇票交给了 Jack。Jack 持该票于同年 3 月 6 日向 Brown 提示，Brown 次日见票承兑。3 月 10 日，Jack 持该票向 A 银行贴现。

请按上述给定条件开立一张汇票，并在正反两面表示其流转过程。（空白单据如下）

```
         BILL OF EXCHANGE
Date :
                For
 (amount in figure)
                At
sight of this FIRST bill of exchange
 (SECOND being unpaid)
     Pay or order
     the sum of (amount in words) Only
for value received To  (Signature)
```

第八章 货物的检验检疫、索赔、不可抗力和仲裁

【学习目标】

掌握进出口检验检疫的意义、商检证书的作用、检验检疫的业务程序及国际贸易中的检验标准和检验方法；了解进出口业务中的贸易纠纷和索赔理赔的相关事项；理解不可抗力对国际贸易合同履行的影响；掌握国际贸易争议的解决途径，尤其是仲裁方式下的仲裁条款、仲裁的特点及国际上主要的商事仲裁机构。

【案例导入】

某年我国某公司与英国某公司成交某食品1500公吨，每公吨348英镑CIF伦敦，总金额为522 000英镑，交货期为当年5—9月。由于当时我方公司缺货，只交了450公吨，其余1050公吨经双方协商同意延长至下一年度内交货。次年，我国南方大部分地区发生自然灾害。于是，我方公司以不可抗力为理由，要求免除交货责任。但对方回电拒绝，并称该商品市场价格上涨，由于我方公司未交货已使其损失15万英镑，要求我方公司无偿提供其他品种的同类食品抵偿其损失。我方公司对此项要求不同意。该外国公司根据仲裁条款规定向中国仲裁机构提出仲裁，仲裁申请中强调我方公司所称不可抗力的理由不充分，并指出我方公司如不愿以商品抵偿其损失，就坚持索赔15万英镑。

在国际贸易中，买卖双方分处不同的国家或地区，不便直接见面清点交接货物，而且货物在运输过程中可能发生残损、短缺。另外，对外贸易合同的履行涉及的环节众多，买卖双方及其他当事人往往会因彼此之间的权利和义务引发争议，并由此导致需要对交易的货物进行检验，以及在分清责任之后的索赔理赔、仲裁诉讼等情况的发生。所以，在合同中规定检验、索赔、不可抗力和争议解决条款，对于维护双方的合法权益显得十分重要。

第一节 商品检验检疫

【案例 8-1】

某进出口企业出口货物10公吨，由检验检疫机构对货物进行了检验，检验合格，取得了证书。这时接到买方来函声称市场上对该货物的需求很大，所以市场价格上涨，要求卖方追加 2 吨货物一同运出。卖方考虑到所要追加的货物和原来的货物品质以及各项指标完全一致，无须报商检部门重新进行检查，遂自行对其证书进行了局部修改。问其做法是否符合规范？为什么？

分析：该企业的做法是不符合规范的。正确的证书更改程序是：在检验检疫证书签发后，报检人要求更改证单内容的，经审批同意后方可办理更改手续。报检人申请更改证单时，应将原证书退回，填写更改申请单，书面说明更改原因及要求，并附有关函电等证明单据。

一、商品检验检疫的意义和内容

（一）商品检验检疫的意义

国际货物买卖中的商品检验是指商品检验机构（以下简称商检机构）对商品的品质、数量（重量）、包装、安全性能、卫生指标、残损情况、货物装运技术条件等进行检验和鉴定，从而确定货物在上述各方面是否与合同条款相一致，是否符合交易双方所在国家有关法律法规的规定。

1. 商品检验检疫是国际贸易的重要环节

在国际贸易中，买卖双方分处不同的国家或地区，彼此相距遥远，加之交易量大等因素，难以在成交时当面验看货物，因此经常会在交货的品质或数量（重量）等问题上产生争议。再加上国际货物买卖交易环节众多，履行合同期间可能会受到各种人为或自然因素的影响，以致商品的品质、数量（重量）、包装等发生变化，容易引发交易双方在责任归属问题上的争议。针对这种情况，商检机构以公正的第三方的身份对货物进行检验或鉴定，并出具检验证书，作为买卖双方交接货物、结算货款和向有关方面进行索赔的依据，从而达到使交易顺利进行的目的。可见，商品检验检疫是国际贸易中一个相当重要的环节。

2. 商品检验检疫对出口贸易的意义

商品检验检疫对于国家而言，是实施对出口商品品质管制的重要手段，使出口商品的生产、制造与销售和进口商品按规定条件采购等方面能得到有效控制。在我国出口贸易中，通过商品检验促使出口商品的品质、数量（重量）、包装等项内容与买卖合同的规定相符，可以维护合同的严肃性，贯彻"重合同，守信用"的要求，提高我国出口商品的声誉、企业的信用和国家信誉，同时也能保障买方的利益，促进业务往来，扩大出口。通过检验，我们还可以发现商品的缺陷与不足，促使出口企业采取相应措施，或改进生产工艺，或建立健全质量保证体系，强化产品品质管理，提高产品质量，推动出口贸易的发展。在我国出口贸易中，个别企业和商人出口假冒伪劣产品，不注意产品质量的事件时有发生，在国际上产生了很不好的影响，败坏了我国产品的声誉，使我们失去了很多传统市场和交易机会。所以，加强出口商品的检验检疫是非常重要的。

3. 商品检验检疫对进口贸易的意义

在进口业务中，应具体明确地规定合同中的检验与索赔条款，搞好货物在装运港装运前的检验，或货到目的地后的复验，从而严把进口商品质量关，防止国外不法商人在对我交货中以次充好、以旧顶新、以假当真，警惕和揭露不法分子图谋诈骗的违法行为，维护国内用户及广大消费者的合法利益。随着我国对外贸易量的高速增长，我国进口商品日益增多，在机器设备和原材料的进口贸易中，上述事件时有发生。在合资企业通过外方进口的设备中，高估价格以谋求利差的现象也非常普遍。所以，加强进口商品的检验检疫与鉴定也十分重要。

（二）商品检验检疫的内容

商品检验检疫应针对不同方面的状况和不同的目的进行，以下几种检验在进出口商品检验中比较常见。

1. 品质检验

品质检验的主要内容是对商品的外观、化学成分、物理性能等进行检验。一般采用仪器检验和感官检验两种方法。仪器检验是利用各种有关仪器和机械对商品进行物理检验、化学分析和微生物检验等,而感官检验则是通过耳、鼻、眼、手、口等人体感觉器官进行鉴定。

2. 数量(重量)检验

商品数量(重量)检验,是使用合同规定的计量单位和计量方法对商品的数量(重量)进行鉴定,以确定其是否符合合同规定。因数量(重量)检验的各种方法都有一定的局限性,在实际业务中允许有一定的合理误差。

3. 包装检验

包装检验主要是对商品包装的牢固性和完整性进行检验,看其是否符合商品的性质和特点,是否适于货物流转过程中的装卸、搬运,是否符合买卖合同及其他有关规定,是否有合乎标准或合同规定的内包装和垫衬物料或填充物料。在对包装进行检验时,还要对包装标志的各项内容进行检验,看其是否与合同规定相符。

4. 卫生检验

对进出口贸易中与人类生命健康密切相关的肉、禽、蛋、奶制品及水果等都必须进行卫生检验,对发现细菌或寄生虫的产品一律不准出口或进口。

5. 残损检验

进出口商品残损检验,主要是对受损货物的残损部分予以鉴定,了解致残原因以及对商品实用价值的影响,估定损失程度,并出具证明,作为向有关方面索赔的依据。商品的残损主要指商品的残破、短缺、生锈、发霉、虫蛀、油浸、变质、受潮、水渍、腐烂等情况。进出口商品残损检验的依据主要包括发票、装箱单、重量单、保险单、提单及船只理货报告等有效单证或资料。

除上述检验内容外,进出口商品检验还包括船舱检验、监视装载、签封样品、签发产地证书和价值证书、委托检验等项内容。

二、商品检验机构

(一)国际上的商品检验机构

在进出口货物的检验过程中,商检机构作为公正的第三方,对商品进行各方面的检验和鉴定,并出具真实、公正、具有权威性的检验证书。凡是开展进出口贸易的国家或地区,一般都设有商品检验机构。虽然它们的名称各异,但按其性质划分,无非包括以下几种情况:

1. 官方商检机构

这一类机构由政府出资设立,依据国家有关法律、法规对进出口商品进行强制性检验、检疫和监督管理。如美国食品药物管理局(FDA)、美国粮谷检验署、法国国家实验室检测中心、日本通商产业检验所等,都是世界著名的商检机构。

2. 半官方商检机构

这类机构就其性质而言应属于民间机构,但它们都是由政府授权,代表政府进行某项商品检验或某一方面的检验管理工作。例如,在国际上具有相当知名度的美国担保人实验室(Underwriter's Laboratory)就属于这种机构。各国出口到美国的与防盗信号、化学危险品以及与电器、供暖、防水等有关的产品都要在通过其检验，并贴上"UL"标志后，才能在美国市场上销售。

3. 非官方机构

这类机构由私人开设，具有专业检验、鉴定技术能力，并被当地法律所认可，如同业公会、协会开办的公证行、检验公司等。这类机构中有些机构历史悠久，在全球具有较高的权威性，如英国劳埃氏公证行（Lloyd's Surveyor）、中国香港天祥公证化验行；还有些更是发展为规模庞大、具有垄断性的全球性机构，如瑞士日内瓦通用鉴定公司（Societe General de Surveillance S. A.，SGS）等。

（二）我国的商检机构

1. 我国商检机构的概况

中华人民共和国成立后，成立了中华人民共和国进出口商品检验局，并在各省、自治区、直辖市及进出口口岸、进出口商品集散地设立了分支机构，对一般的进出口商品进行检验。与此同时，各专业部门的检验机构也根据专业特点和分工承担有关进出口商品的检验工作。例如，农业部的中华人民共和国动植物检疫所及其所属各省、自治区、直辖市和陆、海、空港口的检疫局；交通部的中华人民共和国船舶检验局和各地的分局；卫生部的中华人民共和国卫生检疫所、中华人民共和国药品检验所、食品卫生检验所，等等。

改革开放后，为适应我国对外贸易迅速发展的需要，我国于1980年又成立了中国进出口商品检验总公司，并在各省、自治区、直辖市开办了分公司，以非官方身份独立开展进出口商品的检验、鉴定业务，签发相应的证书，并对进出口双方当事人提供咨询服务，为促进我国对外贸易的发展做出了贡献。

1998年7月，原国家商检局、原卫生部卫生检疫局、原农业部动植物检疫局共同组建了"中华人民共和国出入境检验检疫局（State Administration of Exit and Entry Inspection and Quarantine of the People's Republic of China，CIQ）"，简称"国家出入境检验检疫局"或"中国出入境检验检疫局"，对我国出入境商品检验进行统一管理。它的成立，标志着我国进出口商品检验工作又进入了一个新的时期。

2. 国家出入境检验检疫局的任务

根据我国《商检法》的规定，国家出入境检验检疫局作为国家商检机构应承担以下几方面的责任：

（1）对进出口商品实施法定检验。法定检验是指国家出入境检验检疫局及其指定的检验机构，根据我国有关法律、行政法规的规定，对特定的进出口商品和有关的检验事项实施强制性检验。未经检验或检验不合格的商品，一律不准进口或出口。

目前，国家出入境检验检疫局实施法定检验的范围包括：① 对列入《种类表》中的进出口商品进行检验；② 对出口食品进行卫生检验；③ 对出口危险货物包装容器进行性能鉴定和使用鉴定；④ 对装运出口易腐烂变质食品、冷冻品的船舱和集装箱等运载工具进行适载检验；⑤ 对有关国际条约规定须经商检机构检验的进出口商品进行检验；⑥ 对其他法律、行政法规规定必须经商检机构检验的进出口商品进行检验。

（2）对进出口商品的质量和检验工作进行监督管理。国家出入境检验检疫局是我国主管出入境卫生检疫、动植物检疫和商品检验的行政执法机构,它与其设在各地的分支机构负责实施以下工作:①对所有进出口商品的收货人、发货人和生产、经营、储运单位,以及国家出入境检验检疫局和地方检验检疫机构指定或认可的检验人员的检验工作进行监督管理;②对进出口商品的质量进行认证;③对涉及安全、卫生等的重要进出口商品及其生产企业实行进口安全质量许可制度和出口质量许可制度;④对出口食品及其生产企业实行卫生注册登记制度;⑤应出口商品生产企业的申请或国外客户的要求,对出口商品生产企业的质量体系进行评审;⑥对不属于法定检验范围的其他进出口商品进行抽查检验。

(3) 办理进出口商品的公证鉴定。除对部分商品实施法定检验外,对不属于法定检验范围的进出口商品,进出口商也可以根据贸易合同,在规定范围内向国家出入境检验检疫局提出检验申请,并要求出具检验证书。

国家出入境检验检疫局公证鉴定业务的范围包括:进出口商品的质量、数量(重量)、包装鉴定;车辆、船舶、集装箱等运输工具的清洁、密固、冷藏效能等装运技术条件鉴定;舱口检视、监视装卸载,验残、海损货物鉴定;签封样品,货载衡量,签发产地证明书、价值证明书以及其他公证鉴定业务。

三、检验时间和地点

从表面上看,检验时间与地点仅仅涉及交易当事人在何时、何地对货物进行检验,但实际上通过对检验时间与地点的规定,可以确定谁享有对货物的检验权。也就是说,谁拥有对货物的品质、数量(重量)、包装等诸方面内容进行最后评判的权利。在实际业务中,规定检验时间与地点的方法主要有以下几种。

(一) 在出口国检验

从总体上看,在出口国检验属于货物在装运前的检验,它又包括在产地(工厂)检验和在装运港(地)检验两种做法。

1. 在产地(工厂)检验

这是指货物在产地启运或工厂出厂前,由产地或工厂的检验部门,有时还要会同买方的验收人员对货物进行检验和验收,由合同规定的检验机构出具检验证书,作为卖方交货的品质、数量(重量)等内容的最后依据。卖方只承担货物启运或出厂前的责任,对于日后货物在流转过程中可能发生的一切问题不承担任何责任。这是在国际贸易,特别是大型机械设备交易中常见的做法。这类货物在发货前一般都会在生产厂家进行安装测试,一旦发现问题,就由供货商立即解决。

2. 在装运港(地)检验

这种规定商检时间和地点的方法习惯上被称为"离岸品质和离岸重量"(shipping quality and shipping weight),是指买卖双方在合同中规定,货物在装运港或装运地装运前,由双方约定的商检机构对商品的品质和重量进行检验,并出具相应的检验证书,作为证明卖方所交货物的品质、重量与合同规定相符的最后依据。

采用以上两种方法规定检验时间和检验地点时,即使买方在货到目的港(地),经检验发现货物的品质或数量(重量)、包装等方面不符合合同规定,也不能就此向卖方提出异议,除非买方能证明这种不符是由于卖方违约或是由于货物存在内在缺陷造成的。可见,这类规定方法否定了买方对货物的复验权利，对买方极为不利。

（二）在进口国检验

在进口国检验是指货物在目的港（地）卸载后进行检验，它又可以分为两种情况。

1. 在目的港（地）检验

这种规定检验时间和地点的方法经常被称为"到岸品质和到岸重量"（landed quality and landed weight），是指买卖双方在合同中约定，货到目的港（地）卸货后，由双方约定的目的港（地）商检机构对货物的品质、重量（数量）、包装等进行检验，并出具相应的检验证书，作为决定货物品质和重量的最后依据。按这种做法，买方可以凭上述检验证书就到货品质或重量向卖方提出索赔或按双方事先的约定处理。

2. 在进口方营业处所或最终用户所在地检验

有些货物因不便拆开密封包装，或因需要一定的检验条件和设备而无法在进口目的港（地）卸货后进行检验，因此，可在进口方营业处所或最终用户所在地，由合同规定的检验机构对这类货物进行检验，并以该机构出具的检验证书作为判断卖方交货品质、数量（重量）等是否符合合同规定的最终依据。

采用这两种方式约定检验时间与检验地点时，卖方必须保证货物到达目的港（地）时的品质、数量（重量）、包装等与合同规定相符。如果由于卖方的责任致使货到时出现品质、数量（重量）包装等方面与合同不符的情况，进口方可以凭双方约定的商检机构出具的商检证书，向卖方索赔。显然，这类规定方法对买方有利，对卖方不利。

（三）出口国检验，进口国复验

在这种规定方法下，卖方在货物装运时，要委托合同约定的、装运港（地）的商检机构检验货物并出具检验证书，作为向当地银行议付货款的单据之一，但不作为卖方交货品质和数量（重量）的最后依据。待货到目的港（地）后，再由双方约定的、目的港（地）的商检机构对货物进行复验。如果发现货物的品质或数量（重量）与合同不符，并确属卖方责任时，买方可以凭对商品进行复验的商检机构出具的检验证书向卖方提出异议。这种规定方式比较公平合理，在国际贸易中被广泛采用，我国进出口业务中也多用此种规定方式来约定检验地点和检验时间。

（四）装运港（地）检验重量，目的港（地）检验品质

在大宗商品的交易中，为调和双方在商品检验时间和地点问题上的矛盾，有时也规定在出口国检验重量，在进口国检验品质，这种方法称为"离岸重量和到岸品质"（shipping weight and landed quality）。在这种规定方法下，以装运港商检机构验货后出具的重量检验证书为卖方交货重量的最后依据，而以目的港商检机构验货后出具的品质检验证书为卖方交货品质的最后依据。若货到目的港（地）后，经检验发现由于卖方责任致使货物品质与合同规定不符，则买方可凭检验证书向卖方索赔；若货物重量出现不符，则买方不得向卖方提出异议。

四、检验标准和检验方法

1. 检验标准

检验标准是指判断进出口商品的某些指标是否合格所依据的标准。出口商品与进口商品检

验标准的确定原则有所区别。

出口商品检验依据的确定原则：凡买卖合同中对品质、包装条件有具体规定的商品，均以合同规定为检验标准；凡合同规定按某项标准检验的商品，都以该项标准为检验依据。若合同中未规定检验标准或规定不明确的，则以国家标准作为检验标准；无国家标准的，以专业标准为检验标准；无专业标准的，以企业标准为检验标准；目前尚无标准的，一般参照同类商品的标准，或由国内生产部门与商检机构共同研究后决定。如果国外买方要求按对方或第三国的标准实施检验时，则须与有关部门研究后再定。

进口商品检验依据的确定原则：凡合同对检验项目的指标有具体规定的，均以合同规定为检验标准；凡合同规定有检验参照标准的，均以该标准为检验标准。合同中未规定或规定不明确的，首先以生产国现行标准作为检验标准；无该项标准的，以国际通用标准作为检验标准；这两项标准都没有的，以进口国的标准作为检验标准。此外，卖方提供的品质证明书、使用说明书也可作为检验标准。

另外，对进口商品进行残损检验时，以合同的有关条款、发票、装箱单、重量单、提单或运单、保险单、外轮理货报告或船务记录等有效单证作为检验标准。

在实际业务中应注意，合同中规定的作为检验依据的各种标准，应符合国家有关法律、行政法规的规定；否则，合同中的该项内容无效。

2. 检验方法

对进出口商品的检验方法也应在合同中具体约定。由于同一种商品如果用不同的方法检验，其检验结果可能相差较大。所以，为避免日后双方因此而产生纠纷，最好在合同中规定检验方法。合同中没有规定检验方法的，出口商品按我国商检部门规定的方法检验；进口商品按国际贸易习惯通用的方法检验。

五、复验地点和时间

在国际贸易中，一般都承认买方的复验权，因此，应在合同中对复验期限、复验地点、复验机构、复验方法、复验费用负担等内容做出具体规定。其中，复验地点应根据商品的性质而定，可以在目的港（地），也可以在最终用户所在地；复验机构应得到卖方的认可并在合同中做出规定；复验方法应与卖方的检验方法相一致，以免因此而产生检验结果上的差异；复验费用须在合同中明确规定由何方负担。

应注意的是，合同规定的复验期限实际上就是买方的索赔期限。买方只能在规定的复验期内对商品进行复验并提出索赔，否则就将失去索赔的权利。对此，《联合国国际货物销售合同公约》（以下简称《公约》）第 39 条规定："（1）买方对货物不符合同，必须在发现或理应发现不符情形后一段合理时间内通知卖方，说明不符合同情形的性质，否则就丧失声称货物不符合同的权利。（2）无论如何，如果买方不在实际收到货物之日起两年内将货物不符合同的情形通知卖方，他就丧失声称货物不符合同的权利，除非这一时限与合同规定的保证期限不符。"复验期限的长短应根据商品的特点而定，易腐烂、变质的商品，其复验期限的规定宜短；品质比较稳定的产品，复验期限的规定可稍长些；而对机器设备一类的商品，因需安装调试才能使其达到一定的技术指标，其复验期限应更长些。

六、商检证书

（一）商检证书的作用

商检证书是商检机构对商品进行检验、鉴定后出具的证明文件，是国际货物买卖中的重要单据之一。它可以起到以下作用：

（1）证明卖方所交货物的品质、重量（数量）、包装以及卫生条件等是否符合合同。如果检验证书中所记载的检验结果与信用证的规定不符，则银行有权拒绝议付货款。

（2）它是卖方向银行议付货款的单据之一。如果不能提交或不能提交合格的检验证书，卖方就无法从银行取得议付款。

（3）它是海关通关验放货物的有效证件。按国家法律及有关行政法规的有关规定，在向海关报关时，一般都必须提供有关的商检证书，否则海关不予通关。

（4）它是买方对货物品质、重量（数量）、包装等条件提出异议的依据。如果货物到达目的地后，买方要就商品的品质、重量（数量）、包装等方面向卖方提出索赔，则必须出具合同约定或经卖方认可的检验机构的检验证书，作为索赔的重要依据。

（二）商检证书的种类

商品检验证书的种类由商品检验的内容决定。根据商品检验内容的不同，常见的商检证书有以下几种：

（1）品质检验证书（Inspection Certificate of Quality）。这是指运用合同规定的各种检验方法，对报验商品的质量、规格、等级进行检验后出具的书面证明文件。

（2）重量检验证书（Inspection Certificate of Weight）。这是指利用合同规定的计重方法对商品的重量予以鉴定后出具的书面证明。

（3）数量证明书（Inspection Certificate of Quantity）。这是证明商品实际数量的书面证明文件。

（4）卫生证明书（Inspection Certificate of Health）。这是指对出口的食用动物产品，如罐头食品、蛋制品、乳制品、冷冻鱼虾等商品实施卫生检验后出具的，证明货物已经检验和检疫合格、可供食用的书面文件。

（5）兽医检验证书（Veterinary Inspection Certificate）。这是指对动物商品进行检验，表明其未受任何传染病感染的书面证明。皮、毛、绒及冻畜肉等货物都须进行此项检验。

（6）消毒检验证书（Disinfection Inspection Certificate）。这是指证明某些出口的动物产品已经过消毒处理，符合安全、卫生要求的书面文件。在猪鬃、马尾、皮张、羽绒、羽毛等商品的贸易中，经常会要求这种检验证书。

（7）熏蒸检验证书（Inspection Certificate of Fumigation）。这是指证明谷物、油籽、豆类、皮张等出口商品及包装用木材与植物性填充物等，已经过熏蒸杀虫，达到出口要求的书面报告。其中还要记录熏蒸使用的药物种类和熏蒸时间。

（8）产地检验证书（Inspection Certificate of Origin）。这是对出口产品的原产地的书面证明，包括一般的产地检验证书、普惠制产地证书、野生动物产地证书等几种。

（9）价值检验证书（Inspection Certificate of Value）。这是指证明出口商品的价格真实、可靠的书面证明，可以作为进口国进行外汇管理和对进口商品征收关税的依据。

（10）验残检验证书（Inspection Certificate on Damaged Cargo）。这是指证明进口商品的残损情况、判断残损原因、估定残损价值的书面文件，供有关当事人对外索赔使用。

（11）验舱证书（Inspection Certificate on Tank/Hold）。这是指有时要对准备装货的船舱的现状和设备条件进行检验，如冷藏舱室检验、油轮密固检验、干货舱清洁法检验、油舱清洁法检验，等等。如果检验认为符合运载契约和商检局规定的技术要求，则签发此种证书。

（12）货载衡量单（On Cargo Weight & Measurement）。这是指商检局有时根据承运人或托运人的申请，对进出口船运货物的尺码吨位和重量吨位进行衡量，并签发此种证书。

在实际的进出口业务中，由于交易的商品不同，所需提供的商检证书的种类也不相同，买卖双方应对此在合同中做出具体约定。此外，提供证书的种类还要符合与合同相关的国家的法律、法规及对外贸易政策的规定。例如，我国规定，对动物产品除出具品质证书、重量证书外，还需提供兽医证书；而对食用动物产品，除出具品质证书、重量证书外，还需提供卫生检验证书。另外还应注意，商检证书的有效期一般为两个月，鲜果、蛋类为两个星期。如果因特殊原因，在取得检验证书后未能按时将货物装船出运，则检验证书逾期后，应向检验机构申请展期，必要时还须重新检验。

七、进出口商品检验检疫的程序

（一）进出口商品检验检疫的一般程序

各个国家进出口商品的检验检疫工作都是按一定程序进行的。以我国为例，进出口商品检验检疫要经过以下几个步骤。

1. 申请检验

若申请对出口商品进行检验，出口商一般应在货物发运前7~10天（鲜货为3~7天，而如果商检机构不在出口商所在地，则要在货物发运前10~15天）填写"出口检验申请单"，写明申请检验或鉴定的内容，并要提供合同、信用证、往来函电等相关文件。

若申请对进口商品进行检验，进口商应于最迟不少于1/3的对外索赔期的时间内，填写"进口检验申请单"，说明申请检验或鉴定的内容，并要提交合同、商业发票、货运单据、品质证书、装箱单、外运通知单、接用货部门已验收记录等资料。如果发现货物有残损、缺少现象，则还要附上理货公司与轮船大副共同签署的货物残损报告单及其他相关证明材料。

商检机构收到进出口商品的报验申请后，要对申请单中所填内容逐项审核，与各种附带文件相核对。一旦审核通过，便对报验申请单登记、编号，并将全套单证交检验部门安排检验。

2. 实施检验

实施检验是指商检机构采取随机抽样的方法，在整批商品中抽取一定数量的有代表性的样品，按国家规定或合同规定的技术标准，对样品的有关特性进行检查、试验、测量或计量的过程。

进出口商品的检验包括商检自检与共同检验两种方式。商检自检是指商检机构在受理了进出口商品的检验申请后，自行派出检验技术人员对商品进行抽样、检验，出具检验证书。共同检验则是指商检机构在受理了进出口商品的检验申请后，与有关单位商定，由双方各派人员共同检验，并出具检验证书；或商检机构与有关单位就检验内容进行分工，各承担某一部分的检查项目，最后共同出具检验证书。

3. 签发证书

出口商品通过检验后，商检机构可按合同、信用证或进口方的要求，签发检验证书。若合同、信用证、进口方未要求正式的商检证书，商检机构签发"商检放行单"或在"出口货物报关单"上加盖放行章即可。

进口商品通过检验后，商检机构可根据需要签发"检验情况通知单"或相关检验证书，但若收、用货单位验收进口商品时发现问题，向商检机构申请复验，而复验不合格时，则商检机构必须签发正式的检验证书，作为进口方对外索赔的依据。

另外应注意，相当一部分发展中国家出于全面监管本国进口商品的目的，规定凡对该国出口的商品，都要在出口国进行装运前检验，并由 SGS 出具检验证书。但根据我国法律规定，外国公证鉴定机构不得在华设立办事处或分公司，因此，在国外，信用证要求由 SGS 或其代理在装运港（地）出具清洁检验报告时，我国出口方可请国外客户向当地的 SGS 机构提出申请，然后由 SGS 将客户申请电告我国进出口商品检验总公司，由我国商检公司代 SGS 对商品进行检验，并出具检验报告。

（二）进出口商品的免检

我国《商检法》及《商检法实施条例》规定，对列入《种类表》的进出口商品和其他法律、法规要求须经商检机构检验的进出口商品，由收货人、发货人申请，并经国家出入境检验检疫局审批通过，可享受免检待遇。申请免检必须具备以下条件：

（1）企业通过相关的质量体系认证。该商品的生产企业已获得中国出口商品质量保证体系的认证，或经我国认可的外国有关组织进行考核并获得质量保证体系认证。

（2）商品质量方面的要求。该商品质量长期稳定，连续 3 年出厂合格率及商检机构检验合格率为 100%。

（3）商品用户的反映与评价。要求该商品的用户对该商品的质量没有异议。

但要注意，凡涉及安全、卫生和某些特殊要求的商品都不能申请免检。这主要包括粮油食品、玩具、化妆品、电器以及列入进口商品安全质量许可证管理的商品、合同要求按商检证书所列成分和含量计价结汇的商品、品质易发生变化的商品或散装货物。

第二节 索　赔

【案例 8-2】

美国 A 公司从国外 B 公司进口一批冻火鸡，供应圣诞节市场，合同规定：卖方在 9 月底以前装船，但卖方违反合同，到 10 月 7 日才装船，至使该批冻火鸡到美国时圣诞节已过，因此，A 公司拒收货物并主张撤销合同。试分析：A 公司是否有权拒收货物，撤销合同？

分析：(1) A 公司是有权拒收货物，撤销合同的。

(2) 本案例涉及违约问题，所谓违约，是指合同一方当事人没有履行或没有完全履行约定的义务的行为。依据《联合国国际货物销售公约》规定：违约可划分为根本性违约和非根本性违约。所谓根本性违约，是指一方当事人违反合同的结果，如使另一方当事人蒙受损害，以至于实际上剥夺了他根据合同有权期待得到的东西。所谓非根本性违约，是指除非违反合同的一方并不预知而且同样一个通情达理的人处于相同情况下也没有理由预知会发生这种结果,也即不构成根本性违约的都可称为非根本性违约。另外公约还规定:根本性违约受损方可解除合同,同时也可以请求损害赔偿;非根本性违约,受损方只可请求损害赔偿,不可解除合同。

(3)结合本案例:由于B公司迟延交货而使该批冻火鸡到达美国时圣诞节已过,至使A公司无法从该批货物拿到预期的利润值,故B公司已构成根本性违约,根据公约规定,A公司是有权拒收货物,撤销合同。

一、争 议

合同签订以后,合同双方有义务履行合同中所规定的责任和义务。如果双方中的一方认为另一方没有全部或部分履行合同所规定的责任与义务,而另一方则认为自己已全部履行合同,交易中出现的问题与自己无关,那么,双方就会产生纠纷,这个纠纷就称为争议。

(一)争议的产生原因

产生争议的原因一般认为包括以下三方面:

1. 卖方违约

卖方违约是指卖方未能全部或部分履行合同,如卖方提供的货物与合同规定不符合;卖方未能按时提供货物;卖方提供的货物单据与合同规定不符,等等。这些都构成卖方违约。

2. 买方违约

买方违约是指买方未能全部或部分履行合同。比如,买方在FOB条件下,未能如期派船,使卖方无法按期装船;在信用证方式下,不及时开立信用证;买方在卖方已经按规定履行了合同的条件下,无理拒收货物或拒付货款等。这些都构成买方违约。

3. 双方均有违约责任

有时,合同本身的规定不够明确,致使双方在有关责任和义务上因理解不同而产生分歧,这样就容易造成纠纷,产生争议。这时,双方均负有违约责任。

(二)违约的法律责任

关于违约行为所造成的后果,不同国家有不同的法律规定。

英国法将违约行为分为违反要件和违反担保。违反要件是指违反合同的主要条款,如品质、数量、包装、运输等。这些条款是合同中根本性、实质性的交易条件。违反要件行为的受害方,可以据此撤销合同,还可以要求赔偿。违反担保是指违反合同的一般条款,如保险、商检、不可抗力等,这些是合同次要的、从属性的条款。违反担保的受害方,可以向违约方提出赔偿损失的要求,但不得以此为由撤销合同。

《美国统一商法典》依违约的轻重程度,将违约分为"重大违约和轻微违约"。重大违约是指双方当事人中任何一方违约,致使另一方无法取得该项交易中应该得到的主要利益。也就是说,一方的违约行为使另一方遭受了重大损失。轻微违约是指买卖双方中一方的违约情节较轻,不影响受损方的主要利益。也就是说,一方的违约行为使另一方只遭受了轻微损失,受损方仍然获得了交易的主要利益。轻微违约的受损方可以要求赔偿损失,但不可以解除合同和拒绝履行合同义务。

公约将违约分为根本性违约和非根本性违约。公约第 25 条规定：一方当事人违反合同的结果如使另一方当事人蒙受损害，以致实际上剥夺了他根据合同规定有权期待得到的东西，即为根本性违反合同。除非违反合同一方并不预知，而且一个同等资格、通情达理的人处于相同情况下也无法预知会产生这种结果。一般认为，不属于根本性违约的违约行为可视为非根本性违约。根本性违约的法律后果是，遭受损害的另一方可以撤销合同，并要求赔偿损失；非根本性违约的法律后果是，遭受损害的另一方可以要求赔偿损失，但不能解除合同。

由此可见，根本性违约是违约方的主观因素所致，非其他不可预测的原因引起。根本性违约给受害方所造成的损害是实质性的。

二、索赔和理赔

争议发生以后，遭受损失的一方或者说受害方，向违约方提出赔偿损失的要求，称为索赔。违约方对受害方提出的索赔进行受理与处理，就称为理赔。索赔和理赔是一个问题的两个方面。

（一）索赔对象

在实际业务中，发生索赔的情况主要有以下三种：

1. 买方与卖方之间的索赔和理赔

买方和卖方之间的索赔和理赔，往往是因为一方未能全部或部分履行合同所规定的各项义务，致使另一方遭受了损失，受损方就要向违约方提出索赔。这种情况的索赔多发生在进口方，理赔多在出口方。

2. 买卖双方或一方与保险公司之间的索赔和理赔

当双方或一方出现了保险责任之内的事故，按照有关的保险责任范围进行索赔。一般是受损方向保险公司索赔，保险公司依事先约定的保险条款或保险合同进行理赔。

3. 买卖双方中的一方或保险公司与运输公司之间的索赔和理赔

如果货物由于运输公司的过失造成了损害，受损害方就要向运输公司提出索赔。受损方可以是买方，也可以是卖方或者保险公司。运输公司要依据运输合同确定责任，进行理赔。

若索赔方提出的违约方的违约事实全部或部分不存在，或者索赔方提出的赔偿金额远高于所受的真实损失，或索赔方提出索赔时已过了索赔的有效期，理赔方可以予以拒绝，这称为拒赔，即违约方对受损方提出的赔偿损失的要求不受理和不处理。拒赔可以分为全部拒赔和部分拒赔。

（二）索赔条款

交易双方为了争议产生时能获得妥善处理，在合同中往往要先制定一个索赔条款。索赔条款中主要规定约束解决索赔的原则：索赔的有效期、索赔范围、索赔的通知方法、索赔的证明方式等内容。合同中的索赔条款有两种规定方式：一种是异议与索赔条款，另一种是罚金条款。

1. 异议与索赔条款

该条款规定一方如果违反了合同，另一方有权提出索赔，并须提出索赔依据、索赔期限、赔偿方法和赔偿金额。

（1）索赔依据。索赔依据即在条款中规定一方提出索赔时须出具的各种合法证明，并明确出具证明机关。所需证明一般包括提单、收据、保险单、装箱单、商检证明等。

索赔依据须符合法律依据和事实依据，即须符合合同规定及有关法律规定。事实上，须有证明违约事实真相的书面证明。受损方须出具齐全、完备、有效的各种合法证明。出证机构也必须合法。只要有一项不符合规定，理赔方就有权拒赔。

（2）索赔期限。索赔期限即受害方向违约方提出索赔的有效期限。过期后再提出索赔，违约方不再受理。

对于索赔期限的规定各国有所不同。可以"货物到目的港后××天开始计算"，可以"货物在目的港卸离船体后××天开始计算"，可以"货物到达买方所在地后××天开始计算"，还可以"货物检验后××天开始计算"，要视不同商品的不同性质进行选择。不易保存的商品，索赔期限可以稍短些；而短期内无法得出结论的商品，索赔期限则可以长些，尤其是一些大型设备。

公约第 39 条规定："无论如何，如果买方不在实际收到货物之日起两年内将货物不符合同的情形通知卖方，他就丧失声称货物不符合同的权利。"

索赔期限的规定不宜过长，以免对卖方不利；也不宜过短，以免买方来不及索赔。

（3）赔偿办法和赔偿金额。一般在合同中不明确规定赔偿办法和赔偿金额，因为无法事先知道哪一方违约及违约的具体情况，自然也就无法确定赔偿金额。但是，可以在索赔条款中规定最高赔偿金额，待违约事实成立后，双方再具体磋商。

争议发生后，确定索赔金额时，要依据以下几个原则：

索赔金额应与因违约而造成的损失相等。违约方付给受损方的赔偿额要包括直接损失额和预期利润。这个赔偿额相当于如果合同得以履行，受损方可以获得的包括利润在内的所有收入。

赔偿金额应以可以预料的合理损失为限。在赔偿中，对于受损方为履行合同付出的物品和金钱直接损失的部分，双方对这部分的损失赔偿一般不会有太多分歧，但对于利润部分的赔偿则容易发生争议。一般国际惯例认为，违约方只对在正常情况下可以预料的合理损失负责。但究竟多少算合理损失，要视具体情况而定。

由于受损方未采取合理措施导致可能减轻而未减轻的损失，应在理赔额中扣除。一方违约时，受损方有义务采取必要措施以避免或减轻因对方违约而引起的损失。如果受损方未及时采取补救措施，原本可以避免或减轻的损失，违约方可以不予赔偿。

异议和索赔条款举例：

货到目的口岸后，买方如发现货物品质及/或重量与合同规定不符，除属于保险公司及/或船公司的责任外，买方可以凭双方同意的检验机构出具的检验证明向卖方提出异议，品质异议须于货到目的口岸之日起 30 天内提出，数量/重量异议须于货到目的口岸之日起 15 天内提出，卖方应于收到异议后 30 天内答复买方。

2. 罚金条款

罚金条款（penalty clause）亦称违约金条款或罚则，是指在合同中规定，如一方未履约或未完全履约，则应向对方支付一定数额的约定罚金，以弥补对方的损失。罚金是指当一方未全部履行合同或部分履行合同，须向受害方支付一定数额的违约金以补偿对方的损失。罚金是双方在合同中预先约定的一个赔偿金额，其大小视违约程度而定，并规定最高限额。另外，罚金条款并不一定与实际损失有关。有时违约方未造成实际损失，但因其有违约行为，也要支付一定的罚金。违约方支付了罚金之后，必须继续履行合同，不能因支付了罚金就拒绝合同义务。

罚金条款主要适用于时间上拖延造成的违约，如买方拖延接受，卖方拖延交货等。罚金数额视违约时间的长短而定，拖延时间长，罚金数额就高。一般来说，在规定罚金条款时按过期时间规定一个百分比，如过期××天则罚百分之几的金额。

罚金日期计算方法有两种：一种是自合同规定的交货期或开证期终止后立即计算。另一种则是在合同规定期满后再给予一定期限的优惠时间，优惠时间内免于罚款；超过优惠时间就开始罚款。罚款有个最高限额，一般不得超过延期交货部分金额的5%。

英美法国家有一种规定，即对于违约行为只能要求赔偿而不得惩罚。这类国家的法律对于罚金一律不予承认。

（三）索赔、理赔的注意事项

索赔、理赔是一项政策性、技术性很强的工作，也是一项维护国家权益和信誉的重要涉外工作。要做好这项工作，必须对发生的每一事件认真调查研究，弄清事实，在贯彻我国对外贸易方针、政策的前提下，利用国际惯例和有关法律实事求是地予以合理解决。

1. 进口工作中的对外索赔

按照目前的做法，属于船方和保险公司责任的，由外运公司代办；属于卖方责任的，由各进出口公司自行办理。如向卖方提出索赔，应注意以下问题：

（1）按照合同规定提供必要的索赔证件。其中包括商检机构出具的检验证书，检验证书内容要与合同的检验条款要求相一致。

（2）合理确定索赔金额。如合同预先约定损害赔偿的金额，则按约定的金额索赔；如未预先约定，则按实际所受损失情况确定适当的金额。退货时提出索赔金额，除货价外，还应包括运费、保险费、仓储费、利息以及运输公司和银行手续费等。如因品质差而要求减价，则提赔金额应是品质差价；如果卖方委托我方整修，则提赔金额应包括合理的材料费和加工费。

（3）在规定的有效期内向卖方提出索赔。如果估计检验工作不能在有效期内完成，则应及时向国外要求延长索赔期并取得对方同意，以免影响我方行使索赔权。提赔函的内容应包括：到货与合同不符的情况，索赔的理由和证据，索赔的项目、金额和解决的办法，附寄提赔证件的名称和份数等。

为了做好索赔工作，应做好索赔方案。方案应列明索赔案情和证件、索赔的理由、索赔的措施等。如情况变更，应及时对方案做出修改。在索赔工作结案后应做好登记，并总结经验教训。

2. 出口理赔工作中的理赔

在出口理赔工作中应注意下列问题：

（1）认真审查买方提出的索赔要求。主要应审查其理由是否充分，证据与索赔要求是否一致，出证机构是否合法，索赔是否在有效期内提出等。

（2）分清责任，合理处置对方的索赔要求。如属于船公司或保险公司的责任范围，应分别转请有关公司处理。如确属我方公司的责任，在合理确定对方的损失后，应实事求是地予以赔偿。对于不该赔偿的，也要根据事实向对方说明理由。

总之，索赔和理赔工作均应认真对待，及时处理，要注意策略，做到有理、有利、有节。

第三节 不可抗力

一、不可抗力的含义

（一）不可抗力的概念

不可抗力（force majeure）也称人力不可抗拒，是指合同签订以后，不是由于当事人的过失或疏忽，而是发生了当事人所不能预料的、无法控制的意外事故，以致不能履行合同或不能如期履行合同。遭受意外事故的一方可以据此免除履行合同的责任或延迟履行合同，对方无权要求损害赔偿。

不可抗力包括两种情况：一是自然原因引起的，如水灾、旱灾、飓风、暴雨、大雪、地震等自然灾害；二是社会原因引起的，如战争行为、政府封锁、禁运等。但不可抗力事故目前在国际上还没有一个统一的、确切的解释。至于哪些意外事故应订入合同的不可抗力条款，买卖双方可自行商定，但不是所有意外情况都可以构成人力不可抗拒事故的。例如，合同签订后，物价的上涨和下跌、货币的升值和贬值等，这些是交易中常见的现象，除买卖双方另有约定外，不属于不可抗力的范围。

（二）不可抗力的法律后果

不可抗力事故所引起的后果主要有两种：一种是解除合同，另一种是延迟履行合同。至于在什么情况下可以解除合同，在什么情况下不能解除合同而只能延迟合同的履行，要看意外事故对履行合同的影响，也可由买卖双方在合同中具体规定。如合同中未规定，一般解释为：如不可抗力事故使合同的履行成为不可能，则可解除合同；如不可抗力事故只是暂时阻碍了合同的履行，则只能延迟履行合同。

二、合同中的不可抗力条款

（一）不可抗力条款的规定方法

不可抗力条款对买卖双方都是同样适用的。在进出口合同中订立了不可抗力条款，一旦发生意外事故影响到合同的履行，就可根据合同规定确定发生的意外事故是否属于不可抗力，以防止对方任意扩大或缩小对不可抗力的解释。这对于维护买卖双方正当利益都是有好处的。

不可抗力条款的内容一般为：不可抗力事故的范围；不可抗力事故的后果；不可抗力事故发生后，通知对方的方式和期限；出具证明文件的机构等。常见的不可抗力条款的订法有以下三种：

1. 概括式规定

概括式规定即在合同中不具体规定不可抗力事故的种类，而只是做出笼统的规定。例如："由于公认的不可抗力原因而不履行合同规定义务的一方可不负责任，但应于15天内通知对方并提供有关的证明文件。"

2. 列举式规定

列举式规定即逐一列明不可抗力事故的种类。例如："由于战争、洪水、水灾、地震、暴风、大雪的原因而不能履行合同规定义务的一方可不负责任。"

3. 综合式规定

综合式规定即将概括式和列举式合并在一起的方式。例如，在订购成套设备的进口合同中规定："由于战争、地震、严重的风灾、雪灾、水灾、火灾以及双方同意的其他人力不可抗拒事故，致使任何一方不能履行合同时，遇有上述不可抗力事故的一方，应立即将影响履行合同的不可抗力事故的情况以电报通知对方，并应在15天内，以航空挂号信提供事故的详细情况及影响合同履行的程度的证明文件。此项文件如由卖方提出时，应由发生不可抗力事故地区的商会出具；如由买方提出时，应由中国国际贸易促进委员会出具。"

上述概括式规定比较笼统，容易产生纠纷。列举式规定虽然明确，但不可抗力的事故举不胜举，如发生了没有列举的事故，就无法引用不可抗力条款。综合性规定则弥补了前两种方式的不足，使用比较广泛。

（二）援引不可抗力条款的注意事项

1. 遭受不可抗力一方的通知义务

任何一方在遭受到不可抗力事故时，应立即按照合同规定通知对方，并在合同规定时间或者合理时间内提供有关机构的正式书面证明。出证机构如合同未予规定，在我国可由中国国际贸易促进委员会出证，在国外一般由当地的商会或合法的公证机构出证。

2. 相对方的注意事项

另一方接到不可抗力事故通知和证明后，应及时研究所发生的事故是否属于不可抗力条款所包括的范围。如合同中已经列举了事故的种类，但发生的事故不属列举范围，一般就不能按不可抗力处理。如合同中附有"双方当事人所同意的其他意外事故"规定的，则必须经买卖双方协商同意才能作为不可抗力事故处理。如一方不同意，则不能列入不可抗力事故。但不论同意与否，都应及时答复对方。

第四节 仲 裁

【案例 8-3】

我某外贸公司与某外商签订一份出口合同，合同中订有仲裁条款仲裁地点为北京，后来发生交货品质纠纷，外商不愿到北京仲裁，于是在当地法院起诉，当地法院向我外贸公司寄来传票。请问我公司应如何处理？

分析：（1）我方可以将传票退还给外国法院，指出其对该案件是没有管辖权的，将争议案件退交北京仲裁庭裁断。

（2）本案例涉及仲裁协议问题。所谓仲裁：是指交易双方达成书面协议，自愿将他们之间的纠纷提交给一个双方同意的第三者进行裁判，第三者的裁决对双方均有约束力，仲裁协议的形式有：仲裁条款和提交仲裁的协议，仲裁协议的作用有：发生争议，只以仲裁；排除法院对有关案件的管辖权；使仲裁机构取得对争议案件的管辖权。

（3）结合本案例，我方与外商的出口合同中明确有以双方自愿为基础的仲裁。外商不但不愿遵守，且在当地法院起诉，根据仲裁的作用外商的做法违背了仲裁协议，是无理论依据的，故我方可以将传票退还给外国法院,指出其对该案件没有管辖权,坚持将该案件由北京仲裁庭裁断。

一、争议的解决方式

争议的发生,对一方当事人来说,难以事先预料和杜绝。争议发生后,当事人妥善地解决争议,对于维护当事人的正当权益,稳定对外业务关系,保护和开拓国外市场,具有十分重要的意义。解决争议的方式主要有四种:双方协商、请第三者居间调解、仲裁和法院诉讼。

(一)协 商

协商是指争议的双方当事人以口头或书面的方式直接交涉来解决争议。双方对某一问题发生争议,通过协商的方式解决,可以不拘形式和程序,无需求助于第三者的介入。具体来说,协商方式解决争议具有以下优点:

1. 解决争议的速度快

任何一方当事人在履约过程中的任何时候发现双方之间存有争议,都可立即向对方表示通过协商来解决的意愿。在一般情况下,对方也会做出同意协商的表示。双方只要有解决争议的诚意,在互谅互让的基础上就能达成谅解或和解。由于不需要走固定的程序,所以解决争议的速度快。

2. 保密性强

当事人双方之间展开协商,没有第三者或任何局外人的介入,双方就他们之间的任何涉及商业秘密的问题都可进行商谈,他们之间所存在的争议,也不会披露给外界,这有利于当事人保护商业秘密和维护企业商誉。

3. 协商方式气氛平和

有助于保持甚至促进当事人之间的友好合作关系。当事人在协商过程中,对有些问题可据理力争。在有些问题上又可体谅对方,即使争论很激烈,对双方之间的合作伙伴关系也无大的损伤,因为争论只在双方之间,没有第三者的介入。再说,当事人在合同中有着一致的经济利益,当事人双方都愿意寻求妥善办法来解决彼此间的分歧。协商的过程有助于一方当事人知道和理解对方的意见和主张,同时也进一步明确了自身在合同中的法律责任和地位,促使当事人圆满地履行合同,增强相互之间的友好合作关系。

4. 协商不妨碍当事人采取其他方式解决争议

协商是解决争议的最初方式,但不是唯一的方式。通过协商,双方之间的争议大多能够得到解决。但是,如果有一方拒绝合作,或对对方提出的要求置之不理,或在协商中双方意见分歧很大,难以取得一致时,当事人可按照合同约定或争议的情况进一步采取调解、仲裁或诉讼方式解决争议。即使在其他方式中,同样也可根据当事人的意愿继续协商。

协商方式也有其局限性。协商并不一定适合所有的争议案件。如果双方争议的分歧较大,涉的金额也较大,双方互不让步,争议就不能通过协商得到解决。如有一方故意毁约,缺乏合作的诚意,也不能通过协商解决。

(二)调 解

调解是指当事人自愿将争议提交给一个第三人,在澄清事实的基础上分清责任,以促进当事人之间的和解。

请求调解，当事人可以指定调解员，也可以提请调解机构指定调解员。若提请调解机构调解，一般应按该机构的调解程序规则进行调解。若调解成功，在一般情况下，双方签订和解书或和解协议，作为一种新的契约，由双方去履行；如有一方反悔或不履行，另一方可按对方违约处理，寻求新的解决途径。

双方达成的协议书上如有调解员的签字，这种协议称作调解书或调解协议。这种调解书或调解协议一般不能请求法院强制执行，但我国人民法院做出的调解书或仲裁庭依据和解书或调解书做出的仲裁裁决书，可以申请强制执行。

采用调解方式解决争议，具有如下优点：

1. 解决争议快捷灵活

当事人双方请求调解时，一般都授权调解员以灵活的方式来分清是非和责任，提出双方都可接受的解决方案，而不必遵循固有的模式和规则。这样，当事人就可减少在程序上花费的时间。

2. 调解书对当事人有约束力

双方通过调解达成的和解协议，从法律上讲，是一种新的契约，由此可以认为争议在某种程度上已得到解决。若一方当事人不履行协议，另一方当事人可指控其违约。

3. 调解可以与仲裁或诉讼结合起来，从而使争议的解决更灵活、更具有自主性

我国法院在审理民事案件中有一个非常独特的做法，称作"诉讼与调解相结合"。法官在遵循自愿和合法的原则下，在查清事实和分清是非的基础上，可对需审理的案件进行调解。如能达成和解协议，法院即做出调解书。调解书送达当事人后，即具有法律效力。一方若不履行，另一方可要求法院强制执行。

我国涉外仲裁机构也成功地采用了"仲裁与调解相结合"这一具有中国特色的仲裁方法。在仲裁过程中，当事人双方可共同向仲裁庭请求调解，或者仲裁庭认为有调解的可能，在征得当事人同意后，对案件进行调解。若调解成功，仲裁庭根据当事人的和解协议，做出裁决书结案。当事人也可申请撤销案件；如果调解不成功，当事人不得在其后的仲裁程序或诉讼程序中引用各方当事人在调解过程中提出过的、建议过的、承认过的或表示愿意接受的任何意见，作为其申诉、答辩或反诉的依据。

4. 调解员的专业技术能力增加了解决争议的可能性

当事人都同意的调解人一般是国际贸易界有威望的人士，或者是通晓国际贸易业务的专家。调解员可凭借其知识技能及影响力，说服当事人互谅互让，消除当事人间的抵触情绪，从而增加双方达成和解的可能性。

5. 调解是在双方自愿接受调解的前提下进行的，对当事人没有任何强迫

因为调解建立在双方自愿的前提下，无论调解成功与否，都不会损伤当事人之间的友好关系。

目前在我国，涉及国际经济、贸易方面的调解有三类：法院调解、涉外仲裁机构调解和涉外调解机构调解。

"北京调解中心"是附设在中国国际贸易促进委员会的涉外调解机构，专门受理调解国际经济贸易和海事争议案件。1992年以来，中国国际贸易促进委员会在一些省市的分部也相继成立

了地方涉外调解机构，业务上受"北京调解中心"指导。"北京调解中心"有专门的调解规则。按其规则，当事人双方必须达成调解协议，才能向该中心申请调解。如无调解协议，当一方申请调解时，调解中心须征得另一方同意后才能进行调解。在调解过程中，调解员首先查明事实，分清责任，然后促使双方互谅互让，公平合理地自愿达成和解协议，不能对任何一方当事人有所勉强。但调解员可在适当时刻向当事人提出自己的和解建议，供当事人考虑。

调解员如能通过函电促成双方达成和解协议，即可结案；如不能，则在适当时候召集双方当事人一起当面调解。达成调解协议后，双方必须签订和解协议书，调解员根据和解协议书做出调解书结案。

（三）仲　裁

仲裁也称"公断"，是指当事人双方自愿将他们之间存在的争议提交双方同意的仲裁机构审理和裁决。裁决是终局性的，对双方都具有约束力。

"当事人意思自治"是仲裁的重要原则，即各方当事人通过仲裁协议可自行约定或选择仲裁事项、仲裁地点、仲裁机构、仲裁程序及适用的法律等。当事人意思自治这一特点决定了仲裁方式具有解决争议时间短、费用低、能为当事人保密、气氛友好、裁决结果公正合理等优点。

（四）诉　讼

诉讼俗称"打官司"，一方当事人向法院起诉，控告另一方有违法违约行为，要求法院依法给予救济或惩处另一方当事人。基于合同关系而产生的争议案件，在诉讼时，一方当事人一般要求另一方当事人以赔偿经济损失或支付违约金的方式承担违约责任。

强制管辖是诉讼的基本原则，即除非当事人另有明确有效的仲裁协议排除法院的管辖权外，法院可按管辖权限受理任何类型的争议，而不论当事人是否愿意接受法院管辖。因此，强制性的特点决定了诉讼方式可以作为当事人在用其他方式不能奏效的情况下解决争议的最终选择。

诉讼方式解决争议的局限性在于：立案时间长，程序复杂；诉讼是强制性的，只要一方向法院起诉，另一方就得应诉，如不出庭应诉，法庭仍将缺席判决；诉讼费用高；法院判决的结果未必公平合理。

按照我国《民事诉讼法》的规定，我国有权受理涉外诉讼案件的法院为中级以上的人民法院。

以上四种解决争议的方式，可结合争议案件的实际情况灵活选择。一般来说，对外贸易各方在解决争议时应本着"仲裁优于诉讼，调解优于仲裁，而防止争议胜过调解，尽量友好协商"的原则行事。

二、仲　裁

（一）仲裁的含义和特点

仲裁（arbitration）是指买卖双方在争议发生之前或发生之后，签订书面协议，自愿将有关争议提交双方所同意的仲裁机构进行裁决。这个裁决是终局性的，对双方都有约束力，双方必须遵照执行。

仲裁与诉讼等解决争议的方式相比，有如下特点：

（1）仲裁以双方当事人自愿为原则，双方须达成仲裁协议。仲裁机构不得受理当事人之间没有仲裁协议的争议。

（2）双方当事人均有在仲裁机构挑选仲裁员的权利。这是与诉讼解决争议有重大区别的一个特点，也是保证仲裁裁决公正合理的一项重要举措。

（3）仲裁裁决是一裁终局的，而且可以在另一个国家生效或执行。相对于诉讼而言，仲裁一裁终局的特点减少了解决争议的环节，提高了解决争议的效率。

（4）仲裁程序简便，费用较低，处理迅速，有利于双方今后交易的开展。国际贸易的双方在出现争议后，都力求在公平的前提下尽可能迅速地解决争议；同时，即使出现争议，双方也有可能在今后开展业务。仲裁解决争议的气氛相对于诉讼较为平和，有利于双方以后的进一步合作。

（二）仲裁协议的形式和作用

仲裁协议是买卖双方当事人自愿将争议提交仲裁机构裁决的书面表示，是申请仲裁的必备材料。仲裁协议必须建立在自愿、协商、平等互利的基础之上，不允许一方强加于另一方。在发生争议的双方中，任何一方申请仲裁，都必须提交双方当事人达成的仲裁协议。

1. 仲裁协议的形式

仲裁协议必须是书面的，它有以下两种形式：

（1）合同中的仲裁条款（arbitration clause）。这是指在争议发生之前，合同双方当事人在买卖合同中订立的仲裁条款。

（2）提交仲裁协议（submission）。这是指由双方当事人在争议发生之后订立的自愿将争议提交仲裁的协议。

虽然仲裁协议的形式有所不同，但其法律作用和效力是相同的。

2. 仲裁协议的作用

（1）表明双方在发生争议时自愿提交仲裁。

（2）约束双方当事人在协商或调解不成时，只能以仲裁方式解决争议，不得向法院起诉。

（3）排除法院对有关案件的管辖权，使仲裁机构取得对争议案件的管辖权。

（三）仲裁形式和仲裁机构

1. 仲裁形式

仲裁有临时仲裁和机构仲裁两种形式。

（1）临时仲裁。临时仲裁是指由争议双方共同指定的仲裁员组成临时仲裁庭所进行的仲裁。临时仲裁庭是为审理某一具体案件而组成的，案件审理完毕，仲裁庭自行解散。仲裁起源于临时仲裁。

（2）机构仲裁。机构仲裁是指由双方当事人约定的常设仲裁机构，按照其仲裁规则或双方当事人选定的仲裁规则所进行的仲裁。所谓常设仲裁机构，是指根据一国法律或有关规定设立的，有固定名称、地址、仲裁员设置和具备仲裁规则的仲裁机构。一般来说，双方当事人约定由哪个常设仲裁机构仲裁，就应按该机构的仲裁规则进行仲裁。但有的国家也允许双方当事人自由选用他们认为合适的其他仲裁规则。国际商事仲裁大多采用机构仲裁。

2. 仲裁机构

世界上有许多国家、地区和一些国际组织都设有专门从事处理国际商事纠纷，进行有关仲裁的管理和组织工作的常设仲裁机构。比较著名的有瑞典斯德哥尔摩商事仲裁院、瑞士苏黎世商会仲裁院、英国伦敦国际仲裁院、美国仲裁协会、日本国际商事仲裁协会、设在巴黎的国际商会仲裁院以及我国香港地区的香港国际仲裁中心等。这些常设的仲裁机构基本上都与我国内地仲裁机构有业务联系，在仲裁业务中进行过合作。

我国常设的涉外商事仲裁机构是中国国际经济贸易仲裁委员会和中国海事仲裁委员会，它们均隶属于中国国际贸易促进委员会。中国国际经济贸易仲裁委员会设在北京，在深圳和上海分别设有分会。根据1995年10月1日起施行的《中国国际经济贸易仲裁委员会仲裁规则》，它受理争议的范围为产生于国际或涉外的契约性或非契约性的经济贸易争议。我国各外贸企业在订立国际货物买卖合同中的仲裁条款时，如双方同意在我国仲裁，都订立有由中国国际经济贸易仲裁委员会仲裁的条款。

（四）仲裁程序

仲裁程序是指进行仲裁的手续、步骤和做法，主要包括仲裁申请、仲裁庭的组成、仲裁审理及其裁决。各国仲裁法和仲裁机构的仲裁规则都对仲裁程序有明确的规定。下面以我国仲裁规则的有关规定为主，介绍仲裁的基本程序。

1. 仲裁申请

仲裁申请是仲裁程序开始的首要手续，是仲裁机构立案受理的前提。

对申请书的内容，各国的法律规定并不一致。根据《中国国际经济贸易仲裁委员会仲裁规则》，我国仲裁机构受理争议案件的依据是双方当事人的仲裁协议和一方当事人（申诉方）的书面申请。申请书的主要内容为：申请人和被申请人的名称和住址；申请人所依据的仲裁协议；案情和争议要点；申请人的要求所依据的事实和根据。

申请人提交仲裁申请书时还应附有关证明文件抄本，如合同、往来函电等的正本或副本，并预交规定的仲裁费。

仲裁机构收到仲裁申请书后，首先审查仲裁协议是否合法，争议是否属于仲裁协议范围，该争议是否被处理过，以及时效是否过期等。其次经审查认为申请人申请仲裁的手续完备，即予立案，并立即向被申请人发出仲裁通知，将仲裁申请书及其附件连同仲裁机构的仲裁规则、仲裁员名册和仲裁费用表各一份发送给被申请人。仲裁程序自仲裁机构发出仲裁通知之日起开始。

2. 仲裁庭的组成

争议案件提交仲裁后，是由争议的双方所指定的仲裁员所组成的仲裁庭进行审理并做出裁决的。我国《仲裁法》规定，仲裁庭可以由3名仲裁员或者1名仲裁员组成。由3名仲裁员组成的，设首席仲裁员。

我国仲裁规则规定，申请人于提交仲裁申请书的同时指定仲裁员，被诉人也应选出一名仲裁员。首席仲裁员由双方当事人共同选定或者共同委托仲裁委员会主任指定。双方当事人指定仲裁员后，即由仲裁员组成仲裁庭，着手对争议案件进行审理。

3. 仲裁审理

仲裁庭审理争议案件的步骤很多，其中包括开庭审理、调解、搜集证据和调查事实（必要时）、采取保全措施以及做出裁决等步骤。

（1）开庭。仲裁庭审理案例有两种形式：一是开庭审理；二是书面审理。我国仲裁规则规定，除非双方当事人申请或征得双方当事人同意书面审理，仲裁庭应当开庭审理。开庭的地点，根据我国的相关规定，应在仲裁委员会所在地。必要时，经仲裁委员会主席批准，也可以在我国的其他地方进行。开庭日期一般由仲裁庭与仲裁委员会秘书局协商决定后，由秘书局于开庭前30天通知双方当事人。当事人有正当理由的，可以请求延期。

仲裁庭开庭审理案件不公开进行，如果双方当事人要求公开审理，由仲裁庭做出是否公开审理的决定。审理前，仲裁庭可要求当事人提出书面说明，被诉人可提出反诉。开庭时，如果一方当事人不出庭，仲裁庭可按照另一方当事人的申请，进行审理或裁决。

（2）调解。采用仲裁与调解相结合的方法解决争议是我国涉外仲裁的一个重要特点。在审理案件时，随时都得注意进行调解解决争议的可能性。在争议裁决前，只要双方当事人取得和解，该案就可撤销。但调解不是仲裁的必要程序。

（3）收集、审定证据。在仲裁审理过程中，当事人双方应对其申请、答辩或反请求所依据的事实提出证据并由仲裁庭审定。仲裁庭认为必要时，可以自行调查事实和搜集证据，也可以就案件中的专门问题请有关专家或指定鉴定人进行鉴定。

（4）采取保全措施。保全措施又称为临时性保护措施，是指在仲裁开始后到做出裁决前此期间，对有关当事人的财产所做的一种临时性强制措施。根据我国的仲裁规则，如当事人申请采取财产保全措施，仲裁委员会应当将当事人的申请提交被申请人住所地或其财产所在地的中级人民法院做出裁定。

4. 仲裁裁决

裁决是仲裁程序的最后一个步骤。裁决做出后，审理程序即告终结。

根据各国仲裁规则的规定，仲裁裁决必须以书面形式做出。仲裁裁决是终局性的，双方当事人均不可以向法院起诉要求变更。

5. 仲裁裁决的承认与执行

裁决的承认是指法院根据当事人的申请，依法确认仲裁裁决具有可予执行的法律效力。裁决的执行是指当事人自动履行裁决事项或法院根据一方当事人的申请依法强制另一方当事人执行裁决事项。仲裁裁决的承认与执行涉及一个国家的仲裁机构所做出的裁决要由另一个国家的执行机构去执行的问题。由于仲裁机构未被赋予强制执行的权力，因此，国外的当事人一方拒不执行仲裁裁决，仲裁机构则无能为力。

为了解决在执行外国仲裁裁决问题上产生的矛盾，在联合国的主持下，于1958年在纽约缔结的《承认和执行外国仲裁裁决公约》（简称《1958年纽约公约》）是这方面的一个最重要的国际公约。我国于1987年1月22日加入此公约，并做了"互惠保留"和"商事保留"。该公约强调两点：一是承认双方当事人所签订的仲裁协议有效；二是根据仲裁协议所做出的仲裁裁决，缔约国应承认其效力，并有义务执行。

（五）合同中的仲裁条款

合同中的仲裁条款通常要规定以下内容：提请仲裁的争议范围，以确定仲裁机构对各种争议的管辖权；仲裁地点、仲裁机构、仲裁规则、仲裁程序和仲裁效力等。其中焦点是仲裁地点，因为在不同的地点仲裁，所引用的法律惯例不一样，最终的裁决结果也可能不一样。因此，在商定仲裁条款时，双方都力争在本国仲裁。我国对仲裁地点的原则：首先争取在我国仲裁；其次争取在被诉方所在国仲裁；最后是到第三国仲裁。

本章小结

本章主要介绍了货物检验、违约索赔、不可抗力和仲裁这几种国际贸易条件。

进出口商品的检验或者受国家法律、法规规定强制进行，或者按贸易合同实施。合同中的商品检验条款除了规定商品检验的内容、要求外，主要规定了商品检验的时间和地点、商品检验证书及出证机构、买方复验的期限等。为了保证贸易双方的利益，商品检验条款应尽可能订得严密些。

违约的不同性质决定了对违约方的处理方法。但有一点是基本的，即受损方享有向违约方索赔的权利。为了明确受损方的权利，必须在合同中订立索赔条款。它主要是针对卖方交货不符合合同规定而订立的。条款内容包括索赔的依据、索赔的办法、索赔的期限等。

违约方是否可以免除赔偿对方的损失，要看他的违约是否遭受了不可抗力事件，合同中是否订有不可抗力条款等。由于不可抗力条款是免责条款，因此，对不可抗力事件范围的规定、对事件发生后如何处理合同、如何通知对方、如何向对方证明事件的真实性的规定就显得非常重要，这些在合同中必须明确规定。

在国际贸易活动中，发生争议是难免的，解决好争议是贸易双方开展贸易活动的重要条件。解决争议的方法很多，它们各有利弊。但在实践中，仲裁往往成为解决争议最常用的方法。争议双方必须有仲裁协议才能向仲裁机构提出仲裁。仲裁协议包括对仲裁地点、仲裁机构、仲裁规则、仲裁效力的规定等。

基本概念

法定检验　争议　根本违反合同　索赔　不可抗力　仲裁

模拟测试

一、名词解释

法定检验　异议与索赔条款　索赔　不可抗力　仲裁

二、判断题

1. 一方违反合同，没有违约一方所能得到的损失赔偿金额最多不超过违约方在订立合同时所能预见到的损失金额。（　　　）
2. 在国际货物买卖合同中，罚金和赔偿损失是一回事。（　　　）
3. 援引不可抗力条款的法律后果是撤销合同或推迟合同的履行。（　　　）
4. 买卖双方为解决争议而提请仲裁时，必须向仲裁机构递交仲裁协议，否则仲裁机构不予受理。（　　　）
5. 仲裁协议必须由合同当事人在争议发生之前达成，否则不能提请仲裁。（　　　）
6. 根据我国现行做法，对外订立仲裁条款时应争取在我国仲裁，如对方不同意，也可接受

在被告国仲裁。（　　）

7. 若合同中无规定索赔条款，买方便无权提出索赔。（　　）

8. 凡是出口商品，都必须通过国家商检机构检验才能出口。（　　）

9. 在进出口业务中，进口人收货后发现货物与合同规定不符时，在任何时候都可以向供货方索赔。（　　）

10. 申请国际仲裁的双方当事人应事先订有仲裁协议，而向法院诉讼无须事先征得对方同意。（　　）

11. 一旦发生不可抗力事故，遭遇事故方只有征得对方同意才能不执行合同。（　　）

12. 根据各国法律和有关公约的规定，买方对货物具有强制性的检验权。（　　）

三、简答题

1. 我国商检机构的检验依据是什么？
2. 索赔和理赔应注意哪些问题？
3. 仲裁的特点有哪些？
4. 国际货物买卖中的仲裁协议有何作用？

四、案例分析题

1. 我方某公司与新加坡一公司以 CIF 新加坡的条件出口一批土产品，订约时我公司已知道该批货物要转销美国。货到新加坡后，立即转运美国。其后，新加坡的买主凭美国商检机构签发的在美国检验的证明书，向我公司提出索赔。

请问：我方公司应如何对待美国的检验证书？为什么？

2. 某年夏季，我国南方发生特大洪水灾害，在此之前外贸企业与外商订有 3 份大米合同，合同的商品名称分别为"太湖大米""在××仓库存放的江苏大米""中国大米"，七八月份交货。

请就以上情况分别说明我方如何向外方提出免责要求。

第九章 进出口交易磋商与合同的签订

【学习目标】

了解国际货物买卖交易前的准备工作；掌握交易磋商的四个环节，以及每个环节应注意的问题及其在实际业务中的应用；掌握书面合同的法律意义及合同的结构。

【案例导入】

某年9月1日，我国A公司对英国B公司发出电报："售山东花生1500公吨，手拣不分等级，FOB连云港每公吨528美元，12月装船，即期不可撤销信用证支付，限10日复到。"9月5日，A公司收到对方于4日发出的回电，内容为："接受你1日电，价格515美元。"A公司正在考虑是否接受对方的降价要求时，9月7日又收到B公司于6日发出的电报："取消我4日电，接受你1日电。"这时，花生出口价格开始大幅度上扬。A公司考虑到对方已经拒绝了自己1日的发盘，故未做答复。12月底，B公司要求A公司按合同约定交货，A公司认为双方之间并不存在合同关系，而B公司则辩称，自己是在A公司规定的有效期内做出了接受的表示，合同关系已经成立。

在本案中，双方之间是否存在合同关系？

分析：在对外贸易磋商过程中，判断双方之间是否存在合同关系的关键是，双方的磋商中是否存在有效的发盘和接受，这两个环节是合同成立的必备环节，缺一不可。

1. A公司1日电报，明确报出了品名、品质、数量、价格、交货期以及支付方式，按照公约要求的条件，是一项有效的发盘。

2. B公司4日的电报虽然明示了接受的意向，但不能构成有效的接受。因为B在表示接受时，要求将价格由A发盘中的528美元降低为515美元。按照公约的规定："有关货物价格、付款、货物质量和数量、交货地点和时间、一方当事人对另一方当事人的赔偿责任范围或解决争端等的添加或不同条件，均视为在实质上变更发盘的条件。"据此，B的该项意思表示应视为还盘，同时构成对A的新的发盘。

3. 至于B公司9月6日的电报，具有双重性质：

（1）B公司表示撤销自己4日发出的电报，应视为撤销自己4日的发盘。尽管英美法系关于发盘的撤销的理解和我们有很大区别，但在本案中，由于A公司尚未作出任何表示，无论是按照公约还是按英美法的规定，B都可以撤销自己4日的发盘。

（2）B所做出的"接受你1日电"的意思表示，不能视作有效的接受。虽然该意思表示是在10日前复到的，但是A公司1日的发盘已经因为B公司4日的还盘而告失效，其效力已经终止，在法律上对A已经没有任何约束力。

（3）同时，B"接受你1日电"的意思表示，应视为B对A发出的第二份新的发盘，其交易条件和A公司1日发盘的内容相同。

根据以上分析，因为只有B公司9月6日对A的发盘，而没有A公司的有效接受，所以双方之间并不存在合同关系。

国际贸易的当事人分处不同的国家和地区，遵循不同的法律制度。所以在交易磋商前，需要有针对性地做好各方面的准备工作。在交易磋商过程中，要注意不同国家和地区对发盘、接受等磋商环节理解上的差异，合理利用各种磋商技巧争取和维护自身利益。外贸业务人员还需要熟悉我国进出口贸易中经常使用的合同形式及内容，以保证合同的顺利签订和履行。

第一节 交易磋商前的准备

交易磋商前的准备是交易磋商能否顺利进行的保证，也是履行合同的基础。国际市场的情况变幻莫测，错综复杂，为了顺利地磋商和签订合同，无论进口还是出口，都要做好交易前的各项准备工作。

一、出口交易前的准备工作

在洽商出口交易前，出口方应进行以下几项工作：

1. 选择销售市场及交易对象

出口商必须进行深入的市场调研，广泛收集国外市场资料，了解特定市场的人口、气候、语言、度量衡制度，摸清消费者的购买能力与消费习惯、消费水平，还要调查特定商品在该市场是否适销，是否存在代用品的竞争，是否具有价格优势及价格变动趋势等问题。此外，还要对市场所在地的进口管制、外汇管制及海关制度等情况做出认真分析，这样才有可能选择一个较为适当的销售市场。

选择交易对象时，出口商应通过与客户的直接接触，或通过政府机构、银行、商会、咨询公司等多种渠道全面了解客户的政治背景、政治态度、资信状况及其经营范围、经营能力、经营作风，从而选择政治上友好、资信状况良好、经营能力较强的客户作为交易对象，并与之建立稳定的贸易关系。此外，还要注意不断扩大客户的数量，以避免对少数客户的过分依赖。

2. 制定出口商品经营方案

出口商品经营方案是在一定时期内对外推销某种或某类商品的具体安排，是对外洽商交易的依据。其主要内容包括国内货源情况，国外市场情况，有关国家或地区的进口管制和关税情况，对其他国家和地区出口计划的初步安排，对客户、贸易方式、运输方式、收汇方式的选择，对价格与佣金的掌握以及对出口经济效益的核算。另外，还要对出口过程中可能遇到的问题做出估计，并提出解决关键问题的方法。

核算出口经济效益是为了帮助出口商判断出口是否有利，从而决定是否出口、出口多少以及如何掌握出口商品的价格。在核算中最常用的两个指标是出口盈亏率与出口换汇成本。出口换汇成本越高，出口商品的盈利率越低或亏损率越高；若换汇成本降低，则出口赢利率提高或亏损率降低。对同类商品不同时期的出口盈亏率和换汇成本进行比较，有助于出口商改进经营管理；而对同类商品出口到不同国家和地区的出口盈亏率与换汇成本进行比较，则可以为市场选择提供依据。

国际贸易中的价格主要由成本、费用和利润三部分组成。成本是整个价格的核心，是出口企业或外贸公司为出口商品进行生产、加工或采购所产生的生产成本、加工成本或采购成本。

在对外报价时,都以实际采购成本来核算价格。费用主要包括国内费用和国外费用两部分。其中,国内费用主要包括包装费、仓储费、港口费、国内运费等,国外费用主要包括出口运费、出口保险费等。利润是卖方的预期利润,即以成交额为基础,以一定的百分比计算出来的卖方收益。因此,价格核算是出口业务的关键环节,直接关系到卖方的利益。掌握价格核算,能保证对外报价的合理性。

另外应注意,对大宗或重点推销的商品,通常要逐个制定经营方案,对一般商品则按大类制定经营方案,对一些中小商品或成交额不大的商品,仅需制定简单的价格方案。

3. 做好出口商品的广告宣传

出口商可以通过委托国外的代理人或广告商,或自己通过广播、电视、报刊等大众传播媒介,或通过举办展览、印发宣传品等各种方式,将产品的用途及突出特点介绍给特定市场上的消费者,力求加深消费者对商品的印象。目前,许多企业都采用在本企业的网站上发布自己的产品和服务信息,这种方式方便、快捷、传播面广,已经成为企业宣传的主要方式。

二、进口交易前的准备工作

1. 选择采购市场与供货商

选择采购市场时,应比较不同国家和地区生产技术与工艺的先进程度及产品的性能,以便选择购买适合我国需要、价格合理的商品。选择供货商也适用选择出口交易对象的原则,同时应特别注意对方所提供的商品是否先进、适用,交易条件是否对我方有利,从而从众多的供货人中选择最理想的供货对象。

2. 制定进口商品经营方案

进口商品经营方案是为了完成进口任务而确定的各项具体安排,是外贸企业对外采购商品的主要依据。凡涉及大宗或重要商品的进口,一般都要在交易前制定进口经营方案,根据商品的特点、国内要货情况、国际市场价格走势及进口企业的资金情况,对订货数量、交货时间、采购市场、供货商、贸易方式做出适当安排,对价格及其他交易条件做出初步规定,并对经济效益进行核算。如果因为掌握的资料有限,难以在交易开始之前制定出完整的进口经营方案,也可以在交易磋商的过程中制订或完善该方案。对中小商品的进口,一般只制定一个比较简单的价格方案。

应注意的是,有些商品是受国家进口管制的,必须先从有关机构取得进口许可证,方能办理有关进口手续。另外,如果国内用货企业还没有自营进口的权利,则它们必须先与有进口经营权的企业签订代理进口的合同,由后者代其进口所需商品。

第二节 交易磋商的形式、内容和程序

一、交易磋商概述

(一)交易磋商的含义和意义

交易磋商(business negotiation)又称为交易洽商,即我们通常说的国际商务谈判,是指进

口（出口）企业为购买（出售）某项货物与国外客户就各项交易条件进行洽商，以期达成协议的过程。交易磋商是以成立合同为目的的，一旦双方对各项交易条件协商一致，买卖合同即告成立。交易磋商的过程也就是合同成立的过程。磋商是合同订立的基础，合同是磋商的结果。交易磋商决定交易的成败和合同质量的高低，也直接关系到外贸企业的经济利益，是进出口业务中最重要的环节之一。

（二）交易磋商的形式

在国际货物买卖中，交易双方围绕交易条件进行的交易磋商是合同成立的前置程序，也是交易双方争取自身利益的重要环节。磋商的方式可以是口头的，也可以是书面的。交易磋商还可以直接通过计算机在国际互联网上进行。

1. 口头磋商

口头磋商是指买卖双方在谈判桌上面对面或通过电话直接进行业务协商，如参加交易会、洽谈会，邀请客户来访，电话洽谈等。对于谈判内容复杂、涉及问题较多的交易，采用口头磋商的方式较好。当然，要较好地进行口头磋商，就要求业务人员具备良好的专业素质和较强的分析、判断和应变能力，及时分析和掌握对手的心理活动，并能根据磋商过程中形式的变化，调整磋商策略，时刻争取主动，把握成交机会。

2. 书面磋商

书面磋商是指买卖双方通过信函、电报或电传、传真和电子邮件等通信方式进行业务洽商。随着现代通信技术的发展，书面磋商具有简便易行、费用低廉的特点，逐渐成为国际贸易中经常使用的一种最主要的磋商方式。书面磋商与合同有着密切的关系，双方一达成协议就会具有实际的法律效力。所以，要求业务人员认真对待每一项书面磋商，重视每项内容，对每个词、每句话都必须仔细推敲，不能出现丝毫差错，以免造成不应有的损失。

一般来说，一项协议的达成需要口头磋商和书面磋商的交叉使用。首先，交易双方经过书面磋商，初步达成意向；其次，采用口头磋商的形式对许多细节进行实质性的探讨，确定具体交易条件；最后，签订书面合同。

（三）交易磋商的内容

交易磋商的具体内容就是合同中应包含的内容，一般包括两部分：一部分是带有变动性的主要交易条件，如货物的品名、品质、数量、包装、价格、装运、支付方式等。这些交易条件会因每笔交易的不同而不同。另一部分是相对固定的交易条件，称为一般交易条件，如保险、商检、索赔、仲裁、不可抗力等。

在实际业务中，不是每次洽商都需要逐一商讨这些条款。因为普通商品交易一般都使用固定格式的贸易合同，而条款中的商检、索赔、仲裁、不可抗力等通常作为一般交易条件都印在合同中，只要对方没有异议，就不必进行协商。同时，由于许多老客户之间事先已就一般交易条件达成协议或形成了一些习惯做法，或者已订长期的贸易协议，因此不一定需要在每笔交易中对各项条款一一重新协商。这对于加速磋商的进程，节约费用开支都是有益的。

在国际贸易中，交易磋商是一项很复杂的工作，因为交易双方分属不同的国家或地区，彼此有着不同的社会制度、政治制度、法律体系、经济体制和贸易习惯，有着不同的文化背景、价值观念、信仰和民族习惯。因此，了解交易磋商的基本内容对进行国际贸易有着重要的作用。

（四）交易磋商的程序

交易磋商一般包括询盘、发盘、还盘、接受四个环节，其中发盘与接受是达成交易在法律上所必需的两个环节。

1. 询　盘

询盘（inquiry）是指交易的一方为购买或销售货物而向对方提出的有关交易条件的询问。询盘通常由买方发出，一般被称为"邀请发盘"。它也可以由卖方发出，习惯上将其称为"邀请递盘"。询盘往往是交易的起点，但并不是交易磋商的必经阶段。

询盘的内容可涉及价格、规格、品质、数量、包装、装运以及索取样品，或提出一些主要交易条件，或只询问价格。询盘的主要目的是表达进行交易的一种愿望，希望对方接到询盘后及时发出有效的发盘，以便考虑可否进行交易。

询盘人发出询盘的目的有时只是为了了解市场行情，有时则是为了表达与对方成交的愿望，希望对方能及时发盘。询盘中涉及的交易条件往往不够明确或带有某些保留条件，因此，它对询盘人与被询盘人都没有法律上的约束力。若被询盘人愿与询盘人成交，还需要同对方进行进一步的洽商。应注意的是，一方面，询盘人应同时选择几个客户进行询盘，以便择优成交；另一方面，询盘人也不能对外滥发询盘，否则可能给自己造成价格上的损失。

询盘实例：

（1）邀请对方发盘：

请报五菱牌 S195 柴油机 500 台 FCA 上海港最低价六七月份装船。

PLEASE QUOTE 500 UNITS OF WULING S195 DIESELENGINE LOWEST PRICE FCA SHANGHAI PORT JUNE JULY SHIPMENT.

（2）交易条件不完整的发盘邀请：

报价 41 000 每码 2.40 港元 CIF 新加坡。

QUOTE 41000 HKDOLLARS 2.40 PER YARD CIF SINGAPORE.

（3）交易条件不明确的发盘邀请：

ART304（货号）参考价每吨 500 美元 CIF 纽约。

ART 304 REFERENCE PRICE USD 500 PER M/T CIF NEW YORK.

（4）交易条件完整、明确，但不是终局的：

你 3 日电发盘 41000 84000 码布每码 2.40 港元 CIF 新加坡 2013 年 3 月装不可撤销即期信用证以我方最后确认为准。

YOURS THIRD OFFER SUBJECT OUR FINAL CONFIRMATION 41000 84000 YDS CLOTH BALES HKD2.40 PER YD CIF SINGAPORE SHIPMENT MARCH 2013 IRREVOCABLE SIGHT CREDIT.

在实际业务中，如我方做出发盘的邀请，必须明确发盘的邀请性质，不使对方误认为是发盘。在有些情况下，两者往往不易分辨。为了避免可能发生的误解和纠纷，在对外发盘时，至少应尽量对品质、数量、包装、价格、交货和支付等项重要交易条件与对方明确谈定。如系发盘的邀请，则应在口头语言或书面文字上写明是否发盘性质。根据《联合国国际货物销售合同公约》及某些国家法律的规定，发盘中所列交易条件的完整性，并不以包含所有各项主要交易条件为准。因此，在一定情况下，不能认为少列某一项或几项主要交易条件就不是发盘，而为发盘的邀请。同样，在对待外商的来电来函或口头订约建议，也不能以为少列一项或几项主要交易条件就必须是发盘的邀请。另外，还应注意，在发盘的邀请里，不应规定有效期。如果规定了有效期，就有可能被对方作为发盘处理。但也有例外，如招标方式，一般就规定有投标的期限，即投标人做出发盘的期限。

2. 发　盘

发盘（offer）又叫发价、报盘、报价，是交易的一方向另一方提出各项交易条件，并愿意按这些条件与对方达成交易、签订合同的意思表示。发出发盘的一方是发盘人，收到发盘的一方则被称为受盘人。

发盘往往是发盘人在收到对方询盘后发出的，但也可以在未收到询盘的情况下由发盘人直接对受盘人发出。在实际业务中，发盘大多由卖方发出，少数由买方发出。由买方发出的发盘习惯上被称为"递盘"（bid）。

发盘具有法律效力。在发盘有效期内，发盘人不能任意撤销或修改其内容。若受盘人在有效期内对该发盘表示无条件接受，发盘人就必须按发盘条件与其成交、签订合同，否则即为违约，要承担相应的法律责任。

3. 还　盘

还盘（counter offer）又称还价，是受盘人对发盘条件不能完全同意而对原发盘提出相应的修改或变更的意见。还盘是对原发盘的拒绝，也是受盘人对原发盘人做出的一项新的发盘，只是内容较一般的发盘简单，只涉及受盘人要求修改的部分。例如：

你 4 日电还盘 12 600 码 1 月装 2.20 港元 CIFC3D/P 即期限 9 日复到。

YOURS FOURTH COUNTER OFFER 12600 YARDS JANUARY SHIPMENT HKDOLLARS 2.20 CIFC3 D/P SIGHT SUBJECT REPLY NINTH HERE.

还盘的形式可以明确使用"还盘"（counter offer）字样，也可以不使用而在内容中表示出对发盘的修改，这样也构成还盘。

还盘可以针对价格，也可以针对数量、支付方式、交货期等重要条件提出修改意见。一方在接到对方的还盘后，可以表示接受，也可以进行再还盘，即针对对方的还盘再提出修改意见。有时，一笔交易往往要经过许多回合才能达成。还盘使当事人的关系颠倒过来。因为还盘实质上是受盘人对发盘拒绝后，以发盘人的身份做出的一项新的发盘。一项发盘经还盘后，还盘人成为这项新发盘的发盘人，而原发盘人成为新发盘的受盘人。原发盘的效力经还盘后终止。新受盘人有权针对还盘的内容进行考虑，决定接受、拒绝或是再还盘。和拒绝一样，还盘人（即原受盘人）不得在还盘后再接受原来的发盘，即使在原发盘的有效期内也是如此，除非原发盘人表示同意。

还盘不是交易磋商的必经阶段。有时交易双方无需还盘即可成交；有时则要经过多次还盘才能对各项交易条件达成一致意见；有时虽经反复还盘，但终因双方分歧太大而不能成交。

4. 接　受

接受（acceptance）是交易的一方同意对方在发盘中所提出的交易条件，并以声明或行为表示愿意按这些条件与对方成交、签订合同。一般情况下，发盘一经接受，合同即告成立，对买卖双方都将产生约束力。

二、发盘和接受

（一）发　盘

1. 构成发盘的条件

《联合国国际货物销售合同公约》（以下简称《公约》）规定："向一个或一个以上特定的人提出的订立合同的建议，如果内容十分确定并且表明发价人在得到接受时承受约束的意旨，即构成发价。"据此，一项有效的发盘应具备以下条件：

（1）发盘必须向一个或一个以上特定的人提出。所谓"特定的人"是指在发盘中指明个人姓名或企业名称的受盘人。发盘必须指定可以表示接受的受盘人。受盘人可以是一个，也可以指定多个。不指定受盘人的发盘，称为"一般发盘"。这种发盘使用较少，一般只是一个发盘的邀请。例如，出口人向国外大批客户寄发商品目录，散发价目表，或在报刊上登载广告，向社会公众宣传介绍商品等，这些对出售者没有法律上的约束力。在实际业务中，为了防止发生误解，出口人在寄发商品目录、价目表时，最好注明"价格仅供参考"（the prices are for reference only）或"上列价格经确认为准"（the above prices are subject to confirmation）等保留条件。但是，如果出口人在采取上述方式时，明确地表示"在得到接受时承受约束"的意向，如广告中说明"在××年×月×日前按所列价格汇到价款，保证供货"，则将被视作"发盘"。

（2）表明承受约束的意旨。一项发盘必须明确表示或默示表明当受盘人做出接受承受约束的意旨。有时可以从发盘所用的有关术语加以表明。如有说明"发盘""发实盘"（offer firm）"实盘"（firm offer）"递盘"（bid）"递实盘"（bid Firm）"订购"（booking）或"订货"（order）等字样时，就表示发盘人肯定订约的意旨。但是否使用上述词句，并不是辨别对方是否具有"得到接受时承受约束的意旨"的唯一依据。有时上述意旨也可以默示地表明，那就要分析对方所做出的表示的整个内容，考虑与该发盘有关的一切情况、当事人确立的习惯做法以及当事人随后的行为等。

在实际业务中，如果对对方所做出的表示存在疑问，难以确定是否具有"承受约束的意旨"，则可采用快速通信方式加以澄清，而不能主观臆断。

（3）发盘的内容必须十分确定。发盘内容的确定表现为发盘中的交易条件必须是完整的、确定的和终局性（无保留的）的。这样，在它被受盘人接受时，合同才能成立。

所谓完整，是指在具体业务中，至少应包括商品的品质、数量、包装、价格、交货期和支付等六项主要交易条件。但是在实际业务中，一项发盘往往不是以上述所有主要交易条件完整的形式出现。之所以如此，是由于发盘中在表面上所缺少的某些主要交易条件，在一定情况下可以从其他方面予以确定，实际上是完整的。

发盘的主要交易条件表面上不完整，有三种情况：第一种情况是买卖双方事先订有"一般交易条件"的协议。这种协议中如果包括某些主要交易条件，那么发盘的内容可以简化。例如，在"一般交易条件"中已订明"支付方式：凭不可撤销即期信用证"，则就可以不在发盘中列明上述支付条件。第二种情况是援引双方来往函电及先前的合同，即在交易磋商中，发盘人在发盘时往往援引双方之间在过去或这一过程中来往的函电，或说明某些条件与先前达成的某一合同相同，借以省略发盘的内容（其主要目的是为了节约函电费用）。第三种情况是买卖双方在先前业务中已形成的某些习惯做法，这些习惯做法为双方所熟知。这样，在双方具有共同理解的基础上，发盘人在发盘中即使不列明这些条件，也不影响主要交易条件的完整性。如付款条件使用不可撤销即期信用证，价格条件习惯上使用美元 CIF 对方某港口等。在这些情况下，从表面上看，交易条件不完整，但实际上是完整的。

应注意的是，对发盘完整性的这种理解与《公约》的规定有所不同。按《公约》的规定，只要发盘中规定了交易商品以及数量与价格，或是确定了商品数量与价格的确定方法，该发盘就是完整的。虽然这种做法在法律上可行，但在实际业务中应以明确规定各项交易条件为好，这样不易产生纠纷，有利于交易的顺利进行。

所谓明确，是指交易条件不是含糊的、模棱两可的。如对价格的规定，注明"参考价"（reference price），或"指示性价格"（price indication），或对交货期规定为："大约 9 月份"（about september）等，这些交易条件都是不明确的，从而使发盘成为不确定。

一项确定的发盘，还要求对其所规定的各项交易条件是终局性的，即没有任何保留条件和限制性条件。如有"以我方确认为准"（subject to our confirmation）"以未售出为准"（subject to priorsale）等条件，则不能视为一项确定的发盘。但有时也采用规定以后如何确定的办法。例如："黄豆，大路货，含油量 60%，每公吨 CIF 伦敦 200 英镑。装运时的含油量每高出或低于 1%，则分别增或减 5 英镑；不足 1%时，按比例增或减。"含有这样规定的发盘仍然是终局的。

一项有效的发盘在内容上必须同时具备完整、明确、终局性等特点，否则便不能构成真正的发盘，而只能作为邀请发盘。

（4）发盘必须送达受盘人。发盘于送达受盘人时才生效，在此之前，即使受盘人已通过其他途径知道了发盘的内容，也不能在收到发盘前主动对该发盘表示接受。

以上构成了有效发盘的四个条件，也是考查发盘是否具有法律效力的标准。若不能同时满足这四个条件，即使在发盘上注明"实盘"或类似字样，也不能使发盘具有法律约束力。

2. 对发盘有效期的规定

发盘都有一个有效期，只有在有效期内，受盘人对发盘的接受才有效，发盘人才承担按发盘条件与受盘人成交的责任。可见，对发盘有效期的规定是非常重要的，它直接关系到交易双方的权利、责任及风险。对发盘有效期的规定有以下几种情况：

（1）在发盘中明确规定有效期。在实际业务中，常见的明确规定发盘有效期的方法主要有：

① 规定最迟接受的期限。例如：

发盘有效至 10 日……

OFFER SUBJECT REPLY TENTH…

发盘有效至 10 日……

OFFER VALID TILL TENTH…

由于在国际贸易中，买卖双方往往远隔两地，彼此所在地的时间大多存在时差，为了进一步明确失效的时间标准，在规定最迟接受的期限时，通常同时限定以答复到达发盘人或以发盘人所在地时间为准。例如：

发盘限 10 日复到此地……

OFFER SUBJECT REPLY REACHING HERE TENTH…

发盘有效至 10 日下午四时北京时间……

OFFER VALID UNTIL TENTH FOUR PM BEIJING TIME…

按照上列有效期的规定，受盘人必须将其表示接受的答复，在发盘人所在地的时间内送达发盘人才能有效，而且应以发盘人所在地的标准时间为准。

② 规定一段接受的期限。例如：

发盘有效三天……

OFFER VALID THREE DAYS…

上述规定方法存在着一个如何计算"一段接受期间"的起讫问题。根据《公约》的规定：发盘人在电报或信件中订立的一段接受期间，从电报交发时刻或信上载明的发信日期起算。如信上未载明发信日期，则从信封上所载日期起算。发盘人用电话、电传或其他可立即传达到对方的方法做出发盘，并订立一段接受期间，从发盘到达受盘人时起算；在计算一段接受期间时，这段期间内的正式假日或非营业日应计算在内。但是，如果接受通知在接受期间的最后一天未能送达发盘人的地址，因为那天在发盘人的营业所在地是正式假日或非营业日，则这段期间应顺延至下一个营业日。

由于发盘人在有效期内不能任意撤销或修改发盘，因此应特别注意对有效期长度的规定。若有效期过长，发盘人要承担很大的价格变动的风险；若有效期过短，受盘人考虑时间不足，不利于成交。一般来说，规定发盘有效期时要充分考虑商品及所采用的通信方式的特点。对成交量大、价格变动频繁的商品，有效期应定得比较短；反之，有效期可以稍长。另外，若交易双方以信函方式联系，由于要包括往返邮程，有效期也应规定得稍长一些。

（2）在发盘中对有效期不做明确规定。由于有效期不是有效发盘的必要条件，发盘可以不对有效期做明确规定。例如：

发盘……复 OFFER…REPLY

发盘……电复 OFFER…CABLE REPLY

发盘……即复 OFFER…REPLY PROMPT

发盘……速复 OFFER…REPLY IMMEDIATELY

发盘……急复 OFFER…REPLY URGENTLY

这时，按国际惯例，发盘在合理时间（reasonable time）内接受有效。对"合理时间"，国际上并没有统一规定，一般要由商品的特点和行业习惯或习惯做法决定。对于市场行情稳定的商品，有效期通常可以规定得较长，反之则较短。

上述所谓发盘有效期的"合理时间"究竟有多长，以及怎样才算"迅速""立即""紧急"等，各国并无明确规定或解释。一般来说，合理时间的长短，取决于各种实际情况。而有关买卖货物的性质是重要因素，凡在国际市场上价格波动频繁的，发盘的有效时间理应短一些；而对市价比较稳定的货物，则可长一些。至于具体时间的长短，一般视不同货物的行业惯例和习惯做法而定。另外，"合理时间"的确定与不同的传达方式有关。

为了避免买卖双方对"合理时间"理解不一致，进而引起纠纷，最好的办法是在一般交易条件协议中做出明确的规定。

（3）若发盘采用的是口头表达方式，则除非交易双方另有约定，受盘人必须立即表示接受才有效。

3. 发盘的撤回与撤销

（1）发盘的撤回。根据《公约》的规定，一项发盘在送达受盘人时才生效，在此之前，它对发盘人没有约束力。若发盘人在发出发盘后发现发盘有误，或由于其他原因想取消发盘，则他可以在发盘生效前将其撤回，但撤回发盘的通知应在发盘送达受盘人之前或与发盘同时到达受盘人。在现代通信技术发达的时代，贸易商都采用传真和电子邮件等方式进行发盘，撤回则无法实现，故须对发盘的内容做好事先周密的考虑。

（2）发盘的撤销。发盘的撤销与撤回不同，它是指发盘人在发盘生效后，通知受盘人取消发盘，解除自己在发盘项下所应承担的责任的行为。发盘人可否撤销发盘，各国法律规则不尽相同，概括起来可分为以下三种：

第一种，英美法系国家的法律认为：发盘在接受前的任何时候得予撤销。即使发盘声明为实盘或明确了有效期，或做了类似的规定也是如此。英国法律认为：只有经受盘人付出某种代价的发盘而且要求发盘人在一定时效内保证不撤销的发盘属于例外。美国《统一商法典》（1962年修订本）则规定：如发盘人是一商人，发盘规定的有效期不超过三个月，而且是由书面的并经发盘人签字，在有效期内不得撤销发盘。

第二种，大陆法系国家的法律认为：在发盘有效期内发盘人不得撤销发盘。《德国民法典》明文规定：订有具体有效期的发盘，在有效期内不得撤销，未规定具体有效期的发盘，按通常情况在可望得到答复以前（合理时间）不得撤销。

第三种，《公约》对两大法系的不同规则进行调和并做出了折中的规定：发盘，即使是不可撤销的，也可予以撤回，只要撤回的通知先于发盘或与发盘同时到达受盘人。但是，在下列情况下，发盘不得撤销，即使受盘人收到且尚未发出接受：发盘明确规定了有效期，或以其他方式表明它是不可撤销的；受盘人有理由信赖该项发盘是不可撤销的，并已本着对该发盘的信赖采取了行动。目前我国在对外贸易中关于发盘撤销也是依此原则办理的。

4. 发盘的失效

发盘可在一定条件下于任何时候被终止。发盘被终止可以有以下四种情况：

（1）在有效期内未被接受而过时。发盘可由于过期而失效。明确规定有效期的发盘，在有效期内，如未被受盘人接受而终止有效。未明确规定有效期的发盘，如在合理时间内未被接受而失效。

（2）被受盘人拒绝或还盘。发盘也可以由于被受盘人拒绝或还盘而终止。拒绝是指受盘人不同意发盘的条件而对发盘做出不接受的表示。例如：

你 10 日电不能接受。

YOURS TENTH UNACCEPTABLE.

你 15 日电抱歉无兴趣。

YOUR CABLE OF FIFTEENTH REGRET UNINTERESTED.

发盘一经受盘人拒绝，不论原定的有效期是否已经届满，发盘的效力即告终止。如果受盘人拒绝后又反悔，重新表示接受，除非发盘人表示同意，否则合同不能成立。但拒绝必须于拒绝通知到达发盘人时才生效。

除明示拒绝外，受盘人如果实质性修改了发盘的交易条件，即构成还盘，也将视为对原发盘的拒绝，从而导致发盘失效。

（3）不可抗力。非当事人所能控制的意外事故可以使发盘失效，如突然爆发的战争、火灾等事故致使发盘人无法与受盘人签约，发盘失效。

（4）法律的实施。发盘还可以因法律的实施而终止。例如，发盘可因发盘人或受盘人在发盘被接受前丧失行为能力（如死亡或精神失常），或因特定标的物的毁灭而失效。又如，在发盘人发盘后，政府宣布发盘中的商品禁止进口或禁止出口，该发盘即因进口或出口禁令的实施而终止有效。

（二）接　受

表示接受，一般用接受（accept）、同意（agree）和确认（confirm）等术语。

1. 构成一项有效接受的条件

（1）接受必须由特定的受盘人做出。这个条件实际上是与构成发盘的第一个条件相对应的。只有发盘中指定的受盘人才能对发盘表示接受，任何第三者对发盘的接受对发盘人都没有约束力，只能被认为是第三方对原发盘人做出了一项新的发盘。

（2）接受必须表示出来。接受必须由特定的受盘人表示出来，缄默或不采取任何行动不能构成接受。一般来说，对口头发盘要立即做出口头接受，对书面形式的发盘也要以书面形式表示接受。在表示接受时，往往要重述发盘中的主要交易条件，以免出现差错。另外，若交易双方已形成某种习惯做法，受盘人也可以采取某些行动对发盘表示接受。例如，卖方直接按发盘条件发运货物、买方立即开来信用证等。

（3）接受必须在发盘的有效期内做出并送达发盘人。发盘中往往规定发盘的有效期，发盘人只在这个期限内承担按发盘条件与受盘人成交的责任。若接受通知未能在发盘有效期或合理时间内送达发盘人，则该接受成为一项逾期接受，原则上对发盘人没有约束力，只相当于受盘人对原发盘人做出的一项新的发盘。

《公约》一方面阐述了这种观点，另一方面又进一步主张：一项逾期接受是否有效应取决于发盘人。如果发盘人认为逾期接受是可以接受的，并毫不延迟地以口头或书面形式通知受盘人，则该逾期接受有效；若一切情况表明，该接受在正常的传递速度下本应及时送达受盘人，则除非发盘人在收到该逾期接受时毫不延迟地以口头或书面方式通知受盘人原发盘已失效，该逾期接受就仍然有效。《公约》的这一规定，体现了现代商法所倡导的"鼓励交易"原则，有利于当事人之间合同的达成。

（4）接受的内容必须与发盘相一致。受盘人必须同意发盘的内容才能与发盘人成交，这也是接受的基本原则。如果受盘人在对发盘表示同意的同时，对发盘的内容进行了修改或提出了某些附加条件，则只能认为他拒绝了原发盘并构成一项还盘。

然而在实际业务中，受盘人往往需要对发盘做出某些添加、限制或修改。为促进成交，《公约》将接受中对发盘内容的修改分为实质性变更与非实质性变更。前者构成还盘，而后者除非由发盘人及时提出反对，不改变接受的效力。根据《公约》的规定："有关货物价格、付款、货物质量和数量、交货地点和时间、一方当事人对另一方当事人的赔偿责任范围或解决争端等的添加或不同条件，均视为在实质上变更发盘的条件。"除此之外，对发盘内容的变更，如要求提供某种单据、要求增加单据的份数、要求将货物分两批装运等，均属于非实质性变更。应注意的是，各国商人对实质性变更与非实质性变更的划分可能会有不同的理解，因此，只要对方对我方发盘的内容做了修改而我方又不能接受，就应立即表示反对，以免在以后造成争议。

此外，若受盘人在接受发盘时对发盘条件提出了某种希望或建议，一般认为这种希望或建议不构成对发盘内容的变更，接受仍然有效。

2. 接受的撤回

按《公约》的规定，接受于送达发盘人时生效。因此，若撤回或修改通知先于接受或与接受同时到达发盘人，受盘人就可以在接受生效前将其撤回或对其进行修改。但已生效的接受是不得撤销和修改的。

在接受的撤回问题上,《公约》的规定同遵循"到达生效原则"的大陆法系国家的法律规定一致,但英美法系国家依据"投邮生效原则",认为接受在发出时即生效,因此接受不能撤回。我们应注意到法律规定上的这种差别,以免在实际业务中产生误解或争议。

3. 对综合盘和复合盘的接受

(1) 综合盘。所谓综合盘,实际上是一项发盘中包括两个或两个以上的发盘搭配在一起,要求受盘人要么全部接受,要么全部拒绝的发盘,一般也可称为"联合发盘"或"一揽子发盘"。这种发盘中,可能两个或几个发盘都是销售发盘,也可能都是购买发盘,也可能既有买盘又有卖盘相结合的综合发盘。例如,我方购买某商品时,以对方同时购买我方某种出口商品为条件的发盘。总之,对于这类发盘,受盘人不能只接受其一,而不接受其二;否则,即构成还盘或拒绝,而不是接受。

例如:

综合盘 C4350,W2718(均为货号)分别为 10 000 和 5000 码 1.30 美元和 5.00 美元 CFR 科威特净价 9 月装不可撤销即期信用证 10 复到。

COMBIED OFFER C4350 W2718 10000 5000 YARDS USDOLLARS 1.30 5.00 CFR KUWAIT NET RESPECTIVCLY SHIPMENT SEPTEMBER IRREVOCABLE SIGHT CREDIT REPLY HERE TENTH.

(2) 复合盘。复合盘是指发盘人向受盘人同时发出的两个或两个以上的各自独立的发盘。这种复合盘与上述综合盘不同,受盘人可接受其一,而拒绝其二。

例如:

你 10 日电发实盘限 13 日复到我方,64040(货号)4000 码 4.50 港元 CIFC2 新加坡,六月装。再发盘 41000(货号)600 码 2.30 港元,其他条件同上。

YOURS TENTH OFFER FIRM SUBJECT REPLY REACHING US THIRTEENTH 64040 4000 YARDS HKDOLLARS 4.50 CIFC2 SINGAPORE JUNE SHIPMENT STOP OFFER FURTHER 41000 600 YARDS HKDOLLARS 2.30 OTHER TERMS SAME AS ABOVE.

我国公司在处理复合盘或综合盘时,应注意其不同的特点。由于目前我国有些公司经营商品范围较广,又分不同的部门经营,甚至由不同的业务人员分管,所以应特别注意互相配合。特别是有进有出的复合盘,更应注意进出口部门的协调。在分别处理时,先答复的函电,应声明余盘将另行处理,不能把自己还没掌握的商品与同意接受的商品简单答复"你×日电接受",因为这样往往会在另一种商品的交易中受损失。

第三节 合同成立和书面合同签订

贸易合同是买卖双方经过交易磋商,就某种商品买卖所达成的对双方都有约束力的法律文件。一方的发盘经另一方接受后,交易即告成立,买卖双方即构成了合同关系。根据法律的一般原则,合同的形式可以是口头的,也可以是书面的。《公约》第 11 条规定:"销售合同无须以书面订立或书面证明,在形式方面也不受任何其他条件的限制。"我国在向联合国交存参加公约的核准书时,对上述规定提出了保留。因此,我国企业在对外订立合同时,应采取书面形式。

双方在磋商过程中的往返函电、口头磋商的备忘录等都可作为合同成立的书面证明。双方达成协议后，以书面合同或销售确认书的方式规定双方的权利和义务，并作为约束双方的法律文件。

一、合同有效成立的条件

一方的发盘一经对方有效接受，合同即告成立。但合同是否具有法律效力，还要视其是否具备一定的条件。不具有法律效力的合同是不受法律保护的。尽管世界各国的合同立法差异较大，但一份合法、有效的合同必须具备下述特征：

（1）合同必须是当事人意思表示一致的结果。任何一方单方的意思表示都不可能使合同成立，所以合同的成立必须经过双方当事人的共同协商。

（2）当事人的意思表示必须真实。任何一方以欺诈、胁迫等违背另一方意志的手段订立合同，都必须承担相应的法律后果。

（3）当事人必须具有订立合同的行为能力。我国《合同法》规定，无民事行为能力人不具有订立合同的资格；限制民事行为能力人订立的合同，必须经过其法定代理人的追认才能生效。

（4）合同必须有对价和合法的约因。对价是英美法中一项重要的法律原则，而约因则来自于大陆法系。

（5）合同必须合法。合同的合法性主要体现为合同的标的和内容必须合法。

（6）合同的形式必须符合法律规定的要求。我国《合同法》规定，当事人订立合同，可以采取书面形式、口头形式或其他形式。

二、签订书面合同的意义

经过交易磋商，一方的发盘或还盘被对方有效地接受后，就算达成了交易，双方之间就建立了合同关系。但是，在国际贸易实践中，买卖双方通过协商达成交易后，一般还需另外签订一份正式的书面合同，即所谓的签订合同，简称签约。既然接受一经生效，合同即告成立，为什么还要签订书面合同呢？此举有以下意义：

（1）书面合同是合同成立最有效的证据。按照法律要求，凡是合同必须能够得到证明，提供证据，包括人证和物证。在交易磋商中采用函电方式、书面证明自然不成问题。但是，采用口头磋商达成交易合同时，举证就比较困难，如不用一定的书面形式加以确定，就难以得到法律保障和监督。所以，无论从执行合同还是从合同举证的角度，对外交易成立后，签订书面合同都是十分必要的。

（2）在当事人约定或法律行政法规规定时，书面合同是合同成立的条件。书面合同并不局限于某种特定的名称和格式，买卖双方为达成交易而交换的信件、电报或电传，也可以构成书面合同。但是，如果买卖双方的一方曾声明并经另一方同意，如"合同的成立以双方签订正式书面合同或确认书为准"，那么，即使双方已对交易条件全部取得一致意见，在书面合同签订之前，合同仍不能成立。我国《合同法》第三十三条规定："当事人采用信件、数据电文等形式订立合同的，可以在合同成立之前要求签订确认书。签订确认书时合同成立。"在此情况下，正式书面合同或确认书就成为合同成立的不可缺少的条件。此外，法律、行政法规规定采用书面形式的，也应当采用书面形式。

（3）书面合同可作为履行的依据。在国际贸易中，合同的履行涉及企业内外许多有关部门，过程很复杂，时间也比较长。特别是复杂的或大型成套设备贸易往往涉及购、销、储运、报关、商检、保险以及安装、调试、检测、零配件供应、技术培训等许多过程，历时数年之久。如果仅以口头方式达成协议，则几乎无法履行。以函电方式也难以准确地按合同履行义务，而且也可能不符合某些国家的法律要求。所以，买卖双方不论是通过口头还是书面磋商，在达成交易后将商定的交易条件，完全清楚地一一列明在一个书面文件上，对进一步明确双方的权利和义务，以及为合同的正确履行提供依据，都具有重要意义。

三、书面合同的形式和结构

（一）书面合同的形式

在国际货物买卖中使用的书面合同，在名称和形式上均无特定的限制。书面合同的名称和形式繁多，常用的有合同、确认书、协议书和备忘录等。在我国出口业务中，主要使用合同和确认书两种。

1. 合　同

合同有进口合同、购买合同、出口合同、销售合同。合同的内容比较全面，对双方的权利和义务以及发生争议的处理均有详细规定。条款比较完备，合同内容包括商品名称、品质、规格、单价、包装、装运港和目的港、交货期、付款方式、运输标志、商品检验、异议索赔、仲裁、不可抗力等条款。签订这种合同适合于大宗货物或成交金额较大的交易。

2. 确认书

确认书是合同的简化形式，可分为销售确认书和购买确认书。它的内容一般包括：商品名称、规格、包装、数量、单价、交货期、付款方式、装运港和目的港、运输标志、商品检验等主要条款。对于异议索赔、仲裁、不可抗力等条款，一般都不予列入。确认书适用于成交金额不大、批次较多的轻工日用品、土特产品或者已有包销、代理等长期协议的交易。其法律效力与合同完全相同。

（二）书面合同的一般结构

书面合同一般由约首、正文和约尾组成。

1. 约　首

合同的约首包括开头和序言、合同名称、编号、订约时间、地点以及当事人的名称、地址、电话号码、电传号码、传真号码、买卖双方订立合同的意愿和执行合同的保证等。由于在此部分常常写明买卖双方订立合同的意愿和执行合同的保证，所以应慎重考虑合同约首。

2. 正　文

合同的正文又称主文或本文，是合同的主体部分。这部分规定了双方的权利和义务，包括合同的各项条款，如品名、品质规格、数量、包装、单价和总值、装运期限、装运港和目的港、支付方式、保险条款、检验条款、异议索赔条款、仲裁条款和不可抗力等，以及根据不同货物和不同交易情况加列的其他条款，如保值条款、溢短装条款、品质公差条款以及合同适用的法律。商订合同主要是对这一部分的条款进行磋商并达成一致意见。

3. 约　尾

合同的约尾包括合同使用的文字及其效力、合同的正本份数、副本效力、买卖双方的签字等项。有的合同把订约时间和地点也放在约尾。此外，有的合同有附件部分，附在合同的后面，成为合同不可分割的一部分。

四、签订书面合同应注意的问题

签订书面合同是一项具体、复杂而又特别重要的工作，在操作过程中要特别注意以下几个问题：

（1）要注意合同各条款之间的内在联系。合同是一个有机整体，各个条款之间要相互衔接，保持一致，不应出现相互矛盾的内容。例如，合同中规定采用CIF术语，同时又规定出口方必须保证货物于×年×月前到达目的港，实际上已经否定CIF术语的作用，增加了出口方的责任与风险。

（2）合同条款要完善和明确。首先，合同条款一定要订的具体、完善，防止错列和漏列主要事项。其次，合同的文字要简练、严谨、明确，切忌使用模棱两可或含糊不清的词句和文字。

（3）必须符合我国有关法律法规的规定。我国对外签订的任何国际货物买卖合同，都必须遵守我国的法律规定。不符合我国法律规定的合同将被视为无效，不能得到我国法律的承认和保护。

（4）必须贯彻我国的各项对外政策。目前，对外贸易已经成为各国对外关系中一个十分重要的方面，"政治问题贸易化"或"贸易问题政治化"的现象越来越普遍。我国奉行独立自主的对外政策，愿意在和平共处五项原则的基础上发展各国、各地区的经济和贸易关系。为此，对外签订合同必须符合和贯彻我国对外政策与方针。

（5）必须遵守有关国际公约与国际贸易惯例。国际贸易已经超出一国的国内行为，因此，必须接受有关国际公约的约束。目前，《联合国国际货物销售公约》已经成为国际货物买卖方面影响最大的国际公约。我国是《公约》的签字国，理应遵守各项规定，但除我国政府提出保留的意见外，我国对外签订的各项贸易协定、支付协定，以及有关的国际贸易惯例也是对外签订贸易合同应该遵守的规则。

销售合同实样

CONTRACT

NO.：26102
DATE：2015.10.03

THE BUYERS：The ATS Company
ADDRESS ： 15th Road New York USA
TEL：+014857698　　　　　　　　FAX：26370809
买方：
地址：

THE SELLERS：
ADDRESS：19th Changan Road Xi'an Shannxi China
TEL：88265860　　　　　　　　FAX：764869327

This Contract is made by and between the Buyers and the Sellers, whereby the Buyers agree to buy and the Sellers agree to sell the under mentioned commodity according to the terms and conditions stipulated below:

买方与卖方就以下条款达成协议：

1. COMMODITY：

Item No.	Description 名称及规格	Unit 单位	Qty 数量	Unit Price 单价	Amount 总价
26102	Name：Green Tea Quality（Specification）	箱	10 000	500$ per 箱	5 000 000$
	Say U.S. Dollars　　　　5 000 000$				

2. COUNTRY AND MANUFACTURERS：

原产国及制造商：Made in China & LYZ Company

3. PACKING：

To be packed in standard airway packing. The sellers shall be liable for any damage of the commodity and expenses incurred on account of improper packing and for any rust attributable to inadequate or improper protective measures taken by the sellers in regard to the packing.

包装：标准空运包装。如果由于不适当的包装而导致的货物损坏和由此产生的费用，卖方应对此负完全的责任。

4. SHIPPING MARK：

The sellers shall mark on each package with fadeless paint the package number, gross weight, net weight, measurement and the wordings: "KEEP AWAY FROM MOISTURE" "HANDLE WITH CARE" "THIS SIDE UP" etc. and the shipping mark：

唛头：卖方应用不褪色的颜料在每个箱子外部刷上箱号、毛重、净重、尺寸，并注明"防潮""小心轻放""此面向上"等，唛头为：

5. TIME OF SHIPMENT（装运期）：within 30 days after receipt of L/C

6. PORT OF SHIPMENT（装运港）：Qingdao

7. PORT OF DESTINATION（目的港）：

8. INSURANCE（保险）：To be covered by sellers for 110% invoice value against All Risks.

9. PAYMENT（付款方式）The buyer open an irrevocable 100% L/C at sight in favor of seller 信用证付款：买方给卖方开出100%不可撤销即期信用证。

单据资料：

10. DOCUMENTS：

（1）Full set of air waybill in original showing "freight prepaid" and consigned to applicant. 空运提单一套

（2）Invoice in three copies. 发票一式叁份

（3）Packing list in three copies issued by the sellers. 装箱单一式叁份

（4）Certificate of quality issued by the sellers. 制造厂家出具的质量证明书

（5）Insurance Policy. 保险单一份

（6）Certificate of origin issued by the Sellers. 原产地证书

（7）Manufacturer's certified copy of fax dispatched to the applicant within 24 hours after shipment advising flight No., B/L No., shipment date, quantity, Gross weight, Net weight, and value of shipment.

制造厂家通知开证申请人有关货物装运的详细资料传真复印件壹份

（8）The Seller's Certificate and waybill certifying that extra documents have been dispatched according to the contract terms by express airmail.

卖方有关另外用特快邮寄壹套单据给开证申请人的证明书及邮寄底单.

（9）Certificate of No Wooden Packing or Certificate of Fumigation. 非木包装声明或熏蒸证.

In addition, the Sellers shall, within three days after shipment, send by express airmail one extra sets of the aforesaid documents directly to the Buyers.

另外，卖方应于货物发运后三天内，用特快专递寄送一套上述的单据给买方。

11. SHIPMENT:

The sellers shall ship the goods within the shipment time from the port of shipment to the destination. Transshipment is allowed. Partial shipment is not allowed.

运输：卖方应于交货期内将合同货物从装货港运到目的港，不许分批，允许转运。

12. OTHER: this contract signed in three copies, the seller holds one copy and the buyer hold two copies.

其他：本合同一式叁份，卖方执壹份，买方执贰份。

THE BUYERS　　　　　　　　　　　　　　THE SELLERS

在国际贸易中，交易磋商是必不可少的一个重要环节，凡是涉及有关交易价格、交易规模、结算方式等交易条件的，都要通过交易磋商予以确定。也就是说，买卖双方在一笔交易中的权利与义务将通过磋商确定下来。双方在这方面取得的协议具有法律约束力，不得轻易改变。所以磋商的结果如何，直接关系到交易双方的利益。因此，本章具体阐述了交易磋商的基本内容，尤其是发盘与接受两个基本环节，说明交易磋商必须有明确的内容和规范的程式，简单介绍了签订有效合同的重要意义及合同的内容，旨在让大家了解交易磋商，知道如何妥善处理好在磋商过程中出现的各种问题，如何在国际贸易中少走弯路，从而更好地开展对外经贸活动。

交易磋商　　询盘　　发盘　　还盘　　接受　　发盘的撤销　　逾期接受

模拟测试

一、名词解释

发盘　　接受　　逾期接受　　实质性修改

二、填空题

1. 在国际货物买卖合同商定的过程中，一般包括_____、_____、_____、_____四个环节，其中_____和_____是达成交易、订立合同不可或缺的两个基本环节。
2. 发盘又称_____，在法律上称为_____，由买方发盘又称_____。
3. 还盘的法律后果主要包括_____和_____两个反面。
4. 合同的内容通常包括_____、_____和_____三个方面。

三、单项选择题

1. 国际货物买卖中，买方发盘习惯上称（　　）。
   A. 递盘　　　　　B. 邀请发盘　　　　C. 要约　　　　D. 反要约
2. 加注"须以发盘人的最后确认为准"的订约建议是（　　）。
   A. 发盘　　　　　B. 递盘　　　　　　C. 要约　　　　D. 邀请对方发盘
3. 国际货物买卖中，"接受"在法律上称为（　　）。
   A. 要约　　　　　B. 反要约　　　　　C. 承诺　　　　D. 生效
4. 有关合同成立的时间，《公约》规定（　　）。
   A. 接受到达时间即为合同成立时间　　　B. 接受投邮时间即为合同成立时间
   C. 发盘生效时间即为合同成立时间　　　D. 还盘发生时间即为合同成立时间
5. 某进出口公司欲进口一批货物，向国外公司发出了要求报盘的邀请。在进出口业务中，我们将这种要求对方报盘的行为称为（　　）。
   A. 发盘　　　　　B. 还盘　　　　　　C. 询盘　　　　D. 接受
6. 按《公约》规定，一项发盘的生效是（　　）。
   A. 发盘发出时立即生效　　　　　　　　B. 发盘送达受盘人时生效
   C. 按发盘规定的时间生效　　　　　　　D. 接受时生效
7. 我某出口公司于2014年4月14日向某外商发盘，注明8—9月份装运，17日复到有效，16日接对方来电称："14日电接受，请在8月份装船"，于是（　　）。
   A. 这笔交易成交　　　　　　　　　　　B. 需经出口公司确认后交易才能成交
   C. 这笔交易不能达成　　　　　　　　　D. 这是还盘
8. 发盘的撤回与撤销的区别在于（　　）。
   A. 前者发生在发盘生效后，后者发生在发盘生效前
   B. 前者发生在发盘生效前，后者发生在发盘生效后
   C. 两者均发生在发盘生效前
   D. 两者均发生在发盘生效后
9. 交易磋商的两个基本环节是（　　）。
   A. 询盘、接受　　B. 发盘、签合同　　C. 接受、签合同　　D. 发盘、接受
10. 下列为有效接受的是（　　）。

A. 7日电接受，但用 L/C 替代 D/P
B. 7日电接受，如能将装运期改为5月，我方可接受
C. 7日电接受，但交货时须提供原产地证明
D. 接受你方7日对R公司发盘

四、多项选择题

1. 交易磋商必不可少的基本环节包括（　　）。
   A. 询盘　　　　B. 发盘　　　　C. 还盘　　　　D. 接受
2. 下列关于还盘叙述正确的是（　　）。
   A. 还盘必须由受盘人做出
   B. 还盘是对原发盘的拒绝
   C. 还盘时必须明确使用"还盘"字样
   D. 还盘构成一项新的发盘
3. 有关发盘的撤回与撤销叙述正确的有（　　）。
   A. 发盘撤回指发盘生效后将其取消，使其失去效力
   B.《公约》规定不可撤销发盘是不能撤回的
   C. 英美法和大陆法对发盘撤回问题的认识基本一致
   D.《公约》规定部分发盘是不可撤销的
4. 按《公约》规定，受盘人对下列哪些内容提出更改，可视为实质性变更（　　）。
   A. 价格　　　　B. 品质　　　　C. 数量　　　　D. 交货时间
5. 国际货物买卖合同是买卖双方根据各自都能接受的国际惯例或法律规定而设定的反映双方在交易磋商中的内容，规定双方的权利和义务的法律文件。一般来讲，一个有效的合同应具备的几项基本要素有（　　）。
   A. 合同必须合法
   B. 买卖双方就交易的内容表示一致同意
   C. 签订合同的人必须有订立合同的行为能力
   D. 合同必须是书面的
6. 发盘效力终止的原因有（　　）。
   A. 过期　　　　　　　　　　　B. 被依法撤销
   C. 被拒绝或还盘　　　　　　　D. 遇到了不可抗力
7. 一方对另一方的发盘表示接受可以采取的方式有（　　）。
   A. 书面　　　　B. 行为　　　　C. 口头　　　　D. 缄默或不行动
8. 根据《公约》的规定，构成一项有效的接受必须具备的条件有（　　）。
   A. 接受必须由特定的受盘人做出
   B. 接受必须是同意发盘所提出的条件
   C. 接受必须在发盘规定的时效内送达发盘人
   D. 接受必须表示出来

五、判断题

1. 口头达成的协议与书面达成的协议，法律效力是不一样的。（　　）
2. 发盘的撤回是指发盘已送达受盘人，发盘已生效，发盘人再想收回该发盘，解除其效力

的行为。（　　）

3. 每笔交易都必须有询盘、发盘、还盘和接受四个环节。（　　）
4. 邀请发盘对发盘人是没有约束力的。（　　）
5. 不可撤销的发盘是不能撤回的。（　　）
6. 撤回发盘的目的是阻止发盘生效。（　　）
7. 在国际贸易中，发盘是卖方做出的行为，询盘是买方做出的行为。（　　）
8. 根据《公约》的规定，受盘人可在发盘有效期内用开立信用证这一行为表示接受。（　　）
9. 接受一旦生效，就不能撤销。（　　）
10. 接受应在有效期内做出，任何情况下的逾期接受都是无效的。（　　）

六、简答题

1. 交易磋商的形式有哪些？
2. 一项有效的发盘应具备什么条件？
3. 发盘的撤回和撤销有什么区别？
4. 一项有效的接受应具备什么条件？
5. 签订书面合同有什么意义？

七、案例分析题

1. 上海A公司欲向美国B公司出口服装一批，于2012年6月10日向B公司发盘，限6月30日复到上海有效。6月20日A外贸公司接到总公司通知，该服装价格从6月20日起提价20%，于是，A公司立即告知B公司6月10日发盘无效。6月22日B公司来电表示："我方无条件接受6月10日发盘的条件。"请问：A公司6月10日的发盘仍有效吗？为什么？

2. 我方于周一上午10点以电传方式向英商发盘，公司原定价格为每单位2000英镑CIF伦敦。由于经办人员失误，错报为每单位2000美元CIF伦敦。

请问：如果当天下午2点发现问题，则如何处理？如第二天上午9点发现问题，而客户已发接受通知，则如何处理？请按照《公约》的规定进行解释。（注：发盘传至对方需10小时）

八、实务操作题

询盘对双方都没有任何的约束力，所以在法律上，受询盘方也没有必须答复的义务。

如果你是一个公司的业务人员，接到国外公司的商品价格询盘后会如何处理？

第十章　进出口合同的履行

【学习目标】

国际贸易合同是进出口业务的依据。本章从国际贸易合同出发，介绍进出口业务履约的全过程。通过本章的学习，学生应熟知国际货物买卖合同履行的一般程序以及双方应尽的义务，掌握进出口环节中备货、报验、开证、催证、审证、租船订舱、报关等环节，并且理解和掌握国际贸易单证制作的重要性及其作用。

【案例导入】

某 A 公司在 2015 年 11 月与阿联酋迪拜 B 公司签订了一份出口合同，货物为 1×20 集装箱一次性打火机。不久 B 公司即开来一份不可撤销即期信用证，来证规定装船期限为 2016 年 1 月 31 日，要求提供 "Full set original clean on board ocean Bill of Lading…"（全套正本清洁已装船海运提单）。由于装船期太紧，A 公司便要求 B 公司展期，装船期限改为 2016 年 3 月 31 日。B 公司接受了 A 公司的要求修改了信用证。收到信用证并经全面审查后未发现问题，A 公司在 3 月 30 日办理了货物装船，4 月 13 日向议付行交单议付。

4 月 27 日接收到议付行转来的开证行的拒付通知：你第××××号信用证项下的单据经我行审查，发现如下不符点：提单上缺少"已装船"批注。以上不符点已经与申请人联系，亦不同意接受。单据暂代保管，听候你方的处理意见。

A 公司的有关人员立即审复了提单，同时与议付行一起翻阅与研究了《跟单信用证统一惯例》第 600 号出版物（以下简称 UCP600）的有关规定，证实了开证行的拒付是合理的。A 公司立即电洽申请人，提单缺少"已装船"批注是我方业务人员的疏忽所致，货物确实是被如期装船的，而且货物将在 5 月 3 日左右如期到达目的港，我方同意他在收到目的港船代的提货通知书后再向开证行付款赎单。B 公司回复：由于当地市场上一次性打火机的售价大幅下降，只有在我方降价 30% 后方可向开证行赎单。我方考虑到自己理亏在先，同时通过国内同行与其他客户又了解到，进口国当地市场价格确实已大幅下降，我方处于十分被动的地位，只好同意降价 30%，了结此案。

第一节　出口合同的履行

我国的出口贸易除大宗交易有时采用 FOB 术语外，多数采用 CIF 和 CFR 术语和凭信用证支付方式。FCA、CPT、CIP 三种术语也在逐步扩大使用。以目前使用最多也最具有代表性的采用 CIF 术语和凭不可撤销即期议付信用证支付的交易为例，履行出口合同一般要经过以下环节：准备货物、落实信用证、安排装运和制单结汇，即货、证、运、款四个基本环节构成出口合同履行的必要程序。它们之间既相互联系又相互依存，因而只有环环相扣，严格按照合同规定，根据法律和惯例的要求，切实做好每一个环节的工作，才能确保货、款对流的顺利进行，使合同得以圆满履行。

一、准备货物

准备货物简称"备货",是履行出口合同的重要环节。备货工作的内容,主要包括按合同和信用证的要求进行生产加工或仓储部门组织货源和催交货物,核实货物的加工、整理、包装和刷唛情况,对应交的货物进行验收和清点。在备货工作中,需要注意下列问题:

1. 质量

货物的质量必须与出口合同和信用证的规定相一致,既不能偏高,也不能偏低,更不能以次充好。严格按照买卖合同约定的质量要求交付货物,是卖方的一项基本义务。

《联合国国际货物销售合同公约》第35条明确规定:除双方当事人业已另有协议外,卖方交付的货物要适用于同一规格货物通常使用的目的,或者适用于订立合同时曾明示或默示地通知卖方的任何特定目的;否则即为货物与合同不符,买方就有权拒收货物,并提出索赔。

2. 包装

货物的包装必须符合出口合同的规定,包装材料和包装方法必须符合运输方式,唛头要字迹清晰,位置醒目。货物的包装如同品质一样,也是买卖合同的主要条款,有的国家的法律把合同中的包装条款视为对货物说明的组成部分。卖方必须按照合同规定的包装方式交付货物。如果合同对包装未做具体规定或规定不明确,则可以通过协议补充;达不成协议的,按照合同有关条款或交易习惯确定。此时,以前买卖双方的交往情况和买方对包装的要求以及有关的行业惯例,都可成为对合同解释的补充因素,并对卖方有法律约束力。

3. 数量

货物的数量必须符合出口合同的规定。《联合国国际货物销售合同公约》第35条(1)款规定:"卖方交付的货物必须与合同所规定的数量相符。"但根据生产和交货的具体需要,卖方在与买方磋商订约时,可对交货数量留有一定的机动幅度,达成特别约定。如在合同中规定"溢短装条款",则卖方在履行合同时,在数量上就可以在规定的机动幅度内有所伸缩。

此外,需要注意的是,凡按重量计量而在合同中未明文规定按何种方法计算重量的,如有疑问,按《联合国国际货物销售合同公约》第56条规定,均应以净重计。

4. 备货时间

货物备妥时间应与合同和信用证装运期限相适应,要做到船货衔接,严防脱节。凡出口合同规定收到买方信用证后若干天交货的,为保证按时履行合同,防止被动,应督促买方按照合同规定期限开到信用证。收到信用证后,还必须抓紧时间审核,认可后及时安排生产、组织进货和办理装运。

5. 所有权

卖方对出售的货物应当拥有完全的所有权,并保证不侵犯他人权利,这是卖方必须承担的又一项默示的合同义务。

所谓不得侵犯他人的权利,主要是指不得侵犯他人的工业产权和其他的知识产权。《联合国国际货物销售合同公约》第42条明确指出:卖方所交付的货物,必须是第三方不能根据工业产权或其他的知识产权主张任何权利或要求的货物。

二、落实信用证

（一）催开信用证

催开信用证是指通过信件、电报或其他电信工具催促对方及时办理开立信用证手续并将信用证送达我方，以便我方及时装运货物出口，履行合同义务。在按信用证付款条件成交时，买方按约定时间开证是卖方履行合同的前提条件，尤其是大宗交易或按买方要求而特制的商品交易，买方及时开证更为必要；否则，卖方无法安排生产和组织货源。在实际业务中，由于种种原因买方不能按时开证的情况时有发生，因此，我们应结合备货情况做好催证工作，及时提请对方按约定时间办理开证手续，以利于合同的履行。催开信用证，通常在下列情况下进行：

（1）出口合同规定的装运期限较长（如3个月或6个月），而买方应在我方装运期前的一定时日（如30天）开立信用证，则我方应在通知对方预计装运日期的同时，催请对方开证。

（2）买方在出口合同规定的期限内未开立信用证，我方可根据合同规定向对方要求损害赔偿或同时宣告合同无效。即使不需要立即采取这一行动，也可催促对方开证。

（3）如果我方根据备货和承运工具的情况，可以提前装运，则可商请对方提前开证。

（4）即使开证限期未到，但发现客户资信不好，或者市场情况有变，也可催促对方开证。

催证的方法，一般为直接向国外客户发函电通知，必要时还可商请银行或我驻外机构等有关机构或代理商给予协助或配合协助催证。

（二）审核信用证

信用证本身是一个独立的文件，银行的付款保证是以受益人提交的单据符合信用证条款为条件的，所以，开证银行的资信、信用证的各项内容，都关系着收汇的安全。为了确保收汇安全，我国外贸企业在收到国外客户通过银行开立的信用证后，应立即对其进行认真的审查和核对。

在我国，审核信用证是银行与出口企业的共同责任。由于银行与出口企业的分工不同，因而在审核内容上各有侧重：银行着重负责审核有关开证行资信、付款责任以及索汇路线等方面的条款和规定，出口企业着重审核信用证的条款是否与买卖合同的规定相一致。

对信用证内容的审核（包括对修改通知书内容的审核），大体可分为全面审核和专项审核两类。下面分别介绍其审核要点。

1. 全面审核要点

（1）从政策上审核。外贸必须贯彻对外政策，信用证业务自然也不例外。例如，凡国家规定不准与之进行经济往来的国家和地区的银行开立的信用证，不能接受；载有歧视性或错误的政治性条款的信用证，应视具体情况予以退回，或要求改正，或向开证人指出，提请今后注意。

（2）对开证银行资信情况的审核。凡是资信情况不好、经营作风欠佳、不能与之往来的银行开来的信用证，原则上应拒绝接受，并请客户另行委托我方可以接受的其他银行开证。对于资信较差的但还可在一定条件下往来的开证行，可酌情采取适当措施（如要求适当银行加保兑；加列电汇索偿条款；分批装运，分批收汇），以保证我方收汇安全。由于对国外开证行的资信审查，在我国主要由银行负责，因此，出口企业应加强与银行之间的联系，密切配合，防止不必要的经济损失。

（3）对信用证是否已经生效、有无保留或限制性条款的审核。信用证中一定要有明确保证无条件付款的责任文句，并表明是不可撤销的信用证，不得附加限制和保留条款，如"信用证项下的款项要在货物清关后才能支付"等。这些附加条款改变了信用证的性质，给出口方的安全收汇带来风险，必须要求进口方进行修改。

（4）信用证真实性审核。检查国外来证的印鉴或密押是否真实，从而判断信用证的真假。

2. 专项审核要点

专项审核名目繁多，不同的交易情况各异，以下为一般交易中的审核要点：

（1）支付货币。信用证规定的支付货币应与合同规定相同，如不一致，应立即修改。

（2）信用证金额。信用证金额一般应与合同金额相符。信用证上金额总值的阿拉伯数字和大写文字必须一致。若两者不一致，应及时改正。

（3）到期日、到期地点、交单期和最迟装运日期。未规定到期日的信用证是无效信用证，不能使用。凡晚于到期日提交的单据，银行有权拒收。在何地到期应视信用证的具体规定而定。总的来说，有规定在出口地、进口地和第三国到期三种方法。

信用证还应规定一个运输单据出单日期后，必须向信用证指定的银行提交单据，要求付款、承兑或议付的特定期限，即"交单期"（date for presentation of documents）。如信用证未规定交单期，按惯例，银行有权拒收迟于运输单据日期 21 天后提交的单据。但无论如何，单据都不得迟于信用证到期日提交。

最迟装运日期（latest date for shipment）是指卖方将货物装上运输工具或交付给承运人接管的最迟日期。在实际业务中，运输单据的出单日期通常就是装运日期。即使信用证未规定装运期，受益人所提交的运输单据的装运日期不得迟于信用证的到期日。

信用证的到期日同最迟装运期应有一定的间隔，以便装运货物后能有足够的时间办理制单、交单等工作。

（4）转运和分批装运。信用证的转运和分批装运条款必须与合同规定相符。信用证如未规定"不准分批装运"或"不准转运"，可以视为"允许分批装运"或"允许转运"。如果信用证规定在指定时期内分批定量装运，则其中任何一期未按规定装运，信用证对该期和以后各期均告失效。

（5）开证申请人和受益人。对开证申请人的名称和地址应仔细核对，防止张冠李戴，错发错运。受益人通常是我方出口企业，是买卖合同的卖方，由于我方企业有时需要更名，地址也可能改变，所以也必须正确无误。如信用证使用旧名称、旧地址，则应要求对方改正，或做适当处理，以免影响收汇。

（6）付款期限。信用证的付款期限必须与买卖合同的规定相一致。如迟于合同规定，则必须要求改正。

（7）保险条款。使用 CIF、CIP 术语信用证的保险条款原则上也应与买卖合同的规定相符。在实际业务中，有以下一些问题应予注意：① 投保的险别应与合同规定相一致；② 信用证规定的保险金额也应与合同规定相符；③ 保险单据必须由保险公司或保险商或其代理人出具和签署的，信用证一般要求受益人提交保险单或保险凭证。

（8）运输地点条款。信用证中的装运地和目的地应与买卖合同的规定相一致。信用证中的目的地常会多处出现，须仔细审核是否有差异。如果同一份信用证中的目的地不一致，则应视具体情况进行处理。

（9）货物的描述。信用证中关于货物的描述，包括品名、规格、数量、包装等，均须与买卖合同规定相符,如有细微讹误,可不予修改,在制单时于照录信用证规定的同时,把正确的用括号加在后面。同时,还要注意规格、数量搭配是否有矛盾,引述的买卖合同是否正确。如发现存在矛盾或讹误,应予以改正。

(10)单据条款。信用证要求提交的单据是否合理,是否能按信用证规定的名称和内容出具,是否有相互矛盾之处,均需认真审核。有不能出具或不合理或相互矛盾的,必须要求修改。

(11)银行费用。在信用证项下的银行费用是指议付费、通知费、修改费、邮费等。按照规定,银行费用的支付原则是由指示方承担的,其中包括手续费、费用、成本费或其他开支。

以上只是审查信用证的要点。在实际工作中,还应按买卖合同条款,逐条对照详细审核。不同的信用证,其内容也各不相同,稍有不慎,就容易酿成失误。因此,必须认真对待。

(三)修改信用证

对进口方开立的信用证进行全面审核后,如没有发现问题,出口方就可以按照信用证条款规定发货。如发现我方不能接受的内容,应及时提出改证的要求。

信用证的修改应注意以下原则:

1. 非改不可的必须改,可改可不改的酌情处理

在实际业务中,出口企业在对信用证进行了全面、细致的审核以后,一旦发现问题,通常应区别问题的性质进行处理,有的还须同银行、运输、保险、检验等有关部门取得联系共同研究后,做出适当、妥善的决策。一般来说,凡是属于不符合我国对外贸易方针、政策,影响合同履行和收汇安全的问题,都必须要求国外客户通过开证行修改,并坚持在收到银行修改信用证通知书并认可后才可装运货物;对于可改可不改的,或经过适当努力可以做到的,则可酌情处理,或不做修改,按信用证规定办理,或在照办的同时提请开证人注意,此次做例外处理,今后务必按合同规定开立信用证。

2. 改证的内容必须一次提出

在一份信用证中,有多处条款需要修改的情形是常见的。对此,首先,应做到一次性向开证人提出,否则不仅会增加双方的手续和费用,而且对外影响也不好。其次,对于收到的任何信用证修改通知书,都要认真进行审核,如发现修改内容有误或我方不能同意的,我方有权拒绝接受,但应及时做出拒绝修改的通知并送交通知行,以免影响合同的顺利履行。按照规定,一份信用证的修改通知书要么全部接受,要么全部拒绝,而不能接受其中的一部分而拒绝其余部分。

3. 改证必须得到有关当事人的全部同意

对不可撤销信用证的修改,必须经受益人、开证人和开证行等有关当事人全部同意后才能进行,否则无效。保兑行有权对信用证的修改内容不保兑,但必须及时通知开证行和受益人。

为防止作伪,便于受益人全面履行信用证条款所规定的义务,信用证的修改通知书应通过原证的通知行转递或通知。如由开证人或开证行径自寄来的,则应提请原证通知行证实。

对于可接受或已表示接受的信用证修改书,应立即将其与原证附在一起,并注明修改次数(如修改在一次以上)。这样可防止使用时与原证脱节,造成信用证条款不全,影响及时、安全收汇。

对于需经修改方能使用的信用证,原则上应在收到修改通知书并经审核认可后方可发运货

物，除非确有把握，绝不可仅凭国外客户"已经照改"的通知就装运货物，防止因对方言行不一而造成被动损失。

三、安排装运

（一）托运

所谓托运，是指出口企业委托货运代理办理出口货物运输事宜。凡由我方安排运输的出口合同，对外装运货物，租订运输工具和办理各项有关运输事项，我国出口企业通常都委托我国对外贸易运输公司（以下简称"外运公司"）或其他国际货物运输代理（以下简称"货运代理"或"货代"）办理。所以，在货、证齐全后，出口企业应立即向货运代理办理托运手续。出口商缮制海运货物订舱委托书，并向货运代理公司签发，委托货运代理公司代理租船订舱。

（二）订舱

货运代理收到出口企业的货运代理委托书后，首先应通过查阅由各班轮公司和航运中介机构（如上海航运交易所）所公布的与出口企业货运有关的船期表和各种航运信息，了解各班轮公司的船舶、船期、挂靠港及船舶箱位数等具体情况。货运代理选定合适的船舶后，向船公司或其代理签发海运出口托运单，办理订定舱位手续，即"订舱"（space booking）。

订舱的手续如下：

1. 填写货物托运单

货运代理缮制集装箱货物托运单（shipping note），注明要求配载的船舶、航次，送交船公司或其代理。由于托运单的使用是为了订舱，因此托运单也就是订舱单（booking note）。

2. 货物托运单的确认

船公司或其代理收到货运代理的托运单（订舱单）后，经审核货名、重量、尺码、卸货港或到达地后，认为可予接受的，即在托运单各联上填写船名、航次、编号（此编号俗称关单号，与该批货物的提单号保持一致），抽留其所需各联，在托运单中的装货单一联上盖好签单章，连同其余各联退回货运代理，作为对该批货物订舱的确认。此时，承、托运双方之间的运输合同即告成立。船公司或其代理必须保证供应集装箱箱量或舱位，按时配载装运，及时签发提单。

（三）投保

在履行 CIF 出口合同时，在配舱就绪、确定船名、航次和装运日期后，出口企业应于货物运离仓库或其他储存处所前，按照出口合同和信用证的规定向保险公司办理投保手续，以取得约定的保险单据。在办理投保手续时，通常应填写对外运输险投保单（application for foreign transportation insurance），列明投保人名称，货物的名称、数量、包装和标志，船名，航次，预计起航日期，投保险别，保险金额等。保险公司根据投保单考虑接受承保，并缮制签发保险单。

（四）报检和报关

出口商将货物运至指定码头等待检验、报关。

1. 报检

出口方根据合同约定向进出口商品检验检疫机构申请报检，填制报检单，货物检验合格后，获取检验检疫证书，出口方应在检验检疫证书规定的期限内将货物装运出口。

2. 报　关

出口货物报关的基本程序如下：

（1）出口报关申报。出口申报是指发货人（出口企业）或其代理（货运代理）在出口货物时，在海关规定的期限内，以书面方式向海关报告其出口货物的情况，并随之附有相关货运和商业单据，申请海关审查放行，并对所报告内容的真实性、准确性承担法律责任的行为。出口申报又称"出口报关"。

（2）审核单证。海关接受出口申报后，应对所有单证进行审核。如果所审核的单证符合国家法律、法规的规定，所交验的单证齐全、无误，海关随即着手对出口货物进行查验。

（3）查验货物。查验出口货物是指海关以出口货物报关单和其他报关单证为依据，在海关监管区域内对出口货物进行检查和核对。

（4）办理征税。我国目前征收出口税的货物也较少，但有少数出口货物由于种种原因仍需征收出口税。所以，按规定应当缴纳出口税的出口货物，当海关查验货物，认为情况正常后，由海关根据我国《关税条例》和《海关税则》的规定征收出口税。出口企业或其代理在向海关按规定税率缴清税款或提供适当担保后，海关方可签章放行。

（5）结关放行。结关放行是海关对出口货物进行监管的最后一项业务程序。出口企业或其代理按海关规定办妥出口申报（报关），经海关审核单证、查验货物和征收出口税后，海关解除对货物的监管，准予装运出境。在放行前，海关派专人负责审查该批货物的全部报关单证及查验货物记录，并签署认可；然后在装货单上盖放行章，货方才能凭该装货单（S/O）要求船方装运出境。同时，海关在出口收汇核销单上加盖验讫章，以供出口企业凭此到外汇管理局办理出口收汇核销手续。

（五）装　运

在 CIF 合同、采用集装箱班轮运输的情况下，承运船舶抵港前，出口企业或其货运代理应根据港区所做的进栈计划，将经出口清关并由海关加上封志（seal）的集装箱存放于港区指定堆场。港区外轮理货员凭场站收据副本大副联进行理货配载。船舶抵港后，由港区向托运人签收"缴纳出口货物港务费申请书"后，办理装船。装船完毕，由船长或大副在场站收据（正本）上签字，表明货物已收妥。出口企业或货运代理可凭此单据向船公司或其代理换取已装船提单。

（六）发装运通知

在 CIF 合同下，按国际惯例以及我国出口业务中的习惯做法，出口企业于货物装运（装船）后，应向国外买方以电信方式及时发出装运通知，或称"装船通知"（shipping advice），以便买方为收取货物事先采取必需的措施。

四、制单结汇

货物装运后，出口企业应立即按照信用证的规定，正确缮制各种单据（有的单据和凭证在货物装运前就应准备好），并在信用证规定的交单到期日或以前，将各种单据和必要的凭证送交指定的银行办理要求付款、承兑或议付的手续，并向银行结汇。

（一）制作单据

1. 对出口单据的基本要求

（1）正确。在信用证方式下，单据的正确性集中体现在"单证一致"和"单单一致"，即单据应与信用证条款的规定相一致，单据与单据之间应彼此一致。

（2）完整。单据的完整是指信用证规定的各项单据必须齐全，不能短缺，单据的种类、每种单据的份数和单据本身的必要项目内容都必须完整。

（3）及时。制作单据必须及时，并应在信用证规定的交单到期日内将各项单据送交指定的银行办理议付、付款或承兑手续。

（4）简明。单据内容应按信用证和 UCP600 的规定以及该惯例所反映的国际标准银行实务填写，力求简单明了，切勿加列不必要的内容，以免弄巧成拙。

（5）整洁。单据的布局要美观、大方，缮写或打印的字迹要清楚，单据表面要洁净，更改的地方要加盖校对章。有些单据如提单、汇票以及其他一些重要单据的主要项目，如金额、件数、数量、重量等，不宜更改。

2. 常用的出口单据

（1）汇票；
（2）商业发票；
（3）运输单据；
（4）保险单据；
（5）包装单据；
（6）产地证明书；
（7）检验证书；
（8）海关发票；
（9）其他单证。

其他单证是根据信用证条款规定而提供的。这些单证，有的是出口人自己制作的，有的是其他单位应出口人要求而出具的。常见的有寄单证明、寄船样证明、装运通知副本、邮局收据或快递收据、船公司证明。

（二）交单结汇

交单是指出口人（信用证的受益人）在信用证交单到期日前向指定银行提交符合信用证条款规定的单据。这些单据经银行审核确认无误后，根据信用证规定的付款条件，由银行办理出口结汇。

由于银行的付款、承兑和议付均以受益人提交的单据完全符合信用证条款的规定为条件，所以交付单据应严格符合完整、明确、及时的要求。为了提高单证质量，保证安全和及时收汇，我国银贸双方本着密切配合、相互支持的原则，采用在运输单据签发之前先将其他已备齐的单据送交银行预审和在全部单据备齐后向银行交单两种不同的方式。

在我国的出口业务中，采用信用证支付方式进行结汇的做法通常有以下三种：

1. 收妥结汇

收妥结汇又叫先收后交，是指议付行在收到出口企业提交的全套单据后，经审核无误，就将全套单据寄交于国外的付款行（开证行），要求索取货款，待收到付款行转入议付行账户的贷记通知时，即支付给出口企业。这种方法的特点是：银行不需预先担负资金，不承担资金的风险，但对出口方而言，占用资金时间长，收汇较慢。

2. 定期结汇

定期结汇是指议付行预测对方索汇往返所需的大致时间，事先分别确定不同地区的结汇期限，到期后主动将票款金额付给出口企业。采用这种做法，议付行的预测时间决定货款结算之时，具有可变性。

3. 买单结汇

买单结汇又称出口押汇，是指议付行在审单无误后，向出口方买入汇票和单据，并从票面金额中扣除从议付日到估计收到货款之日的利息和手续费，将净额支付给出口企业，随后再向付款行结算货款，实际上是对出口方进行融资，有利于出口方的资金周转。

五、出口收汇核销和出口退税

（一）出口收汇核销

出口收汇核销是指国家为了加强出口收汇管理，保证国家的外汇收入，防止外汇流失，指定外汇管理部门等对出口企业贸易项下的外汇收入情况进行事后监督检查的一种制度。我国于1991年1月1日起，开始对出口企业的收汇进行跟踪核销。根据《出口收汇核销管理办法》的规定，我国的核销工作由国家外汇管理局在海关、银行等部门的配合下具体实施。出口收汇核销的范围包括一切出口贸易方式，如一般贸易、加工贸易、补偿贸易、易货贸易和寄售等。

办理出口收汇核销的基本程序如下：

1. 申领出口收汇核销单

出口单位到外汇局领取核销单前，应当根据业务实际需要先通过"中国电子口岸出口收汇系统"向外汇局提出领取核销单申请，然后凭本企业操作员IC卡及其他规定的凭证到外汇局领取核销单。

外汇局根据出口单位申请的核销单份数和出口收汇核销考核等级向出口单位发放核销单，并将核销单电子底账数据传送至"中国电子口岸"数据中心。

出口单位在核销单正式使用前，应当加盖单位名称及组织机构代码条形章，在骑缝处加盖单位公章。

2. 报关审核

出口报关时，海关将逐票核对报关单与出口收汇核销单的内容是否一致，并在专为出口收汇核销用的报关单和核销单上盖"验讫"章。

3. 银行结汇

银行确认出口企业收到的外汇是其直接从境外收入的出口货款后，办理结汇或者进出口企业的外汇结算账户的入账手续，并在出口收汇核销专用结汇水单和出口收汇核销专用收账通知单上加盖"出口收汇核销专用联章"。

4. 外汇管理局进行核销

外汇管理局在出口收汇核销单的出口退税专用联上签注净收汇额、币种、日期，并加盖"已核销章"，企业凭此办理出口退税。

（二）出口退税

出口退税是国家为了降低出口产品成本、增强出口竞争力、鼓励出口而制定的一项政策措施。我国政府为了加强对出口退税的管理，采取了出口退税与出口收汇核销挂钩的做法。

办理出口退税的基本程序如下：

（1）申请。出口企业申请退税。

（2）上报。企业所在地税务机关进行审核，逐级上报上级税务机关。

（3）批复。上级税务机关批准后，签发税收收入退回书，一式五联，第一联交申请出口企业，据以账务处理。

CIF出口合同履行程序如图10-1所示。

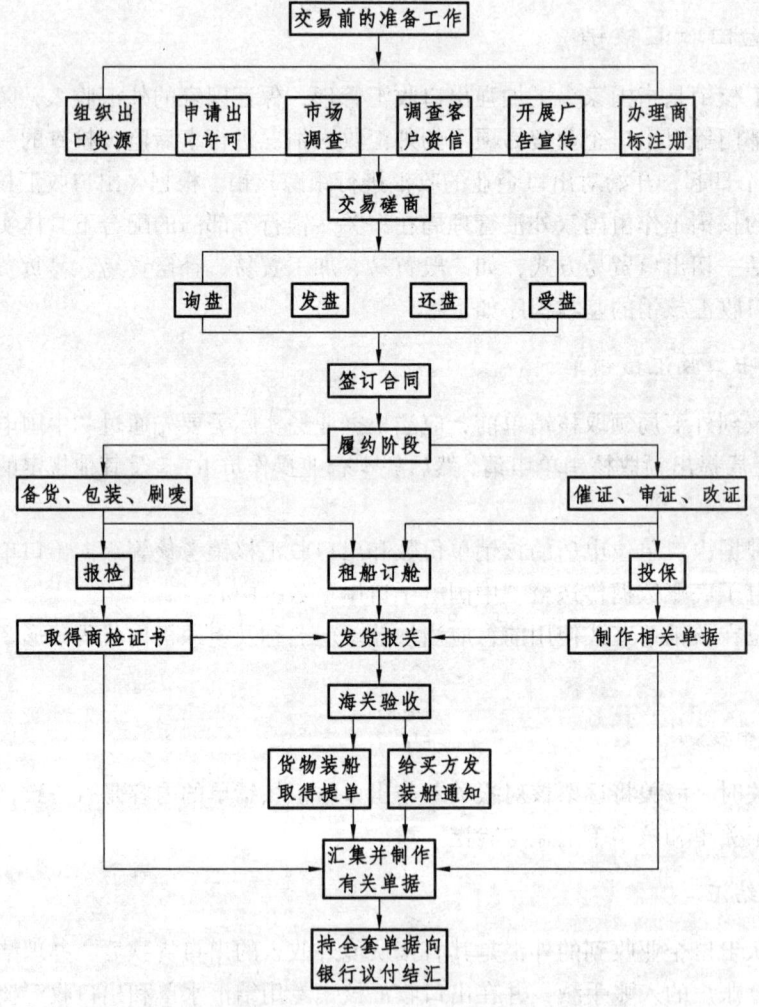

图 10-1　CIF 出口合同履行程序

第二节 进口合同的履行

我国的进口贸易业务主要是以 FOB 条件成交的，作为买方，在履行合同之前，要明确从国外进口的商品是否属于国家限制进口的商品范围，如果属于应首先办理有关证件，如许可证、进口证明、配额等。以信用证方式成交的进口合同履行环节如下：

一、信用证的开立和修改

我国进口货物一般都采用信用证方式付款，因此，进口合同签订后，进口企业应在合同规定的期限内在经营外汇业务的银行及时办理开证申请手续。信用证开出后，如发现内容与开证申请书不符，或因情况发生变化或其他原因，需对信用证进行修改，并立即向开证行提出修改申请。

（一）申请开立信用证

开证申请人在向开证行申请开立信用证时，应填写开证申请书，连同所需附件交开证行。开证申请书中必须明确说明据以付款、承兑或议付的单据的种类、文字内容及出具单据的机构等。

开证申请人在填写开证申请书时，应注意下列问题：

（1）信用证的种类。信用证的种类应按合同规定。在进口业务中，一般不宜开立可转让信用证，以防因第二受益人不可靠而造成意外损失。

（2）信用证金额，即受益人可使用的最高限额，大小写金额要一致。

（3）汇票的付款人和付款期限。汇票的付款人应为开证行或信用证指定的其他银行。汇票为即期还是远期，应严格按照合同规定。

（4）运输单据。如采用海洋运输，一般应要求提供全套凭开证行或申请人指示并经发货人空白背书的已装船清洁提单。对集装箱运输、航空运输、铁路运输、邮包运输，则应在采用 FCA、CIP、CPT 贸易术语的条件下受理，同时必须注明提交相应的运输单据。如仍沿用传统的 CIF、CFR 或 FOB 术语达成的交易，则也应按实际使用的运输方式要求提供相应的运输单据。

（5）其他单据。产地证明、品质、重量检验证书、化验证明书等的签发机构、形式、内容及证明事项等应做明确规定。

（6）分批装运和转运。进口合同如规定不允许分批装运和转运的，应在信用证中明确注明不准分批装运、不准转运。如信用证对此不做规定，则将被视为允许分批装运和转运。

（7）到期日和到期地点。信用证必须规定一个到期日和除了自由议付信用证外的一个交单地点，否则该信用证就不能使用。

（8）进口许可证号码。信用证中应要求出口人在商业发票上记载进口许可证号码，以备进口通关时海关验货。

（9）信用证与合同内容必须相一致。开证内容主要依据是买卖合同，不仅两者内容相同，并且信用证要详细列明合同中规定的有关条款。

（二）信用证的修改

需要对已开出的信用证进行修改时，应立即向开证行递交修改申请书，要求开证行办理修改信用证的手续。如受益人收到信用证后提出要求修改信用证中的某些条款,则应区别情况同意或不同意。如同意修改,应及时通知开证行办理修改手续;如不同意修改,也应及时通知受益人,敦促其按原证条款履行装货和交单。

我国进口企业对信用证的开立和修改应持慎重态度。在申请开立信用证时,应做到开证申请书与合同相符,以避免不必要的修改,并避免不符条款被受益人利用而遭受损失;在修改信用证时,亦应注意修改内容的正确性并应考虑受益人有可能拒绝修改而仍按原证条款履行。

二、安排运输和保险

在进口业务中,货物大多通过海洋运输,凡以 FOB 或 FCA 贸易术语成立的合同,由我方安排运输,订立运输合同。货物由海洋运输的,我方应负责租船或订舱工作。我国外贸企业的大部分进口货物都委托中国对外贸易运输公司、中国租船公司或其他外运代理机构代办运输,并与其订立运输代理协议,也有直接向中国远洋运输公司或其他对外运输的实际承运人办理托运手续的。

(一)租船、订舱和催装

1. 租船、订舱

租船、订舱的时间应按照合同规定,并应在运输机构规定的时间内提交订舱单,以保证及时配船。进口企业在办妥租船、订舱手续,接到运输机构的配船通知后,应按规定期限将船名及预计到港日期通知卖方,以方便卖方装货。

对 CIF 和 CFR 条件下的进口合同,系由卖方负责租船、订舱,安排装运。但我方也应及时与卖方联系,掌握卖方的备货和装运情况。

2. 催　装

在进口业务中,国外供货商往往由于原料或劳动力成本上涨、出口许可证未及时获得、国际市场该商品价格上扬或无法按期安排生产等各种原因,不能或不愿按期交货。为此,进口企业除在合同中需争取订立迟交罚款等约束性条款外,还必须随时了解和掌握对方备货和装船前的准备工作情况,督促对方按期装运。对于大宗货物或重要的、用户急需的物资,在交货期前一两个月即应发出函电催装,必要时还可委托我驻外商务机构就近了解,督促对方根据合同规定,按时、按质、按量履行交货义务或派员前往装运地点监督装运。对逾期未交合同,如责任在卖方,我方有权撤销合同并提出索赔;如仍需要该批货物者,则可同意对方延迟交货,也可同时提出索赔。

(二)保　险

FOB、FCA、CFR 和 CPT 条件下的进口合同,由进口企业负责向保险公司办理货物的运输保险。进口货物运输保险一般有两种方式:预约保险和逐笔投保。

1. 预约保险

我国部分外贸企业和保险公司签订海运、空运和陆运货物的预约保险合同,简称"预保合同"(open policy)。这种保险方式的特点是手续简便,对外贸企业进口货物的投保险别、保险费率、适用的保险条款、保险费及赔偿的支付方法等都做了明确的规定。

根据预约保险合同，保险公司对有关进口货物负自动承保的责任。对于海运货物，外贸公司接到外商的装运通知后，只需按要求填制进口货物"装货通知"，将合同号、起运口岸、船名、起运日期、航线、货物名称、数量、金额等必要内容一一列明，送保险公司，即可作为投保凭证。货物一经起运，保险公司就自动按预约保单所订的条件承保。

预约保险合同对保险公司承担每艘船舶（或每架飞机）每一航次的最高保险责任一般都做了具体规定。如承运货物超过此限额，则应于货物装运前书面通知保险公司，否则仍按原定限额作为最高赔付金额。

2. 逐笔投保

如没有与保险公司签订预约保险合同，对进口货物则需逐笔投保。外贸企业在接到卖方的发货通知后，应当立即向保险公司办理保险手续。在一般情况下，外贸企业填制"装货通知"代投保单交保险公司。"装货通知"中必须注明合同号、起运地、运输工具、起运日期、目的地、估计到达日期、货物名称、数量、保险金额等内容，保险公司接受承保后给公司签发一份正式保单。如外贸公司不及时向保险公司投保，则货物在投保之前的运输途中一旦发生损失，保险公司可不负赔偿责任。

三、审单和付款

我国的进口业务绝大部分使用信用证方式结算货款。这就要求对方提交的单据完全符合我方开立的信用证条款。为保证我方的权益，必须认真做好审单工作。而审单是银行与企业的共同责任，因此必须密切联系，加强配合。

（一）银行的审单责任

在信用证付款方式下，国外发货人将货物交付装运后，即将汇票和各项单据提交开证行或保兑行（如有的话）或其他指定银行。银行收到国外寄来的单据后，必须合理、审慎地审核信用证规定的一切单据，以确定其表面上是否符合信用证条款。在"单证一致""单单一致"的情况下，开证行就必须付款。单据之间出现的表面上的彼此不一致，将被视为单据表面上与信用证条款不符。

信用证未规定的单据，银行将不予审核。银行如收到这类单据，则应将它们退回交单人或转递而不需承担责任。如信用证中规定了某些条件但并未规定需提交与之相符的单据，则银行将视作未规定这些条件而不予置理。

（二）银行的审单时间

开证行、保兑行（如有的话）或代表他们的指定银行应各有一段合理时间审核单据，即不超过收到单据次日起的 5 个银行工作日，审核和决定接受或拒绝接受单据，并相应地通知交单方。

（三）付款或拒付

收到单据后，开证行或保兑行（如有的话）必须仅以单据为依据来确定其是否表面上与信用证条款相符。如单据表面上与信用证条款不符，则银行可以拒受单据。在实际业务中，如开证行发现单据表面上不符信用证条款，则一般应先与我国进口企业联系，征求进口企业意见是否同意接受不符点。对此，我国进口企业如表示可以接受，则可指示开证行对外付款；也可表示拒绝，即指示开证行对外提出异议，或通过寄单行通知受益人更正单据或由国外银行书面担保后付款，或改为货到检验认可后付款。

如开证行认为单据符合信用证条款要求，对即期付款信用证，则应即期付款；对延期付款信用证，则应于信用证条款所确定的到期日付款；对承兑信用证，则应承兑受益人出具的汇票并于到期时付款；对议付信用证，则凭受益人出具的汇票向出票人或善意持票人付款。开证行、保兑行付款后无追索权。开证行在向外付款的同时，通知我国外贸企业向开证行付款赎单。

在开证行审查单据的过程中，除发现单据有不符点时要征求申请开证的进口企业的意见，以确定是接受还是拒绝外，如审核单据和汇票与规定相符，则通常要交进口企业复核。按照我国的习惯，如进口企业在 3 个工作日内没有提出异议，银行则按即期、远期汇票付汇或承兑或在延期付款信用证情况下对外承担到期付款责任。由于开证行一经履行付款、承兑或承担付款责任，即不能追索或撤销，因此，进口企业对单据的审核也必须认真对待，绝不能有任何疏忽。

四、进口报关

对进出境货物的监管是海关的重要任务之一。根据我国《海关法》的规定，进出境的货物必须通过设有海关的地方进境或出境，接受海关的监管。海关依照《海关法》和其他有关法律、法规的规定，监管进出境的运输工具、货物、行李物品，征收关税和其他税费，查禁走私，并编制海关统计和办理其他海关业务。

（一）进口货物的申报

进口货物的申报又称"进口报关"，是指进口货物的收货人或他的代理人向海关交验有关单证，办理进口货物申报手续的法律行为。进口报关必须由海关准予注册登记的报关企业或者有权经营进口业务的企业负责办理，报关单位指派的报关员应经海关培训并考核认可。未经海关准予注册登记的单位和未经海关考核认可的人员，不得直接向海关办理报关手续。

进口货物的收货人或他们的代理人在货物抵达卸货港后，应填写"进口货物报关单"，向海关申报，并向海关提供齐全、正确、有效的单据。法定申报时限为自运输工具申报进境之日起 14 天内，超过 14 天期限未向海关申报的，由海关按日征收进口货物 CIF（或 CIP）价格的万分之五的滞报金；超过 3 个月未向海关申报的，由海关提取变卖，所得价款在扣除运输、装卸、储存等费用和税款后，尚有余款的，自货物变卖之日起 1 年内，经收货人申请予以发还。

申报时，除应填写"进口货物报关单"外，还应交验有关单证，如提货单、装货单或运单、发票、装箱单、货物进口许可证或配额证明、自动进口许可证明或关税配额证明、商检机构签发的货物通关证明或免验货物的证明、海关认为有必要提供的进口合同、厂家发票、产地证明及其他文件等。

（二）接受货物查验

根据我国《海关法》的规定，进口货物除因特殊原因经海关总署批准以外，都应当接受海关的查验。海关查验货物主要是海关在接受申报后，对进口货物进行实际的核对查验，以确定货物的物理性能或化学成分以及货物的数量、规格等是否与报关单证所列相一致。

查验进口货物应在海关规定的时间和场所进行，即在海关监管区域内的仓库、场地进行。

验关时，进口货物的收货人或其代表应该到场并负责开拆包装。对散装货物、大宗货物或危险品等，可在船边等现场查验。在特殊情况下，由报关人申请，经海关同意，也可由海关派人到收货人的仓库、场地查验。

海关查验进口货物造成损坏时，进口货物的收货人或其代理人有权要求海关予以赔偿。赔偿直接经济损失的金额，根据被损坏货物的受损程度而定，货物的受损程度由收货人与海关共同协商确定。赔偿金额确定以后，由海关发赔偿通知单，收货人自收到通知单第3日起3个月内凭单向海关领取赔款，逾期海关不再赔偿。

海关查验货物后交货主时，如货主没有提出异议，即视为货物完好无损，以后如再发现损坏，海关将不予负责。

（三）纳　税

对准许进口的货物，除另有规定外，由海关根据我国《海关进出口税则》和《关税条例》规定的税率，征收进口税。进口货物应按规定纳税的，必须在缴清税款或提供担保后，海关方可签章放行。

（四）结　关

结关又称放行，是指进口货物在办完向海关申报，接受查验，缴纳关税后，由海关在货运单据上签字或盖章放行，收货人或其代理人持海关签章放行的货运单据提取进口货物。海关在放行前，需再派专人将该票货物的全部单证及查验货物记录等进行全面的复核审查并签署认可，然后才在货运单上签章放行，交收货人或其代理人签收。放行意味着办完了海关手续，未经海关放行的进口货物，任何单位和个人不得提取或发运。

对违反国家法律、行政法规的进口货物，海关不予放行。

五、进口货物检验

在国际货物买卖中，除另有约定外，卖方交货后，买方应有合理机会对货物进行检验，以确定货物是否符合规定。如发现卖方所交货物与规定不符，买方则有权要求损害赔偿直至拒收货物并要求损害赔偿。因此，买方在收到货物后，对货物进行检验是十分重要的。

（一）法定检验

根据我国《进出口商品检验法》和《出入境检验检疫报验规定》，凡列入《必须实施检验的进口商品目录》内的进口商品，由商检机构实施检验。未经检验的，不准销售，不准使用。

必须经商检机构检验的进口商品到货后，收货人或其代理人应当持合同、发票、货运单据及有关文件向报关地的商检机构报检。海关凭商检机构签发的货物通关证明验放。为进口货物收货人办理报检手续的代理人应当在商检机构进行注册登记，办理报检手续时应当向商检机构提交授权委托书。

必须实施的进口商品的检验，是指列入目录的进口商品要按照国家技术规范的强制性要求进行检验；没有国家技术规范的强制性要求的，参照国家商检部门指定的国外有关标准进行检验。商检机构应当在国家商检部门统一规定的期限内检验完毕，并出具检验证单。对检验合格的进口商品，商检机构根据需要，可以加施商检标志或封识。

(二) 目录以外的进口商品的检验

目录以外的进口商品的收货人,发现进口商品质量不合格或者残损短缺,需要由商检机构出证索赔的,应当向商检机构申请检验出证。商检机构和经国家商检部门许可的检验机构,可以接受对外贸易关系人的委托,办理进口商品检验鉴定业务。如验收不合格,需要凭商检机构的检验证书向外索赔,收货人应当及时向所在地的商检机构申请检验出证。商检机构还可以对进口商品实施抽查检验,国家商检部门可以公布抽查检验结果或向有关部门通报抽查检验情况。

进口货物的收货人在向商检机构申请对进口商品实施检验时,应按商检机构的要求,真实、准确地填写"进口商品检验申请单",一般以同一买卖合同、同一国外发票、同一装运单据填写一份申请单。报验人除应提供买卖合同、国外发票、装运单据、装货清单等单据外,还需根据检验项目的不同提供下列相关资料:

(1) 申请品质、规格检验的,要加附国外检验证书或质保书、使用说明书及有关标准和技术资料。如凭样成交,则要附成交样品。

(2) 申请数量、重量鉴定的,要加附重量明细单或磅码单、装箱单、实货清单。

(3) 申请残损鉴定的,要加附理货签证、残损或溢(缺)单或铁路商务记录等有关证明。

(4) 进口商品收货、用货单位自行验收或由其他单位进行检验的,还应加附详细验收记录、磅码清单、检验结果等。

商检机构根据报检人的要求和有关买卖合同的规定,对进口商品进行检验、鉴定后,签发品质、数量、重量、包装、货载衡量、验残、海损鉴定等证书。进口商品检验不合格的对外签发检验证书,供有关方面凭以向外进行索赔;买卖合同规定须凭检验证书进行结算的商品,经商检机构检验后对外签发有关的检验证书,供买卖双方作为货款结算的依据。进口商品经检验合格的,对内签发检验情况通知单,供收货、用货单位凭以调拨或使用该商品,此单仅限在国内使用。

六、拨交货物

经报关、验收后的进口货物,如为进口商自用,就不存在拨交货物环节。如是受委托代理进口,则需拨交给订货单位。如果用货单位不在卸货港口,则可委托外运机构代为安排,将货物转运内地的用货部门。

七、进口索赔

在进口业务中,有时会发生卖方不履行或不完全履行合同规定的义务的情况。例如,不交货或虽交货但所交货物的品质、数量、包装或交货时间不完全符合合同规定,而使买方遭受损失而引起索赔;货物由于在装卸、搬运和运输过程中使品质、数量、包装受到损害,或由于自然灾害、意外事故以及其他外来原因致使货物受损,而需向有关责任方提出索赔。

(一) 向卖方索赔

向卖方索赔,也就是由于卖方违约,买方可以采取的补救措施。在进口业务中,由于卖方违约的行为不同,买方可以采取的补救措施也各异。

1. 宣告合同无效

按照《联合国国际货物销售合同公约》的规定,当卖方完全不交付货物,或不按照合同规定交付货物，等于根本违反合同时，买方可以宣告整个合同无效，还可以向卖方提出索赔。买方向卖方要求的损害赔偿额，应与因卖方违反合同而使买方遭受的包括利润在内的损失相等。如果合同被宣告无效，而在宣告合同无效后一段合理时间内，买方已以合理的方式购买替代货物，则买方可以取得合同价格和替代货物交易价格之间的差额，以及包括利润在内的其他损害赔偿；如果合同被宣告无效，而货物又有时价，且买方没有购买替代货物，则可以取得合同价格和宣告合同无效时的时价之间的差额，以及包括利润在内的其他赔偿。时价是指原应交付货物地点的现行价格，如果该地点没有时价，则指另一合理替代地点的价格，但应适当考虑货物运费的差额。

2. 其他补救措施

如果卖方不履行合同或不完全履行合同的结果，使买方遭受了损失，但并未剥夺买方根据合同规定有权期待得到的东西，即未构成根本违反合同，则买方不能宣告合同无效，但可以要求损害赔偿。此外，买方还可以行使采取其他补救办法的权利，如规定一段合理时限的额外时间，让卖方履行义务；如果货物不符合合同，买方可以要求卖方通过修正对不符合同之处做出补救。买方可能享有的要求损害赔偿的任何权利，不因他行使其他补救措施的权利而丧失。

3. 索赔期限和索赔证据

索赔期限是进口索赔的重要问题，逾期提出索赔，卖方有权不受理。索赔应在合同规定的有效期内提出，如商检工作需时过长，可要求对方延长索赔期限。如合同中没有规定索赔期限，而到货检验时又不容易发现缺陷，按照《联合国国际货物销售合同公约》的规定，买方行使索赔权的最长期限是自其实际收到货物之日起不超过两年。

对外提出索赔应有足够的证据，常见的索赔证据有公证报告（survey report）、检验证书（inspection certificate）、破损证明（damage report）、提单、发票、买卖合同、装箱单及往来函电等。

（二）向承运人索赔

在进口业务中，凡到货数量少于运输单据所载数量，或由于承运人的过失（如船舶不具备试航条件、配载不当、装卸作业疏忽等）造成货物残损、遗失，都由承运人负责。进口人可根据不同运输方式的有关规定，向承运人及其代理发出索赔通知，通知须随附船长及港务局理货员签证的理货报告和船长签证的短卸或残损证明。向承运人索赔的期限为货物到达目的港交货后一年之内。

（三）向保险公司索赔

如进口货物在保险责任有效期内发生诸如自然灾害、意外事故、外来原因，或在运输装卸过程中发生其他事故致使货物受损，且在保险公司责任范围内，则应由进口人向保险公司提出赔偿要求。在向保险公司索赔时，进口人应备妥各项必要的单证，如保险单据、运输单据、发票、检验报告、货损货差证明等，并及时发出损失通知。此外，进口人还应迅速对受损货物采取必要的合理补救措施，防止损失的扩大。由此产生的费用，可由保险公司负担。

向保险公司索赔的期限为保险货物在卸载港全部卸离海轮（车辆、飞机）后两年内。

FOB 进口合同履行程序如图 10-2 所示。

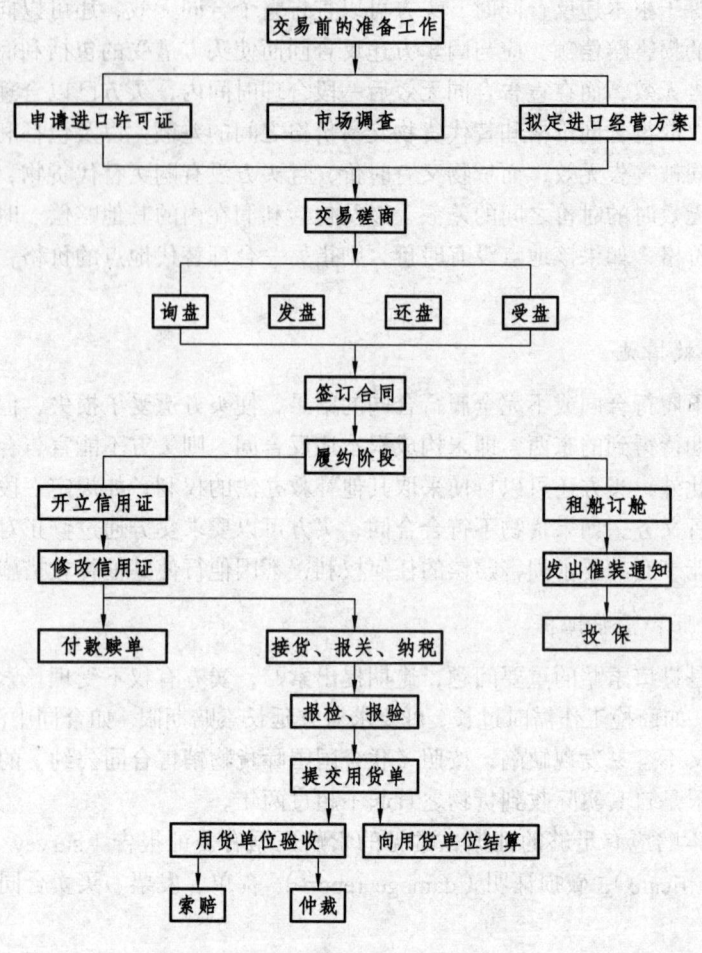

图 10-2 FOB 进口合同履行程序

本章小结

在国际贸易过程中，合同是进出口业务的依据，履行合同阶段是一个非常重要的阶段，因为该阶段是保证进出口业务是否能够顺利、圆满完成的重要环节。因此，买卖双方要严格执行合同或信用证上的有关规定。本章详细介绍了进出口业务的程序和各个环节应注意的事项。

以目前使用最多也最具有代表性的采用 CIF 术语和凭不可撤销即期议付信用证支付的交易为例，履行出口合同一般要经过以下环节：准备货物、落实信用证、安排装运和制单结汇，即货、证、运、款四个基本环节构成出口合同履行的必要程序。它们之间既相互联系，又相互依存。

进口合同的履行包括开立和修改信用证、安排运输和保险、审单和付款、报关和检验等环节。如果出现卖方不履行或不完全履行合同规定的义务的情况，或货物由于在装卸、搬运和运输过程中使品质、数量、包装受到损害或由于自然灾害、意外事故以及其他外来原因致使货物受损，则需向有关责任方提出索赔。索赔时，应注意索赔期限和索赔证据。

由于我国的进出口业务一般采用信用证方式结算货款，所以在履行合同时对信用证的审核和修改尤为重要，一定要认真、仔细、谨慎，以免造成不必要的损失。

只有环环相扣，严格按照合同规定，根据法律和惯例的要求，切实做好每一个环节的工作，才能确保货、款对流的顺利进行，使合同得以圆满履行。

基本概念

催证　　　审证　　　改证　　　托运　　　订舱　　　投保　　　报关
结关　　　报验　　　制单结汇　出口核销　出口退税　预约保险　索赔

模拟测试

一、名词解释

对等样品　佣金　仓至仓条款（W/W Clause）　可转让信用证

二、填空题

1. 在实际工作中，审核信用证的工作是由_____和_____共同承担的。
2. 按照《联合国国际货物销售合同公约》的规定，买方行使索赔权的最长期限是自其实际收到货物之日起不超过_____。
3. 在我国的出口业务中，采用信用证支付方式进行结汇的做法通常有_____、_____和_____。
4. 进口货物运输保险一般有两种方式：_____和_____。

三、单项选择题

1. 以 CIF 和 FOB 术语成交，货物海运保险分别由卖方和买方办理，运输途中货物灭失和损坏的风险（　　）。
   A. 前者由卖方承担，后者由买方承担　　B. 均由卖方承担
   C. 均由买方承担　　D. 前者由买方承担，后者由卖方承担
2. CIF ex ship's hold 与 DAP 相比，买方承担的风险（　　）。
   A. 前者大　　B. 两者相同　　C. 后者大　　D. 买方不承担风险
3. 下列包装标志中，要在货运单据上表示的是（　　）。
   A. 运输标志　　B. 指示性标志　　C. 警告性标志　　D. 条形码标志
4. 在海运货物保险业务中，共同海损（　　）。
   A. 是部分损失的一种　　B. 是全部损失的一种
   C. 有时为全部损失，有时为部分损失　　D. 是推定全损
5. 按国际保险市场惯例，投保金额通常在 CIF 总值的基础上（　　）。
   A. 加一成　　B. 加二成　　C. 加三成　　D. 加四成
6. 凡货价中不包含佣金和折扣的被称为（　　）。
   A. 折扣价　　B. 含佣价　　C. 净价　　D. 出厂价
7. 信用证上若未注明汇票的付款人，根据 UCP600 的解释，汇票的付款人应是（　　）。
   A. 开证人　　B. 开证行　　C. 议付行　　D. 出口人
8. 一张每期用完一定金额后，须等开证行通知到达，才能恢复到原金额继续使用的信用证

253

是（   ）。

　　A. 非自动循环信用证　　　　　　B. 半自动循环信用证
　　C. 自动循环信用证　　　　　　　D. 有时自动，有时非自动

9. 信用证的第一付款人是（   ）。

　　A. 进口人　　　B. 开证行　　　C. 议付行　　　D. 通知行

10. 在我国的进出口合同中，关于仲裁地点的规定，我们应力争（   ）。

　　A. 在我国仲裁　　　　　　　　　B. 在对方国仲裁
　　C. 在双方同意的第三国仲裁　　　D. 在对卖方有利的国家仲裁

四、多项选择题

1. 有关贸易术语的国际贸易惯例有（   ）。

　　A.《2010通则》　　　　　　　　B.《1932年华沙—牛津规则》
　　C.《1941年美国定义修订本》　　D.《汉堡规则》

2. 合同中的数量条款为"1000 M/T with 5% more or less at seller's option"，则卖方交货数量可以是（   ）。

　　A. 950 M/T　　　　　　　　　　B. 1000 M/T
　　C. 1050 M/T　　　　　　　　　 D. 950 M/T 到 1050 M/T 之间任何数量

3. 在我国海洋运输货物保险业务中，下列险别中可适用"仓至仓"条款的有（   ）。

　　A. ALL RISKS　　B. W.P.A　　　C. F.P.A　　　D. WAR RISK

4. 在信用证支付方式下，出口人交货后要想得到银行的付款必须做到（   ）。

　　A. 单证相符　　B. 单单相符　　C. 单货相符　　D. 在规定期限内交单

5. 在进出口合同中，单价条款包括的内容是（   ）。

　　A. 计量单位　　B. 单位价格金额　C. 计价货币　　D. 贸易术语

6. 合同中商品检验时间与地点的规定方法主要有（   ）。

　　A. 在出口国检验　　　　　　　　B. 在进口国检验
　　C. 出口国检验，进口国复验　　　D. 把货物运到第三国检验

五、判断题

1. 买卖双方以 CIF 条件成交，若双方在洽商合同时未规定具体的险别，则卖方投保时，只有义务投保最低限度的险别。（   ）

2. 根据《公约》的规定，如卖方所交货物多于约定数量，买方可以全部收下合同规定和卖方多交的货物，也可以全部拒收合同规定的和卖方多交的货物。（   ）

3. 运输包装的标志就是运输标志。（   ）

4. 按重量计算的包装货，如买卖合同中未规定是按毛重还是按净重计算，按惯例，应按净重计算。（   ）

5. 在已投保"一切险"的基础上，可以再加保"交货不到险"。（   ）

6. 保兑信用证中的保兑行对保兑信用证负第一性的付款责任。（   ）

7. 根据《跟单信用证统一惯例》（UCP600）的规定，只要支付金额不超过信用证的规定金额，货物交付数量都可以有5%的伸缩。（   ）

8. 商检的主要作用是通过对商品进行检验，以确定卖方所交货物的品质、数量、包装是否与合同的规定相符。（   ）

9. 出口采用 D/P30 天比 D/A30 天承担的风险更大。（   ）

10. 根据《联合国国际货物销售公约》，一方发盘，另一方表示接受但同时要求提供原产地证明时，发盘人只要立即向对方表示确认，合同关系就能确立。（   ）

六、简答题

1. 简述信用证支付的一般程序。
2. 简述 FOB 合同进口的业务环节。

七、案例分析题

1. 中方某外贸公司派遣贸易小组赴美购买设备，双方在纽约已就设备规格、单价、数量等主要条款达成协议。小组赴美时向对方表示，回国后缮制合同，由双方签字后生效。回国后，用户撤销进口委托，合同无法签署，信用证也未开出。美方敦促中方履约，否则将在美起诉中方公司。

请问：中方应如何处理此案。

2. 我国某公司向欧洲某国进口商按 CIF 条件和信用证出口货物一批。我方向中国人民保险公司投保了"一切险"，按规定的期限装运了货物，并凭单在银行议付了款项。后接到客户来电称：装货的船舶在途中发生火灾，货物全部烧毁，要求我方向中国人民保险公司提出索赔，否则必须退回全部货款。

请问：我方应如何处理？为什么？

八、实务操作题

2010年4月份广交会上，某公司 A 与科威特某一老客户 B 签订合同，客人欲购买 A 公司的玻璃餐具（名为 GLASS WARES），我司报价 FOB WENZHOU，温州出运到科威特，海运费到付。合同金额达 USD25 064.24，共 1 只 40′高柜，支付条件为全额信用证。客人回国后开信用证到 A 公司，要求 6 月份出运货物。

A 公司按照合同与信用证的规定在 6 月份按期出了货，并向银行交单议付，但在审核过程发现两个不符点：①发票上：GLASS WARES 错写成 GLASSWARES，即没有空格；②提单上"提货人"一栏，TO THE ORDER OF BURGAN BANK, KUWAIT 错写成了 TO THE ORDER OF BURGAN BANK，即漏写 KUWAIT。A 公司认为这两个是极小的不符点，根本不影响提货。我公司本着这一点，又认为客户是老客户，就以不符点担保出单了。但 A 公司很快就接到由议付行转来的拒付通知，银行就以上述两个不符点作为拒付理由拒绝付款。A 公司立即与客户取得联系，原因是客户认为到付的运费（USD2 275.00）太贵（原来 A 公司报给客户的是 5 月份的海运费，到付价大约是 USD1 950.00，后 6 月份海运费价格上涨，但客户并不知晓），拒绝到付运费。因此，货物滞留在码头，A 公司也无法收到货款。

后来 A 公司人员进行各方面的协调后，与船公司联系要求降低海运费，船公司将运费降到 USD2 100.00，客户才勉强接受，到银行付款赎单，A 公司被扣了不符点费用。整个解决纠纷过程使 A 公司推迟收汇大约 20 天。

请问：对此我方应吸取什么教训？

第十一章　国际贸易方式

【学习目标】

掌握国际贸易的各种方式，熟悉国际贸易方式的程序，了解各种国际贸易方式的注意事项。

【案例导入】

2006年10月，中国甲公司与日本乙公司签订了《补偿贸易合同》。合同规定由乙公司向甲公司提供一种生产设备，所生产的产品分三年偿还全部设备款。合同生效后，乙公司按照合同规定交付了设备，甲公司依照合同规定用该设备生产的产品向乙公司偿还了第一年的设备款50万美元。到了第二年，国际市场发生剧烈变化，该产品价格上涨幅度达30%。甲公司认为，原合同对返销产品的作价不合理，要求修改合同或签订补充协议，提高返销产品的价格，乙公司不同意。于是，甲公司擅自将产品直接出口，在国际市场销售，并用所得外汇向乙公司偿还设备款50万美元。为此，双方发生争议，经协商不能解决。2007年12月2日，乙公司遂根据合同中的仲裁条款提起仲裁，要求甲公司交付产品或按130%支付设备款，并按合同规定支付5%的违约金。在仲裁庭辩论中，甲公司认为，其已如数支付了设备价款，也就履行了合同。而乙公司则认为，合同规定用产品偿还，该产品国际市场价格上涨30%，其转售产品应得的利益被剥夺，故甲公司应补偿30%，并支付违约金。经调查审理，仲裁庭裁决支持乙公司的仲裁请求，甲公司按130%支付第二年的设备款，支付5%的违约金。第三年继续用产品偿还设备款，并支付仲裁费用。

第一节　经　销

经销是国际贸易中一种常见的出口推销方式，在我国使用已久，早在20世纪50年代，我国在港澳市场就开始采用这种方式推销土特产品、食品和轻工产品。20世纪60年代又开始用这种方式向远洋市场推销工业原料和土特产品。出口商可以通过订立经销协议与国外客户建立一种长期稳定的购销关系，利用国外经销商的销售渠道来推销商品，巩固并不断扩大市场份额，以促进其产品出口。

一、经销的基本概况

（一）经销的含义

经销（distribution）也称售定，是指进口商（经销商）与国外出口商（供货商）达成经销协议，承担在规定的期限和地域内购销指定商品的义务。采用经销方式，供货商和经销商之间是买卖关系，属售定性质。经销商需要自己垫付资金，向供货商进口，其商品在一定市场范围内销售，至于商品能否售出、以什么样的价格出售、能售出多少等，则完全由经销商自己承担。

（二）经销的种类

按经销商权限的不同，经销方式可分为以下两种：

1. 独家经销

独家经销亦称包销（exclusive sales），是指经销商在规定的期限和地域内，对指定的商品享有独家专营权。经销也是售定，供货商和经销商之间是一种买卖关系，但又与通常的单边逐笔售定不同，当事人双方除签有买卖合同外，还须事先签有经销协议，确定对等的权利和义务。例如在包销方式下，只有包销商承担从供货商那里购进指定商品的义务，供货商才授予其独家经营的权利。从法律上讲，供货商和经销商之间是本人对本人（principal to principal）的关系，经销商是以自己的名义购进货物，在规定的区域内转售时，也是以自己的名义进行，货价涨落等经营风险也由经销商自己承担。购买商品的当地客户与供货商之间不存在合同关系。

2. 一般经销

一般经销亦称定销。在这种方式下，经销商不享有独家专营权，供货商可在同一时间、同一地区内委派几家商号来经销同类商品。这种经销商与国外供货商之间的关系同一般进口商和出口商之间的关系并无本质区别，所不同的只是确立了相对长期和稳固的购销关系。

（三）经销方式中当事人之间的法律关系

在经销方式中有两个当事人，即供货方和经销商，双方是一种售定性质的买卖关系，即供货方是卖方，经销商是买方。与一般货物买卖不同的是，双方当事人除了要签订货物买卖合同外，还必须事先签订好经销协议。双方通过经销协议确立对等的权利和义务，经销商承担从供货商处购进指定商品的义务，供货商也赋予他经销某种商品的权利。从法律上讲，双方是货主对货主的关系，即供货商按照经销协议向经销商提供协议规定的货物，经销商以自己的名义买进商品，自行销售、自负盈亏，承担有关货物积压、价格涨落等风险。经销商还可以以自己的名义在协定规定的范围内转售货物，接受转售货物的当地客户与国外供货商之间不存在合同关系。在包销方式下，包销商在一定的时期和区域内还享有独家专营权，这种权利通过供货商和包销商之间签订的包销协议来实现。

二、经销协议的基本内容

经销协议是供货人和经销人订立的确立双方法律关系的契约，其内容的繁简可根据商品的特点、经销地区的情况以及双方当事人的意图确定。在实际业务中，许多经销协议只原则性地规定双方当事人的权利、义务和一般交易条件，以后每批货的交付，双方却要依据经销协议再订立具体买卖合同，明确价格、数量、交货期甚至支付方式等具体交易条件，或由供货商根据经销商发出的订单来交付货物。通常，经销协议主要包括以下内容：

（一）经销商品的范围

经销商品可以是供货人经营的全部商品，也可以是其中的一部分，因此，在协议中要明确定明商品的范围，以及同一类商品的不同牌号和规格。购定经销商品的范围要同供货人的经营意图和经销人的经营能力与资信状况相适应。如经销商品范围规定为供货人经营的全部商品，为避免争议，则最好在协议中明确经销商停止生产其经销的商品或供货人有新产品推出时对协议是否适用。

（二）经销地区

经销地区是指经销人行使经营权的地理范围。它可以是一个或几个城市或某地区，也可以是一个甚至是几个国家。其大小的确定，除应考虑经销人的规模、经营能力及其销售网络外，还应考虑地区的政治区域划分、地理和交通条件以及市场差异程度等因素。经销地区能否扩大，习惯上根据经销实绩由双方协商后加以调整。

在包销协议中，供货人在包销区域内不得再指定其他经销商经营同类商品，以维护包销人的专营权。为维护供货人的利益，包销协议也常常规定包销商不得将包销商品越区销售。包销地区的约定方法通常有以下几种：① 确定一个国家或几个国家；② 确定一个国家中的几个城市；③ 确定一个城市等。

（三）经销数量或金额

经销协议还应规定经销人在一定时期内的经销数量或金额，在包销协议中这更是必不可少的内容之一。此项数量或金额的规定对协议双方均有约束力，它既是经销商在一定时间内应承购的数额，也是供货商应保证供应的数额。经销数额一般采用最低承购额的做法，规定一定时期内经销人应承购的数额下限，并明确经销数额的计算方法。为防止经销商签约后拖延履行，可以规定最低承购额以实际装运数为准。在规定最低承购额的同时，还应规定经销商未能完成承购额时供货商可行使的权利。

（四）作价方法

一般有两种作价方法：一种是固定价格，指出口人在包销期限内以某种确定的价格向包销商销售商品，无论在此期间这种商品的国际市场行情如何，均以包销协议中所规定的固定价格为准。这种方法由于交易双方要承担价格变动的风险，故较少采用。另一种是分批作价，即在规定的包销期限内分别订立若干销售合同，每一个包销合同都按当时的国际市场价格作价。由于国际市场价格变化莫测，为使双方尽可能地减少承担的风险，分批作价的方法应用较普遍。

（五）经销商品的其他义务

在许多经销协议中，往往要求经销商要负责做好广告宣传、市场调研和维护供货人权益等工作。通常规定，经销商有促进销售和开展广告宣传的义务。另外还有协议规定，供货人应提供必要的样品和宣传资料，对于广告宣传的方式以及有关费用的负担问题，也应明确规定，一般多由经销人自己负担。

在协议中，还可规定经销人承担市场调研的义务，以供出口人参考制定销售策略和改进产品质量。有的包销协议还规定，如在包销地区内发现供货人的商标权或专利权受到侵害，则包销人要及时采取保护性措施。

（六）经销期限

经销期限即协议的有效期，可规定为签字生效起一年或若干年。一般还要规定延期条款，可以经双方协商后延期，也可规定在协议到期前若干天如没有发出终止协议的通知，则可延长一期。协议中还可规定期满后续约或终止的办法，例如："本协议期满前一个月，如一方提出，并经双方协商同意,可以延长一年,否则,本协议自期满日止自动失效。"

除了协议期限届满可以终止外,如遇到下列情况之一,也可以中止协议:

(1)任何一方有实质性的违约行为,并在接到另一方的要求纠正该违约行为的书面通知后的一段时间内,未能加以纠正。

(2)任何一人发生破产清理或公司改组等严重事项,另一方可提出终止协议的书面通知。

(3)由于发生了人力不可抗拒的意外事件,造成协议落空,而且遭受事件的一方在一定的期限之后仍无法履行协议规定的义务,另一方可发出终止协议的书面通知。

除上述主要内容外,还应规定不可抗力及仲裁条款等一般交易条件,其规定方法与一般买卖合同大致相同。

三、经销方式的利弊

(一)经销方式的好处

对于出口商来讲,采用经销方式是稳固市场、扩大销售的有效途径之一。这主要是因为在经销方式下,出口商通常要在价格、支付条件等方面给予经销商一定的优惠,这有利于调动经销商的积极性,利用其经销渠道为推销出口商品服务。在有些情况下,还可要求经销商提供售后服务和进行市场调研。当然,不同的经销方式对于出口推销所发挥的作用是不完全一样的。

如果采用独家经销方式,由于经销商在经销区域内对指定的商品享有专营权,这在一定程度上可避免或减少因自相竞争而造成的损失。只要经销商选择得当,它可以利用自己熟悉所在国或地区的消费习惯,以及政府条例、法规等方面的便利,及时为供货商提供必要的信息,如市场供需情况、消费者对产品的反映等,以帮助改进产品、做到适销对路,并且减少不必要的法律纠纷。一般来说,经销商也愿意按协议的规定为所经销的商品登广告、做宣传,或者承担其他义务,使商品的经营额不断扩大,使双方在合作中共同受益。

由于交易双方在一定期限内确定了较稳定的供销关系,双方利益紧密联系在一起,这就克服了逐笔分散交易方式下,买方不愿承担售前宣传推广和售后服务工作,卖方不愿帮助和培养买方的弊端,有利于双方的互利合作;由于只有一家经销商经销出口产品,避免了同一地区多头经营产生的自相竞争和其他同类商品生产者的竞争,有利于出口人有计划地组织生产和供货,也有利于调动包销人经营的积极性,达到巩固、扩大市场的目的。

(二)经销方式的弊端

在同一市场上,如果有许多家商号同时经营供货商的同一商品,当市场销路不好时,一些资金不够雄厚的商人往往会因资金周转困难而削价抛售。这一举动有可能造成连锁反应,会使其他商人纷纷仿效。而许多消费者的心理是"买涨不买落",竞相降价,有可能把市场搞垮。而且如果包销商经营能力差,会出现包而不销或包而少销的情况,有时包销商还可能利用其垄断地位,操纵价格和控制市场,使出口商蒙受损失。

四、采用经销方式应注意的问题

(一)慎重选择经销商

供货商与经销商之间存在着一种相对长期的合作关系。如果经销商选择得当,对方信誉好,能够重合同、守信用，而且经营能力强，即使市场情况不好时，也能充分利用自己的经验和手段，努力完成推销定额。这样业务会越做越大，供销双方都会受益。然而，如果经销商选择失当，其经营能力不佳或资信不好，则会使供货商作茧自缚。这一问题在独家经销方式下尤为明显。有些包销商在市场情况不利时，拒绝完成协议中规定的承购数额，结果使供货商原定的出口计划无法完成，又失掉其他客户。也有的包销商凭借自己独家专营的特殊地位，反过来在价格及其他条件上要挟供货商，为自己谋利。为防止这类情况发生，作为出口商，在选择经销商时，应先认真做好资信调查，了解对方的信誉和经销能力，在任命独家经销商之前，这项工作尤为重要。

（二）要注意当地的有关法律规定

在独家经销方式下，协议有关专营的规定有时会构成"限制性商业惯例"。对于"限制性商业惯例"的一般解释是，企业通过滥用市场力量的支配地位，限制其他企业进入市场，或以其他不正当的方式限制竞争，从而对贸易或商业的发展造成不利的影响。其核心问题是限制竞争、操作市场，这在许多国家的立法中属于管制之列。在有些包销协议中，规定包销商品的种类及经销区域时，有时做出下列限制性规定："包销商不得经营其他厂家的同类产品""禁止将包销的产品销往包销区域以外的地区"等。这类规定就有可能违反有些国家管制"限制性商业惯例"的条例和法令，如反托拉斯法（antitrust law）。因此，在签订独家经销协议时，应当了解当地的有关法规，并注意使用文句，尽可能避免与当地的法律发生抵触。

第二节 代 理

一、代理的含义及特点

（一）代理的含义

代理（agency）是许多国家的商人在从事进出口业务中习惯采用的一种贸易做法。所谓代理，是指代理人按照本人的授权，代表本人与第三人订立合同或作其他法律行为，而由本人直接享有由此而产生的权利与承担相应的义务。

（二）代理的特点

在代理方式下，双方当事人通过代理协议建立的是委托代理关系，完全不同于经销方式下的买卖关系。代理方式与包销方式相比较具有下列基本特点：

（1）代理商与委托人之间的关系属于委托买卖关系，代理商本身并不作为合同的一方参与交易，而出口商与包销商是一种买卖关系。

（2）代理商通常运用委托人的资金进行业务活动，而包销商是利用自有资金进行活动。

（3）代理商一般不以自己的名义与第三者签订合同，而包销是由包销商与第三者订立合同。

（4）代理商赚取的报酬是佣金，而包销商获得的是商品的购销差价。

特别需要注意的是，代理人的商誉对于商品的销售乃至出口企业的形象都是非常重要的，选择一个代理商，不仅要着眼于他的销售能力，也应该重视代理商已有的信誉。

二、代理的种类

在国际贸易中,代理业务以委托人为一方,独立的代理人为另一方,在约定的时间和地区内,以委托人的名义与资金从事业务活动。国际货物买卖中的代理可以从不同的角度分类。按委托人授权的大小,代理可由以下分类:

(一)总代理(general agency)

总代理是指该代理商统一代理某厂家某产品在某地区的销售事务,同时它有权指定分代理商,有权代表厂商处理其他事务。现实生活中,总代理与独家代理的概念常混为一谈,这里有必要澄清一下。因此,总代理商必须是独家代理商,但是独家代理商不一定是总代理商,独家代理商不一定有指定分代理商的权力。因此,在总代理制度下,代理层次更为复杂。我们常常称总代理商为一级代理商,分代理商则为二级或三级代理商。分代理商也有由原厂家直接指定的,但是大多数分代理商由总代理商选择,再上报厂家批准,分代理商受总代理的指挥。采用总代理方式的厂商不少,可以说,运用代理商的厂家大多采取总代理方式。采用总代理制的优点是,可以利用代理商拓展市场;其缺点是,代理层次增多,易造成管理不善。

在我国的进出口业务中,总代理特指定驻外的贸易机构作为我进出口公司的总代理。如我国香港地区的华润公司、德信行、五丰行和澳门地区的南光公司,分别为我国进出口公司在香港和澳门地区的总代理。

(二)独家代理(exclusive agency,sole agency)

独家代理是在指定地区和期限内单独代表委托人行事,从事代理协议中规定的有关业务的代理人。委托人在该地区内不得委托其他代理人。在出口业务中采用独家代理的方式,委托人须给予代理人在特定地区和一定期限内代销指定商品的独家专营权。凡是在规定地区和规定期限内做成该项商品的交易,除双方另有约定外,无论是由代理商做成,还是由委托人直接同进口商做成,代理商都有获取佣金的权利。

(三)一般代理(agency)

1. 一般代理的概念

一般代理又称佣金代理(commission agency),是指在同一地区和期限内,委托人可同时委派几个代理人代表委托人行为,根据推销商品的实际金额付给佣金,或者根据协议规定的办法和百分率支付佣金,代理人不享有独家专营权。如委托人另有直接与该地区的买主达成交易的,则无须向一般代理支付佣金。我国的出口业务中,运用此类代理的比较多。

2. 一般代理的分类

佣金代理方式是指代理商的收入主要是佣金收入,代理商的价格决策权受到一定限制。佣金代理方式又分为以下两种:

(1)代理关系的佣金代理。代理关系的佣金代理方式是法律意义上纯粹的代理关系。销售代理商仅为国外厂商在当地推销其产品,并在厂商授权下以厂商的名义与当地顾客签订买卖合约。产品的价格完全由厂家指定,代理商销售产品后,向厂家索取佣金作为报酬。在交易过程中,代理商不以自己的名义进货,即不从厂商购买产品,只是起媒介交易作用。

(2) 买卖关系的佣金代理。买卖关系的佣金代理方式是指代理商根据厂商制定的价格范围（有一个上、下浮动率），加上自己的佣金费作为产品售价，向顾客推销产品。与客户订好买卖合同后，该代理商向厂商订货，并以自己的名义进口代理产品。待收到客户贷款后，代理商从货款中扣除佣金汇给厂家。由于买卖关系的佣金代理商是以自己的名义进口货物，因此，他与厂家的关系实际上已是买卖关系，而非代理关系，当代理商将货物交给客户而又收不到货款时，他要负担"坏账"损失。正因为在这种情况下，代理商风险比较大，因此，厂家给予代理商价格浮动的范围，代理商在此价格范围内有最终价格决定权。

一般代理与独家代理的主要区别有两点：一是独家代理商享有独家专营权，而一般代理商则不享受这种权利；二是独家代理商收取佣金的范围，既包括招揽生意介绍客户成交的金额，也包括委托人直接成交金额。一般代理商收取佣金的范围只限于介绍生意成交金额，委托人直接成交的则不另付佣金。

三、代理协议的内容

代理协议（agency agreement）是明确委托人和代理人之间权利与义务的法律文件。协议内容由双方当事人按照契约自由的原则，根据双方的合意加以规定。销售代理协议主要包括以下内容：

（一）代理商品和地区

协议要明确规定代理商品的品名、规格以及代理权行使的地理范围。在独家代理的情况下，其规定方法与包销协议大体相同。

（二）代理人的权利与义务

这是代理协议的核心部分。一般应包括下述内容：
(1) 明确代理人的权利范围，即是否有权代表委托人订立合同，或从事其他事务。另外，还应规定代理人有无专营权。
(2) 规定代理人在一定时期内应推销商品的最低销售额，并说明是按 FOB 价还是 CIF 价计算。
(3) 代理人应在代理权行使的范围内，保护委托人的合法权益。代理人在协议有效期内无权代理与委托人商品相竞争的商品，也无权代表协议地区内的其他与委托人相竞争的公司。对于在代理区域内发生的侵犯委托人的工业产权等不法行为，代理人有义务通知委托人，以便采取必要措施。
(4) 代理人应承担市场调研和广告宣传的义务。代理人应定期或不定期地向委托人汇报有关代销商品的市场情况，组织广告宣传工作，并与委托人磋商广告内容及广告形式。

（三）委托人的权利与义务

委托人的权利主要体现在，对客户的订单有权接受，也有权拒绝。对于拒绝订单的理由，可以不做解释，代理人也不能要求佣金。但对于代理人在授权范围按委托人规定的条件与客户订立的合同，委托人应保证执行。

委托人有义务维护代理人的合法权益，保证按协议规定的条件向代理人支付佣金。在独家代理的情况下，委托人要尽力维护代理人的专营权。由于委托人的责任给代理人造成损失的，委托人应予以补偿。

许多代理协议还规定委托人有义务向代理人提供推销产品所需的材料。对于代理人代表委托人对当地客户进行诉讼所支付的费用，委托人应给予补偿。

（四）佣金的支付

佣金是代理人为委托人提供服务所获得的报酬。代理协议要规定在什么情况下代理人可以获得佣金。有的协议规定，对直接由代理人在规定的区域内获得的订单而达成的交易，代理人有权得到佣金。在独家代理的协议中，常常规定如委托人直接与代理区域的客户签订买卖合同，代理人仍可获取佣金。

协议中还应规定佣金率、佣金的计算基础、佣金的支付时间和方法。佣金率的高低，一般视商品特点、市场情况、成交金额及竞争程度等因素而定。佣金的计算基础有不同的规定方法，通常以发票净售价为基础，对发票净售价的构成或贸易术语也应予以明确。佣金的支付可在交易达成后逐笔结算支付，也可定期结算累计支付。支付佣金多采用汇付方式。

（五）代理数量或金额

此项数量或金额既是代理商应代销的数量或金额，也是出口商应供应的数量或金额，对双方都有同等的约束力。协议中一般还规定超额代销奖励条款和不能履约的罚金条款。

（六）协议有效期及中止条款

按照国际贸易中的习惯做法，代理协议既可以规定固定期限，也可以不规定具体期限。固定期限长的有五年，短的一般为一年。如不规定期限，双方当事人可以在协议中规定，如其中一方不履行协议，另一方有权终止协议。

除上述基本内容外，关于不可抗力和仲裁等条款的规定，与经销协议和一般买卖合同的做法大致相同。

第三节 寄 售

寄售是一种委托代售的贸易模式，也是国际贸易中为开拓商品销路、扩大出口而通常采用的一种做法。它与先出售、后出运货物的一般贸易方式不同，而是先出运、后出售商品。

一、寄售的概念与性质

寄售（consignment）是指出口人先将准备销售的货物运往国外寄售地，委托当地代销人按照寄售协议规定的条件代为销售后，再由代销人同货主结算货款。在国际贸易中，其具体做法是：出口商即寄售人同国外客户即代销人签订寄售协议，出口商先将寄售商品运送给国外代销商，由代销商按照协议规定的条件和办法，代替货主在当地市场上进行销售。货物出售后，由代销商扣除佣金及其他费用后，按合同规定的办法汇交寄售人，是一种先出口后售货的贸易方式。寄售货物装运出口后，在到达寄售地前也可采用出售的办法，先行销售，即当货物尚在运输途中，即由代销商寻找买主出售。

寄售是按双方签订的协议进行的，寄售人和代销人之间不是买卖关系，而是委托与受托关系，寄售协议属于行纪合同（英美法中称信托合同）性质。

二、寄售的特点

寄售与包销、代理等其他销售方式相比，具有以下特点：

1. 寄售人与代销人之间是委托代售关系，而非买卖关系

代销人只能根据寄售人的指示代为处置货物，在委托人授权范围内可以以自己的名义出售货物、收取货款并履行与买主订立的合同，但货物的所有权在寄售地售出之前仍属寄售人。但是，包销商与出口商之间是买卖关系。

2. 凭实物交易

寄售是寄售人先与商品出口市场的代销商签订有关协议，再将货物运至寄售地，然后代销商在寄售地把货物直接销售给买主。因此，它是凭实物进行的现货交易。但是代理方式下，出口商并不一定先将货物运到销售市场。

3. 风险和费用由寄售人承担

寄售与代理一样，货物在售出之前，包括运输途中和到达销售地后的一切费用和风险，均由寄售人承担，代销人不承担任何风险和费用。但是包销方式下，货物在运输途中的风险划分和费用的承担取决于贸易术语。

三、寄售协议的主要内容

寄售协议（consignment agreement）是寄售人和代销人之间就双方的权利、义务以及寄售业务中的有关问题签订的法律文件。寄售协议中一般应包括下列内容：协议性质、寄售地区、寄售商品名称、规格、数量、作价方法、佣金的支付、货款的收付，以及保险的责任、费用的负担、代销人的其他义务等。为了订好寄售协议，必须妥善处理下述三方面的问题。

（一）寄售商品的作价方法

寄售商品的作价方法，大致有以下四种：

（1）规定最低限价。代销人在不低于最低限价的前提下，可以任意出售货物；否则，必须事先征得寄售人同意。协议中还要明确该最低限价是含佣价还是净价。

（2）随行就市。代销人可在不低于当地市价的情况下出售寄售货物，寄售人不作限价。这种做法，代销人有较大的自主权。

（3）销售前征得寄售人同意。代销人在得到买主的递价后，应立即征求寄售人的意见，在其确认同意后，才能出售货物。也有的是由寄售人根据代销人提供的行情报告，规定一定时期的销售价格，由代销人据以对外成交。

（4）规定结算价格。货物售出后，双方依据协议中规定的价格进行结算。代销人实际出售货物的价格，寄售人不予干涉，其差额作为代销人的收入。采取这种做法，代销人须承担一定的风险。

（二）佣金的问题

除了采用结算价格方式以外，寄售人还应支付给代销人一定数量的佣金，作为其提供服务

的报酬。佣金结算的基础一般是发票净售价，通常解释为用毛售价减去有关费用（如已包括在售价之内），如销售税、货物税、增值税、关税、包装费、保险费、仓储费、商业和数量折扣、退货的货款和延期付款的利息等。

关于佣金的支付时间和方法，做法各异。代销人既可在货物售出后从所得货款中直接扣除代垫费用和应得佣金，再将余款汇给寄售人，也可先由寄售人收取全部货款，再按协议的规定计算出佣金并汇给代销人。佣金多以汇付方式支付，也有的采用托收方式支付。

（三）货款的收付

在寄售方式下，货款一般是在货物售出后收回。寄售人和代销人之间通常采用记账的方法、定期或不定期地结算，由代销人将货款汇给寄售人，或者由寄售人用托收方式向代销人收款。为保证收汇安全，有的在协议中加订"保证收取货款条款"，或在协议之外另订"保证收取货款协议"，由代销人提供一定的担保。

四、寄售方式的利弊

（一）寄售的优点

寄售方式对寄售人、代销人和买方来讲，都有明显的优点。

1. 对寄售人而言

对寄售人来说，寄售有利于开拓市场和扩大销路。通过寄售，可以与实际用户建立关系，扩大贸易渠道，便于了解和适应当地市场的需要，不断改进商品的品质和包装。另外，寄售人还可根据市场供求情况，掌握有利的推销时机，抢行应市，卖个好价。

2. 对代销人而言

代销人在寄售方式中不需垫付资金，也不承担货物灭失、不能过关、市场行情下跌等风险，因此，寄售方式有利于调动那些有推销能力、经营作风好，但资金不足的客户的积极性。

3. 对买主而言

寄售是凭实物进行的现货买卖，买主看货成交，付款后即可提货。这大大节省了交易时间，减少了风险和费用，从而为买主提供了便利，有利于开拓新市场，推销新产品。

（二）寄售的缺点

采用寄售方式出口时，对寄售人来讲有以下缺点：

1. 承担的贸易风险大

寄售人要承担货物售出前的一切风险，包括运输途中和到达目的地后的货物损失和灭失的风险，货物价格下跌和不能售出的风险，以及因代销人选择不当或资信不佳而导致的损失。

2. 资金周转期长，收汇不够安全

在寄售方式下，货物售出前的一切费用开支均由委托人负担，而货款要等货物售出后才能收回，不利于其资金周转。此外，一旦代销人违反协议，也会给寄售人带来意料不到的损失。

第四节 展 卖

一、展卖的含义及分类

（一）展卖的含义

展卖（fairs and sales）是利用展览会和博览会及其他交易会形式，对商品实行展销结合的一种贸易方式。展卖是把出口商品的展览与推销有机结合起来，边展边销，以销为主。

展卖可以促进顾客对企业的了解，在展销会上企业对自己特色、成就等的介绍，有利于公众对该组织做深层次的了解。展卖可以促进产品的销售；展销是一次商品广告会，各企业届时都会展出自己最好的产品，从而促进产品的销售。展卖还可以促进信息的交流，在展销会上，企业与顾客之间通过信息交流，能够迅速掌握行业最新动态和消费者心理，为企业制订营销计划提供依据。

展卖作为我国对外交易的一种重要方式，为我国扩大产品销路和发展贸易关系起到了重要的作用。展卖所带来的经济效益不能单纯地从一次展卖会的销售额来看，还要综合考虑通过它所建立起来的宝贵的客户资源以及所起到的广告宣传效应。除此之外，还可以将寄售和展卖方式结合起来进行，即在寄售协议中规定，代销人寄售的商品在当地展卖。至于展卖的有关事项，可在该协议中同时规定，也可另签协议做出规定。

（二）展卖的分类

1. 按买卖方式分类

展卖可以采取各种不同的方式，从展卖商品的所有方和客户的关系来看，展卖的做法主要有两种：

（1）通过签约将货物卖断给国外客户，双方是一种买卖关系，由客户在国外举办展览会或博览会，货款在展后结算。

（2）由货主与国外客户合作，展卖时货物所有权不变，展品出售的价格由货主决定，国外客户承担运输、保险、劳务及其他费用，货物出售后收取一定手续费作为补偿。展卖结束后，未售出的货物可以折价卖给合作的客户，或运往其他地方进行另一次展卖。

2. 按举办形式分类

按举办形式可分为国际博览会和国际展览会。

（1）国际博览会（international fair）也称国际集市，是指在一定地点定期举办的，由一国或多国联合组办，邀请各国商人参加交易的贸易形式。在英文中 fair 是传统形式的展览会，也就是集市与庙会。fair 的特点是"泛"，有商人也有消费者，有农产品也有工业品。国际博览会影响很大，展出的商品大多代表当时世界的先进技术水平。因此，参加国际博览会不仅能促进商品的交易，而且是进行产品介绍、广告宣传、技术交流的场所。主办国除将本国产品带到博览会展出外，也可邀请其他国家的厂商参加展出并推销其商品，从而促进国际贸易的发展。

国际博览会种类很多，可分为综合性和专业性两种类型。凡各种商品均可参加展出和交易的博览会属于综合性的，又称"水平型博览会"。这种博览会规模大、产品齐全、会期也较长，比较著名的有智利的圣地亚哥和叙利亚的大马士革的国际博览会，其展出期限长，规模大，而且对普通公众开放，当地人戏称为"庙会"。凡只限某类专业性商品参加展览和交易的博览会属于专业性的，又称"垂直型博览会"，规模较小，会期也较短，如比较著名的纽伦堡玩具展览会、慕尼黑的体育用品展览会及法兰克福的消费品展览会等。它们都是专业性很强的国际博览会。

【小资料 11-1】

世界博览会

世界博览会（World Exhibition or Exposition，World Expo）又称国际博览会及世界博览会，简称世博会，是一项由主办国政府组织或政府委托有关部门举办的有较大影响和悠久历史的国际性博览活动。参展者向世界各国展示当代的文化、科技和产业正面影响各种生活范畴的成果。它已经历经百余年的历史，最初以美术品和传统工艺品的展示为主，后来逐渐变为荟萃科学技术与产业技术的展览会，成为培育产业人才和一般市民的启蒙教育不可多得的场所。世界展览会的会场不单是展示技术和商品，而且伴以异彩纷呈的表演，富有魅力的壮观景色，设置成日常生活中无法体验的、充满节日气氛的空间，成为一般市民娱乐和消费的理想场所。

世界博览会的历史发展进程如下：

1851 年，万国工业博览会成为全世界第一场世界博览会，在英国首都伦敦的海德公园举行，展期是 1851 年 5 月 1 日至 10 月 11 日，主要内容是世界文化与工业科技，借此博览会英国在当时展现了工业革命后，他们技冠群雄、傲视全球的辉煌成果。

1867 年，巴黎世博会已经具备了现代世博会的雏形。

第二次世界大战后，世界人民在满目疮痍的废墟上重建家园，并在恢复生产、复苏经济的基础上，于 1958 年在比利时首都布鲁塞尔举行战后第一个世界博览会，主题"科学、文明和人性"。为了体现科学的这个主题思想，布鲁塞尔世博会建造了一座原子能结构的球形展馆，代表着人类进入了科技进步的新世纪的象征。博览会的辉煌和丰富，几乎使以往的所有世博会都黯然失色。

1962 年，美国西雅图举办了一次规模不大的专业性的博览会，主题是"太空时代的人类"。博览会展出全新的先进科技，自动售货机和单钢轨铁路，使其获得了巨大的成功。

1964 年为了纪念纽约建城 300 周年，纽约又一次举办了世界博览会，这次世博会的主题是"通过理解走向和平"。然而这次世博会浓重的商业气氛，使观众驻足不前，失去了纪念活动的意义。

1970 年在日本大阪举办了世界博览会，日本人称之为万国博览会，体现"人类的进步与和谐"，向观众展示了继东京奥运会之后，日本在各方面的发展和成就，得益于这次博览会，日本在以后 10 年的经济发展中，一直保持强劲的势头。

1985 年日本再次举办世界博览会，会址是在新城筑波市，一座距东京 50 多千米的全新科学文化城。博览会的主题是"居住与环境人类的家居科技"。

1986 年，加拿大为纪念温哥华建城 100 周年，又举办了一次以"交通运输"为主题的博览会。

1988 年是英国人在澳洲建立居住点 200 周年，为铭记这一日子，澳大利亚在东部黄金海岸城市布里斯班举办了世界博览会。这次博览会的主题"科技时代的休闲生活"，体现了人类在当今科学技术极其发达的时代中休闲和娱乐。各国都围绕这个主题大做文章，以体育、文娱、旅游、休闲、烹调、园艺等内容来体现人类生活的丰富多彩。

1990年，日本大阪举办专业性的国际花绿博览会，主题是"人类与自然"。展出以世界园艺为内容，作为庆祝大阪"新的开端"100周年的纪念活动。这次展览会共有82个国家参加，55个国际组织与日本各省市和大企业都单独设了展馆或展台。

1992年是哥伦布发现美洲500周年，为此，西班牙政府在塞维利亚举办了世博会，把博览会的主题命名为"发现的时代"。世博会占地面积478万平方米，有100多个国家参加。观众达6000多万人次，中国馆展出四大发明及长征系列火箭等，被评为"五星级展馆"。

1993年韩国大田博览会，这是世界上第一次由发展中国家举办的世界博览会，主题为："新的起飞之路"。中国馆展示了航天科技、三峡工程等，共接待观众350万人次，为各展馆之最，被评为五大最佳展馆之一。

1998年在葡萄牙里斯本举办世界博览会。1998年是联合国批准的国际海洋年，博览会的主题为"海洋——未来的财富"。

2000年，德国汉诺威世博会，主题"人类、自然、科技"，参展国家和组织共计172个，为往届世博会参展国家、地区和组织最多的一届。

2005年，日本爱知世博会，主题"自然的睿智"，是最近的一次注册类世博会，中国馆接待观众570万人次，为接待观众最多的展馆。

2008年，西班牙萨拉戈萨世博会，水塔是其标志性建筑，也是萨拉戈萨城市最高的建筑。水塔是世博园中三大主题展馆之一，展览"水，生命之源"主题的场所，为此也称水塔馆。

2010年在上海举办了上海世博会，主题为"城市，让生活更美好"，吸引了200个国家和国际组织参展，7000万人次的参观者。

（2）国际展览会（international exhibitions）是不定期举行的，一般展示各国在产品、科技方面所取得的新成就。展览会的主要目的是宣传本国的文化、艺术及工商企业发展的成就，而为促进本国的出口贸易举办的展览会，是展出所要推销的商品，通过宣传扩大商品的销路，尤其是现在各国举办展览会的真正目的不是展览而是推销商品。

展览会的分类主要有以下几种：

① 从性质上分为贸易展览、消费展览。

贸易展览是为制造业、商业等行业举办的展览，目的是交流信息、洽谈贸易。消费展览基本上都展出消费品，目的主要是直接销售。展览的性质由展览组织者决定，可以通过参观者的成分反映出来。对工商业开放的展览是贸易展览，对公众开放的展览是消费展览。

② 从内容上分为综合展览和专业展览。

综合展览包括全行业或数个行业的展览会，如工业展览会、轻工业展览会。专业展览指展示某一行业甚至某一项产品的展览会，如钟表展。专业展览的突出特征是常常同时举办讨论会、报告会，用以介绍新产品、新技术等。

③ 从时间上划分为定期展览和不定期展览。

定期展览有一年四次、一年两次、两年一次等，不定期展览则是视需要而定为长期和短期展览。长期展览可以是三个月、半年，甚至常设，短期展览一般不超过一个月。在发达国家，专业展览一般是三天。在英国，一年一次的展览会占展览会总数的3/4。展览日期通常受财务预算、订货以及节假日的影响，有旺季、淡季之分。根据英国展览业协会的调查，3—6月及9—10月是举办展览会的旺季，12—1月以及7—8月为举办展览会的淡季。

④ 从展览地点分为专用展览场地展览和流动展览。

大部分展览会都在专用展览场地举办。展览场馆最简单的分类是分为室内场馆和室外场馆。

室内场馆多用于展示常规展品的展览会，如纺织展、电子展等；室外场馆除用于展示常规展品的展览会外，还可用于展示超大超重展品，如航空展、矿山设备展等。在几个地方轮流举办的展览会称作巡回展。比较特殊的展览是流动展，即利用飞机、轮船、火车、汽车作为展览场地的展览会。

⑤从呈现形式上分为虚拟展览和传统展览。

随着商品经济和科学技术的发展，特别是网络时代的到来，各种各样的网上交易会不断涌现，虚拟展览的发展速度空前，被称为永不落幕的展览会。虚拟展览是人们将参展单位的各种信息以多媒体电子文件的形式存放在国际互联网的某个服务器里，供各国客商查阅。有关产品和公司的信息一般包括：文字、图片、音频以及视频资料，即通常所说的多媒体信息。在这些信息中还应包括：公司的背景材料、地址、邮编、电话、传真、电子信箱等。虚拟展览的基本内容是：主办单位为达到一定的目的，围绕一定的主题进行总体策划组织，通过网上宣传、发布、招展、招商，收到反馈信息后将参展单位的各种资料汇总、制作、编排、布展、上网展示，同时提供导览、检索、用户登记、资料下载、可视会议等让世界各地的供需方通过互联网查阅这些资料，从中选择自己所需要的各种信息或可合作的项目，并与提供产品或项目的单位取得联系，进行协商谈判，直至项目的促成。虚拟展览的特点是辐射面广、参展费用低、展出期长、信息容量大、传播速度快等。

传统展览是人们将展品在一定的时间、空间条件下通过直观展示来传递和交流信息的群众性社会活动。传统展览的基本内容是：主办者为了达到一定的目的，提出一定的主题，按照主题要求选择相应的展品，在展馆里或其他场所，运用各种艺术手法，在一定的材料和设备上展示出来，以进行宣传、教育或交流、交易。它既有认识、教育、审美、娱乐的作用，又有传递信息、交流情感、沟通产销、指导消费、促进生产等多方面功能。传统展览的特点是：真实性与广泛性，直观性与艺术性，综合性与现代性，群众性与开放性，集中性与时效性。

二、我国开展的展卖方式

我国会展的产生迟于欧洲，但与欧洲会展一样源于集市，并以集市为主要形式一直持续到19世纪末。到了清末和民国初期，旧中国举办过几次具有一定规模、并有现代特征的博览会和贸易展览会，如北京的"劝工陈列所"、南京的"南洋劝业会"、上海的"中华国货展览会"、杭州的"西湖博览会"等就是当时召开展览会留下的印迹。抗日战争时期，也曾举办过许多展览会，目的基本是显示成就、鼓舞士气、促进经济发展、抵抗日本的侵略，这对经济发展有一定的促进作用，但在流通领域的作用并不大。中华人民共和国成立后，由于实行计划经济，经济贸易展览在国内经济中失去存在、发展的土壤，只有个别展览会是贸易性质的，如广交会。改革开放后，社会主义市场经济推动了展览活动极大的发展，并逐渐形成规模、形成行业。

我国从20世纪50年代就开始举办广州中国出口商品交易会，以后又陆续开展了各种类型的交易会、展览会、小交会，并多次参加国外举办的博览会。随着改革开放的深入进行，展卖业务在我国也得到更为广泛的运用，极大地促进了我国对外经济贸易的发展。

（一）中国出口商品交易会

中国出口商品交易会（Chinese Export Commodities Fair）的举办地点在广州，所以又称广州交易会（Guangzhou Trade Fair）（以下简称"广交会"），是我国各进出口公司联合举办的，邀请国外客户参加的一种展览与交易相结合的商品展销会。我国于1957年春举办了首届广交会，展馆面积 18 000 平方米，参展交易团 13 个，参展商品 12 000 余种，来自 19 个国家和地区的客商共 1223 人次到会洽谈，成交 1754 万美元。以后每年春、秋两季各举办一次，是中国目前历史最长、层次最高、规模最大、商品种类最全、到会客商最多、成交效果最好的综合性国际贸易盛会，广交会的年成交额占当年全国一般贸易出口的约 1/3。五十多年来，我国利用广交会定期邀请国外客户来华集中谈判成交，根据"平等互利、互通有无"的对外贸易原则，以出口为主，进出结合，有买有卖，形式多样，有效地促进了我国的对外贸易发展，加强了我国同世界各国的经济联系。

广交会承载着中国外贸的光荣和梦想，是中国最大的贸易促进平台。截至第 119 届，广交会累计出口成交约 1.2 万亿美元，累计到会境外采购商约 764 万人。目前，每届广交会展览规模达 118 万平方米，境内外参展企业超过 2.4 万家，210 多个国家和地区的近 20 万境外采购商与会。即使在当前复杂的国际经济环境下，广交会到会境外采购商的数量和质量依然保持稳定。

广交会积极贯彻落实创新、协调、绿色、开放、共享的发展理念，助力我国从贸易大国迈向贸易强国。近年来，广交会以市场为导向，按照专业化发展要求，优化展区设置，精心培育新题材，并对现有题材进行优化；大力发展会议论坛，丰富展会信息交流功能，通过设立广交会产品设计与贸易促进中心（PDC）和广交会出口产品设计奖（CF 奖），助推企业转型升级；大力推动进口展区市场化进程，试点进、出口展区融合办展，让境内外参展企业同台展出，提升国际化水平；创新招商模式，大力实施市场化招商，以互联网应用引领创新，以精准营销提高招商实效，境外采购商忠诚度不断提高；积极推进绿色展馆和绿色展会建设，为中国会展业树立生态文明标杆；大力推进"智慧广交会"建设，通过"广交会+互联网"驱动，实现广交会转型升级，延伸、扩展客户服务，掌握、分析用户行为，提高服务效率和服务水平，提升广交会在互联网时代的整体办会水平；围绕构建一体化的展馆高效运营体系和打造服务品牌的目标，稳步推进现场服务品质由优秀向卓越迈进，客户满意度屡创新高。

（二）小型出口交易会

在广交会闭会期间，在某些商品的产地或出口口岸等地，还举办了一些专业性的小型交易会，简称"小交会"，如地毯交易会、工艺品交易会、服装交易会、化工交易会等。小交会的特点是专业性强，成交高度集中，交易方式灵活。它减轻了广交会过于集中的弊端，对于推销新、小商品起到了积极作用。

三、开展展卖业务应注意的问题

展卖是一种将产品宣传、推销和市场调研结合起来的贸易方式。它所带来的经济效益，不能单纯地从一次展卖会的销售额来衡量。经验证明，一次成功的展卖会后，由于建立了广泛的客户联系，往往会给参展者带来数量可观的订单。当然，并非每次展卖会都会硕果累累。要想取得展卖的成功，还应注意以下问题：

（1）选择适当的展卖商品。展卖这种交易方式并不是对所有商品都普遍适用，它主要适合于一些品种规格复杂，用户对造型、设计要求严格，而且性能发展变化较快的商品，如机械、电子、轻工、化工、工艺、玩具、纺织产品等。确定展卖商品时应选择具有世界先进水平和竞争优势的产品，要能反映出现代科技发展的新趋势，要注意先进性、新颖性和多样性，要能反映现代科技水平，代表时代潮流。

（2）选择好合作客户。国外参加展卖会之前，应选择合适的客户作为合作伙伴。选择的客户应该在当地有良好的商业信誉和地位，有一定的业务联系网络和销售渠道，具有较强的经营能力，对当地市场十分熟悉。通过客户开展宣传组织工作，扩大影响，联系各界人士，这对展卖的成功具有重要作用。

（3）选择合适的展出地点。一般来说，应考虑选择一些交易比较集中、市场潜力较大、有发展前途的集散地进行展卖。同时，还应考虑当地的各项设施，如展出场地、宾馆、通信、交通等基本设施所能提供的方便条件和这些服务的收费水平。

（4）选择适当的展卖时机。这对于一些销售季节性强的商品来说尤为重要。一般来说，应选择该商品的销售旺季进行展卖，每次展出的时间不宜过长，以免耗费过大，影响经济效益。

（5）做好宣传组织工作。展卖是一种将宣传、推销和市场调研结合在一起的贸易方式。要利用博览会和交易会充分发挥广告宣传的效果，在期间除散发和张贴各种宣传图片外，还可以放映广告性影片，安装灯光广告，分发和出售小包装的商品样品，以扩大所经营商品的品牌影响力和知名度。

第五节　招标投标

招标投标是一种传统的贸易方式，最早起源于18世纪后叶英国实行的"公共采购"，第二次世界大战后招标投标方式获得广泛的应用。先是西方发达国家，接着世界银行在货物采购、工程承包中大量推行招标投标方式，近几十年来，发展中国家也日益重视和采用招标投标方式进行货物采购和工程建设。招标投标影响力不断扩大，招标投标作为一种成熟的交易方式，其重要性和优越性在国内、国际经济活动中日益被各国和各种国际经济组织广泛认可，进而在相当多的国家和国际组织中得到立法推行。一些政府机构、市政部门和公用事业单位经常用招标方式采购物资、设备，勘探开发资源或招包工程项目，有些国家也用招标方式进口大宗商品。世界银行贷款项目和国际政府贷款项目，通常也在贷款协议中规定运用这些贷款采购物资、设备、发包工程时，必须采用国际竞争性招标投标方式。目前，这一贸易方式更多地用于国际工程承包业务。我国20世纪末期开始大量采用招标方式，1984年12月我国第一家专营国际招标的机构，即中国技术进出口总公司国际招标公司成立，2000年1月1日我国颁布实施了《招标投标法》。本节仅介绍商品采购中的招标与投标。

一、招标投标的含义和特点

（一）招标投标的含义

招标（invitation to tender）与投标（submission of tender）是一种贸易方式的两个方面。

招标是指招标人（买方）发出招标通知，说明拟采购的商品名称、规格、数量及其他条件，邀请投标人（卖方）在规定的时间、地点按照一定的程序进行投标的行为。

投标是指投标人（卖方）应招标人的邀请，按照招标的要求和条件，在规定的时间内向招标人递价，争取中标的行为。

招标投标的方式与逐笔售定的方式有很大的区别。在招标投标方式中，投标人是按照招标人规定的时间、地点和交易条件进行竞卖，双方没有反复磋商的过程。投标人发出的投标书是一次性报盘。鉴于招标投标是一种竞卖方式，卖方之间的竞争使买方在价格及其他条件上有较多的比较和选择，因此，在大宗物资的采购中，这一方式被广泛运用。

（二）招标投标方式的基本原则

1. 公开原则

公开原则，即要求招标投标活动必须保证充分的透明度，招标投标程序、投标人的资格条件、评标标准和方法、评标和中标结果等信息要公开，保证每个投标人能够获得相同信息，公平参与投标竞争并依法维护自身的合法权益。同时招标投标活动的公开透明，也为当事人、行政和社会监督提供了条件。公开是公平、公正的基础和前提。

2. 公平原则

公平原则，即要求招标人在招标投标各程序环节中一视同仁地给予潜在投标人或者投标人平等竞争的机会，并使其享有同等的权利和义务。例如，招标人不得在资格预审文件和招标文件中含有倾向性内容或者以不合理的条件限制和排斥潜在投标人；不得对潜在投标人或者投标人采取不同的资格审查或者评标标准，依法必须进行招标的项目不得以特定行政区域或者特定行业的业绩、奖项作为评标加分条件或者中标条件等。公平原则主要体现在两个方面：一方面，机会均等，即潜在投标人具有均等的投标竞争机会；另一方面，各方权利义务平等，即招标人和所有投标人之间权利义务均衡并合理承担民事责任。

3. 公正原则

公正原则，即要求招标人必须依法设定科学、合理和统一的程序、方法和标准，并严格据此接受和客观评审投标文件，真正择优确定中标人，不倾向、不歧视、不排斥，保证各投标人的合法平等权益。为此，招标投标法及其配套规定对招标、投标、开标、评标、中标、签订合同等做了相关规定，以保证招标投标的程序、方法、标准、权益及其实体结果的公正。例如，评标委员会必须按照招标文件事先确定并公开的评标标准和方法客观评审投标文件和推荐中标候选人，并明确否决投标的法定情形等。

4. 诚实信用原则

诚实信用原则，即要求招标投标各方当事人在招标投标活动和履行合同中应当以守法、诚实、守信、善意的意识和态度行使权利和履行义务，不得故意隐瞒真相或者弄虚作假，不得串标、围标和恶意竞争，不能言而无信甚至背信弃义，在追求自己合法利益的同时不得损害他人的合法利益和社会利益，依法维护双方利益以及与社会利益的平衡。诚实信用是市场经济的基石和民事活动的基本原则。

5. 合法原则

由于招标投标是合同的订立方式，招标投标行为是一种法律行为，所以，他必然要受到法律的规范和约束，服从法律的规范和要求。合法的原则包括主体资格合法、合同内容合法、程序形式合法、代理制度合法等要求。

（1）主体资格合法。即招标投标过程中买卖双方的主体资格应符合要求。根据合同法的规定，他们都必须具备法人资格，而且要有相应的履约能力。

（2）合同内容合法。即招标文件中的合同内容必须遵守法律和法规，不得损害国家利益和社会公共利益，内容表达应当真实、准确，主要条款应当完备齐全。

（3）程序形式合法。即组织招标投标活动时应符合法定的程序和要求。当前，规范招标投标行为的法律、法规主要有《中华人民共和国合同法》《中华人民共和国招标投标法》《中华人民共和国反不正当竞争法》。

（4）代理制度合法。即参与招标投标活动的各家投标单位的代表应取得代理人的合法资格，并按要求办理法人代表证明书或法人代表授权委托书，在从事代理活动的过程中，不得有违《中华人民共和国合同法》中有关代理制度的各项规定。

6. 诚实信用原则

要求招标投标双方尊重对方利益，信守要约和承诺的法律规定，履行各自的义务，不得规避招标、串通哄抬投标、泄露标底、骗取中标、非法转包分包等。

二、招标的方式

目前，国际上常用的招标方式主要有以下几种：

（一）国际竞争性招标（international competitive bidding，ICB）

它是指招标人邀请几个乃至几十个投标人参加投标，通过投标人竞争，选择其中对招标人最有利的投标达成交易。国际竞争性招标通常有以下三种做法：

1. 公开招标（open bidding）

一般是在国内外主要报刊上刊登招标广告，邀请对该项目有兴趣的所有公司进行投标。所有的投标人均有同等的机会购买招标资料，准备自己的招标文件。政府采购物资、利用国际金融组织的贷款采购物资等，大部分采用竞争性的招标办法。这种招标方式的好处是，可以广泛地吸引招标者，便于招标人广泛地对投标进行比较，以获得最优惠的成交条件。

2. 选择招标（selected bidding）

选择招标又称邀请招标，招标人不在报刊上刊登广告，而是根据自己具体的业务关系和情报资料由招标人对客商进行邀请，通过资格预审后，再由他们进行投标。一般多用于购买技术要求比较高的专业性设备或成套设备，邀请参加投标的企业通常是经验丰富、技术装备精良、在行业中享有盛誉的少数企业。其优点是采购的商品质量更有保障、售后服务好，同时由于应征的公司少，可以节省审查投标文件的时间。

3. 两段招标（two-stage bidding）

采用此方式时，招标分两个阶段进行，第一阶段采用公开招标方式，经过开标和初步审查评价之后，开始第二阶段的选择性招标，邀请条件优惠、实力较强的少数几家投标人进行第二次投标。其优点是既可以博众家之长，又可以提高效率以最优惠的条件成交。

（二）谈判招标（negotiated bidding）

谈判招标，又叫议标，它是非公开的，是一种非竞争性的招标。这种招标由招标人物色两三家供应商直接进行合同谈判，谈判成功，交易达成。一般适用于专业技术性很强的商品，国际上仅有两三家供应商可以承担的情况，其优点是成交比较迅速。

第六节 拍 卖

早在古罗马奴隶制社会，拍卖财产和奴隶的活动就已盛行一时。随着发达国家市场经济的发展，拍卖已成为一种重要的贸易方式。各国已成立了许多专门从事拍卖业务的拍卖行，拍卖制度也日趋完善。我国于 1996 年颁布了《中华人民共和国拍卖法》，该法于 1997 年 1 月 1 日正式实施。

一、拍卖的概念及特点

（一）拍卖的概念

国际贸易中的拍卖是由经营拍卖业务的拍卖行（auctioneer）接受货主的委托，在规定的时间和场所，按照一定的章程和规则，以公开叫价的方法，把货物卖给出价最高的买主的一种贸易方式。在国际贸易中，通过拍卖成交的商品通常是品质难以标准化，或难以保存，或按传统习惯以拍卖出售的商品，如裘皮、茶叶、烟草、羊毛、木材、水果以及古玩和艺术品等。有时海关没收的走私货物、破产企业的资产处理也采用拍卖方式。拍卖行为为交易的达成提供了服务，所以它要收取一定的佣金，或称为行记费（brokerage）。佣金的多少没有统一的规定，要根据当地的习惯，或按商业机构、经纪人协会的规章加以确定。

（二）拍卖的特点

（1）拍卖是在一定的机构内有组织地进行的。拍卖一般都是在拍卖中心，在拍卖行的统一组织下进行。拍卖行可以是由公司或协会组成的专业拍卖行，专门接受货主委托从事拍卖业务，也可以是大贸易公司内部设立的拍卖行，还可以是由货主临时组织的拍卖会。

（2）拍卖具有自己独特的法律和规章。拍卖不同于一般的进出口交易。这不仅体现在交易磋商的程序和方式上，也表现在合同的成立和履行等问题上。许多国家的买卖法中对拍卖业务有专门的非同一般的规定。除此之外，各个拍卖行又制定了自己的章程和规则，供拍卖时采用。这些都使拍卖方式形成了自己的特色。

（3）拍卖是一种公开竞买的现货交易。拍卖采用事先看货、当场叫价、落槌成交的做法。拍卖开始前，买主可以查看货物，做到心中有数。拍卖开始后，买主当场出价、公开竞买，由拍卖主持人代表货主选择交易对象。成交后，买主即可付款提货。至此，无论是拍卖的主持人还是货主均不再对货物的品质缺陷负责。

二、拍卖的出价方法

1. 增价拍卖

增价拍卖也称英国式拍卖（english auction），这是最常用的一种拍卖方式。拍卖时，由拍卖人提出一批货物，宣布预定的最低价格，然后由竞买者相继叫价、竞相加价，有时规定每次加价的金额额度，直到拍卖人认为无人再出更高的价格时，再用击槌动作表示竞买结束，将这批商品卖给最后出价最高的人。在拍卖人击槌前，竞买者可以撤销出价。如果竞买者的出价都低于拍卖人宣布的最低价格，或称价格极限，卖方有权撤回商品，拒绝出售。

2. 减价拍卖

减价拍卖又称荷兰式拍卖（dutch auction）。这种方式先由拍卖人喊出最高价格，然后逐渐减低叫价，直到有某一竞买者认为已经低到可以接受的价格，表示愿意买进为止。减价拍卖，成交迅速，经常用于拍卖鲜活商品，如花卉、水果、蔬菜等。

以上两种方法都是在预定的时间和地点，按照先后批次，公开竞拍交易。

3. 密封递价拍卖

密封递价拍卖（sealed bids）又称招标式拍卖。采用这种方法时，先由拍卖人公布每批商品的具体情况和拍卖条件等，然后由各买方在规定时间内将自己的出价密封递交给拍卖人，以供拍卖人进行审查比较，决定将该货物卖给哪一个竞买者。这种方法不是公开竞买，拍卖人有时要考虑除价格以外的其他因素。有些国家的政府或海关在处理库存物资或没收货物时往往采用这种拍卖方式。拍卖通过叫价成交后，随即由买主在合同上签字，并预交一部分货款作为保证金。

三、拍卖的一般程序

拍卖业务进行的程序，一般可分为以下三个阶段：

（一）准备阶段

参加拍卖的货主先要把货物运到拍卖地点，存入仓库；然后委托拍卖行进行挑选、分类、分级，并按货物的种类和品级分成若干批次。货主在办理委托事项时，要与拍卖行订立委托拍卖合同，合同中一般要规定以下内容：双方当事人的名称、地点；拍卖的货物名称、规格、数量；拍卖的时间、地点；拍卖品的交付时间、方式；佣金及其支付的方式、期限；价款的支付方式、期限；违约责任；其他事项。

拍卖行在此期间还要负责编印拍卖目录，所有经过挑选分批待售的货物都要载入目录。在拍卖目录中，一般要列明商品的种类，每批货的号码、等级、规格、数量、产地，拍卖的次序及拍卖条件。拍卖目录通常在拍卖日期前十天或半个月编印完毕，并提供给打算参加拍卖会的买主作为指南。

拍卖行在拍卖前一段时间要发布拍卖公告，公告的主要内容包括：

（1）拍卖的时间、地点；
（2）拍卖的标的；
（3）拍卖标的展示的时间、地点；
（4）参与竞买须办理的手续；
（5）其他事项。

准备拍卖的商品都存放在专门的仓库，在规定的时间内，允许参加拍卖的买主到仓库查看货物，有些还可抽取样品。查看货物的目的，是为了使买方进一步了解货物的品质状况，以便按质论价。

（二）正式拍卖

拍卖会在规定的时间和地点开始，并按照拍卖目录规定的先后顺序进行。

在拍卖会场中，买主一般按照事先登记的座位号对号入座。在拍卖会主席台上就座的有拍卖主持人和工作人员。拍卖主持人又称拍卖师，作为货主的受托人主持拍卖业务的进行。

拍卖一般多采用由低到高的增价拍卖方式。增价拍卖可以由竞买人喊价，也可以由拍卖人喊价竞买人举牌应价。货主对于要拍卖的货物可以提出保留价，也可以无保留价。对于无保留价的，拍卖主持人在拍卖开始前要予以说明；对于有保留价的，竞买人的最高价未达到保留价时，主持人要停止拍卖。

关于竞买人喊价后能否撤回的问题，不同国家的拍卖法的规定有所不同。有的拍卖法规定，在拍卖主持人落槌之前，竞买人可以撤回其出价。我国《拍卖法》则规定："竞买人一经应价不得撤回。当其他竞买人有更高应价时，其应价即丧失约束力。"

荷兰作为出口鲜花的大国，在花卉交易中通常都采用减价拍卖方式，这种方式又称无声拍卖，即竞买人无须喊价，只需在拍卖人由高到低的报价过程中，选择自己能接受的价格及时报价。以前应价采用打手势表示，现在多用按电钮的方式。

（三）成交与交货

拍卖以其特有的方式成交后，拍卖行的工作人员即交给买方一份成交确认书，由买方填写并签字，表明交易正式达成。

拍卖商品的货款通常都以现汇支付。在成交时，买方即须支付货款总金额的一定百分比，其余的也须尽快支付。货款付清后，货物的所有权随之转移，买方凭拍卖行开出的账单或提货单到指定的仓库提货。提货也必须在规定的期限内进行。在仓库交货前，拍卖人控制着货物，他有义务妥善保管货物。作为卖方的代理人，他享有要求货款的留置权，即在买方付清货款之前，他有权拒绝交货，除非拍卖条件中允许买方在提货后的一定期限内付清货款。

拍卖行为交易的达成提供了服务，它要收取一定的报酬，通常称作佣金或经纪费。佣金的多少没有统一的规定，可以由买卖双方与拍卖行约定。如果当事人没有约定，按照习惯，拍卖行可以向买卖双方各收取不超过成交价5%的佣金。收取佣金的比例一般按照与成交价成反比的原则确定。

拍卖未成交的，拍卖行可以向委托人收取约定的费用；未做约定的，可向委托人收取为拍卖支出的合理费用。

拍卖会结束后，由拍卖行公布拍卖单，其内容主要包括售出商品的简要说明、成交价、拍卖前公布的基价与成交价的比较等。这些材料反映了拍卖商品的市场情况及国际市场价格，也是两次拍卖会的间隔期内，商人进行交易、掌握价格的重要参考资料。

第七节　期货交易

商品期货交易是在现货交易的基础之上发展起来的一种高级形式，迄今已有100多年的历史。近几十年来进入期货市场的商品种类越来越多，如谷物、棉花、木材、咖啡、有色金属等，世界上已形成许多商品期货交易中心。我国的郑州粮食批发市场于1990年10月12日正式开业，标志着我国商品期货市场开始建立，1992年1月18日深圳有色金融交易所开业，标志着我国第一个规范化的商品交易所建成。

一、期货交易的含义和特点

（一）期货交易的含义

期货交易（futures trading）是指在期货交易所内，按一定规章制度进行的期货合同的买卖。买卖双方达成期货合同交易后，并没有买进或卖出现货商品的需求，也就是并没有真正实现商品的转移，卖方不必到期交货，买方也不必到期提货，他们可以在交割期限届满之前，通过买进（卖出）同一交货月份、数额相等的合同，来抵销合同项下的义务，而从先后两次交易中追逐价格涨落变化上的利润。所以，期货合同交易实际上只是期货合同本身的买卖，没有涉及真正的商品，人们也就把它称为"纸面交易"。期货合同交易事先只需交纳少量押金（一般相当于合同金额的5%左右）和佣金，无需投入大量资金，有利于资金周转和转移价格风险。20世纪60年代以前，交易所进行的基本上是现货交易，20世纪60年代后，期货合同交易则逐渐占据主要地位。

目前期货交易所已经遍布世界各地，特别是美国、英国、日本、中国香港、新加坡等地的期货交易所在国际期货市场上占有非常重要的地位。其中，交易量比较大的著名交易所有美国的芝加哥商品交易所、芝加哥商业交易所、纽约商品交易所、纽约商业交易所，英国的伦敦金属交易所，日本的东京工业品交易所、谷物交易所，中国香港的期货交易所，以及新加坡的国际金融交易所等。

（二）期货交易的特点

1. 期货交易的双向性

期货交易与股市的一个最大区别就是期货可以双向交易，可以买空也可卖空。价格上涨时可以低买高卖，价格下跌时可以高卖低补。做多可以赚钱，而做空也可以赚钱，所以说期货无熊市。在熊市中，股市会萧条而期货市场却风光依旧，机会依然存在。

2. 期货保证金交易的杠杆作用

杠杆原理是期货投资魅力所在。期货市场里交易无需支付全部资金，目前国内期货交易通常只需要支付10%的比例。由于保证金的运用，原本行情被以十余倍放大。假设某日铜价格达到涨停板4%，操作正确的话本金收益率将高达40%（4%÷10%）之巨，是股市涨停板的4倍。

3. 期货交易的费用低

对期货交易国家不征收印花税等税费，唯一费用就是交易手续费。目前，交易所的手续费一般为成交金额的在万分之二三左右，加上经纪公司的附加费用，单边手续费亦不足交易额的千分之一。

4. "T+0"交易

期货是"T+0"的交易，有效提高了资金的使用效率，当天可以多次开仓平仓，反复进行交易，获取差价利润。同时有利于风险控制，一旦发现走势不妙，能及时平仓止损。不像股票，当天交易后，价格向不利方向变化时，不能平仓。

5. 期货是零和市场

期货是零和市场，期货市场本身并不创造利润。在某一时段里，不考虑资金的进出和提取交易费用，期货市场总资金量是不变的，市场参与者的盈利来自另一个交易者的亏损。

在当日无负债结算制度下，当每日结算后客户保证金低于公司规定的保证金水平时，期货经纪公司按照期货经纪合同约定的方式通知客户追加保证金；客户不能按时追加保证金的，期货经纪公司应当将该客户部分或全部持仓强行平仓，直至保证金余额能够维持其剩余头寸。

（三）期货交易与现货交易的联系与区别

现货交易是传统的货物买卖方式，交易双方可以在任何时间和地点，通过签订货物买卖合同达成交易。在进出口业务中，无论是即期交货还是远期交货，进出口商之间达成的交易均属于现货交易的范畴。而期货交易是以现货交易为基础发展起来的。在商品期货交易中，期货合同所代表的商品是现货交易市场中的部分商品，绝大多数的商品是不能以期货合同的方式进行交易的。在国际期货市场上交易的期货商品以农副产品、金银等初级产品为主。尽管两种市场的价格都要受到同一经济规律的制约，然而期货交易与现货交易存在着明显的区别，主要表现为以下几方面：

1. 交易的标的不同

现货交易买卖的是实际货物，而期货交易买卖的是期货交易所制定的标准期货合同。

2. 成交的时间和地点不同

现货交易中交易双方可以在任何时间和任何地点达成交易，而期货交易必须在期货交易所内，按交易所规定的开市时间进行交易。

3. 成交的形式不同

现货交易基本上是在封闭或半封闭的双方市场上私下达成的，交易双方在法律允许的范围内，按"契约自由"的原则签订买卖合同，合同条款是根据交易双方的情况而订立的，其内容局外人是不知道的。而期货交易是在公开、多边的市场上，通过喊价或竞价的方式达成的。期货合同的条款是标准化的（除交易数量、交割月份和价格由交易双方达成），而且达成交易的信息包括价格都是对外公布的。

4. 履约方式不同

在现货交易中，无论是即期现货交易还是远期现货交易，交易双方都要履行买卖合同所规定的义务，即卖方按合同规定交付实际货物，买方按规定支付货款。而在期货交易中，双方成交的是期货合同，卖方可以按期货合同的规定履行实际交货的义务，买方也可以按期货合同规定接受实际货物。但所有期货交易所都规定，履行期货合同不一定要通过实际交割货物来进行，只要在期货合同到期前，即交易所规定的该合同最后交易日前，交易者做一笔方向相反、交割月份和数量相等的相同合同的期货交易，交易者就可解除他实际履行合同的义务。这也就是期货市场上所称的对冲或平仓。值得注意的是，绝大多数期货交易并不涉及货物的实际交割。在美国，期货交易中实际货物交割的数量在整个交易中所占的比例很小，约5%以下。在多数情况下，期货合同的履行被买卖期货合同的差价的货币转移所代替。

5. 交易双方的法律关系不同

在现货交易中，买卖双方一旦达成交易，就固定了双方的权利与义务，交易双方之间就产生了直接的货物买卖的法律关系，任何一方都不得擅自解除合同。而期货交易双方并不相互见面，合同履行也无需双方直接接触。清算所的替代功能使参加交易者通过有交易所会员资格的期货佣金商来代买或代卖期货合同，实际货物的交割、交易的清算和结算一律由清算所对交易双方负责。交易达成后，期货交易双方并不建立直接的法律关系。

6. 交易的目的不同

在现货交易中，交易双方的目的是转移货物的所有权，就卖方而言，是出售货物，取得货款；就买方而言，是取得一定经济价值的实际商品。而参加期货交易的人可以是任何企业或个人。不同的参加者进行期货交易的目的不同，有的是为了配合现货交易，利用期货交易转移价格变动的风险；有的是为了在期货市场上套取利润；有的是专门从事投机，目的是取得相应的投资利润。

二、商品期货交易的功能

纵观商品期货交易的发展过程，不难看出现代期货交易具有如下基本功能：

（一）规避风险的功能

这是期货交易最突出的功能，期货交易为生产经营者提供规避风险的手段，是指生产经营者可以通过在期货市场上进行套期保值业务来规避因价格波动而带来的风险。

（二）价格发现功能

真正的市场价格的形成是需要一定的市场条件的，期货交易市场正是一个能够发现这种价格的市场。因为它集中了大量的不同目的的交易人士，从而确保了市场的流动性。同时，有关期货交易的一系列法律法规，也为发现这种价格创造了良好的条件。

（三）吸引和利用大量资金的功能

一方面，期货交易是高度有效的，所以它可吸引一些投机者投入资金，以获取因商品价格波动而带来的利润，借助这批投机者的参与，生产者、加工者或用户便能将其风险转嫁；另一方面，无论是发达国家还是发展中国家，都存在着一定量的闲置资金，期货市场的存在便可吸引这部分资金用于短期风险投资，以获取风险收益，从而使闲置资金处于灵活运用状态。

（四）促进国民经济国际化的功能

这一功能在20世纪80年代以后才开始逐步表现出来。期货交易市场在本质上是一种国际性市场，在这种市场上借助世界性的先进传播媒介，即可及时了解世界市场行情。例如，芝加哥商品交易所集中了世界绝大部分的农产品期货贸易和大约40%的世界期货交易，所形成的价格已成为国际农产品市场的基准价格。

三、商品期货交易的种类

在期货交易中，根据交易者的目的不同，商品期货交易可以分为两类不同性质的交易：投机交易和套期保值交易。

（一）投机交易

投机交易（speculation）是指通过预测将来价格的变化并利用市场价格的变化而牟取暴利

的行为。投机行为最重要的特征是"从期望价格的变化中"获取暴利,当预测期货价格将上涨,投机者就会买进期货合同(或称"买空""多头"),当预测期货价格将下跌,就会卖出期货合同(或称"卖空""空头"),待价格与自己预测的方向变化一致时,再抓住机会进行对冲。例如,某商人于6月份在交易所出售10月份交货的某商品10万磅合同一份,价格为每磅1美元,到10月份时,交易所的价格跌至每磅0.9美元,该商人便在交易所买进同为10月份交货的10万磅合同一份进行对冲,于是便可获利1万美元。但如果价格上涨至每磅1.1美元,他就亏损1万美元。

(二) 套期保值

套期保值又称"海琴"(hedging),它是利用现货与期货价格的变动趋势基本一致的原理,在卖出(或买入)现货的同时,在商品交易所买入(或卖出)同等数量的期货来转移价格风险的一种做法。

套期保值者在期货市场上的做法有两种:卖期保值和买期保值。

1. 卖期保值

卖期保值(selling hedge)指交易者在买进一批现货的同时,在交易所卖出同等数量的期货合同。如到期时现货价格下跌,就可用期货合同的盈利弥补现货交易中的损失。

例如,某公司在8月10日以每蒲式耳4.75美元的价格收购一批小麦,共10万蒲式耳,并已存仓待售。为防小麦价格下跌而蒙受损失,于是他在芝加哥商品交易所出售20个合同的小麦期货(每个小麦合约为5000蒲式耳),价格为每蒲式耳4.80美元,交割月份为12月。其后,小麦价格果然下降。在10月10日,他将10万蒲式耳小麦现货售出,价格为4.65美元/蒲式耳。与此同时,芝加哥商品交易所的小麦期货价格也下降了,该公司又购进20个12月份的小麦期货合同,价格为4.70美元/蒲式耳。盈亏情况如表11-1所示。

表11-1 盈亏情况

日期	现货市场	期货市场
8月10日	收购现货小麦,价格为4.75美元/蒲式耳	出售12月份小麦期货,价格为4.80美元/蒲式耳
10月10日	出售现货小麦,价格为4.65美元/蒲式耳	购入12月份小麦期货,价格为4.70美元/蒲式耳
结果	亏损0.10美元/蒲式耳	盈利0.10美元/蒲式耳

由于该公司及时做了套期保值,期货市场的盈利恰好弥补了现货市场由于价格变动所带来的损失,起到了转移风险的效果。

2. 买期保值

买期保值(buying hedge)指在现货市场卖出现货的同时,在交易所买进同等数量的期货合同,以避免因价格上涨而蒙受损失。

例如,某加工企业需要在8月份购买一批钢材,2月10日现货市场上钢材的价格为每吨2400元,同时2月10日交易所挂牌的8月份钢材期货价格为每吨2550元,于是该企业决定买入10张8月份钢材期货合同。后来钢材价格呈现出不断上涨的趋势,于是该企业决定在7月10日在现货市场上按每吨2800元的价格购入钢材,并同时在期货市场上以每吨2950元的价格卖出8月份的钢材期货合同,将其在手的多头期货合同冲掉,结束套期保值交易。盈亏情况如表11-2所示。

表 11-2 盈亏情况

日期	现货价格	期货市场
2月10日	钢材价格为 2400 元/吨	买进 8 月份钢材期货，价格为 2550 元/吨
7月10日	以 2800 元/吨购入钢材	卖出 8 月份钢材期货，价格为 2950 元/吨
结果	亏损 400 元/吨	盈利 400 元/吨

由于该企业做了买期保值，所以有效地进行了价格保护。

四、国内三大期货交易所及期货品种简介

（一）国内三大期货交易所

1. 上海期货交易所

上海是我国期货市场试验起步最早的地区，1995 年期货市场整顿，批准上海金属交易所、上海粮油商品交易所及由石油、建材、农资、化工四家合并组建的上海商品交易所为试点期货交易所；根据国务院 1998 年 8 月关于进一步整顿规范期货市场的要求，上海三家交易所实行合并，组建上海期货交易所，受中国证监会集中统一监督管理，于 1999 年 12 月正式营运。上海期货交易所是依照有关法规设立的，不以盈利为目的，履行有关法规规定的职能，按照其章程实行自律性管理的法人。上海期货交易所现有会员 200 多家，其中期货经纪公司会员占 80% 以上，已在 26 个省、自治区和直辖市开通远程交易终端 200 多个。目前，上市交易的有铜、铝、天然橡胶等三个品种的标准合约。

2. 郑州商品交易所

郑州商品交易所（以下简称郑商所）成立于 1990 年 10 月 12 日，是经国务院批准成立的国内首家期货市场试点单位，在现货交易成功运行两年以后，于 1993 年 5 月 28 日正式推出期货交易。1998 年 8 月，郑商所被国务院确定为全国三家期货交易所之一，隶属于中国证券监督管理委员会垂直管理。

郑商所是为期货合约集中竞价交易提供场所、设施及相关服务，并履行《期货交易管理暂行条例》和《期货交易所管理办法》规定职能，不以盈利为目的，按照《郑州商品交易所章程》实行自律性管理的法人。

郑商所曾先后推出小麦、玉米、大豆、绿豆、芝麻、棉纱、花生仁、建材和国债等期货交易品种，目前经中国证监会批准交易的品种有小麦、棉花、白糖、绿豆等期货品种，其中小麦包括优质强筋小麦和硬冬（新国标普通）小麦。目前，郑州小麦和棉花期货已纳入全球报价体系，在发现未来价格、套期保值等方面发挥积极作用。"郑州价格"已成为全球小麦和棉花价格的重要指标。

会员大会是郑商所的权力机构，由全体会员组成；理事会是会员大会的常设机构，下设监察、小麦交易、交割、财务、调解、会员资格审查、技术委员会等七个专门委员会，理事会办公室是理事会的常设办事机构。截至 2005 年年底，郑商所共有会员 222 家，遍及全国 26 个省（直辖市、自治区），其中经纪会员 179 家，占会员总数的 81%，非经纪会员 43 家，占会员总数的 19%。郑商所实行保证金制、每日涨跌停板制、每日无负债结算制，通过指定的结算银行对会员每天的交易进行集中清算。郑商所实行实物交割制度，未平仓合约到期须在规定的期限内履约，交易所指定交割仓库为交割双方提供相关服务。郑商所利用交易风险实时监控系统和风险预警系统，对市场的资金、交易、持仓以及价格趋势进行定量分析预测，及时控制和化解

市场风险。

3. 大连商品交易所

大连商品交易所成立于1993年2月28日,是经国务院批准的四家期货交易所之一,是实行自律性管理的法人。成立以来,该所始终坚持规范管理、依法治市,保持了持续稳健的发展,成为中国最大的农产品期货交易所。

经中国证监会批准,该所目前的交易品种有玉米、黄大豆1号、黄大豆2号、豆粕、豆油、啤酒大麦,正式挂牌交易的品种是玉米、黄大豆1号、黄大豆2号、豆粕和豆油。近年来,该所国际交流与合作不断拓展,成为美国期货业协会(FIA)和英国期货与期权协会(FOA)成员,与芝加哥商业交易所(CME)等十多家境外期货交易所签署了合作谅解备忘录和合作意向书,在信息共享、市场开发等方面积极与国际期货机构展开全方位合作。

(二)国内期货品种简介

1. 大 豆(大连)

大豆是重要的粮油兼用作物,含丰富的蛋白质、脂肪,在我国,大豆大部分供食用,工业上的用途也很广泛。我国是大豆的故乡,分布广泛,遍及各地。世界上主要生产国为美国、巴西、阿根廷、中国。美国约占48%。近年来,世界大豆贸易增长很快,价格波动剧烈。大豆属于国际性商品,有很大的差价利润可图。

2. 豆 粕(大连)

豆粕是大豆经过提取豆油后得到的一种副产品,按提取方法不同可分一浸豆粕和二浸豆粕。豆粕主要用于饲料、糕点食品、健康食品、化妆品和抗菌素原料等。85%用作饲料,豆粕富含蛋白质,豆粕主要产于美国、巴西、阿根廷、中国、印度、巴拉圭。它的生产基本上和大豆保持同等增长。主要消费国为美国、欧盟、中国、东亚国家。我国豆粕市场的特点是北方生产,南方消费,东北三省是我国主要豆粕生产地。

3. 铜(上海)

铜是一种被广泛使用的金属,在导电性、导热性、抗拉强度、可延伸性、耐疲劳度等方面有其独特性。世界铜矿资源主要分布在美洲和中非。智利铜矿产量世界第一,占31%。其次为美国,我国的铜资源比较匮乏,铜产地主要在江西、湖北、甘肃等地。铜需求主要集中在发达国家,美国是头号消费国,我国位居第四,年消费量达100万吨以上。

4. 铝(上海)

铝是一种轻金属,被世人称为第二金属,其产量及消费仅次于钢铁。它的重量轻、质地坚,具有良好的延展性、导电性、导热性、耐热性和耐核辐射性,是国民经济发展的重要基础原材料。铝主要用于建筑、航空、电力、汽车制造、集装箱运输、日常用品、家电电器、机械设备等。世界主要产铝国是美国、俄罗斯、加拿大、澳洲、巴西、挪威等,占全球产量的60%以上。美国是世界上最大的产铝国和消费国,中国的产量和消费量均居第三位。

5. 天然橡胶(上海)

天然橡胶分为烟片胶、颗粒胶、绉片胶和乳片胶等。市场以烟片胶和颗粒胶为主。我国进口的多为烟片胶。我国国产的多为颗粒胶,也称标准胶。天然橡胶广泛用于工业、农业、国防、交通、运输、机械制造、医药卫生和日常生活等领域。天然橡胶生产于泰国、印尼、马来西亚、中国、印度、斯里兰卡等少数亚洲国家和尼日利亚等少数非洲国家。我国的天然橡胶主产于海南、云南、广东、广西和福建等地区。海南、云南的天然橡胶占全国总产量的60%和35%。我国是继美国之后的第二大消费国，位于日本之前。我国基本需求量为国产和进口量各占一半。

6. 小麦（郑州）

小麦是人类社会最早耕作的几种农产品之一，一般有春小麦和冬小麦之分。在我国北方，大部分地区小麦为主粮。我国既是小麦的生产大国，也是消费和进口国，年产在1亿吨左右，年进口量也在1000万吨左右。2017年我国小麦产量逐年呈上升之势。

第八节 对销贸易

对销贸易（counter trade）是在古老的易货贸易的基础上发展起来的一种灵活的贸易方式。作为一个概念，对销贸易出现于20世纪60年代。20世纪60年代末期，对销贸易的发展是在世界各国经济、技术发展不平衡的条件下，当时的苏联、东欧各国缺乏足够外汇支付发展本国经济急需的技术和物资的进口，以及西方国家为取得原材料供应和加强出口竞争能力的产物。到了20世纪80年代，南北方以及南南之间和西方各国之间的对销贸易的发展，则是20世纪80年代初资本主义周期性经济危机，科技发展带来的对初级产品需求下降，保护贸易抬头，发展中国家深重的债务危机和出口收入剧减，对外支付能力普遍下降带来的结果。许多发展中国家纷纷以对销贸易的方式，作为节省外汇、保证进口、突破西方保护主义，推动和扩大出口的手段。有些国家还以法令的形式，对一部分进口强制实行对销贸易。

一、对销贸易的含义和基本特征

对销贸易是指在互惠的前提下，由两个或两个以上的贸易方达成协议，规定一方的进口产品可以部分或者全部以相对的出口产品来支付的贸易。

对销贸易不同于单边进出口，其实质上是进口和出口相结合的方式，一方商品或劳务的出口必须以进口为条件，体现了互惠的特点，即相互提供出口机会。另外，在对销贸易方式下，一方从国外进口货物，不是用现汇支付，而是用相对的出口产品来支付。这样做有利于保持国际收支平衡，对外汇储备较紧张的国家具有重要意义。

对销贸易有多种形式，如易货贸易（barter trade）、补偿贸易（compensation trade）、反购或互购（counter purchase）、转手贸易（switch trade）和抵销（offset）。但在我国对外经贸活动中，采用较多的是易货贸易和补偿贸易。

对销贸易源自易货贸易，它包含的各种交易形式都具有易货的基本特征，但又不是易货的简单再现，而具有时代的特征和新的经济内涵。如抵销贸易，就是商品交换和资本流动融为一体，贸易活动和投资活动结合进行的。

二、对销贸易的形式

（一）易货贸易

1. 易货贸易的形式

易货贸易在国际贸易实践中主要表现为下列两种形式：狭义的易货和广义的易货。

狭义的易货是纯粹的以货换货方式,不用货币支付。其特征是交换商品的价值相等或相近,没有第三者参加,并且是一次性交易,履约期较短。这种传统的直接易货贸易是一种古老的贸易方式,可以追溯到很久以前。在作为一般等价物的货币出现之前,人们就是用这种方式来交换各自的劳动产品。但这种易货方式具有很大的局限性,在现代国际贸易中很少采用。

现代的易货贸易都采用比较灵活的方式,即广义的易货。这种易货方式主要有以下两种不同的做法。

(1)记账易货贸易。一方用一种出口货物交换对方出口的另一种货物,双方都将货值记账,互相抵冲,货款逐笔平衡,无须使用现汇支付;或者在一定时期内平衡(如有逆差,再以现汇或商品支付)。采用这种方式时,进出口可以同时进行,也可以先后进行,但一般来说,时间间隔都不长。如孟加拉国黄麻出口公司采取易货方式出口黄麻,要求双方都在银行开立账户,保持账户平衡。又如,中华人民共和国成立初期,我国与斯里兰卡的米胶协议,我方以大米交换对方的橡胶。我国自1949年以来,对苏联(现为"俄罗斯")、东欧、朝鲜、越南、蒙古等社会主义国家采用以政府间贸易协定为基础的记账贸易方式,我国在1951年先后颁布过《易货贸易管理暂行办法》及实施细则,20世纪80年代末我国逐渐改为现汇贸易。

(2)对开信用证方式。这是指进口和出口同时成交,金额大致相等,双方都采用信用证方式支付货款,也就是双方都开立以对方为受益人的信用证,并在信用证中规定一方开出的信用证,要在收到对方开出的信用证时才生效。当然,也可以采用保留押金的方式,具体做法是先开出的信用证先生效,但是结汇后,银行把款扣下,留作该受益人开回头证时的押金。这里需要说明的是,在这种做法下,虽然通过对开信用证并且有货币计价,但双方进行的仍然是以货换货的交易,而非现汇交易。先出口的一方出口后并得不到信用证中以一定货币所表现的货款,而只是取得对方承诺供应的双方约定好的货物作为补偿;然后自己使用这些货物或再进行转售。因此,先出口方往往要求对方银行出具给出口方按期履约的担保,以保证其经济利益的按期实现。

2. 易货贸易的优缺点

(1)易货贸易的优点。易货的突出优点在于它能促成缺乏外汇支付能力的国家和企业间进行贸易,调剂余缺,从而有利于国际贸易的发展。此外,易货还有利于以进带出或以出带进。由于易货是进出口相结合的一种贸易方式,交易双方都以对方承诺购买自己的商品作为购买对方商品的条件。于是,当对方推销商品时,可以把对方同时购买自己的商品作为购买的交换条件,即以进口带动本国商品的出口;当对方急需我方商品时,可以要求对方也提供我方所需的商品作为交换条件,即以出口带动进口。

(2)易货贸易的缺点。以直接易货为本质内容的易货贸易,有其局限性:首先,易货贸易中进行交换的商品,无论在数量、品质、规格等方面,都必须是对方所需要的和可以接受的。在实际业务中,尤其是在当前的国际贸易中,商品种类繁多,规格复杂,从事国际贸易的商人专业化程度较高,要找到这种合适的交易伙伴有时是相当困难的,这就给这种贸易方式在国际贸易中的应用带来了一定的难度。其次,易货的开展还要受到双方国家经济互补性的制约。一般而言,两国的经济发展水平、产业结构差异越大,其互补性也越强,产品交换的选择余地越大;反之,要交换彼此产品的难度则越大。各国的贸易实践已充分证实了这一点。由于上述种种局限性,这种单纯的物物交换方式在对销贸易中所占的比例并不大。

3. 开展易货贸易应注意的问题

(1)不要把我国可直接出口创汇的商品在出口市场进行易货贸易,以免对我国出口创汇造成冲击。

（2）易货贸易规模不宜过大。因为易货贸易大多享受优惠关税或免税待遇，如果规模过大，大量的进口容易冲击国内市场，也会违反世界贸易组织的最惠国待遇原则。

（3）要加强对易货贸易的组织管理，既不能束缚企业开拓市场的手脚，又要防止企业一哄而上，盲目易货，恶性竞争，对我国声誉和国内市场带来不良影响。

（二）补偿贸易

补偿贸易又称产品回购（product buyback）。产品回购在日本被称为"产品分成"（product sharing），这种做法多出现于设备的交易。它是指按照回购协议，先进口国以赊购方式或利用信贷购进技术或设备，同时由先出口国向先进口国承诺购买一定数量或金额的、由该技术或设备直接制造或派生出来的产品，即通常所说的直接产品或有关产品（resultant or related product）。先进口方用出售这些产品所得货款分期偿还进口设备的价款和利息，或偿还贷款和利息。这种做法是回购贸易最常见、最基本的做法。

1. 补偿贸易的含义

补偿贸易（compensation trade）是指在信贷基础上进行的、进口与出口相结合的贸易方式，即进口设备，然后以回销产品和劳务所得价款，分期偿还进口设备的价款及利息。与上述产品回购相比，我国的补偿贸易内涵更广，做法更灵活一些。

2. 补偿贸易的种类

在当前我国开展的补偿贸易中，按照用来偿付的标的的不同，大体上可分为以下三类：

（1）直接产品补偿。双方在协议中约定，由设备供应方向设备进口方承诺购买一定数量或金额的、由该设备直接生产出来的产品。这是补偿贸易最基本的做法。但是，这种做法有一定的局限性，它要求生产出来的直接产品及其质量必须是对方所需要的，或者在国际市场上有销路，否则不易为对方所接受。

（2）间接产品补偿。当所交易的设备本身不生产物质产品，或设备所生产的直接产品非对方所需或在国际市场上不好销时，可由双方根据需要和可能进行协商，用回购其他产品来代替。

（3）劳务补偿。这种做法常见于与来料加工和来件装配相结合的中小型补偿贸易中。按照这种做法，双方根据协议，往往由对方代我方购进所需的技术、设备，货款由对方垫付。我方按对方要求加工生产后，从应收的工缴费中分期扣还所欠款项。

在实践中，上述三种做法还可结合使用，即进行综合补偿。有时，根据实际情况的需要，还可以部分用直接产品或其他产品或劳务补偿，部分由现汇支付等。

3. 补偿贸易的特征

（1）补偿贸易以信贷作为前提条件。在实际业务中，信贷可以表现为多种形式，但大量出现的是商品信贷，即设备的赊销。

（2）设备供应方必须同时承诺回购设备进口方的产品或劳务，这是构成补偿贸易的必备条件。应当明确的是，在信贷基础上进行设备的进口并不一定构成补偿贸易。例如，在延期付款方式下，进口所需的大部分贷款是在双方约定的期限内分期摊付本金及利息。但是，在这种方式下，贷款的偿还与产品的销售本身没有直接的联系，所以，尽管交易也是在信贷基础上进行的，但并不构成补偿贸易。可见，补偿贸易不仅要求设备供应方提供信贷，而且还要承诺回购对方的产品或劳务，以便对方用所得贷款偿还货款。这两个条件必须同时具备，缺一不可。

4. 补偿贸易的作用

（1）对设备进口方的作用。

① 补偿贸易是一种较好的利用外资的形式。我国目前之所以要开展补偿贸易，原因之一就是想通过这种方式来利用国外资金，以弥补我国建设资金的不足。

② 通过补偿贸易，可以引进先进的技术和设备，发展和提高本国的生产能力，加快企业的技术改造，使产品不断更新及多样化，增强出口产品的竞争力。

③ 通过对方回购，还可在扩大出口的同时，获得一个较稳定的销售市场和销售渠道。

（2）对设备供应方的作用。对于设备供应方来说，进行补偿贸易，有利于突破进口方支付能力不足，扩大出口。在当前市场竞争日益激烈的条件下，通过承诺回购义务，加强自己的竞争地位，争取贸易伙伴，或者在回购中取得较稳定的原材料来源，或从转售产品中获得利润等。

5. 补偿贸易合同的主要内容

目前，我国对外签订的补偿贸易合同以及国外使用的产品回购合同，均没有统一的固定格式，其具体内容可以根据交易双方的意愿协商制定。双方可以经过磋商，先订立一个基本协议，确定各自在提供设备、信贷和回购方面的义务；然后根据该协议的有关规定，分别签订供应设备和回购产品或劳务的具体合同。但是，从我国补偿贸易的实际业务来看，更常见的则是在一个合同中把上述内容全部包括进去，一一做出具体规定。不论采取什么方式，其具体内容一般都应包括以下几个方面：

（1）有关技术及技术协助方面的规定。这部分的内容，要根据设备的种类及性质而定。一般应包括设备的名称、型号、规格、性能和参数；同时，应明确设备的安装责任，对方应负责的技术协助（包括人员培训）的内容，以及质量保证及其期限等。如果涉及专利或专有技术，还应明确规定设备供应方的有关保证。这样做可使双方的责任义务更加明确，减少以后产生纠纷的可能性。

（2）有关信贷的条件。这部分一般包括贷款金额、计价和结算货币、利率、偿还期限偿还办法以及银行担保等内容。

（3）有关回购义务的规定。前已述及，构成补偿贸易的条件之一是设备供应方承诺回购产品或劳务的义务。因此，在订立补偿贸易合同时，有关这方面的内容，需要在合同中具体、明确地一一做出规定，主要包括以下几个方面的内容：

① 回购产品的名称、品种、规格。在商订这些内容时，一定要做到明确、具体，如果双方约定用直接产品偿付，则在合同中就应将产品的品质订明，作为以后履约的依据，以避免日后因双方在这个问题上产生分歧而影响回购义务的履行。如果双方约定用其他产品偿付，则应将产品的名称、品种、规格以及质量标准等在订立合同时明确、具体地做出规定。

② 回购的额度。在回购交易中，设备供应方对于设备进口方回购承诺比例的大小，直接关系到为设备进口方提供多大偿还的能力。在这方面，双方往往也存在着分歧。作为设备供应方来说，一般希望回购义务的比例越小越好；而作为设备进口方，则一般来说希望进行全额补偿，即愿意用产品的货款抵付全部设备的价款及利息。在实际业务中，具体的抵付额度通常取决于进口方对技术设备的需要程度、返销产品的供应能力、设备供应方推销设备的迫切程度，以及其他可能影响双方谈判地位的各种要素。

③回购产品的作价。对于期限较短（如 1~2 年）、金额较小而且产品价格相对稳定的补偿贸易，有时可在合同中明确规定回购产品的价格。但是，补偿贸易的特点往往是金额较大、期限较长，有时甚至要持续 10~15 年。在这种情况下，一般认为在合同中最好不固定价格，但必须规定作价的原则、作价时间、定价标准、方法及程序等，以利于合同的执行。

④对回购产品销售地区的限制。回购的产品，除有时自用外，在多数情况下都用于转售。在回购产品销售市场这个问题上，双方往往也存在着分歧。对于承诺回购义务的一方来说，总是希望尽量减少对回购货物转售的限制。如果要禁止回购方在最有吸引力的市场转售货物，在谈判时，则回购方可要求对方降低回购产品的价格。对于回购产品的供货方来说，则通常希望能对产品销售的地区加以限制。其出发点，首先是对货物的转售不能冲击其正常贸易下已有的市场和渠道，其次是不应在其已有代理销售关系的地区进行转售。此外，供货方也不希望在售后服务不健全的市场进行销售，以保证其产品顺畅销售。

此外，如果设备涉及工业产权，则应对其产品的销售地区加以一定的限制，以免出现侵权行为。

6. 进行补偿贸易时应注意的问题

补偿贸易涉及生产、贸易、信贷诸方面，进行补偿贸易前，我国引进方应注意以下问题：

（1）要引进先进适用的技术设备，先进性是为了保证产品质量，适用性是为了保证最大限度地利用引进方现有资源，发挥我国资源和劳动力优势。

（2）要引进环保、节能型技术设备。保护环境是我国一项基本国策，能源短缺的现状在我国将长期存在。

（3）调查出口方的资信，选择资信好、有推销补偿产品能力的客户。

（4）尽量用制成品补偿，避免以原料性产品补偿。

（5）尽量利用出口国的出口信贷，因其享有政府利息补贴，利率较低。

（6）补偿产品的出口不能影响正常产品的出口创汇。

（7）合理确定技术设备价款、利率、偿还期等。

（8）避免重复引进。

（三）互　购

1. 互购贸易的含义及做法

互购（counter purchase），顾名思义，就是交易双方互相购买对方的产品。互购贸易涉及使用两个既独立又相互联系的合同。在这种方式下，交易双方先签订一个合同，约定由先进口国（往往是发展中国家）用现汇购买对方的货物（如机器、设备等），并由先出口国（通常为发达国家）在此合同中承诺在一定时期内（如 12 个月）买回头货；之后，双方还需再签订一个合同，具体约定由先出口国用所得货款的一部分或全部从先进口国购买商定的回头货。

2. 互购贸易的特点及利弊

互购贸易的特点在于：两笔交易都用现汇支付，一般是通过信用证即期付款或付款交单来进行的，有时也可采用远期信用证付款方式。它与一般交易的不同之处在于：先出口的一方在第一份合同中做出回购对方货物的承诺，从而把先后两笔不一定等值的现汇交易结合在一起。因此，先出口的一方除非是接受远期信用证，否则不存在垫付资金的问题；相反，还可以在收到出口货款至支付进口回头货价金的这段时间里，利用对方的资金。而且，先出口的一方在随后的谈判中处于比较有利的地位。对先进口方来说，利用互购贸易有利于带动本国商品的出口，不过他非但得不到资金方面的好处，而且还要先付出一笔资金。另外，由于回购是先出口方对今后所做的承诺，这种承诺由于种种原因，往往又只是一些原则性的承诺，有关商品的种类、规格、价格等合同具体内容，一般都留待以后具体磋商，因此，难免会给以后的交易带来一定的不稳定性，先进口方会面临这一承诺得不到履行的风险。

综上分析，互购贸易对于先出口方来说，无论是从资金周转还是随后的谈判地位来衡量，都是比较有利的。在实践中，西方发达国家凭其技术上的优势，往往占有这种有利的地位而比较愿意采用这种做法。互购贸易已成为当前对销贸易中的主要方式之一。

（四）转手贸易

转手贸易（swith trade）又叫三角贸易（triangular trade）。这种方式要涉及两个以上的当事人，内容复杂，是第二次世界大战后原经济互助委员会国家和许多国家签订双边贸易协定和支付（清算）协定的产物。

我们知道，按照两国政府签订的双边贸易、支付（清算）协定进行的交易，都必须通过国家银行特定账户的结算单位进行清算。结算单位不直接以现金折算，而是代表购买协议国制造的产品的购买力单位。在清算时，虽然都要使用一定货币计算和结账，但这种约定的货币都是不可自由兑换的。任何一方如有顺差，只要不超过一定限度，都能由对方增加出口予以抵补。转手贸易则是专门针对从事这种贸易的交易方取得可自由兑换的硬通货的。

在国际贸易中，转手贸易主要有以下两种方式：

（1）简单的转手贸易。拥有顺差的一方，根据记账贸易将回购的货物运到国际市场。为了加强其产品的竞争能力，往往以低于市场的价格转售货物而取得硬通货。这实际上是一种简单的转口贸易。

（2）复杂的转手贸易。记账贸易下拥有顺差的一方，用该顺差以高于市场价的价格从第三者（通常为某一西方企业）购进本来需用自由外汇才能换得的其所需的设备或其他产品，由该第三者用该顺差从记账贸易下的逆差国家购买约定的货物，在其他市场转售，最后取得硬通货。

在实践中，转手贸易的内容比较复杂，往往涉及许多方面，关系比较复杂，需要环环扣紧。因此，这种贸易通常不是一般商人能够完成的，而要通过专门从事转手贸易的转手商（switcher）来进行。他们都是资本雄厚、在许多国家和地区都有分支机构或专门网络的大贸易商，有的甚至是跨国公司的某一专门部门。

（五）抵销贸易

抵销（offset trade）贸易是 20 世纪 80 年代开始盛行的一种贸易方式，这种方式目前多见于军火和大型设备，如飞机等的交易。

抵销贸易可以分为两种类型："直接抵销"（direct offset）和"间接抵销"（indirect offset）。在直接抵销情况下，先出口的一方同意从进口方购买在出售给进口方的产品中所使用的零部件或与该产品有关的产品。有时，先出口方对进口方进行生产这些零部件会提供技术或进行投资。这种直接抵销有时也被称为"工业参与"或"工业合作"。在间接抵销的情况下，先出口方同意从进口方购买与其出口产品不相关的产品。

进入20世纪80年代后，随着对销贸易日益灵活和多样化，抵销已作为一种重要的方式出现在国际舞台。西方国家将它作为一种争夺大型工厂设备和技术许可交易的方法。它还可为西方国家的公司提供长期有保证的能源产品、原料或工业制成品。同时，军火、飞机等巨额交易也常用这种方式。其基本做法是：军火出口方承诺购买进口方的有关零部件，或承诺将进口货款转化为资本，在进口国兴办零部件工厂或其他工业；然后以分红的形式取得利润。如东道国实行外汇管制，则可以用利润购买当地产品出口取得外汇的方式实现利润汇回。从本质上看，这种方式已突破商品交换的范围，成为直接投资，通过贸易进一步推动生产国际化进程的一种特殊方式。进入20世纪80年代后期，这种通过抵销贸易进行的投资还进一步应用到旅游业、商业及其他能够获利的产业部门。90年代以后，西方国家在项目投资和技术转让交易中，也运用抵销贸易作为加强合作的手段。

应当指出，由于抵销贸易的客体往往是军火，所以尽管这类交易的批次少，但金额巨大，因此，它在对销贸易中占有相当大的比重。

第九节　加工贸易

20世纪90年代以来，我国的加工贸易有了迅速的发展，受到世人的广泛关注。近年来，加工贸易在我国对外经济贸易活动的舞台上扮演了十分重要的角色。

一、加工贸易的定义

我国的加工贸易开始于20世纪70年代末，1978年8月在广东省签订第一份毛纺织品来料加工协议，随后在珠海创办中国的第一家加工贸易企业开始，我国加工贸易不断地发展壮大，成为我国对外贸易的主要方式。

在国外并没有与我国"加工贸易"一致的概念，而相似的表述主要有"原始设备制造"（OEM）、"对外加工装配"、"委托加工出口业务等。在国内，学术界有关学者和专家对加工贸易的表述也不尽相同，但大多数学者从广义和狭义两个方面对加工贸易进行界定。从理论上看，广义的加工贸易是指国外企业以投资的方式将部分生产能力转移到东道国，或利用东道国原有的生产能力加工装配产品，然后运到东道国境外销售；狭义的加工贸易是指国家对来料加工采取保税监管的贸易。

从政策上看，加工贸易是指从境外保税进口全部或部分原辅材料、零部件、元器件和包装物料，经境内企业加工或装配后，制成品复出口的经营活动，包括来料加工和进料加工。来料加工是指由外方提供原材料、辅材料、零部件等，加工贸易企业进行生产加工，加工成成品再由外商进行销售。进料加工是指由加工贸易企业进口原材料、辅材料、零部件等，经过加工后再自行复出口。由此可见，我国加工贸易是一种"两头在外、中间在内"的贸易方式，即原料来自国外，加工成品销往国外，加工制造在国内；或者说，产品研发设计、销售在国外，加工制造在国内。其实质是以加工贸易生产厂商为主体、以加工组装为特征、以商品为载体的劳务出口。而一般贸易是指企业绝大多数是利用本国的资源、环境，使用本国的原辅材料进行生产，并由生产经营企业进行销售的贸易活动。

加工贸易和一般贸易的区别：首先，一般贸易主动权大。加工贸易来料加工中进口料件以及出口都受外方控制,仅仅负责加工组装环节;而一般贸易自主采购、自主生产、自主出口、自负盈亏。其次,加工贸易享受的优惠政策多,尤其是税收政策。加工贸易进口国外料件不征税出口也不征增值税;而一般贸易如果从国外进口要征税,出口先征税后部分退还。最后,加工贸易利润空间小。不管是来料加工还是进料加工贸易,加工贸易生产厂商仅仅负责的是加工环节,赚取的仅仅是加工费用,而这个环节的附加值最低,利润空间小;而一般贸易囊括了整个产业价值链的各个环节,生产经营企业根据利润最大化的原则进行生产、销售,附加值高,利润空间大。

二、加工贸易的分类

(一)来料加工

1. 来料加工业务的性质

来料加工(processing with customer's materials)是指加工一方由国外委托方提供原料、辅料、包装材料和必要的机器设备等,按照双方商定的质量、规格、款式加工成成品,交给对方,自己收取加工费。有的全部由对方来料,有的是一部分由对方来料,一部分由加工方采用本国的原辅料,即"带料加工"。

它与一般的进出口贸易不同,一般进出口贸易属于货物买卖,来料加工业务虽有原材料、零部件的进口和成品的出口,但不属于货物买卖。因为原料和成品的所有权始终属于委托方,并未发生转移,我方只提供劳务并收取约定的工缴费。因此可以说,来料加工这种委托加工的方式属于劳务贸易的范畴,是以商品为载体的劳务出口。

2. 来料加工业务的作用

来料加工业务对我方有积极的作用:

(1)可以发挥本国的生产潜力,补充国内原材料的不足,为国家增加外汇收入。

(2)引进国外的先进技术和管理经验,有利于提高生产技术和管理水平。

(3)有利于发挥我国劳动力众多的优势,增加就业机会,繁荣地方经济。

对委托方来讲,来料加工业务也可降低其产品成本,增强竞争力,并有利于委托方所在国的产业结构调整。

3. 来料加工合同的主要内容及有关问题

来料加工合同包括三个部分:约首部分、本文部分和约尾部分。约首和约尾主要说明订约人的名称、订约宗旨、订约时间、合同的效力、有效期限、终止及变更办法等问题。本文部分是合同的核心部分,具体规定双方的权利、义务。在商谈合同的主要条款时,应注意下列问题:

(1)来料来件的规定。在来料加工业务中,能否按时、按质、按量交付成品,在很大程度上取决于委托方能否按质、按量、按时供料。因此,在合同中要明确规定来料来件的质量要求、具体数量和到货时间。为了明确责任,一般同时规定验收办法和委托方未能按规定提供料件的处理办法,以及未按时间到达造成承接方停工、生产中断的补救方法。

(2)对成品质量的规定。外商为了保证成品在国际市场上的销路,对成品的质量要求比较严格。因此,我方在签订合同时,必须从自身的技术水平和生产能力出发,妥善规定,以免交付成品时发生困难。质量标准一经确定,承接方就要按时按质、按量交付成品,委托方则根据合同规定的标准验收。

（3）关于耗料率和残次品率的规定。耗料率又称原材料消耗定额，是指每单位成品消耗原材料的数额。残次品率是指不合格产品在全部成品中的比率。这两个指标如定得过高，则委托方必然要增加成本，减少成品的收入；如定得过低，则承接方难以完成。因此，这一问题的规定直接关系到双方的利害关系和能否顺利执行合同。一般委托方要求耗料不得超过一定的定额，否则由我方负担。残次品不能超过一定比例，否则委托方有权拒收。

（4）关于工缴费标准的规定。工缴费是直接涉及合同双方利害关系的核心问题。由于加工装配业务本质上是一种劳务出口，所以，工缴费的核定应以国际劳务价格为依据，要具有一定的竞争力，并考虑我国当前劳动生产率及其与国外的差距。

（5）对工缴费结算方式的规定。来料加工业务中关于工缴费的结算方法有两种：一是来料、来件和成品均不作价，单收加工费，由对方在我方交付成品后通过汇付、托收或信用证方式向我方支付。二是对来料、来件和成品分别作价，两者之间的差额即为工缴费。采用这种方式，我方应坚持先收后付的原则，我方开立远期信用证或以远期托收的方式对来料、来件付款；对方以即期信用证或即期托收方式支付成品价款。远期付款的期限要与加工周期和成品收款所需时间相衔接，并适当留有余地，以免垫付外汇。

（6）对运输和保险的规定。来料加工业务涉及两段运输：原料运进和成品运出。因此，须在合同中明确规定由谁承担有关运输责任和费用。由于原料和成品的所有权均属于外商，所以，运输的责任和费用也应由外商承担。但在具体业务中可灵活掌握，我方也可代办某些运输事项。

涉及的保险包括两段运输险以及货物加工期间存仓的财产险。同运输一样，从法律上讲，承接方只承担加工装配，保险应归委托方负责。但从实际业务过程看，由承接方投保较为方便，有时委托方也要求承接方代办保险，保险费可连同工缴费向委托方结算。如由我方代办保险，则双方还应约定保险险别、保险金额等条件。

中国人民保险公司为适应来料加工业务发展的需要，开设了来料加工一揽子综合险。投保这一险别后，保险公司即承担了两段运输和存仓财产险。

此外，来料加工合同还应订立工业产权的保证、不可抗力和仲裁等预防性条款。

（二）进料加工

1. 进料加工的含义

进料加工（processing with imported materials）一般是指从国外购进原料，加工生产出成品再销往国外。由于进口原料的目的是为了扶植出口，所以进料加工又可称为"以进养出"。我国开展的以进养出业务，除了包括进口轻工、纺织、机械、电子行业的原材料、零部件、元器件，加工、制造或装配出成品再出口外，还包括从国外引进农、牧、渔业的优良品种，经过种植或繁育出成品再出口。

进料加工与前面所讲的来料加工有相似之处，都是利用我国的技术设备和劳动力，由国外提供原材料、零部件加工装配为成品，再销到国外市场，即都是"两头在外"的加工贸易方式。

但两者又有明显的不同：第一，来料加工在加工过程中均未发生所有权的转移，原料运进和成品运出属于同一笔交易，原料供应者即成品接受者；而在进料加工中，原料进口和成品出口是两笔不同的交易，均发生了所有权的转移，原料供应者和成品购买者之间也没有必然的联系。第二，在来料加工中，我方不用考虑原料的来源和成品销路，不承担风险，只收取工缴费；而在进料加工中，我方是为了赚取从原料到成品的附加价值，要自筹资金、自寻销路、自担风险、自负盈亏。

2. 进料加工业务的做法

进料加工的具体做法，归纳起来，大致有以下三种：

（1）先签订进口原料的合同，加工出成品后再寻找市场和买主。这种做法的好处：进料时可选择适当时机，低价时购进；一旦签订出口合同，就可尽快安排生产，保证及时交货；交货期一般较短。但采取这种做法时，要随时了解国外市场的动向，以保证所生产的产品能适销对路，否则产品无销路，会造成库存积压。

（2）先签订出口合同，再根据国外买方的订货要求从国外购进原料，加工生产后交货。这种做法包括来样进料加工，即由买方先提供样品，我方根据其样品的要求再从国外进口原料，加工生产。这种做法的优点是，产品销路有保障，但要注意所需的原料来源必须落实，否则会影响成品质量或导致无法按时交货。

（3）对口合同方式。此方式就是在与对方签订进口原料合同的同时签订出口成品的合同，原料的提供者也就是成品的购买者。但两个合同相互独立，分别结算。这样做，原料来源和成品销路均有保证，但适用面较窄，不易成交。在实际做法中，有时原料提供者与成品购买者也可以是不同的人。

3. 开展进料加工的意义

进料加工在我国并非一种新的贸易方式，但在改革开放的过程中，在中央政策的鼓励下，有了较为迅速的发展，特别是东部沿海地区开展得十分普遍。我国开展进料加工的意义，主要表现在以下几个方面：

（1）有利于解决国内原材料紧缺的困难，利用国外提供的资源，发展出口商品生产，为国家创造外汇收入。有些不能出口的产品，还可以满足国内市场的需要。

（2）开展进料加工，可以更好地根据国际市场的需要和客户的要求，组织原料进口和加工生产。特别是来样进料加工方式，有助于做到产销对路，避免盲目生产，减少库存积压。

（3）进料加工是将国外资源和市场与国内生产能力相结合的国际大循环方式，也是国际分工的一种形式。开展进料加工，可以充分发挥我国劳动力价格相对低廉的优势，并有效利用相对过剩的加工能力，扬长避短，促进我国外向型经济的发展。

三、境外加工贸易

（一）境外加工贸易的含义

境外加工贸易是指我国企业在国外直接投资的同时，利用当地的劳动力开展加工装配业务，以带动和扩大国内设备、技术、原材料、零配件出口的一种国际经济合作方式。

可见，境外加工贸易是在海外进行投资办厂的基础上开展来料加工或进料加工或就地取材的一种新做法。

（二）开展境外加工贸易的必要性和可行性

我国企业开展境外加工贸易时间很短，可以说是刚刚起步，还缺乏经验，但应该看到它是当前国民经济结构调整和培育新的出口增长点的一项重要战略措施。我国政府决定开展这项业务是经过深思熟虑的。

1. 开展境外加工贸易的必要性

（1）我国与许多国家存在的双边贸易不平衡问题，影响了贸易关系的发展。开展此项业务，有助于绕过贸易壁垒，保持和拓展东道国市场或发展向第三国出口，以缓解双边贸易不平衡的矛盾。

（2）我国某些行业的生产技术已经成熟，要想在劳工成本不断上升的压力下维持产品的国际竞争能力，必须将长线产品转移到相对落后的国家和地区，以支持本国产业结构的调整。

（3）为适应经济全球化的大趋势，我国企业需要走出国门，开展跨国经营，利用当地较低的生产和运输成本以及现有的市场销售渠道及其在区域经济一体化中的影响，从而获得较多的经济效益。

2. 开展境外加工贸易的可行性

（1）改革开放以来，我们在开展加工贸易方面有了丰富的经验，也培养了一大批管理人才，这为我们走出国门打下了坚实的基础。

（2）在劳动力密集、技术层次较低、产品标准化的行业中开展加工装配业务，我国有着较强的竞争优势。在一些科技含量较高的行业，经过近年来的不断努力，我们也具备了参与国际竞争的实力。

（3）我国资源丰富，某些原材料（如棉花、棉布等）在国内有库存积压，通过带料加工，既有助于国产料件的出口，也解决了东道国资源不足的问题。

为了促进这项业务的开展，国家制定了一系列的鼓励措施，主要包括资金支持、外汇管理、出口退税、金融服务和政策性保险等鼓励政策。

（三）我国企业开展境外加工贸易的申报程序

按照我国现行的政策规定，打算开展境外加工贸易的企业应向有关主管部门申报。

1. 我国企业开展境外加工贸易的主管部门

投资额在300万美元以下（含300万美元）的境外加工贸易项目，由投资主体所在省级（含计划单列市）外经贸主管部门核准。中方投资额在300万美元以上的境外加工贸易项目，由省级外经贸主管部门报商务部核准。

中央管理的企业及其所属企业在境外投资举办境外加工贸易项目，由中央企业总部报商务部核准。

2. 我国企业开展境外加工贸易项目申报程序

（1）由省级外经贸主管部门负责核准的境外加工贸易项目，省级外经贸主管部门收到境外加工贸易项目的申请后，应在征得我驻外使（领）馆经商参处（室）同意后核准。

（2）需商务部核准的境外加工贸易项目，由省级外经贸主管部门或中央企业总部征得我驻外使（领）馆经商参处（室）同意后，报商务部。

（3）省级外经贸主管部门核准或上报境外加工贸易项目，应会签地方经贸主管部门。地方经贸主管部门应于5个工作日内提出会签意见。

（4）需从境内购汇和汇出外汇的境外加工贸易项目，在报省级外经贸主管部门前，应由所在地外汇分局或外汇管理部按照国家外汇管理有关规定，进行境外投资外汇资金来源审查。投资额在300万美元（含300万美元）以下项目的境外投资外汇资金来源审查，由投资主体所在地外汇分局或外汇管理部办理。投资额在 300 万美元以上的项目，由投资主体所在地外汇分局或外汇管理部初审后上报国家外汇管理局审查。

各级经贸主管部门侧重对项目投资主体的生产经营、发展潜力和境外项目的投资规模、自有资金来源、产品结构等国内问题进行审核；各级外经贸主管部门侧重对项目的投资国别地区的政局状况、国别政策、当地及周边市场、投资环境、主办单位进出口情况等涉外问题进行审核。

基本概念

经销　　　　代理　　　　总代理　　　　独家代理　　　寄售　　　　展卖　　　　招标
投标　　　　拍卖　　　　期货交易　　　对销贸易　　　易货贸易　　补偿贸易
互购　　　　转手贸易　　抵销贸易　　　来料加工　　　进料加工　　境外加工贸易

模拟测试

一、名词解释

品名　　　　经销　　　　代理　　　　总代理　　　　独家代理　　　寄售
展卖　　　　招标　　　　投标　　　　拍卖　　　　　期货交易　　　对销贸易
易货贸易　　补偿贸易　　互购　　　　转手贸易
抵销贸易　　来料加工　　进料加工　　境外加工贸易

二、填空题

1. 常用的贸易方式有_____、_____、_____、_____、_____、_____、_____及_____等。

2. 经销方式可分为_____和_____两种。经销商与国外供货商间的关系，同一般进出口商间的关系_____本质区别。

3. 经销协议有两种规定方法，它们是_____和_____。

4. 从法律上讲，供货人和包销人之间是_____的关系。

5. 包销协议的主要内容有_____、_____、_____、_____、_____、_____、_____。

6. 包销协议中的不可抗力条款，主要规定_____和_____。协议中的仲裁条款主要包括仲裁_____、仲裁_____、仲裁_____及_____等。

7. 委托人与代理人之间的关系，不是_____关系，而是_____关系。

三、单项选择题

1. 包销协议从实质上说是一份（　　）。
　　A. 买卖合同　　　　B. 代理合同　　　　C. 寄售合同　　　　D. 拍卖合同

2. 在寄售协议下，货物的所有权在寄售地出售前属于（　　）。
　　A. 代理人　　　　　B. 寄售人　　　　　C. 代销人　　　　　D. 包销人

3. 拍卖的特点是（　　）。
　　A. 卖主之间的竞争　　　　　　　　　　B. 买主之间的竞争

C. 买主与卖主之间的竞争　　　　　　D. 拍卖行与拍卖行之间的竞争
4. 投标人发出的标书是一项（　　）。
　　A. 不可撤销的发盘　　　　　　　　　B. 可撤销的发盘
　　C. 可随时修改的发盘　　　　　　　　D. 有条件的发盘
5. 来料加工和进料加工（　　）。
　　A. 均是一笔交易　　　　　　　　　　B. 均是两笔交易
　　C. 前者是一笔交易，后者是两笔交易　　D. 前者是两笔交易，后者是一笔交易
6. 有些国家的政府或海关在处理库存物资或没收货物时往往采用（　　）。
　　A. 增价拍卖　　　　　　　　　　　　B. 减价拍卖
　　C. 密封式递价拍卖　　　　　　　　　D. 一般拍卖
7. 某进出口公司 9 月份在现货市场上出售小麦一批，进货价为每吨 110 美元，12 月份交货。为了避免市场价格下跌的风险，该公司以相同的价格和数量在期货市场购进 12 月份交割的期货合同，这种做法被称为（　　）。
　　A. 卖期保值　　　　　　　　　　　　B. 买期保值
　　C. 多头　　　　　　　　　　　　　　D. 空头
8. A 公司在国外物色了 B 公司作为其代售人，并签订了寄售协议。货物在运往寄售地销售的途中，遭遇洪水，使 30%的货物被洪水冲走。因遇洪水道路路基需要维修，货物存仓发生了 6000 美元的仓储费，以上损失的费用应由（　　）。
　　A. A 公司承担　　　　　　　　　　　B. B 公司承担
　　C. 由运输公司承担　　　　　　　　　D. 由保险公司承担

四、多项选择题

1. 按照授权范围的大小，代理的形式有（　　）。
　　A. 销售代理　　　　　　　　　　　　B. 购货代理
　　C. 独家代理　　　　　　　　　　　　D. 一般代理
2. 对独家代理与包销的说法正确的是（　　）。
　　A. 代理中当事人为委托代理关系，而包销中的当事人为买卖关系
　　B. 代理人赚取的是佣金，包销商赚取的是商业利润
　　C. 两者都属于逐笔售定的贸易方式
　　D. 两者的专营权不同
3. 下列对寄售业务的特点的说法中，正确的是（　　）。
　　A. 一种现货交易
　　B. 代销人以自己的名义出售货物
　　C. 代销人拥有寄售货物的所有权
　　D. 代销人要承担寄售货物售出前的风险
4. 按照用来偿付的标的物不同，补偿贸易包括（　　）。
　　A. 以直接产品补偿　　　　　　　　　B. 以间接产品补偿
　　C. 以劳务补偿　　　　　　　　　　　D. 以外汇补偿
5. 来料加工与进料加工的相似之处有（　　）。
　　A. 都是利用我国的技术设备和劳动力

B. 都属于"两头在外"的加工贸易
C. 都是赚取由原料到成品的附加价值
D. 原料运进和成品运出都发生了所有权转移

6. 以下对进料加工说法正确的是（　　）。
A. 在我国被称为"以进养出"
B. 包括进口原材料和出口制成品两笔业务
C. 国内企业可以获得加工利润
D. 国内企业与原材料供应商之间是委托关系

五、简答题

1. 简述寄售的性质与特点。
2. 简述对销贸易的利弊。
3. 简述互购与易货贸易的主要区别。
4. 简述补偿贸易的性质和作用。
5. 什么是展卖？开展展卖业务要注意什么问题？
6. 简述招标与投标方式的特点。
7. 简述拍卖方式的特点。
8. 为什么要开展期货交易？套期保值者是如何防范现货市场上的风险的？
9. 什么是加工贸易？加工贸易的种类有哪些？其特点是什么？

六、案例分析题

1. 中国 E 牌油漆刷在叙利亚销路很好，中方公司在叙利亚有两家重要客户，即 A 公司和 B 公司，这两家公司都想获得 E 牌刷子在叙利亚市场的独家销售权。2010 年 A 公司向中方公司提出包销 E 牌油漆刷，经磋商，中方公司口头同意 A 公司包销 E 牌 730 货号油漆刷，期限一年。客户随即开出了信用证，金额为 5 万多美元。A 公司在收到第一批货之后，2011 年春又要求正式签订书面包销协议，并保证每年购买 25 万美元左右的油漆刷。中方公司同意了客户的要求，双方签订了独家销售 730 货号的协议书。2011 年秋季广交会期间，B 公司的老板来到交易会，也要求经销 E 牌 730 油漆刷。中方公司业务员开始劝其购买其他货号的油漆刷，但在 B 公司一再要求并保证信用证在 11 月底到达上海的条件下，中方公司业务员与 B 公司签订了合同，承诺年底交一只 20 英尺集装箱的 E 牌 730 货号油漆刷和一定数量的其他日用刷子。后来 A 公司得知中方公司也授权 B 公司在叙利亚经销 E 牌 730 货号油漆刷，A 公司对此提出异议。虽然最后中方公司取消了对 B 公司出口 E 牌 730 货号油漆刷的合同，但是给中方公司带来了很大的不必要麻烦。从本案例中我们应吸取什么教训？

2. 2010 年 2 月 12 日内地甲公司与香港乙公司签订了生产乳胶检查手套的来料加工合同。合同规定，乙公司应按合同要求向甲公司提供天然乳胶，总量为 746.29 吨，总价为 CIF 上海 71 万美元，乙公司应回购甲公司用进口原料生产的全部乳胶检查手套 5000 万只，单价为 CIF 上海 0.039 美元/只，总金额为 195 万美元，以信用证方式支付，信用证可分期开立。不久，乙公司按期交付了共计 746.29 吨天然乳胶，甲公司也支付了乳胶的全部金额。乙公司在 2011 年 3 月份前开出了 3300 万只乳胶手套的信用证，甲公司也交付了 3300 万只乳胶手套。对于余下 1700 万只乳胶手套的信用证，乙公司没有开出，并于 2011 年 4 月 19 日致函甲公司宣布合同无效。

甲公司遂提请仲裁，认为乙公司无权单方面宣布合同无效，应全部回购5000万只乳胶手套，并赔偿因剩余的1700万只乳胶手套无法出口，给甲公司造成的经济损失。乙公司则认为，甲公司购买764.29吨乳胶与乙公司购买5000万只乳胶手套是相互独立的业务，因此并不是甲公司向乙公司购买了多少乳胶，乙公司就必须购买这么多乳胶所生产的全部手套。你认为此案应如何处理？甲公司在此笔交易中有何不当之处？

第十二章　国际技术贸易

【学习目标】

掌握国际技术贸易的意义、特点、作用及主要方式；掌握国际技术贸易的合同，尤其是最典型的许可合同的特点和内容；了解技术服务和咨询合同、合作生产合同等有关知识。

【案例导入】

中国是世界上最大的光盘的生产大国和消费大国，世界上80%以上的DVD视盘机及每年上亿张光盘产自中国，然而由于DVD核心技术和专利全部掌握在外国公司，每生产一台DVD影碟机都要缴纳10多美元的高额专利费，对我国光电子产业的发展产生严重影响。2006年，就在以"着力自主创新，保护知识产权"为主题的世界知识产权日的第二天，美国MPEG专利技术管理公司即MPEG LA，与中国电子音响工业协会签署了谅解备忘录，中方企业答应每销售一台DVD播放机向MPEG LA缴纳2.5美元的专利费。这样，我国DVD企业每销售一台DVD就要向汤姆逊、杜比、MPEG LA等5家专利人交纳10多美元的专利许可使用费。请思考：中国DVD生产企业被追缴专利使用费的积极意义。

分析：①技术的价格，通常也称技术的使用费，是指技术转移过程中技术受方应向技术供方支付的全部费用。对于供方来说，这是一项特定技术的卖价或回收；对于受方来说，这是一项特定技术的费用或成本。②与一般商品不同，技术的价格不由价值决定，与供求的关系也不大。技术的价格不反映其价值，成交价格与实际价值往往不相关。

第一节　技术贸易的概念与特点

一、技术的含义及特点

国际技术贸易的交易对象是技术。要全面、正确地理解国际技术贸易，应从技术的特征和本质着手。国际技术贸易和国际技术市场的特殊性正是源于技术这种可以作为商品买卖的生产要素的特殊性。

（一）技术的含义

技术是指人们在生产活动中制造某种产品，应用某种工艺或提供某种服务的系统知识。其内容包括从构思到具体实施乃至销售等各阶段的知识、经验和技艺。这些知识、经验、技艺是指人们在生产实践中，为了达到预期目标，利用自然规律所创造的方法、规则及其物质手段的体系。技术的创造者或发明者的最初目的是自己使用该项技术，从事商品的生产和销售，而不是为了把技术拿到市场去出售。但随着科学技术和商品经济的发展，技术这种无形财产也被商品化了，它不仅可供发明者自己使用，而且可以通过各种方式供他人使用。

（二）技术的特点

技术是一种无形的商品，它的典型特征是无形性、系统性、可传授性和商品性。

1. 技术是无形的知识

技术是人们头脑中产生的通过外部形态表现的无形知识，它借助有形载体而有多种存在形式。其表现形态可以是文字、语言、图表、数据、公式或操作技艺等。但载体的有形性并不能否定技术的无形性特征。

2. 技术是系统的知识

技术是人们在长期生产实践中不断积累起来的系统化知识，它包括原理、结构、设计、生产、操作、安装、服务、管理、销售等各个环节的知识、经验和技艺。技术的系统性使其应用于生产中可得到完整意义上的产品，这与技术的转让有密切的关系。

3. 技术是可传授的知识

技术应该是可以传授的系统知识，而不需依附于个人的生理特点。人们可以通过教与学来传授和掌握技术知识，并把技术知识用于实践，以取得经济效益和达到预期目的。对于在某些方面具备异于常人的技能的人，他们拥有的技能虽然也是无形的，但与其个体的生理结构有着不可分割的关系，是不能传授的。当然，这也不是我们这里所指的技术。

4. 技术具有商品属性

技术是人类智慧的产物，既可供发明技术的所有者使用，也可以通过传播、转让、出售供他人使用，并取得相应的报酬。技术有使用价值，也有交换价值。一方面，技术是具有价值和使用价值的商品。它可以供发明技术的所有者使用，也可以通过传授、转让和出售供他人使用，并使所有者获得相应的报酬。另一方面，技术又是一种特殊的商品，它在生产、交换和消费中有着与有形的物质商品不同的特征。

二、国际技术贸易

（一）国际技术贸易的概念

国际技术贸易，是指不同国家的企业、经济组织或个人之间，按照一般商业条件，由技术的拥有方把有关制造某产品、应用某种工艺或提供某种服务的系统知识，提供给技术的接受方；接受方在取得技术后，主要应用于工业生产、产品销售或提供服务等。但这里不包括单纯的设备购买与租赁。简言之，国际技术贸易是一种国家间的以纯技术的使用权为主要交易标的商业行为，主要由技术出口和技术引进两方面组成。

（二）国际技术转让的方式

国际技术的转让分为无偿技术转让和有偿技术转让两种。

1. 无偿技术转让

无偿技术转让又称非商业性的技术转让，是指通过政府间的经济合作协定或者科技界的学术交流免费赠送的科技成果的转移活动。

2. 有偿技术转让

有偿技术转让又称商业性的技术转让，是指通过贸易途径购买或用有价商品或用劳务交换取得的科技成果的转移活动。有偿的技术转让是以盈利为目的的，主要通过经济合作途径和贸易途径两种方式进行。通过经济合作途径进行的技术转让，是指一方以技术作为股份与另一方进行的合资或合作。而以贸易方式进行的国际技术转让，即国际技术贸易。

技术贸易活动一旦跨越国界，便成为国际技术贸易。就一国而言，国际技术贸易又分技术引进和技术出口两个方面。

（三）国际技术贸易的特点

1. 技术贸易多数是技术使用权的转让

由于同一技术同时可供众多生产者使用，所以国际上绝大多数的技术贸易都是使用权的转让，而非所有权的转让。技术拥有者并不因为他把技术转让给他人而失去所有权，他自己仍可使用或转让给其他人使用这项技术。（技术贸易合同规定不得使用的除外）

2. 技术贸易是双方较长期的、密切的合作过程

技术贸易是知识和经验的传授，其目的是使技术接受方消化和掌握这项技术，并进行生产。因此，达成技术贸易协议后，一般要经过提供技术资料、人员培训、现场指导，以及进行技术考核、验收，乃至继续提供改进技术等步骤。这就需要技术贸易双方建立较长期的、密切的合作关系。

3. 技术贸易的双方往往又是竞争对手

技术贸易的双方既是合作伙伴，又是竞争对手，这是技术贸易的一个突出的特点。由于技术贸易双方往往是同行，技术输出方既想通过输出技术获取利益，同时又担心引进方获得技术后，制造和销售同类产品，成为自己的竞争对手。因此，技术输出方一般不愿把最先进的技术转让出去，或者转让时可能附加某些不合理的限制性条款，以束缚技术引进方的手脚。

4. 技术贸易的价格较难确定

技术贸易中技术的价格不像商品价格那样主要取决于商品的成本，技术转让出去后，技术输出方并不失去对该项技术的所有权，他仍可以使用该项技术并可多次转让，以获取经济利益。因此，决定技术价格更主要的因素是引进方使用这项技术后能获得经济效益。而引进方能获得经济效益，在谈判和签约时往往是难以准确预测的，这就导致确定技术贸易价格的复杂性。

5. 技术输出方国家对技术输出的管制较严

由于国际技术贸易不仅涉及有关企业的利益，而且与国家的发展战略和国民经济的发展有着密切的关系，因此，各国政府对技术输出的干预和管制比商品贸易更加严格。许多国家为了控制尖端、保密和军事技术的外流，对技术输出的项目都实行了严格的审批制度。综上所述，技术虽然可以同商品一样进行有偿转让，但技术贸易与商品贸易之间在许多方面有明显区别。

（四）国际技术贸易的作用

当前国际技术贸易发展的速度惊人，并已成为国际经济活动一个十分重要的组成部分。无论是科技水平落后的发展中国家，还是科技水平高度发展的发达国家，都非常重视技术转让活

动。人们之所以重视技术贸易这项工作，其原因在于技术贸易是国与国之间传播科学技术的重要途径。科学技术是发展社会生产力的前提条件，一旦科技成果通过技术转让途径直接为生产实践服务，就会极大地提高生产力，推动国民经济的高速发展。具体来讲，国际技术贸易的作用有以下几方面：

1. 可以节省技术引进方的研究与开发费用

通过国际技术贸易，引进本国所需要的先进技术，可以大大节省自己的研究与开发费用。开发新技术需要经过长期的科研、设计、实验、试制、测试等过程，要花费大量的投资。而引进国外已经成功的技术，虽然要花费一笔技术转让费，但与自己从头摸索研究相比，可以避免重复劳动，少走弯路，减少风险，从而节省大量研制和开发费用。

2. 可以节省技术引进方研究、试验和开发的时间

通过引用国外技术，可以节省研究、试验和开发的时间，可以超越技术发展的若干阶段，从高起点跳跃式前进，有利于争取时间，赢得速度，较快地填补科技空白。所以，技术引进是一个国家赶超技术先进国家的一条捷径。

3. 可以提高技术引进方原有的科技水平和创新开发能力

通过技术贸易引进技术，有助于推进创新开发，提高本国科技水平，从而促进国民经济的发展。虽然技术引进对科技发展仅仅起一种促进作用，而不起决定性作用，但是只要重视消化、吸收所引进的技术，并在此基础上进行创新，就可以提高引进方原有的科技水平和创新开发能力。

（五）国际技术贸易和国际商品贸易的区别

国际技术贸易和国际商品贸易是国际贸易的两大组成部分，两者有很大的区别。技术商品和实物商品是两种性质不同的商品，它们的市场结构和功能也有很大的区别，因而决定了这两种贸易方式也存在差异。这种差异主要可归纳为以下四点：

1. 技术贸易和实物商品的性质不同

商品贸易的标的是有形的物质商品，可以计量、论质和定价；实物商品一经出售，卖方即失去了对商品的所有权，卖方无权继续支配和使用该商品，也不可能将同一商品出售给多个买主。而技术贸易的标的是技术商品，是一种无形的知识，很难用某种度量衡来衡量；技术商品可以不经再生产而多次出售，出售或转让后，技术的供方并不失去技术的所有权，它出售或转让的仅是该技术的使用权、技术产品的制造权和销售权等。

2. 交易双方当事人的关系不同

在一般的商品贸易中，当事人双方不一定是同行，通常也不存在这种性质的合作和竞争关系。而技术贸易活动的双方当事人一般则是同行，他们在传授和使用技术的过程中构成了较长时间的合作关系，但同时又构成了一种竞争关系。技术的受方希望通过使用供方的技术，提高自己的生产能力，生产更多更好的产品，而这些产品就可能与技术供方的产品在市场上产生竞争；技术供方即想通过技术转让，获取更多的利润，又不想让对方成为自己的竞争对手，因此，技术供方总是想方设法对受方施加种种限制，如限制受方产品的销售区域等。

3. 商品的交易过程不同

一般的商品贸易通常是以现货方式进行的，买卖双方当场成交，钱货两清，其过程较简单。

而技术贸易是一个持续时间较长的过程，它不仅包含谈判和签约的过程，还包含技术的传授和技术的实施过程。合同执行的时间较长，而且交易费用往往采取分期支付的形式，支付的时间和支付的数额与技术传授和实施的情况相联系；或采用提成费支付方式，技术受方根据技术使用后产生的经济效益（产量、销售额、利润等），按一定的比例向技术供方定期支付提成费。

4. 政府干预的程度不同

各国政府对国际技术贸易的干预远远大于国际商品贸易的干预。为了维护本国的政治和经济利益，世界上大多数国家都采取立法和行政手段来加强对技术贸易的管理和干预。技术的转让，包括技术的输出和引进，必须遵循有关国家的法规。为了协调国际技术贸易中的各方关系，一些国际或地域性的协定和公约，如《保护工业产权的巴黎公约》《商标国际注册的马德里协定》《商标国际条约》《联合国国际技术转让行动守则（草案）》等也制定出来了。公约的成员国，在国际技术贸易中必须遵循这些国际条约。一般的商品贸易与技术贸易相比，政府的干预要小得多，所涉及的法规也少得多。

从以上分析可以看出，无论是贸易过程还是贸易所涉及的各种问题，国际技术贸易远比国际商品贸易更复杂，难度也更大。

第二节　国际技术贸易的主要方式

国际技术贸易的方式多样，主要有许可贸易、特许经营、顾问咨询、技术服务、合作生产和国际工程承包等。这些方式没有明显的界线，在实践中又常常是结合使用的，如工程承包项目就有大量的技术服务，其中还包括专利技术和专有技术的许可贸易；而许可贸易往往包括技术服务和提供某些必要的关键设备与测试仪器等。

一、许可贸易（licensing trade）

（一）许可贸易的含义

许可贸易亦称许可证贸易，是国际技术贸易中使用得最广泛和最普遍的一种贸易形式。通常是指一国的技术输出方允许另一国的技术引进方在支付代价的条件下使用其技术，进行产品生产和销售的一种商业性交易。许可贸易的双方常称为许可方（licensor）和被许可方（licensee）。许可贸易是通过签订书面的许可协议进行的。

（二）许可贸易的对象

许可贸易的交易对象主要有下列三种基本类型，即专利许可、商标许可和专有技术许可：

1. 专利技术（patent）

专利是一种工业产权，是指发明拥有者依法向国家专利主管机关提出申请，经审核批准后，发明拥有者即被授予一种独占使用该项发明的权利。专利批准后，其内容即由专利局公开，但专利受批准国法律保护，除专利权人外，其他任何人都不得擅自使用这项发明，否则便构成侵权，将承担法律和经济责任。但专利有一定的期限，对专利权的保护时间限制一般为10到20年，超过期限，专利即告终止，原来受专利保护的技术便成为社会的公共财产，任何人都可以任意使用。

专利权有其明显的特点：

（1）专利权是一种法律赋予的权力。发明人通过申请，经过专利机关的审查批准，他的发明便获得了法律地位而成为专利发明，而他自己同时也因之获得专利权。这种权利的产生与物权的自然产生是不同的。这是专利权的重要特点之一。

（2）专利技术是一种知识财产、无形财产，专利权是一种特殊的财产权。

（3）专利权是一种不完全的所有权，它的获得是以发明人公开其发明的内容为前提的。在有效区域范围以外的人擅自使用专利权，专利权人无权干涉。同时，还要受到专利法的限制，专利权的许可、转让、变革必须向专利主管部门备案、申请、审查等。因此，公开了的知识很难真正为发明人所独有。

（4）专利权是一种排他性（独占性、专有性）的权力。对特定的发明，只能有一家获得其专利权，也只有专利权人才能利用这项专利发明，他人未经专利权人的许可，不能使用该专利发明。

（5）专利权是一种有地域性的权利。专利权只在专利权批准机关所管辖的地区范围内发挥效力。

（6）专利权是一种有时间性的权利。专利权的有效期一般为 10~20 年。超过这个时间，专利权即失去效力。并且在法律规定的期限内，专利权人必须按期缴纳年费，否则，专利权也会在法律规定的保护期限届满前失效。专利权的保护期限是固定的，不能续展。

根据专利技术创造性程度的高低和其他特点，常把专利分为三种类型：

① 发明专利。所谓发明，是指对产品、方法或者其改进所提出的新的技术方案。它是利用自然规律解决实践中特定的技术问题的新方案。发明可分为两类：一类是产品发明，其发明的结果是一种新产品；另一类是方法发明，其结果是一种制造产品或测试或操作的新方法。发明专利保护期为 20 年。

② 实用新型专利。实用新型是对产品的形状、构造或者其结合所提出的适于实用的新技术方案。实际上，实用新型也属于一种发明。它与上述发明专利不同之处在于：实用新型是一种仅适于产品的、创造性水平较低、能够直接应用的发明（有人称之为"小发明"）。在实践中，实用新型这种"小发明"为数众多，所以，包括中国在内的世界上少数国家把它从发明中划分出来，单独加以保护。实用新型专利条件低，审批程序简单，收费也少，这有利于鼓励众多的小发明者。

③ 外观设计专利。外观设计是指对产品的形状、图案、色彩或其结合所做出的富有美感并适于工业上应用的新设计。它与实用新型不同，外观设计对产品形状的设计主要是好看；而实用新型对产品形状的设计主要是用于增加产品的使用价值，使其有新功能，主要是图好用。专利中的外观设计实际上是工业外观设计。它与纯美术作品不同，造型、图案和色彩只有体现在有独立用途的制成品上，才是专利中的外观设计。它是在保证或不影响产品用途的前提下，通过外形、图案、色彩的设计来吸引消费者。外观设计专利保护期为 10 年。

2. 商标（trade mark）

商标是工商企业为区别自己的商品和他人的商品而在商品或其包装上使用的一种特定标记。这种标记可由文字、图形或其组合形成。产品的商标不仅有助于消费者认牌购买，而且也代表某产品的质量和信誉。因此，对生产和销售企业来说，可以通过商标在市场上树立商品信誉，从而增加销售和出口。商标大体上可分为三类：制造商标、商业商标和服务商标。

一般只有能够移动的重复性生产的商品才使用商标。商标须具有显著性特点，即相同或类似的商品不能使用相同或相似的商标。

（1）商标的作用。

① 区别功能，即商标能标明产品的来源，把一企业的产品与另一同类企业的产品区别开来。这是商标最基本、最重要的功能。

② 间接标示产品质量的功能。产品的来源不同，其质量和信誉也会有差别。商标作为特定来源的产品的标记，间接地反映了该产品的内在质量。人们选购商品时，一般无法当场检验其内在质量，而往往根据自己的经验和商品的社会信誉，凭商标来选购所希望的具有一定质量的商品。

③ 广告功能。商标是产品广告的重要内容。由于商标的"简明性"和"显著性"，消费者往往不易记住生产企业的名称，而对商标的印象却十分深刻，它最容易被消费者记住，从而使商标成为醒目的广告。消费者习惯于根据商标来判断商品的质量和认购商品，因此，商标是商品宣传的重要媒体，也是市场竞争的重要工具。

④ 促进国际商品贸易。一种商品要真正打开国际市场的销路，其重要条件是创建具有国际声誉的商标。各国厂商通过提高产品质量，努力创立国际名牌或驰名商标，使产品畅销世界各地，从而有力地促进国际商品贸易。

（2）商标权。商标权是商标使用者向商标管理部门申请注册并得到批准的商标专用权。但在少数国家，商标权是由于商标的首先使用而获得的。在我国，商标权是以注册在先原则而取得的。

商标权主要包括以下几种权利：

① 使用权。只有商标权人才能在注册核定的商品上使用该商标，未经商标权人的许可，他人不得在同种或同类商品上使用该商标，否则就构成侵权行为。

② 禁止权（禁止他人使用）。商标权人有权向法院或有关机构对侵权人提起公诉，要求制止侵权行为、赔偿损失或追究刑事责任。

③ 转让权。这种转让是指商标权人把商标转让给他人或由他人继承，自己完全放弃商标权。

④ 许可使用权。商标权人可以允许他人使用其商标，自己仍保留对商标的所有权。

商标权受专门法律《商标法》的保护。

商标权具有以下特点：

① 商标权是一种排他性权利。

② 商标权是一种无形的知识财产。

③ 商标权是一种特殊的财产权。

④ 商标权是有时间性但又可无限延期的权利。与专利权期满不可延期不同，商标权到期可续展延期，且延期次数不限。

⑤ 商标权具有地域性特征。商标权只在注册机构所管辖地区范围内有效。

商标往往也是与技术结合在一起转让的，因此，被许可方不但能使用许可方的技术进行生产，同时还能在所生产的许可产品上使用许可方的商标，利用该商标的声誉，扩大产品的销售。

商标权和专利权都是重要的工业产权。商标权与专利权一样，具有专有性、地域性和时间性三个基本特征。经注册的商标，是商标权人的财产，受到法律的保护。在某一国家获准注册的商标，只受该国法律的保护，在其他未注册的国家和地区内不受法律的保护。各国对商标权的保护期一般为 10 至 15 年。我国《商标法》规定，注册商标的有效期为 10 年。

商标有效期届满时，商标权人可以申请续展，续展的时间一般与有效期限相同。各国对续展的次数不加限制，商标权人只有按期办理续展手续，并缴纳规定的费用，就可以始终保持商标权的有效性。因此，在时间上，商标权与专利权不同，专利权的期限不能续展，法定期限届满后，专利权自行消失。

3. 专有技术（know-how）

专有技术是指为生产某种产品或采用某种工艺所需要的、保密的知识、经验、技艺的总和。专有技术的范围非常广，既包括技术领域，又包括经营管理和财务管理等领域；既体现在图纸、数据、技术规范等成文的技术资料中，又体现在专家、技术人员等所掌握的不成文的经验与知识中。

专有技术一般具备以下特点：

（1）实用性。实用性是指专有技术已在工业上获得实际应用。转让的专有技术必须是许可方在本公司的范围内已加以应用的、成熟的、完整的先进技术。那些正在试验或未经试用的技术，不能作为专有技术。

（2）秘密性。秘密性是指专有技术中有许多重要的技术资料对外严格保密，而且许可方要求被许可方对其提供的资料在一定时间内保守秘密。这主要是通过协议、签订保密条件来加以限定的。所以，专有技术是靠保密来垄断的。

（3）先进性。专有技术中特别是保密部分的技术内容必须具有一定的特色与先进性，而且随着科技的不断发展而有所改进。

（4）完整性。完整性是指许可方所提供的专有技术应当包括生产某一产品全过程的、完整的技术资料。对于其中无法体现在技术资料中的经验或技艺，许可方有责任通过培训将其传授给被许可方所派遣的技术人员，使被许可方能够完整地掌握该项专有技术的全部内容，从而达到许可的目标。

（5）专有技术也是一种无形的知识财产，它除需要用保密手段得到保护以外，也需要法律的保护。在实际中，专有技术是援引《合同法》《防止侵权行为法》《反不正当竞争法》和《刑法》取得保护的。但专有技术受法律保护的力度远比专利技术受到专利法保护的力度小。

专利技术与专有技术，无论是在法律上还是在技术上，均有显著的区别。

两者在法律上的区别主要表现在以下三个方面：

（1）专利受工业产权法的保护，享有绝对的独占性，而专有技术无专门法律保护，需要通过协议规定加以保护。

（2）专利具有严格的地域、时间和技术范围的限制，而专有技术无上述限制。

（3）专利的技术内容需要公开，而专有技术的内容是保密的。

两者在技术上的区别主要表现在以下三个方面：

（1）专利要符合新颖性、先进性和实用性的要求，但在工业中不一定已经应用；而专有技术并非一定要达到发明的要求，但必须在工业中已经加以应用过。

（2）专利包括产品设计、材料、配方、工艺和方法等；而专有技术范围较广，它除了上述内容外，还可包括管理、财务等方面的技术和经验。

（3）专利是静态技术，专有技术是动态技术。

由于当前技术发展非常迅速，一个产品，特别是涉及新工艺、新方法的产品，其生产制造过程都十分复杂，引进方往往既需要获得有关某项产品的专利，也需要掌握制定这项产品具体的知识与经验，这样才能真正生产出合格的产品。所以，在国际许可贸易中，以专利和专有技术同时作为主题的混合许可，要比单纯的专利或专有技术许可更加常见。

4. 保护工业产权的国际公约

工业产权是指法律赋予产业活动中的知识产品所有人对其创造性的智力成果所享有的一种专有权。专利权和商标权均属工业产权。工业产权和版权合称为知识产权，它们都受专门法律的保护。首先，要受到各国的国内法的保护。国际货物和技术贸易，使工业产权的国际保护成为必要，为此产生了保护工业产权的国际公约。下面简要介绍一下我国已加入的有关公约。

1980年6月，我国正式成为《世界知识产权组织公约》的成员国。该公约于1970年4月26日生效，其宗旨是：通过政府之间的合作，并与其他有关国际组织适当配合，促进在全世界保护知识产权，保证各知识产权联盟之间的行政合作。

1985年3月，我国正式加入《保护工业产权巴黎公约》。该公约于1883年3月24日在巴黎签订，是最早签订的一项关于保护商标权和专利权的国际公约。该公约制定了工业产权保护的具体对象和适用的国民待遇原则、优先权原则，以及缔约国必须遵守的共同规则。

1989年10月，我国正式加入《商标国际注册马德里协定》。该协定于1891年4月14日在西班牙马德里签订。它对商标国际注册的申请、申请人的资格、国际注册的效力、期限以及申请国际注册的商标禁止使用的标记等内容做了具体规定。我国加入该公约后，我国注册商标所有人均可申请商标国际注册。

1994年4月，我国正式加入《专利合作条约》。该条约于1970年6月19日在华盛顿签订。它是随属于《保护工业产权巴黎公约》的一个特别协定，其目的是为了使获得发明保护的工作更加简化和经济。

1994年8月，我国正式加入《商标注册用商品与服务国际分类尼斯协定》。该协定于1957年6月1日在法国尼斯签订。它规定了参加协定的国家采用共同的商品和服务分类表，供商标注册用。

另外，我国还是1989年在华盛顿通过的《关于集成电路知识产权保护条例》的首批签字国。但由于美、日等发达国家的反对，该条例迄今尚未生效。1994年4月，我国还签署了关贸总协定乌拉圭回合达成的《与贸易有关的知识产权协议》。

（三）许可协议的种类

许可协议的种类很多，一般主要有以下几种：

1. 独占许可

独占许可是指许可方在合同期限内授予被许可方在一定地域内对许可技术享有独占的实施权（制造权、使用权、销售权）。许可方也无权再在该地域内制造和销售同样的产品，更不得再向该地域内的任何第三方许可同一技术，因而排除了第三方在该地域取得该技术的可能性。被许可方可在该地域内独享制造权和垄断销售市场。这种许可协议，许可方的要价比较高。

2. 排他许可

排他许可是指在协议规定的期限和地域内，被许可方对转让的技术享有实施权。与此同时，许可方自己仍可以在同一地域内使用该许可项下的技术制造和销售该技术项下的产品，但不得再向同一地域的第三方转让同样技术。排他许可属非独占许可。

3. 普通许可

普通许可也是非独占许可，是指在协议规定的期限和地域内，除被许可方取得许可技术的实施权，许可方仍保留该技术的使用权制造和销售该产品之外，而且许可方还有权将该技术再转让给第三方在该地域内制造和销售产品。

4. 分许可

分许可是相对主许可而言的。凡是以工业产权人或专有技术拥有人为许可方而签订的许可协议，常称为主许可合同。而分许可是指被许可方将通过主许可方协议获得的技术，再与其他人签订的许可协议。一般来说，被许可方只有经许可方同意后（在主许可中规定被许可方有权分许可），被许可方才能在一定的地域范围内将他取得的技术分许可给其他第三方使用。通常只有独占许可或排他许可的被许可方才获得这种可转让许可的授权。

5. 交叉许可

交叉许可是指许可贸易双方将各自拥有的知识产权或专用技术，按照各方都同意的条件互相交换，许可给对方使用的一种许可方式。如果技术等价，双方就不必付费；如果技术不等价，则一方要向另一方支付一定的补偿费用。

采用交叉许可的方式对双方都有利，交叉许可中双方相互交换的技术内容往往有联系。目前，交叉许可已经由两个企业之间的相互许可，发展为多个企业之间的多边许可。

上述各种许可方式反映了技术的被许可方对技术实施权所享有的权利程度的不同，因此，各种许可方式所付出的代价也不一样。一般来说，独占许可所付的代价最高，排他许可次之，普通许可最低。

在实际业务中，具体采用哪一种许可方式，通常需考虑的因素有：① 潜在的市场容量；② 技术的先进性；③ 双方当事人的意图。

一般认为，对市场容量不大的，宜采用独占许可，以免相互竞争，使产品价格下跌；对于市场容量大，即能大量生产、大量销售的商品，则宜采用普通许可。因为即使存在竞争，也不影响产品的销售和收益。当技术先进程度较高，或属尖端技术，技术输出方必然要索取较高的转让费。因此，究竟采用哪种许可方式，需要将各种因素结合起来考虑。

二、特许经营（franchising）

（一）特许经营概述

特许经营是近二三十年迅速发展起来的一种新型商业技术转让方式。它是由一家已经取得成功经验的企业作为特许人（franchisor），将其商标、商号名称、服务标志、专利、专有技术及经营管理方式或经验等全盘转让给另一家企业即被特许人（franchisee）使用，由后一家企业向前一家企业支付一定金额的特许费（franchise fee）技术贸易的行为。

特许经营的特许人和被特许人经营的行业、生产和出售的产品、提供的服务和使用的商号名称和商标（或服务标志）都完全相同，甚至商店的门面装潢、用具、职工的工作服、产品的制作方法、提供服务的方式也都完全一样。

特许经营与许可证贸易一样都是权力的许可，前者是专营者，后者是专利权、商标权和专有技术使用权等。它们的区别在于：特许专营主要适用于商业和服务业，也可适用于工业，而许可贸易主要适用于工业。另外，由于特许经营涉及经营权的许可，所以他的特许方和一般的许可贸易的许可方相比，要更多地涉入对方的业务活动，从而使被特许方经营的产品或服务符合特许方的要求，以免被特许人在使用特许方的商号、商标（服务标志）时损害特许方的声誉。

各个特许专营企业不是特许人企业的分支机构或子公司，也不是各个独立的企业的自由联合，而是独立经营、自负盈亏的企业。特许人并不保证被特许人的企业一定能盈利，对其盈亏也不负责任。

特许专营是发达国家的厂商进入发展中国家市场的一种非常有效的形式。由于特许方通常是已经在国际市场上有一定知名度和信誉的企业，被特许方的风险较小，发展中国家的厂商也乐于接受。

（二）特许经营的法律关系

特许者和被特许者虽同属一个特许体系，但在产权上并没有从属关系。作为独立的经济实体，特许者和被特许者对外分别独立享有权利和承担义务。从法律关系的角度看，特许经营法律关系是一种平等主体间的民事法律关系，特许者和被特许者的权利与义务由特许合同约定。

（三）特许经营的所有权

特许经营的所有权是分散的，但对外要形成同一资本经营的一致形象。特许经营是特许总部将自己开发的产品、服务、商标和经营模式等许可给加盟店去经营，加盟店需支付相应的使用费，因此，总店与加盟店不是同一资本。一般来说，在特许连锁系统里，加盟店对自己的店铺拥有所有权，而经营权则高度集中于加盟总部。加盟总部要对加盟者提供特许权许可和相关经营指导，而加盟者要为此支付加盟费。

（四）特许经营合同

特许经营的加盟店与加盟总部之间的关系以签订特许合同为基础。通过合同，总店允许加盟店使用自己的全套软件，并要求加盟店不折不扣地按自己的模式去经营，并对加盟店有监督、指导权利，同时也负有培训加盟者、向加盟者提供合同规定的帮助和服务的义务。

特许合同是特许经营体系赖以存在和发展的基础和关键，它关系到特许经营双方的切身利益，同时也是解决特许经营有关纠纷的根本依据。

特许合同是一个相当重要的文件，因为特许关系本身是一种契约关系。合同对于特许者和被特许者都是至关重要的。按照特许经营合同主体的不同，可将特许经营合同分为单体特许经营合同和复合特许经营合同。其中，单体特许经营合同是最有典型意义的特许经营合同，包含了特许经营合同的主要要素；合同一方是特许权的所有者，另一方是特许权的直接使用者，合同是特许权所有者与使用者之间直接的权利义务关系；合同关系相对简单。单体特许经营合同是特许权所有者直接发展加盟商的一种特许经营方式，其优点在于特许者容易实现对加盟者的控制，对被特许者管理和控制能力较高，业务发展的利润没有分流。其缺点是发展速度较慢，不利于加盟体系的迅速扩张。

复合特许经营合同又分为区域特许经营合同和特许经营权代理合同两种形式。区域特许经营合同的合同主体一方是特许权的所有者，另一方不一定直接使用特许权，而作为区域加盟商以自己的名义发展加盟商。区域特许经营合同适用于跨地域发展和分区域开发特许业务。其优点是发展速度快，部分管理工作由区域加盟商完成，特许者能减少许多管理和控制任务；其缺点是不易保证特许体系的完整与统一，对区域加盟商的依赖过强，且存在利润分流现象。特许经营权代理合同的合同主体一方是特许权的所有者，另一方在特定地域代理销售特许权，以特许权所有者的名义发展加盟商。特许经营权代理合同适用于特许经营的跨国发展，其优点是可以发挥当地人的作用，快速实现本土化的要求；其缺点是不易控制，且存在利润分流。

通常，特许经营合同的内容大致包括许可使用的商标、商号、专利、专有技术和经营诀窍，等等。合同应明确规定它们的名称、登记号及其他登记注册情况，如有效期，许可使用的内容、方式和地区等事项。签订合同时，被特许者应该审核有关权属证书的原件。

特许经营最大的弱点就是容易制造出竞争者，为了防止被特许者学到企业的经营诀窍和技术机密后独立开展特许经营业务，特许者往往在特许经营合同中规定限制竞争条款。如特许经营合同中可以规定："被特许者承诺：在本合同有效期以及合同有效期届满后十年内，被特许者不得从事与甲方（特许者）业务有竞争性的经营活动。"

（五）特许经营与知识产权保护

特许经营的核心是特许权的转让。特许权的转让方是加盟总部，接受方是加盟店。总部转让的特许权一般包括商标、专利、商业秘密、技术秘密、经营诀窍等无形资产。如果总部没有形成这些无形资产，就不会出现特许经营模式。这些无形资产都属于知识产权范畴，所以，特许经营的核心实际上是知识产权的转让。

无形的知识产权有时能起到比有形的财产权更为重要的作用，这与知识产权的权利特性有关。知识产权提供给权利人的是一种对事物的排他性权利，即任何人未经权利人许可不得采取某种特定的行为。知识产权的这种排他性权利为权利人圈划出一块独占的领地。在商业活动中，这种独占的领地就是一块特定的市场。有一块排他的市场存在，企业的恢复和发展就有了保障。知识产权对企业的重要性就是通过市场对企业的重要性而彰显出来。对于完全依赖市场而存在的特许经营企业（尤其是纯特许经营企业）而言，知识产权就更是其生命线。特许经营涉及知识产权的方方面面，包括专利、商标、企业名称、域名、商业秘密、计算机软件保护等。在种种知识产权问题中，与特许经营关系最密切、最主要的，还是商标、与商标有关的企业名称、域名及商业秘密。

三、技术服务

（一）技术服务的概念

技术服务亦称技术协助，是国际上广泛采用的一种技术转让方式。它是指雇主与服务方之间签订技术服务合同，由服务方凭借自己丰富的技术、知识与经验为雇主提供有偿服务，以解决生产中的某个技术难题。技术服务的范围和内容相当广泛，包括产品开发、成果推广、技术改造、工程建设、科技管理等方面，大到大型工程项目的工程设计、可行性研究，小到对某个设备的改进和产品质量的控制等。企业利用"外脑"或外部智囊机构，帮助解决企业发展中的重要技术问题，可弥补自身技术力量的不足，减少失误，加速发展。

（二）技术服务的内容

技术服务的内容包括咨询服务和工程服务两部分。

1. 咨询服务

咨询服务的范围很广，灵活性也很大。小范围可以搞单项专题的调查研究或技术方案，大范围可以搞整个工程项目的技术指导或质量监督。

2. 工程服务

工程服务的内容包括工程项目设计、设备器材的供应以及提供工程建设和生产指导等。

此外，技术服务还包括人员培训、销售服务以及管理咨询服务等。由此可见，技术服务与许可贸易不同，它不涉及技术使用权的转让，而是技术的服务方用自己的技术知识和智力为受方完成一定的任务，雇主接受工作成果，并付给服务费。由于技术服务的目的是为了解决技术难题，因此其内容往往比较单一，通常仅为生产中的某个方面，而不是生产产品所需要的、比较完整的、全部的技术知识。技术服务可利用服务方较丰富的技术知识、经验和技术手段，使需求方既快又省地建立起生产设施，并有效地进行生产和开辟销售市场。作为技术贸易的一种手段，许可贸易、技术服务等技术转让方既可单独运用，也可以与贸易和其他经济合作途径，如与直接投资、合作生产、工程承包、补偿贸易、购买机器设备等结合起来运用，或通过与上述几种途径构成一揽子交易来进行。从当前技术贸易的实际情况来看，这种综合性的技术转让方式十分常见。采用这些综合方式，技术引进方在获得技术的同时，还能得到与使用技术有关的其他生产要素，从而促进技术配套引进，使引进项目更好地发挥效益。对技术输出方来说，技术输出可以带动资本的输出和设备、原材料、零部件等产品的出口，并可以利用具有优势的生产要素获得更大的经济效益。

（三）技术服务与许可贸易的区别

（1）许可贸易是以技术成果为交易对象的，而技术服务则是以技术性劳务为交易对象的。

（2）许可贸易的技术供方所提供的技术是被其垄断的、新的独特的技术，这些技术属于知识产权或专有技术。而在技术服务和咨询中，服务方所提供的技术多是一般技术，即知识产权和专有技术以外的技术。

在国际技术贸易实践中，许可贸易特别是专有技术许可中常含有技术服务和咨询（如设备安装调试、人员培训）的内容。而在技术服务活动中，也有提供服务的供方以其专利或专有技术完成其服务任务的。

许可贸易与技术咨询服务是国际技术贸易两种基本的贸易方式，其他技术贸易形式一般都是这两种方式在特殊情况下的运用或是包含了这两种方式。

四、合作生产

对于合作生产，我们有多种不同的理解。从国际技术贸易的角度来看，合作生产是指分属不同国家的企业根据他们签订的合同，由一方提供有关生产技术或各方提供不同的有关生产技术，共同生产某种合同产品，并在生产过程中实现国际技术转让的一种经济合作方式。

合作生产中的一方或各方拥有生产某种合同产品的特别技术，在合作生产过程中通过单向许可或双向交叉许可的方式，可能再辅以一定的技术服务咨询，从而实现国际技术转让。

合作生产作为一种国际技术贸易方式，并不是独立的、基本的技术贸易方式，实际上只不过是建立在各方合作生产目的之上的许可贸易和技术服务咨询而已。这种技术贸易的目的与单纯的技术贸易不同，它是为各方的合作生产服务的。

五、含有知识产权和专有技术转让的设备买卖

在国际贸易实际业务中,在购买设备特别是关键设备时,有时也会含有知识产权或专有技术的转让内容。这种设备买卖也属于技术贸易的一种方式。但是,单纯的设备买卖,即不含有知识产权和专有技术许可的设备买卖,属于普通商品贸易,而不是技术贸易。

含有知识产权和专有技术转让的设备买卖,其交易标的包含了两方面的内容:一是硬件技术,即设备本身;二是软件技术,即设备中所含有的或与设备有关的技术知识。这些技术知识又分为两部分:一部分属于一般的技术知识,另一部分是专利技术和专有技术。这种设备的成交价格中不仅包括设备的生产成本和预得利润,而且也包括有关的专利或专有技术的价值。这种设备的买卖合同中含有专利和专有技术许可条款以及技术服务和咨询条款。

这种方式的技术转让在发达国家与发展中国家的技术贸易中占有相当大的比重。它也常用于工程承包中。

除上述五种情形外,许可贸易的做法还常出现在补偿贸易中,一方提供的设备中含有专利或专有技术,该方以设备出口和技术许可的综合方式向对方提供技术设备,对方以该项设备生产的产品或其他产品补偿其技术和设备的价款。许可贸易的做法也常出现在合资经营方式中,或拥有专利和专有技术的一方直接转让其技术,实行技术作价入股;或经过许可方式获得他人专利或专有技术使用权的一方,经技术产权方的允许后,以分许可的方式向合资企业进行技术再转让。

第三节　国际技术贸易合同

国际技术贸易合同是分属两国的当事双方就实现技术转让这一目的而缔结的规定双方权利义务关系的法律文件。它的形式往往是与国际技术贸易方式相对应的,如许可合同、技术服务和咨询合同、合作生产合同、设备合同等。其中,许可合同是最基本、最典型、最普遍的一种形式,技术服务和咨询合同也比较典型。因此,这里仅介绍这两种合同形式。

一、许可合同

(一)许可合同的概念和特点

许可合同或称许可协议,是指供受双方为实现专利技术、商标或专有技术使用权转让为特定目标而规定双方权利和义务的法律文件。其特点是:持续时间较长,合同的结构和内容比较复杂和广泛。

(二)许可合同的主要内容

许可贸易由于项目、内容和引进方式的不同,每个技术许可合同的条款也不尽相同,因此,应根据实际情况合理拟订。然而,不管形式如何变化,许可贸易合同中的基本条款还是大同小异。

由于许可合同的类型不同,其合同条款及其内容有相同的部分,也有特殊的部分。各种许可合同共同性的条款及内容有以下几方面:

（1）合同名称和编号。合同名称要确切地反映合同的内容、性质和特征如"××专利许可合同"。合同编号是识别合同的特定符号，它反映出许可方的国别、被许可方的名称和部门及签约年份等。

（2）签约时间和地点。签约时间是双方正式签字日期，签约地点往往与签约时间相联系。签约时间和地点往往涉及合同的生效、法律的适用及纳税等问题。

（3）当事人的法定名称和地址。当事人的法定名称和地址是有关通信联络不可缺少的，也是双方发生争议、确定法院管辖权和适用法的依据之一。

（4）鉴于条款，常用"鉴于……"语句。它是叙述性条款，用以说明当事人双方的背景、立约意愿和目的。其中，要特别讲明许可方对技术或权利拥有的合法性及被许可方接受技术的经验和能力。

（5）定义条款。定义条款是为了使合同内容清楚、言简意赅，常对以下词语进行定义：与合同标的有关的重要名词和术语，对各国法律或惯例有不同理解或易产生歧义的重要名词和术语，重要的专业性技术术语，合同中多次出现、需加以简化的名词和术语等。应注意所下定义的名词和术语在同一合同各条款出现时，含义应完全一致。

（6）转让技术的内容和范围。这是整个合同的核心部分，是确认双方权利和义务的基础。它主要规定具体的技术名称、规格，要求达到的性能和技术指标；转让的方式（包括合同产品设计资料、生产技术资料的范围和内容）；供方在技术培训和技术服务方面应承担的责任和义务，具体培训的人数、方式，技术服务的范围及待遇条件，要达到的目标；受方可以使用技术制造、销售和出口许可产品的地区；商标的使用办法，等等。

（7）技术改进和发展的交换。在合同期限内，供受两方都有可能对原转让的技术做出某种新的改进或发展。一般来说，改进和发展的技术的所有权应归做出改进和发展的一方所有。双方均应承担不断交换这种改进和发展了的技术的义务。对这种改进或发展了的技术的交换办法，应在合同中明确规定。通常将规定许可方向被许可方提供改进和发展技术的条款称为"继续提供技术援助条款"，将被许可方向许可方提供改进和发展技术的条款称为费用互惠、交换期限一致条款。

（8）技术文件的交付。该条款包括技术文件交付的时间、地点和方式，对技术资料包装的要求，技术文件短损的补救办法，技术文件使用文字和技术参数的度量衡制度等内容。

（9）技术价格与支付。技术价格是指技术受方为取得技术使用权所愿支付的、供方可以接受的技术使用费的货币表现。与有形商品定价不同，技术定价是一个复杂的问题，其高低取决于多种因素，主要有供方为完成交易所垫支的直接费用；供方所预期的利润；技术的生命周期和技术所处的周期阶段；供方所提供的技术服务量；技术使用的目的和范围；供方对受方授权的程度，供方对技术的担保和受方接受能力；技术供求状况；技术的经济效益；受方国家政治环境和对产权保护状况，等等。

技术价款的支付办法也与有形商品不同，技术使用费的支付方式有如下三种：

① 一次总算。一次总算是指把技术转让的一切费用，包括技术使用费、资料费、专家费、培训费等，都在订约时一次总算，按预期效益确定，一次性支付或分批支付。

② 提成支付。提成支付是指在转让技术时，先不作价，等待将来生产后，再按年产量、年产值、销售额或利润，逐年提取一定比例的提成费，作为转让技术的代价。

③ 一次总付与提成费相结合。这种方式是指在达成协议后，先总付一笔入门费，或称初付费，以后再按规定支付提成费。这是国际上使用较多的一种方法。采用提成支付时，必须确定

提成基础与提成率。

（10）保证。该条款主要是为维护被许可方的利益，加强许可方的责任。它包括权利保证和技术保证两项内容。权利保证主要是指许可方应保证其是所转让技术的合法持有者，并有权进行技术转让。这种转让在合同规定的地域内没有侵犯任何第三方的权利。技术保证是指供方保证按合同规定提供技术，其提供的技术是安全实用的，可以生产出合格的合同产品。在保证条款中，主要规定技术保证的内容。权利保证则主要在鉴于条款、侵权等条款中加以规定。

（11）其他条款。除上述条款外，许可合同中还有索赔、不可抗力、税费、法律的适用和争议的解决、合同期限、文字及签字、合同附件等条款和内容。这些内容与一般商品买卖合同大同小异。

（三）许可合同中的特殊条款

各种许可合同中的特殊条款是根据合同标的具体特点所规定的条款。

1. 专利许可合同的特殊条款

专利许可合同的特殊条款包括专利条款、专利保持有效条款等。

（1）专利条款。该条款要明确所转让专利技术的法律状态，列出专利号、专利申请国别、申请时间和有效期限。若属正在申请的专利，则要在合同中订明将来双方的权利义务如何随申请结果而变化，等等。

（2）专利保持有效条款。多数国家规定，专利权人必须按年交纳年费才能维持专利权的有效。因此，在合同中一般应规定：许可方有义务依法交纳年费以维持所转让专利的有效性；若因未交纳年费而导致专利失效，则合同将因此而解除。在专利许可合同中还应列有规定专利标记的使用、侵权及其处理条款，等等。

2. 商标许可合同的特殊条款

商标许可合同的特殊条款主要有：商标内容和特征、商标的合法性和有效性、受方使用商标的形式、对商标标志的管理、关于产品质量监督权等。

3. 专有技术许可合同的特殊条款

专有技术许可合同的特殊条款主要有初期保密协议、保密条款和考核验收条款。

（1）初期保密协议，主要是在进行技术谈判时双方所达成的保密协议，保证在技术贸易合同未达成的情况下，受方有义务在一定期限内，对从供方那里获得的一切技术秘密予以保密。

（2）保密条款，是在双方达成交易，订入合同中的关于保密责任、措施等规定。

（3）考核验收条款。技术贸易的"交货"过程，实际上是供方向受方传递和传授技术知识、经验和技能的过程。其中，除移交技术资料外，更主要的是靠言传身教的形式向受方"交货"。"交货"是否完成，所交之"货"是否符合合同要求，这些问题在技术贸易中只能用考核合同产品的办法来解决。因此，在考核验收条款中，必须订明以下主要内容：考核验收的产品型号、规格、数量，考核验收的内容、标准、方法、次数，考核验收的地点、时间，所用关键专用测试仪器及设备的提供，双方参加考核验收人员的安排和责任，考核费用的负担，考核结果的处理，考核不合格的责任归属，经济、法律责任归属，等等。

（四）许可合同中的限制性条款

许可合同中的限制性条款是指许可方在技术转让合同中，对被许可方在实施和发展有关技术等方面加以各种限制而强加给被许可方的条款。如前所述，技术贸易的特点之一是交易双方既有合作关系，又存在着双方利益冲突的矛盾。许可方为了防止被许可方日后成为其竞争对手，总是千方百计地利用自己拥有技术的优势，强迫被许可方接受某些限制条款，以保持其技术垄断地位。但这些限制性条款违反了合同双方平等互利的原则，损害了被许可方的利益，是一种不合理的限制性商业行为。因此，许多发展中国家都在本国有关技术引进法律和条例中规定禁止接受这种限制性条款。联合国在制定《国际技术转让行动守则》（草案）时，也规定了不应订入技术转让合同中的14种限制性条款。1985年5月24日，国务院颁布的《中华人民共和国技术引进合同管理条例》亦有关于合同不得含有9条限制性条款的条文。

我国在对技术引进的管理中，为维护我方利益，根据我国实践经验并参考一些国家的立法，规定引进合同中不得含有下列不合理的限制性条款：

（1）要求受方接受同技术引进无关的附带条件，包括购买不需要的技术、技术服务、原材料、设备或产品。

（2）限制受方自由选择从不同来源购买原材料、零部件或设备。

（3）限制受方发展和改进所引进的技术。

（4）限制受方从其他来源获得类似技术或与供方竞争的同类技术。

（5）双方交换改进技术的条件不对等。

（6）限制受方利用引进的技术生产产品的数量、品种或销售价格。

（7）不合理地限制受方的销售渠道或出口市场。

（8）禁止受方在合同期满后，继续使用引进的技术。

（9）要求受方为不使用的或失效的专利支付报酬或承担义务。

二、技术服务和咨询合同

技术服务和咨询也是国际技术贸易实践中常用的一种技术贸易方式，由于其内容、范围和形式相当广泛，故其合同的内容也不尽相同。但一般来说，技术服务和咨询合同主要包括以下几个方面的内容：

（1）合同的标的。主要订明合同的项目名称、服务内容和最终要解决的问题，或要达到的技术要求。

（2）服务的要求及形式。在该条款中，应订明服务方派遣技术人员的人次、等级、资历、工作进度、工作地点和待遇条件，委托方接受培训人员的数量、资格、培训时间、地点、方式和待遇条件，服务方提供资料或报告的时间、地点和方式，以及完成技术服务和咨询的时限。

（3）双方的责任。委托方要如实介绍情况，为服务方实地考察提供方便；按规定支付技术服务咨询费；按时接受对方的工作成果。服务方要尽最大努力为对方服务，及时提出报告，适时解答对方提出的问题，为对方保密，等等。

（4）咨询报告的验收和处理。若属咨询性服务，则在咨询报告期限完了以后一定时间内，服务方要提供咨询报告，双方举行答辩会，由服务方解答委托方提出的问题或质疑。若发现报告中有数据差错或其他问题，应规定纠正的期限，并确定验收报告的最终期限。

（5）其他条款。如技术服务和咨询的计价和支付，违约及其处理，关于工程设计、产品开发等技术服务合同的保证和担保等，都要在合同中订明。

三、合作生产合同的主要内容

合作生产的方式不同,其内容也会有区别。合同的内容应该根据合作生产的方式确定,其主要内容如下:

(1) 定义。对合同中使用的关键名做出定义,如基本合同、制造单位、最终用户、合作产品、技术服务、技术合作等术语。

(2) 合同的范围。说明合同生产的性质、方式和内容,如具体说明供方向受方制造单位提供的专利技术和专有技术,以及机器设备、仪器和工具等;说明双方合作生产产品的名称、规格和最终用户或销售方法等。

(3) 双方的责任和义务。双方分工明确,责任清楚,如受方保证按规定制造合同产品,按期向用户交货,并按时向供方支付技术服务费和机器设备、配套件、仪器、工具的价款;供方保证按期向受方提供技术资料、设备、配套件、仪器和工具等,并对产品的设计负责。

(4) 技术服务。合作生产的技术服务形式主要是技术培训。规定技术培训的方式,供方技术指导人员的责任、培训内容和指导人员的生活待遇等。

(5) 技术资料和设备的交付。规定技术资料交付的时间、地点、方式、包装和包装标志等,规定机器设备、配套件、仪器、工具等支付的时间、地点、运输方式等。交付时间以陆运运单或海运运单的日期作为实际交货的日期。

(6) 计价和支付。计价内容包括实物(设备、仪器、工具等)和技术服务两部分,实物部分按一般商品买卖计价和支付;技术服务部分包括供方提供的专利技术和专有技术以及技术培训,受方需要支付的技术使用费和培训费。

(7) 销售合作。由于产品是合作生产的,双方应共同承担质量担保的责任,应明确合同产品的接收条件,包括产品向用户交货的质量担保。如果合同产品在保证期内出现质量问题,经鉴定属某一方的责任,就应由该方向用户进行补救和赔偿。

合作生产一般是为用户制造合同产品或向市场销售合同产品。合作产品向市场销售时,应明确销售范围。例如,在受方国家或供方国家销售,在双方国家销售,或投放国际市场,合同中还应明确产品销售价格的确定方法和产品所使用的商标。

合作生产合同除上述条款外,还要订立仲裁、不可抗力、合同生效和终止等其他有关条款。根据需要,有时还要订立专有技术保密条款和税费条款。

本章小结

在当今世界,科学技术迅速发展,但各国的发展是不平衡的,因此,要加速经济发展,必须进行国际科学技术交流。国际技术贸易是各国进行经济技术合作的一种重要方式。第二次世界大战后,由于新科技革命的推动,新技术、新产品层出不穷,技术在经济发展中的地位日益重要,而世界上不同的国家在技术上所占的优势又存在着差异,这是推动国际技术贸易迅速发展的主要原因。

本章主要介绍了技术和技术贸易,国际技术贸易的内容、特点和作用;着重介绍了开展国际技术贸易的几种主要方式,介绍了几种许可协议的种类,以及许可合同的主要内容和限制性条款。

基本概念

技术　国际技术贸易　许可证贸易　特许经营　技术服务与咨询　综合型技术贸易

模拟测试

一、名词解释

优先权原则　技术标准　机会成本　托收

二、单项选择题

1. 知识产权是一种（　　）的权利。
   A. 无形　　　　B. 非排他性　　　　C. 公有　　　　D. 非独占性
2. 技术对一国的经济增长能起到很大的作用。我国技术进口至今已有（　　）多年的历史。
   A. 80　　　　B. 70　　　　C. 60　　　　D. 50
3. "丰田""海尔"是（　　）商标。
   A. 证明　　　　B. 等级　　　　C. 制造　　　　D. 文字
4. 商务谈判的中心是对（　　）进行磋商。
   A. 质量　　　　B. 价格　　　　C. 利润　　　　D. 知识产权保护
5. 委托方和受托方，这种称呼主要用于（　　）。
   A. 权利的转让　　　　　　　　　　B. 技术业务与技术咨询业务及相关合同
   C. 工业产权技术的许可合同　　　　D. 专有技术转让合同
6. 专利权以技术发明为（　　）。
   A. 前提　　　　B. 对象　　　　C. 目标　　　　D. 基础
7. 商标权是一种（　　）。
   A. 专用权　　　　B. 地域权　　　　C. 使用权　　　　D. 合法权
8. 下列属于我国禁止出口的技术是（　　）。
   A. 我国特有的传统工艺和专有技术
   B. 在国际上具有首创或者领先水平的技术
   C. 对外承担不出口义务的引进技术
   D. 出口后将给我国对外贸易带来不利影响的技术
9. 许可方和被许可方，这种提法多适用于（　　）。
   A. 权利的转让　　　　　　　　　　B. 技术与咨询服务及相关合同
   C. 工业产权技术的许可合同　　　　D. 专有技术转让合同
10. 我国（　　）年正式成为《保护工业产权巴黎公约》的成员国。
    A. 1985　　　　B. 1899　　　　C. 1949　　　　D. 2001

三、多项选择题

1. 技术的特点包括（　　）。
   A. 技术是无形的知识　　　　　　　B. 技术是间接的生产力

C. 技术是直接的生产力　　　　　D. 技术是一种特殊的商品
E. 技术是一种一般商品

2. 国际通行规则适用以下情况，即（　　）。
A. 地区性适用　　B. 选择性适用　　C. 强制性适用
D. 规定性适用　　E. 限制性适用

3. 对可能的技术许可方调查的内容有（　　）。
A. 企业状况　　B. 技术特长　　C. 资信状况
D. 转让技术的态度　E. 有关技术的市场供求

4. 《伯尔尼公约》保护的作品包括（　　）。
A. 文学　　B. 科学　　C. 艺术
D. 电影　　E. 摄影

5. 许可使用权的内容包括（　　）。
A. 软件复制　　B. 展示　　C. 发行
D. 修改　　E. 注释

6. 不可抗力的法律条件有（　　）。
A. 不可预见性，签订合同时无法预见
B. 不可避免性，非当事人可以设法避免
C. 免除责任性，遭遇不可抗力的当事人可免除责任
D. 不可克服性，当事人虽尽最大努力仍无法克服
E. 履行期间性，必须是在合同签订之后发生的

7. 发展中国家发展技术出口的出发点有（　　）。
A. 促进本国科学技术水平的提高
B. 以技术出口保证原材料的供应来源
C. 增加外汇收入
D. 发展技术出口带动商品出口，发挥技术出口的连锁效应
E. 扩大本国商品在世界市场上的占有率

8. 下列做法是解决双重征税的方法的有（　　）。
A. 自然抵免　　B. 申请抵免　　C. 最低限额抵免
D. 费用叠加法　E. 最高限额抵免

9. 对外经营公司的准备工作有（　　）。
A. 编制项目建议书　　B. 报批、评估与决策　　C. 委托代理
D. 对拟引进技术的了解与选择　E. 对可能的技术供方的调查了解

10. 正式、完整的询价书通常包括（　　）。
A. 询价方法　　B. 基本情况介绍　　C. 技术条件要求
D. 商务条件要求　E. 询价员要求

四、简答题

1. 简述限制性商业惯例的特点。
2. 专利权的特点是什么？
3. 单纯技术贸易合同的主要类型有哪些？

4. 简述技术引进合同履行的特点。

五、案例分析题

2004年7月,我国南方某制药厂(以下简称受让方)与美国某制药有限公司(以下简称转让方)签订了一份技术许可合同。合同中规定:转让方向受让方提供生产某一系列品种西药的配套技术,受让方从生产这一系列药品的净销售额中提取10%作为向转让方支付的技术使用费。合同生效之后,双方履行合约顺利,产品在国内国际市场均打开了销路。但是,关于受让方向转让方支付技术转让费出现了争议。按受让方对合同的理解,合同中所说的"产品净销售额"是指产品销售总额扣除掉销售退回、销售折让、包装费、运输费、保险费、销售费用以及税金后的余额;而转让方则称,合同认定的"产品净销售额"是指产品销售总额扣减掉销售退回和销售折让后的余额。双方对"产品销售净额"这一关键概念理解的争议导致双方对技术使用费的计算结果相去甚远。按受让方所理解的含义,其产品销售净额为500万美元,应支付转让方50万美元的使用费;而按转让方所下的定义,受让方的产品净销售额应为600万美元,受让方应支付的技术使用费应为60万美元。双方各持己见,为争议的10万美元进行了多次谈判交涉后,最终采用折中的办法,签订了和解协议。受让方向转让方支付55万美元,并在提成期限的余下年度中也按此方法支付技术使用费,即采用双方因对"产品净销售额"不同理解而算出的不同数额技术使用费的中间数。

请结合许可合同的内容分析此案中双方出现争议的原因。

第十三章 跨境电子商务

【学习目标】

了解电子商务的概念、分类、特点以及发展层次,理解跨境电子商务的概念和分类,了解跨境电子商务发展状况和影响中国跨境电子商务发展的因素。

【案例导入】

近年来,在进出口增幅显著下降的大背景下,我国跨境电商却以年平均40%的幅度增速迅猛。面对这一依托互联网时代崛起而诞生和发展的全新外贸业态,如何顺势而为,找准执法监管的切入点,是检验检疫跨境电商监管部门面临的新课题。最近发生的一宗职业打假人起诉跨境电商商品无中文标签被法院驳回的案例,或许能给予我们一些有益的启示。

案例场景:2015年中旬,熊某通过跨境电商平台购买了荷兰某品牌的奶粉9罐,发现所有产品包装均无中文标签说明,就此认为电商违反了我国食品安全法第六十六条,预包装食品没有中文标签不得进口的规定。熊某要求电商退回购买奶粉货款1887元,并要求电商负责10倍赔偿,即人民币18 870元。协调未果,遂向法院提起了诉讼。

案例结果:法院审理认为,跨境电子商务是一种新型的国际贸易方式,与传统的进出口贸易有重大区别。其一,消费者在订购时应当向跨境电商公司提供完整、准确的个人信息;其二,跨境电商实际发生的商品进关入境环节中是以网购订单、支付单和快递单上的消费者本人名义进行通关申报;其三,商品通关的性质是消费者个人行邮物品,而不是贸易商品。据此,法院认为该案的核心要素是电商公司以熊某的名义和费用来处理进口事务,即熊某与电商公司之间成立的是委托合同关系,而非买卖合同关系。电商公司出售的是服务,而非商品本身,亦不承担相关法律销售者的法律责任。且熊某未证明因电商的过错造成了自己的损失。故法院判决驳回原告熊某的诉讼请求。

第一节 电子商务的概念与分类

一、电子商务的概念

对于电子商务的概念,目前无论IT行业还是商业界都没有一个完整统一的定义。然而,在电子商务发展的背后,应该看到的是,全球电子信息技术的发展,特别是国际互联网(internet)的发展日新月异,全球商务活动受到新兴电子信息技术的影响,已经使人们的商务活动实实在在地迈向了信息时代。

"电子商务"(英文名称曾经出现过Electronic Commerce,E-Commerce,Internet Commerce,Digital Commerce等,目前在国外有新的趋势将电子商务统称为Electronic Business)从IT企业的广告用语,到学术界热衷的新研究领域,人们无不关心自己的企业在未来国际商业运作中应扮演什么角色。

（一）技术角度的定义

为了正确理解电子商务，先从技术角度给"电子商务"下一个简要的定义。

所谓"电子商务"，就是通过电子信息技术、网络互联技术和现代通信技术，使交易涉及的各方当事人借助电子方式联系，而无需依靠纸面文件、单据的传输，实现整个交易过程的电子化。

然而，电子商务绝对不能仅仅被理解成为技术问题。技术的进步固然为商业的发展和转型创造了条件，但新兴的现代信息技术，只有靠商业领域的实施才能发挥应有的作用。特别是每次技术的突破都会带来巨大的商机。电子商务已经突破了技术屏障，应该更多地从商业运作和商业转型的角度来考察。

（二）商业角度的定义

电子商务系统包含三个关键组成要素：信息网，提供电子商务参与各方之间的信息传送与处理功能；金融网，提供交易各方在线或离线的支付功能；运输网，当商品是实体时，将其从一方传递到另一方。电子商务是一个以信息网为载体的信息流，以金融网为载体的资金流和以运输网为载体的实物流所构成的有机整体。

从国内外的相关资料中不难发现，在国际商务的实践中，通常人们从以下两个方面来理解电子商务：

1. 狭义的电子商务

首先电子商务就是互联网上在线销售式电子商务。例如，有的学者（Kalakota，Whinston 1996）将电子商务定义为"通过现今或将来的以国际互联网为基础的电脑网络买卖信息、产品和服务"。这是从相对狭义的角度理解电子商务的。从这个意义上讲，电子商务意味着通过互联网络上的"商店"所从事的在线产品和劳务的买卖活动。交易内容可以是有形的产品和劳务，如：二手汽车、书籍、日用消费品，以及像安排旅游、在线医疗咨询、远程教学等劳务活动。另外，像一些无形产品也包括在以此方式所进行的交易中。实际上，这类无形产品的在线交易一直在不断增长，如新闻、音像产品的提供、数据库、软件和所有各种类型的知识产品。

2. 广义的电子商务

电子商务是运用现代电子信息技术以整个全球市场为基础的商务活动。这是从广义上来理解的电子商务。例如，Kalakota 和 Whinston 在后来出版的书中逐步将电子商务的概念广义化。他们认为，电子商务的外延是非常广泛的，从不同的角度来看待电子商务会有不同的定义。基本上，我们可以从以下四个角度来理解电子商务：

（1）从通信角度理解，电子商务就是通过电话、电信、网络或者其他途径传递信息、产品、服务和进行支付。

（2）从商务角度理解，电子商务就是使商务交易的业务流程自动化。

（3）从服务角度理解，电子商务就是在改进产品质量、提高服务效率的同时，减少服务成本。

（4）从在线（online）角度理解，电子商务就是具有通过国际互联网和其他在线服务买卖产品和信息的能力。

著名学者 Valadimir Zwass 将电子商务定义为："运用电信网络工具共享商业信息、保持商业关系和达成商业交易。"由此可见,在这里,电子商务是泛指一切与数字化处理有关的商务活动。它不仅仅是商品或劳务通过网络进行的买卖活动,还涉及传统市场的方方面面。除了在网络上寻求消费者,企业还通过计算机网络与供应商、结算服务机构、政府机构建立业务联系。企业甚至通过收发和管理电子邮件与客户建立了虚拟沟通的渠道,取得企业的竞争优势。

对电子商务的全面、透彻的理解,有助于企业在当今网络时代正确采取与企业经营战略接轨的电子商务实施步骤和实施手段。而实际上,从全社会发展的角度出发,人们经常会忽略这样一个事实:已经开展了网上商务的企业,会对其他企业起到示范的作用。其连锁反应是,其他企业领悟到电子商务的好处,又会带动更多的企业。这就会使整个社会所进行的电子商务活动逐步从"点"扩大到"面",进而会影响那些尚未从事电子商务的企业改变经营方式。这样,电子商务会使整个商务活动,从产品生产、产品促销、交易磋商、合同订立、产品分拨、货款结算、售后服务等产生划时代意义的变化。而恰恰就是这样的发展趋势和发展前景,使每个企业对于电子商务的发展都不得漠视。企业在探索有效的电子商务实施方案中,更多的是向前看,而不是追求急功近利的网上利润。

鉴于对电子商务有不同层次的理解,电子商务应该是现代信息技术(information technology,IT)在商业领域内不同层次和不同程度的应用。从动态角度理解,电子商务是以信息技术服务为支撑的全球商务活动的动态发展过程。同时,也可认为它是以现代信息技术特别是网络互联技术作为推动的跨越时空界限的商业领域的一场革命。

尽管目前许多企业并未实现全部交易的电子化和商务过程的所谓网络数字化,但是伴随着信息技术及其商业应用水平的不断提高,企业与消费者之间的电子商务实践的发展,企业内部(如生产制造、库存管理、财务管理及业务操作等活动)和企业间(如原料供应管理、投标等活动)的电子商务实践,受同样的技术的影响,会得到迅速的发展,甚至这种商业变革会最终影响政府职能、教育、社会等各个侧面的变革。可见,这里介绍的电子商务的具体范围,包括按以下方式所进行的交易或商务活动:

(1)通过国际互联网(internet)进行的任何与商务有关的活动。

(2)通过增值网络(value-added networks,VANs)进行的电子交易,如电子数据交换(electronic data interchange,EDI)。

(3)通过电子公告牌(bulletin board systems,BBSs)进行的采购交易。

(4)企业在线式服务(online services)。

(5)通过连接企业计算机网络发生的各种商务活动等。

上述活动包括:企业内部信息网络的建立与应用、电子邮件往来、互联网浏览和信息搜集、网站的建立,以及网上交易系统等。至于通过以下传统方式进行的交易,如纸制信函、电话、电传、传真、电视购物、邮购等,就不属于电子商务的研究范畴。但是,如果该交易或商务活动的一部分涉及企业与外部计算机网络,如国际互联网的连接和信息传递,那么该项交易或商务活动就属于电子商务的范畴。

二、电子商务的分类

电子商务可以根据不同商务活动群体的业务性质分成以下几类:

(一)商业机构对商业机构的电子商务

商业机构对商业机构(business-to-business,B2B)的电子商务是指企业与企业之间进行的电子商务活动。例如，工商企业利用计算机网络向它的供应商进行采购，或利用计算机网络进行付款等。这一类电子商务已经存在多年，特别是企业通过增值计算机网络采用EDI（电子数据交换）方式所进行的商务活动。

EDI（电子数据交换）是一种在公司之间传输订单、发票等作业文件的电子化手段。EDI系统软件的构成主要包括：转换软件、翻译软件、通信软件。它通过计算机通信网络将贸易、运输、保险、银行和海关等行业信息，用一种国际公认的标准格式，实现各有关部门或企业与企业之间的数据交换与处理，并完成以贸易为中心的全部过程。它是20世纪80年代发展起来的一种新颖的电子化贸易工具，是计算机、通信和现代管理技术相结合的产物。国际标准化组织（ISO）将EDI描述成"将贸易（商业）或行政事务处理按照一个共认的标准变成结构化的事务处理或信息数据格式，从计算机到计算机的电子传输"。该技术支持计算机系统之间信息的直接交换。因此，可以最大限度地减少甚至消除人为因素的介入和信息录入工作。

EDI在商业领域内的应用比人们当初所预料的要慢得多。据报道，目前在北美仅有几万家企业实施了EDI系统，在欧洲也是这个数字。阻碍EDI发展的主要原因是EDI被认为太复杂，企业很难将其付诸实践。由于EDI需要所涉及的企业遵循一套大家公认的规则或商业单据标准。联合国制定了一套商业EDI的标准，但是在具体的实施过程中，关于标准问题，行业内以及行业间的协调工作举步艰难，因此，真正商业伙伴之间的EDI并未广泛开展。

但是，商业机构对商业机构的电子商务从未来的发展看仍将是电子商务的主流。商业机构之间的交易和商业机构之间的商业合作是商业活动的主要方面，企业目前面临的激烈竞争也需要电子商务来改善竞争条件、建立竞争优势，企业在寻求自身发展的同时，不得不逐渐改善电子商务的运用环境。因此，从动态的角度看，商业机构对商业机构的电子商务必将有较大发展。

（二）商业机构对消费者的电子商务

商业机构对消费者（business-to-consumer，B2C）的电子商务，是指企业与消费者之间进行的电子商务活动。这类电子商务主要是借助于国际互联网所开展的在线式销售活动。随着国际互联网络的发展，这类电子商务的发展异军突起。例如，在国际互联网上目前已出现许多大型超级市场，所出售的产品一应俱全，从食品、饮料到电脑、汽车等，几乎包括了所有的消费品。

商业机构对消费者的电子商务是近年来各类电子商务中发展较快的一种。其主要原因是，国际互联网的发展为企业和消费者之间开辟了新的交易平台。随着全球上网人数的不断增加，国际互联网的使用者已经成为企业进行电子商务的主要对象。

从技术角度看，企业上网面对广大的消费者，并不要求双方使用统一标准的单据传递。在线式的零售和支付行为通常只涉及信用卡、电子货币或电子钱包。另外，国际互联网所提供的浏览功能和多媒体界面，使消费者更容易查找适合自己需要的产品，并能对产品有更深入的了解。

因此，开展商业机构对消费者的电子商务，障碍最少，应用潜力巨大。就目前的发展看，这类电子商务仍将持续发展，是推动其他类型电子商务活动的主要动力之一。

（三）商业机构对行政机构的电子商务

商业机构对行政机构（business-to-administrations，B2A）的电子商务，是指企业与政府机构之间进行的电子商务活动。例如，政府将采购的细节在国际互联网络上公布，通过网上竞价方式进行招标，企业也要通过电子的方式进行投标。

目前这种方式仍处于初期的试验阶段，但可能会发展很快，因为政府可以通过这种方式树立新的形象，通过示范作用促进电子商务的发展。除此之外，政府还可以通过这类电子商务实施对企业的行政事务管理，如政府用电子商务方式发放进出口许可证，开展统计工作，企业可以在网上办理交税和退税等。

政府在推动电子商务发展方面起着重要的作用。在美国，克林顿政府曾经决定对70%的联邦政府的公共采购实施电子化。在瑞典，政府已决定至少90%的公共采购将在网上公开进行。我国的金关工程就是要通过商业机构对行政机构的电子商务，如发放进出口许可证、出口退税、电子报关等，建立我国以外贸为龙头的电子商务框架，并促进我国各类电子商务活动的发展。

（四）消费者对行政机构的电子商务

消费者对行政机构（consumer-to-administrations，C2A）的电子商务，是指政府对个人的电子商务活动。这类电子商务活动目前还没有真正形成。然而，在个别发达国家，如在澳大利亚，政府的税务机构已经通过指定私营税务或财务会计事务所用的电子方式来为个人报税。这类活动虽然还没有达到真正的报税电子化，但是，它已经具备了消费者对行政机构电子商务的雏形。随着商业机构对消费者、商业机构对行政机构的电子商务的发展，政府将会对社会的个人实施更为全面的电子方式服务。政府各部门向社会纳税人提供的各种服务，如社会福利金的支付等，将来都会在网上进行。

第二节 跨境电子商务概述

一、跨境电子商务的基本含义和特征

（一）跨境电子商务的含义

对于跨境电子商务的概念，从其产生就没有一个统一的定义，众多学者、业界人士都从各自的角度提出了对跨境电子商务的认识。起初，跨境电子商务是作为一种新型贸易方式来对待的，指不同国家或地区的交易双方通过互联网或者快递等形式通关，将传统贸易中的展示、洽谈和成交环节数字化，实现产品的进出口的一种贸易模式。随着我国跨境电子商务的快速发展，交易规模不断扩大，信息流、资金流和物流的交汇更为频繁和复杂，"数额小、次数多、速度快"越来越成为一种趋势，而并非是简单的快递。因此，按照单件包裹邮寄的弊端也凸显，它对于整个供应链和各方协调性的要求更高，更趋于一种综合的商务行为。

跨境电子商务的概念又有所延伸，指不同国家或地区间的交易双方（个人或企业）通过互联网及其相关信息平台实现的各种商务活动，包括进口和出口两个层面的总和。与境内电子商务相比，跨境电子商务具备国际贸易的众多特征，如进出口环节中的通关、结算、运输、保险和支付以及安全风险等问题，但它又不完全是传统贸易的网上延伸。跨境电子商务得以展开的重要前提是互联网技术，它的无国界性和全球性特征，使通过网络方式进出任何一个国家都不会受到地域和时间上的限制，这也恰恰是跨境电商的强大生命力所在，处在不同地方的买卖双方可以在跨境电商平台上随时进行交易，只需借助先进的电子商务操作流程。跨境电子商务还将交易货品的范围大大拓展，不仅包括可移动的、具有实物形态的商品，还包括不动产和服务，这在一定程度上减轻了因信息不对称带来的阻碍。例如，国内的用户可以通过海外的在线平台进行海外房产等不动产的投资，商品交付则不必要求实物移动，可再通过网站交易出去。服务类贸易是最能体现跨境电商优越性的地方，买方完全可以通过网络购买到自己需要的服务，比如某种应用软件的升级服务，刚刚上映的影视大片，律师、咨询服务，卖方均可通过互联网传输，直接为客户提供优质服务，节省了大量的时间和人力物力消耗，提高了全球资源的有效利用，大大拓宽了贸易范围，将以前有些不大可能甚至不能够直接交易的产品和服务变得可以进行交易。

由上述定义可以看出，对于跨境电子商务的概念，也是随着跨境交易中产生的实际情况不断丰富的，也会得到更多学者的关注研究，跨境电子商务的内涵也会越来越深，支撑跨境贸易的进一步发展。

（二）跨境电子商务的特征

跨境电商是跨境电子商务的简称，是依托互联网发展起来的，也是互联网与贸易结合的新产物。其特征主要如下：

1. 全球性

受益于互联网技术的发展，电子商务使贸易不再受到地理空间的限制。企业可以运用互联网的无边界及开放性将本土的商品和服务推向全球，展开全方位、多层次、宽领域的跨境贸易。同时，通过网络媒介，消费者再也不必受国界的限制而对自己喜欢的商品望尘莫及或花费高昂成本远赴海外购买，买家只要轻轻点击鼠标进入互联网就可以轻松选购自己所需的产品。互联网将世界各国的买卖双方紧密联系在一起，让交易信息共享最大化。

2. 多边性

传统的贸易模式中主要涉及两个国家之间的双边贸易，而跨境电子商务使交易过程中的信息流、物流、资金流等由传统的双边模式逐渐向多边模式演进，新型的网状结构替代传统双边贸易的线状结构。跨境电商可通过甲国的交易平台、乙国的物流运输平台以及丙国的支付平台，实现其他国家间的直接贸易。

3. 无形性、无纸化

传统贸易从订购合同到买卖票据，通通是依靠书面完成的，是有形的商品买卖交易。而电子商务贸易的飞速发展大大促进了数字化产品和服务的进程。进行跨境电商的交易双方采取无纸化的方式进行贸易，取代了之前的一系列烦琐的纸面交易文件。买卖双方通过电子邮件和电子商务平台发送或接收买卖信息，不仅节约了资源而且使信息传递和货物买卖的效率大大提高。同时，跨境电商突破了以往的实物交易的传统模式，网络数据、音像视频等数字化商品和服务也进一步丰富了商品交易的种类。

4. 隐蔽性

在网络世界里，消费者可以根据需要隐蔽自己的真实身份和相关信息，网络全球化的发展让电子商务用户享有前所未有的交易自由，但要想识别用户身份和所在地理位置也变得难上加难。用户享有的自由远远大于所需承担的责任，更有甚者利用网络的信息不对称性逃避责任。事实上，即使在美国这种电子跨境贸易相对成熟的发达国家，利用网络逃避责任的问题也很突出，尤其是在纳税环节。在跨境电子商务交易中，交易人的身份及地理位置等信息难以获取。

相应地,税务机关也就无法对纳税人的交易情况和应纳税额进行核实,给相关监管和税务部门的审计和核实环节造成很大的麻烦。

5. 时效性

传统交易模式下,信息的发送、接收与交流方式均受到地理位置和通信技术的限制,两者间存在着一定的时间差。而对于跨国贸易来说,及时性至关重要,稍微错过时机,货币汇率就会发生变化,给交易带来巨大的损失。如今这种时间差带来的滞后性被电子商务完美地解决了。它打破了时空和距离的束缚,将信息迅速地从一方传递到另一方,几乎在一方发送完成之后另一方同时就能收到信息,而某些数字化产品的交易更是可以即时完成。加之跨境电商去除了两国批发商、代理商以及零售商的中介环节,实现了直接由一国生产商通过跨境电商平台到达另一国消费者的直接交易,减少了烦琐的贸易手续,更具时效性。

二、跨境电子商务的分类及运营流程

(一)跨境电子商务模式的分类

1. 以货物进出口方向划分

同传统贸易一样,跨境电子商务也有进口与出口之分。目前中国的跨境电子商务主要以出口为主。

(1)出口跨境电子商务。

出口跨境电子商务是国内生产厂商或企业通过跨境电商平台,将国内的产品卖给国际市场的买家。它是互联网时代企业对外出口的一种新模式。

(2)进口跨境电子商务。

顾名思义,进口跨境电子商务,就是国内消费者或企业通过跨境电商平台购入海外商品,实现跨国商品和服务交易的过程。

2. 以交易模式划分

(1)B2B平台。

B2B平台是电子商务的一种模式,即商业对商业,或者说是企业间电子商务营销关系。即企业与企业之间通过互联网进行产品、服务及信息的交换。代表网站有阿里巴巴、世界工厂网和中国制造网。其中,阿里巴巴是中国最大的B2B跨境电子商务网站,是目前中小企业首选的创业B2B平台,其用户基本都是"诚信通"用户,但因缺乏专业的运营能力,其业务推广很难取得成效。世界工厂网作为一个老牌的B2B电子商务网站,其经营模式与阿里巴巴有所不同,该网站用户以免费会员为主,网站依靠广告收入盈利。但联盟广告的过多投入,也造成了用户体验的下降。值得关注的是,世界工厂网拥有一批高素质的网络电商人才队伍,日后发展同样不可限量。中国制造网发展迅速,网站风格以干净明了、简单实用为导向,受到用户广泛好评。目前,该网站位列中国B2B网站的第三位,未来有进一步壮大的可能。

(2)B2C平台。

B2C是我国最早的电子商务模式。该模式下,零售商通过互联网,直接在线向消费者销售产品和服务。B2C的核心在于零售商将为消费者搭建一个新型的购物环境——网上商店以及一整套的网上交易系统。代表网站主要有:天猫、京东和凡客诚品等。

（3）C2C平台。

C2C即个人与个人的电子商务活动。C2C网站作为信息发布平台为买卖双方交易的达成提供服务。代表网站有：淘宝网、eBay以及一些二手商品的交易网站。

3. 以服务类型划分

（1）信息服务平台。

信息服务平台，顾名思义就是提供信息服务为主导的网络营销平台，可以为境内外会员商户提供有用商业信息，为双方促成交易提供从原料采购到商品供应等一系列的服务。代表企业主要包括阿里巴巴国际站、中国制造网和环球资源网等。

（2）在线交易平台。

在线交易平台不仅仅是提供多种信息服务的展示，还能够利用互联网的在线平台完成搜索、咨询、对比、下单、支付、物流、评价等一系列功能，最终形成一个系统的全球互联网购物平台。由于在线交易平台的模式功能全面，更能满足广大用户的要求，目前在线交易平台模式已经发展成为跨境电商的主流模式。代表企业有：敦煌网、米兰网、大龙网等国内外网站。

4. 以平台运营方式划分

（1）自营型平台。

自营型平台的运营方式是平台型电商通过自主构建线上网络交易平台，来整合供应商资源，通过较低的进价采购商品，然后以比较高的售价出售商品，以获得买卖之间的差价实现盈利的一种跨境电商模式。代表企业主要有：兰亭集势、米兰网、大龙网、FocalPrice等。

（2）第三方开放平台。

平台型电商通过互联网构建一个网络商城，作为第三方整合物流、支付、运营等服务资源，吸引商家入驻，从而为广大商家提供跨境电商交易流程中的一系列服务。同时，第三方开放平台以类似于现实生活中出租方的身份，以收取商家佣金以及增值服务佣金作为主要获利方式。代表企业主要有：敦煌网、阿里巴巴国际站、环球资源网等。

第三节 跨境电子商务发展状况

一、全球跨境电子商务发展状况

我国开展跨境电子商务，离不开国际电子商务发展的大环境。2013年，全世界1/3的人口成为互联网用户，有将近10亿的网购群体，全球B2C电子商务交易额达到1.3万亿美元，占全球零售总额的5%。

（一）世界各国发展基础存在差距

老牌发达国家处于领先地位，世界各国起步不同，差距比较明显。美国和欧盟地区电子商务规模占世界比重较大，2013年美国电子商务交易销售额为2630亿美元，欧盟电子商务交易销售额4352亿美元，其中英国1467亿美元，德国868亿美元，法国700亿美元，且均以很快的速度增长。亚洲的日本、新加坡也处于领先地位。其中，美国、欧盟、日本、新加坡等国处在第一梯队，电子商务基础雄厚，发展成效明显。而中国、俄罗斯、智利等国在跨境电商的政策环境、技术水平、应用层次和效果上已经处在潜力发展阶段。截止到2013年年底，中国电子商务交易额超过美国，达到3091亿美元，俄罗斯则为212亿美元。而像欧洲的其他国家，以及亚太地区的韩国，尚处在起步和完善追赶的过程之中。

（二）新兴国家市场增势明显

新兴国家市场快速增长，在增速上超过发达国家。欧洲地区电子商务增速排名前五的国家中，土耳其占75%，希腊占61%，乌克兰占41%，匈牙利占35%，罗马尼亚占33%。亚太地区的发展潜力巨大，韩国B2C电子商务占零售总额的比重已经达到6%，以旅游服务和时尚类服装为主。2012年，澳大利亚有超过80%的人口在运用互联网，超过一半的人口进行网上购物，预计年增速保持在19.8%左右。在印度，网络消费人口在2012年达到1.5亿人，且有3900万人在使用电子商务。2007到2011年，电子商务交易额增长率达到创纪录的54.6%，五年总交易规模达100亿美元，2012年单年交易规模就达40亿美元。拉丁美洲的电子商务交易规模也由2002年的16亿美元增加到2012年的430亿美元，仅巴西一国的交易金额就占据了拉丁美洲交易总额的59%。在非洲，电子商务市场同样开始快速发展。

（三）国际法律日趋完善

全球电子商务的法律环境日趋规范，跨境交易规则更加透明。长期以来，不同的国际组织和国家（地区）陆续推出涉及电子商务的协定和文件已达数百个，联合国国际贸易委员会也在WTO谈判面临困境的时候，于2010年着手起草"跨境电子商务交易网上争议解决程序规则"，目前已经取得明显成果。在电子商务法律基础方面，美国和欧盟等多个国家陆续签署颁布了电子签名法案，跨境电子商务开展具备了实施基础。各国电子商务立法的核心，主要都是围绕电子签名、电子合同和电子记录的法律效力展开的。

总体来说，这些国内法具有一些显著的特征：首先，立法迅速。在1995年之后短短的几年时间里，从俄罗斯的《联邦信息法》和美国犹他州的《数字签名法》开始，已经陆续有几十个国家、组织和地区制定了电子商务的相关法律或草案，不论是美、德等发达国家，还是马来西亚等发展中国家，反应都极为迅速。其中联合国贸易法委员会在这方面更是起到了模范带头作用，积极引导世界各国针对电子商务立法。其次，法律兼容。电子商务不仅让国与国的门户大开，也让各国从中获利，因此电子商务的立法就不能够抛开世界的因素，任何闭门造车和封闭式发展都是不可取的，更会严重阻挠电子商务及其相关产业的发展。因此，将国家间立法兼容性作为优先考虑的指标，显得极其珍贵和必要。这也是电子商务的立法往往是先有国际条约后才有国内法的根源所在，正如联合国贸易法委员会在其《电子签名统一规则指南》中就曾指出："电子商务内在的国际性要求建立统一的法律体系,而目前各国分别立法的现状可能会产生阻碍其发展的危险。"最后，法律制定的及时有力地推动了电子商务、信息化和其他关联产业的发展，成为跨境电商应运而生的保障。

二、中国发展跨境电子商务的重要性

（一）金融危机对我国外贸出口的冲击

2008年的金融危机使我国外贸出口面临极大的冲击，在全球经济复苏前景尚不明确的背景下，国外客户订单大量减少，传统的集装箱式贸易模式局限明显，很多传统外贸企业因此破产倒闭。相反，以"数额小、速度快"的订单模式开展的小额跨境电子商务却得到快速发展。美国次贷危机爆发以来，波及全球，导致全球经济严重衰退，欧美市场需求的严重萎缩使我国出口贸易严重受阻，但给跨境电子商务的发展带来了良好契机。为摆脱困境而通过电子商务开拓国际市场的企业越来越多，在经济低迷的情况下找到了转机，也正因为如此，则可以预见跨境电子商务的发展前景。早在2008年危机刚爆发的时候，我国跨境电子商务的份额还是很小，仅有8000亿元，而到了2013年，已经猛增到3.1万亿元。这期间，每年的进出口贸易规模的增幅较小。可见跨境电子商务在进出口中的作用越来越大，进出口贸易通过网上电商交易模式是可以取得转型的。

（二）贸易保护主义加剧

当前各国贸易保护主义有抬头趋势，各种非关税壁垒加大了各国之间的贸易难度，加剧了贸易摩擦。尤其是在西方国家失业率居高不下的环境下，大宗的贸易出口严重受阻，有些甚至遭受国外的反补贴和反倾销调查，外贸行业的风险因此加大。但跨境电商直接面对国外的消费者，即使是大量采购也没有达到传统进出口的规模，因此遭受政府的干扰相对较少，且小额的交易模式更容易摆脱贸易壁垒的制约。贸易保护的日益猖獗就会造成更多的贸易摩擦，贸易摩擦的结果使我国的出口环境变得更加恶劣，我们的利润空间被进一步压缩，我们的产品在东道国市场更容易遭受不正当干预。打破贸易壁垒，不仅需要国际各国之间通力合作，通过国际协定的方式减少国际间的贸易阻力，也需要一些新的手段和方式，开辟跨境电子商务这种新的商业模式就是一种很好的途径，它可以推动国际间的深度交融。在当前贸易保护盛行的背景下，跨境电子商务已经为我们解决一些棘手的贸易难题提供了重要参考。

（三）互联网技术的发展

互联网技术的日益推进，使世界之间的联系更为紧密，中国过去的那种粗放式发展模式已经不能适应时代的需求，依靠低廉的劳动力获取价格优势的代工生产模式也不可持续，中国急需转变外贸出口观念，积极寻求外贸出口结构升级。通过开展跨境电商交易，中国的产品可以直接销售到国外的消费者手中，中国企业完全有能力打破过去那种依赖国外进口商和分销渠道的出口模式，打造中国自己的品牌，保持我国外贸稳定持续增长。中国过去三十多年的高速增长是有着诸多背景的，巨大的人口红利，低廉的劳动成本，但这种模式是不可持续的，也不可能支撑中国将来的长期发展。中国要想保证经济的持续稳定繁荣，就有必要转变这种以牺牲环境为代价的发展，就有必要走出新的发展路子。而且中国的劳动成本也在不断攀升，因此要想找到这条新道路，就有必要进行创新。电子商务的广泛开展已经使国内的资源配置更加合理优化，这为我们推进跨境电商提供了方向，跨境电商在优化资源配置，减少不必要的消耗，提高贸易的效率方面具有不可估量的优势。同时，全球经济一体化的进程加快，我们的劳动力优势已经被一些人口红利更高的国家所销蚀，因此及时从当前的困境中走出来，摆脱传统观念的束缚，具有迫切的现实意义。

（四）跨境电子商务发展是大势所趋

与发达国家相比，中国在电子商务领域的差距并没有其他领域那么明显，因而积极开展跨境电子商务，走在时代前列，并作为增强国际竞争力的一个手段，具有十分深远的现实意义。我国跨境电子商务的发展可以说已经进入到了一个比较有利的地位，国内电子商务发展日趋成熟，拥有丰富的电商经验，积极依托电子商务开拓国际市场具有明显的优势。像阿里巴巴国际站、敦煌网等跨境电商平台已经在这一领域迈开了步伐，它们的成功说明跨境电商是时代的产物。只有跟上时代的步伐，才能不被发展的洪流所淘汰。在 TPP（跨太平洋伙伴关系）谈判中，就已经将电子商务作为一个重要的议题来讨论，我国没有加入此谈判，因此，将来该谈判所达成的共识是否会对世界电子商务乃至贸易产生影响，我国能否在该领域积累足够的谈判价码，就显得尤为重要。跨境服务也是将来国际间竞争的一个重要方面，能否通过跨境电子商务在国际上宣传中国的第三产业，在国际上赢得信任，这都是可以通过开展跨境电商能够给我们提供答案的。

三、中国跨境电子商务发展状况

（一）中国电子商务发展现状

1. 电子商务交易额不断扩大

2006 年，我国电子商务交易额突破 15 000 亿元，电子商务在我国呈现快速发展态势。2008 年金融危机爆发，对我国电子商务来说是一个巨大的机遇和挑战，我国电商企业利用这一契机积极转型，不断做大做强。到 2012 年，中国电子商务交易额达 7.85 万亿元，其中网络零售额首次突破 1 万亿元，达到了 1.32 亿元。2013 年我国电子商务交易额更是高达 10.2 万亿元，其中网络零售额就达到了 1.89 万亿元。电子商务发展势头迅猛。自从中国加入世界贸易组织以来，进出口交易额逐年增长，2012 年更是成为全球最大的进出口贸易国，但生产成本的提高、金融危机和贸易摩擦使我国近几年的出口水平出现大规模下降。虽然跨境电商在其中的比例逐年提升，但总体来说，所占的比重还是相对较低，处在一个较低的水平。这一现状有望在未来几年得到改善，伴随跨境电商的高速持续增长，电商行业在中国对外贸易中的比例会有大幅上升，交易额也会有量的更大突破，发展前景广阔。

2. 电子商务服务人员不断增加

我国电子商务规模不断扩大的背后，是不断增长的电子商务服务人员数量，这其中不仅有直接服务人员，更带动了数以千万计的间接就业人员，其辐射带动能力可见一斑。2006 年，我国直接从业人员只有 35 万，可间接带动 380 万人就业，而这一数据到了 2013 年已经飙升到 235 万人，间接带动超过 1680 万人就业，对我国经济的内在拉动可谓功不可没，由此完全可以说中国电子商务已经步入了一个全新的快速扩张道路。但从这一数据的激增中我们也可以明显看到，中国电子商务从业人才缺口将持续走高，这也是电子商务在未来拉动就业方面的巨大潜力。我国网民数量在世界名列第一，网络覆盖面极其广泛，为从事电子商务提供了有利条件。从企业层面来说，对电子商务人才的需求主要体现在网络营销上，企业转型急需这方面的人才；从个人角度来说，开展电子商务并非像传统的做企业那么复杂，门槛较低，因此吸引越来越多的人加入这一行业。至于像物流、外贸、法律、技术等高层次的人才，将来的市场需求会更大。

3. 电子商务企业规模不断扩张

越来越多的企业愿意将自己的产品投放到网络上进行销售，传统企业也不断拓宽自己的销售渠道，催生了一大批电商企业的诞生。2006 年，我国从事 B2C 和 C2C 的电商企业数量不过才 3835 家，但是 2008 年金融危机以来，我国电商企业数量却呈现了激增态势。2009 年我国电商企业达到 9962 家，与 2008 年相比，增幅高达 80%以上，但随着金融危机的深入，增幅逐年放缓，但我国电子商务整体数量不断增加的趋势仍很明显。截止到 2013 年年底，我国电商企业的规模已经接近三万家，而在全球经济不断复苏的过程中，我国电子商务企业的数量还将继续增加，将会有更多的企业融入到电子商务活动当中。当然也会出现更多的电子商务平台企业，现有的电子商务平台企业规模也会逐步扩大。电子商务不仅刺激了消费市场，也加速了一些上下游产业链的升级转型，对物流安全快速的要求，使物流企业不断扩大网络覆盖，提升服务质量，改变配送模式，产生了像顺丰、邮政快递等一些从事国际物流的大企业。对电子支付的要求，使像支付宝、E-bay 等第三方支付企业不断开发出安全便捷的支付方式和手段。因此，电子商务规模的扩大，通过其巨大的辐射力，带动了整个产业链的发展，而这些反过来又支撑和加速了电子商务规模的进一步扩张。

（二）中国跨境电子商务发展现状

近年来，伴随着我国经济的高速发展，我国电子商务市场日趋繁荣。根据资料显示，我国已经成为世界上跨境电子商务发展最快的国家之一，尤其与美国和日本通过跨境电子商务进出口的比例不断加大，跨境电子商务已经成为我国对外贸易发展的一支重要推动力量。

1. 跨境贸易政策不断放宽

一直以来，电子商务领域属于受限制开放领域，国外企业在中国经营电子商务受到诸多限制，我国企业要想开拓国际市场，又没有充足的资金和经验，因而给开展跨境电子商务交易造成相当大的阻碍。2013 年，我国在上海自贸区试行更为开放的跨境贸易政策，为下一步开放电子商务市场投石问路。同时，我国逐步放开外资进入电商领域的股比限制，在上海自贸区内，对于经营性电子商务入资则不设上限。从海关监管角度来说，在自贸区内也将通过政策业务创新和信息手段创新来提升监管效率，提升跨境交易流程效率。在支付环节上，中国也将从政策层面保障支付的迅捷与安全。

2. 跨境电子商务市场结构单调，运营模式固定

我国跨境电子商务的市场结构相对来说比较集中，以出口市场和 B2B 为主，虽然近年来 B2C 模式有了很大的发展，但相对经营范围较小。我国多数中小企业是在外贸形势恶劣的环境下，才走上了外贸的电子商务交易道路，因此很多跨境电子交易都可以看成是传统外贸的一种延伸。而在进口环节，跨境电子商务的规模就要小得多。我国跨境电商的运营包括四种，即第三方服务平台模式、B2B 或 C2C 模式（小宗交易）、大宗 B2B 和独立 B2C 模式。当前，我国跨境电商模式仍以提供信息平台为主，不过随着跨境电商政策不断完善，针对新型贸易模式的进出口海关模式的推行，以及支付信用体系的建立，跨境电商模式将具备更强的功能性，不仅提供交易，同时提供营销、支付和物流等相关服务，而这些的实现无疑会增强跨境电商贸易的便利性，带动跨境电商交易额的迅速增长，确保我国外贸出口保持稳定持续上升。

3. 跨境电子商务交易规模增长明显

在经历了 2008 年的缓慢复苏之后，我国跨境电子商务交易额逐年增长，且增值明显，并保持每年占电子商务交易额的 30% 左右。2008 年，中国跨境电子商务交易额仅有 8000 亿元，而截止到 2013 年年底，我国跨境交易规模达到 3.1 万亿元，接近 3 倍的涨幅。交易规模不断扩大的背后，是带动数以万计的从业人员，以及相关产业的快速扩张。

4. 跨境物流瓶颈较大，网上支付安全仍需提升

依托我国铁路、公路等基础交通网络的铺设，在很大程度上保证了国内电子商务的物流需求，但即便如此，现有的物流基础仍无法满足日益增长的电子商务需求，物流成本依然占据着网购成本的很大比例，物流服务水平也影响着网购者对产品的满意度。一旦电子商务跨越国界，物流成本将大幅提高，无疑会增加企业开拓国际市场的难度。而为了满足快速迅捷的要求，跨境交易又往往依赖于空运，这对于以"数额小、次数多、速度快"为特征的跨境贸易来说，无疑是雪上加霜。同时，由于各国法律法规的差异性，跨境电子商务的支付安全也面临风险。本国出于对境内企业的保护，有时会牺牲他国企业的利益，因此各国间急需积极磋商，通过协调沟通，确保国际间跨境交易得到保障，维护国际商业信誉。

第四节　中国跨境电子商务发展影响因素和促进政策

一、影响中国跨境电子商务发展的基本因素

（一）通关问题比较突出

1. 通关效率低下，海关监管难度加大

一直以来，我国传统贸易都以货物贸易为主，大宗货物批量较大，因此频率都相对较低，也就需要很长的时间，这对于海关的监管来说无疑是有利的。而跨境电子商务的交易模式发生了很大的变化，买卖双方直接通过在线平台进行交易，消费者面对的将不再是进口商和分销商，而是货源的直接供应商或者生产商，这也导致整个跨境电子商务在产业链和供应链上的巨大变化。单个供应商和客户之间的直接交易就必然表现为交易额的减小，以及频率的增加。这给供需双方带来了极大的便利，可以及时根据市场需求变化交易额度，但给海关带来了很大的麻烦，工作量也增加不少。海关肩负着监管和征税的重任，因此对于通关货物都非常谨慎，必须确保通关货物符合国家法律规定。而且海关的监管程序也需要时间去执行，这在一定程度上无法满足跨境电子商务的要求。大量的货物以快递或邮寄的方式进出关境，对于小件的监管力度如何，应该适用何种税率，当遇到退换货问题时如何返境，现行的海关监管模式是否能够明确，都有待进一步解决。当前，一些电子商务企业在跨境交易中已经遇到了一些难题，难以快速通关和对跨境小件的规范监管不够清晰，使社会和相关企业对提高海关效率的呼声越来越高。

2. 报关环节存在诸多弊端，退税结汇面临难题

针对跨境电子商务，我国在报关、报检、收汇、核销、退税和结汇环节出台了一系列举措，但并未明确具体的规定。我国海关总署有规定，金额在600美元以下的货物可以作为非卖品速递出境，这就给了一些不法企业以可乘之机，他们将原本需要报关、报检才能出口的货物，以国际小包或快递出口方式卖出境外，或者通过修改发票的金额逃避报关。当企业将货物交由快递公司进行集中报关时，快递企业仅仅将物流运输单交给企业经营者，却无法获得相应的报关凭证作为合法依据，因此无法进行外汇结汇，更别提享受出口退税了。即便如此，我国其他的政策规定也影响结汇，比如现行政策规定，国外买家支付的款项只能通过个人储蓄账户结汇，且每人次每年的汇兑额度是5万美元，因此那些业务量较大的企业往往借用他人账户来结汇，

更有甚者通过灰色渠道将资金转到国内银行后结汇，这使结汇的透明度大大降低，给国家税收的征收带来严峻考验。作为我国税收制度的重要组成部分，出口退税是指在货物出口后，退换其在国内生产和流通环节实际缴纳的税费，包括产品税、增值税、营业税和特别消费税。这些已经缴纳的税款在符合相关条件后，都能够得到退税，这样就使我国的产品能够以不含税的成本进入国际市场，能够以同等的条件与国外产品竞争，增强出口产品的竞争力，从而扩大出口规模，创造更多的外汇收入。但目前我国跨境电子商务多以小件为主，无法获得相关的单据，同时以小包、邮寄和快递等方式出境的货物常以非卖品的方式，这些货物并没有被纳入海关的监管体系，有些甚至没有资格作为贸易货物结汇，也就不符合申请退税的有关条件，大部分卖家依然无法享受到出口退税的优惠政策。

（二）跨境物流存在成本与风险双重问题

物流通常包括仓储、分拣、包装和配送环节，是连通买卖双方的重要桥梁纽带，在电子商务中占有重要地位。国内电子商务的繁荣催生了一大批民营物流企业，带动物流行业不断升级，不仅满足了现代物流多样性和迅捷性的需要，也在一定程度上降低了物流成本和风险。然而跨境物流却困难重重，缺乏更多的物流选择，为了能够满足顾客的需要，只能依赖于比较单调的物流模式，即更多地采用空运模式。在存储上，由于跨境货物的数量呈现了爆发式的增长，当前的物流基础设施和体系无法满足如此之多的流量，物流部门常常因超负荷运作，导致大量的货物积压或者延期交付。对待货物的包装和分拣，也存在与国内物流同样的问题。在长途运输的过程中，因包装不符合要求或者暴力分拣导致的货物破损也屡见不鲜，尤其是跨境交易中还存在着掉包等风险，消费者的货物因距离面临的风险也成倍增加，这些都影响着消费者对于跨境交易的看法，严重制约了跨境电子商务的长远发展。

（三）跨境电子支付存隐患

跨境电子支付不仅关系着交易双方的资金转账安全，也是电子商务区别于传统贸易的核心所在。传统的贸易方式下，资金流往往是凭借符合条件的单据，到指定的银行办理款项的收付，资金都是由银行经手，由当事人自己去办理。但在跨境电子交易中，交易双方并不相互了解对方的信用，交易双方也不大可能为了极小的数额经历烦琐的担保程序，因此卖方极有可能无法收到货款，或者买方在支付了款项后却收不到货物，交易双方具有显著的信用不确定性。我国对于跨境支付尚没有一个统一的管理规范，没有明确跨境业务范围和保证金数额，整个交易过程依赖于第三方支付。而第三方支付在技术上远未达到网络资金转移顺畅的要求，无法提供境内外交易双方的完善信息，与银行之间的合作力度不够，加之网上交易的虚拟性，网上资金转移迅速，不解决这些技术难题，就无法确保网上交易的安全。在电子支付的实际操作中，还会面临各个国家的币值和汇率的差异。我国在跨境贸易电子商务过程中，人民币不能自由兑换，不能作为结算货币进行支付，而在实践中又没有配套举措，因此跨境企业往往并不能够顺利的实施网上电子支付。

（四）跨境电子商务人才匮乏，缺乏科学管理引导

跨境电子商务是一项综合性、系统性很强的复杂工程，涉及领域深入广泛，需要具备国际贸易、电子商务、互联网技术、跨境支付、跨境物流、出入境报关、检验检疫、法律、国际营销等方方面面的人才，对于能够同时掌握多项业务技能、能够通晓多项领域的复合型人才的需

求十分旺盛。首先，传统外贸企业对电子商务的认识还不够充分，对于开展网上电子商务的人才储备也不足，很多传统业务娴熟的从业人员对跨境电商模式还比较陌生。他们往往比较倾向于已经建立起来的营销渠道，更多依靠出口商和国外代理，而跨境电子商务面对的客户更具个性化、定制化，外贸人员尚未适应当前的跨境交易规则和交易模式。其次，电子商务在外贸领域的应用，需要大量专业的互联网技术人员继续开发相关配套软件，在订单处理、支付、通关流程、检验检疫操作方面需要开发更加优化便利的流程，但由于跨境电子商务的复杂性，我们急缺这样的人才去解决。最后，跨境电子商务会面临各国间不同的法律条件问题，且涉及国家间的法律构架不同，因此迫切需要那些既懂得国内法，又懂得不同国家法律以及国际法适用的专业复合型人才。

二、促进中国跨境电子商务快速发展的政策建议

在互联网高度普及的今天，跨境电子商务敲开了无国界购物的大门，成为未来跨境贸易发展的必然趋势，引起世界各国的关注和重视。我国作为世界贸易大国，积极参与新的贸易方式，对我国优化贸易结构、转型升级国内产业具有很深的战略意义，对我国外贸企业的转型来说也是一次机遇，对就业来说不失为一种新的途径。尽管跨境电子商务在我国起步较晚，面临的制约因素也较多，但挑战与机遇并存，我们在包括跨境电子商务在内的电子商务领域所取得的成就有目共睹，我们的电子商务规模和积累的经验也告诉我们，我们可以参与世界格局的变革，我们有信心在政府、企业和从业人员的共同努力下，积极加入到跨境电子商务的运营中。随着政策制度的不断完善，基础设施的不断完备，电商技术的不断成熟，人员素质的不断提升，国际合作的不断加深，我国跨境电子商务必将与世界跨境电子商务一道，迎来更为广阔的发展空间。

（一）政府层面

从政府层面来讲，应为跨境电子商务发展创造良好的政策环境，符合国家扩大进出口贸易、转型产业结构、提高第三产业在国民经济中比重的政策导向。

1. 政府要在优先发展跨境电子商务这一新型模式上，加强部门和国际合作

（1）探索新型监管方式，提高通关效率。海关部门、国税局和检验检疫局等众多相关部门应在政府集中协调下，明确部门职责，简化通关流程，简易纳税程序，制定分工明确的监管职责和切实可行的法律法规。充分利用现代化的信息技术手段，建立跨境电子商务信息数据库，将海关、商检、国税、电子商务企业和物流公司等信息进行流程化处理，通过集中报检、集中管理的方式，探索"分批出运、定期申报"模式，从而解决退税和结汇的难题。针对跨境电子商务制定税收政策时，要充分考虑电子商务产业的特殊性，分步骤制定纳税政策，同时为扶持跨境电子商务，还要给予适当的税收优惠政策。

（2）参与跨境电子商务国际合作，提升我国在跨境电商领域国际地位。跨境电子商务是一种新的贸易领域，需要世界各国各部门的通力合作，我国政府应该积极参与电子商务相关的国际会议和项目谈判，特别是在 TPP 和 TIPP 等当前的重大谈判上，要积极参与到规则的制定当中，探索全球在跨境电子商务监管上的新对策和新的合作方式，建立合作协调机制，在税收优惠、通关优惠、电子商务数据安全和打击利用计算机犯罪等方面展开合作，优化跨境支付的流程，以确保跨境电子商务流程畅通。在电子商务人才培养上，政府应该鼓励国际合作和交流，积极引入先进的电子商务管理方式，加强人才交流学习，从而更好地为跨境电子商务健康良性

发展服务。

2. 政府应当规范跨境电子商务企业行为，打造跨境电子商务园区产业链

（1）鉴于我国在传统贸易上的粗放式发展，知识产权的管理和保护力度一直不够，因此对当前跨境电子商务交易中的知识产权保护问题应当高度重视，完善相关的法律法规，提高侵权行为的赔偿标准，加强知识产权管理部门之间的协调，提供知识产权预警机制和咨询服务，通过尝试引入第三方服务机构，引导和规范跨境电子商务企业的经营行为，建立可信任的跨境电子商务交易环境，保证商品质量和企业信誉，提高跨境电子商务企业在知识产权上的创造、使用、管理和保护能力。

（2）加强电子支付方面的立法，通过借鉴其他国家的经验，进一步明确电子商务支付中各方的权利义务和责任分担内容，特别是制定风险分担规则，确保支付型平台企业、电商企业、物流企业以及消费者的合法权利得到有效保障。

（3）建立跨境电子商务产业园区。通过在产业园区内实施有别于传统出口贸易方式的政策，对资金流、信息流和物流进行集中化管理，降低跨境交易的成本，把资金流直接与货物进行匹配并取消结汇金额限制。在园区内允许境外资本进入电商领域，允许人民币可自由兑换的尝试，这些都有利于跨境电子商务的快速发展。

3. 政府应当加快跨境电子商务基础设施建设，提高跨境电子商务硬件和软件环境

（1）作为联系线下和线上交易的中心环节，跨境物流体系需要进一步完善跟进。在整个跨境电子商务产业链中，物流配送居于至关重要的地位，不仅决定着交易的成功与否，更影响着卖方的信誉和买方的满意度。目前，我国跨境物流主要以国际小包和快递、仓储物流以及聚集后规模化运输三种为主，但都存在明显的劣势，或因为运输成本较高，或因为基础设施建设成本较高，都在一定程度上阻碍着跨境物流的发展。而当前第三方物流发展尚属缓慢，因此有必要鼓励和培植第三方物流大力发展，弥补和增强跨境电商交易在物流上的缺失。随着第三方物流的兴起，企业可将物流企业与跨境电子商务企业相分离，有助于电子商务企业将更多的精力放在企业经营和管理上，而物流作为第三方单独为消费者服务，也将有助于消费者直接对物流公司进行反馈和监督，将有助于培养一批具有品牌效益的物流企业，提升整个物流行业的服务水平，保证企业和消费者的双方合法合理权益得到保障。其中，第三方物流不仅在质量上有更高的要求，同时由于规模上的扩大，将助推物流成本的大规模下降，减少跨境交易的成本，反过来也使企业拥有更多的资金来提升产品质量和研发新产品，打造更多属于企业自身的品牌，从而占有更大的市场以及赢得口碑。

（2）跨境电子商务需要相对均衡的运营环境，跨境交易需要达到相当的网络经济规模，要求企业有足够的后台支持系统来回应对方的即时服务请求。面对大量的订单数据，面对需要保护的顾客信息，面对顾客对消费的快捷要求，我们的网络信息化水平的弊端就暴露无遗。尤其是对于跨境电子商务来说，我们的信息化水平急需提高，对于支付平台、后台处理以及数据处理等相关方面的研发投入需要大幅增加，保证跨境交易畅通安全。

（3）培育良好的跨境电子商务行业自律，需要政府做积极的引导示范。政府不仅要加快电子商务相关立法的进程，同时要加快开展跨境电子商务行业规范的制定，引导建立跨境电商行业协会，引导跨境电子商务企业自觉形成良好的行业风气，努力在提升产品质量和电子商务风气上下工夫，避免由于缺乏正确引导和恶性竞争而导致的行业负面形象，积极打造跨境电子商务在推动社会经济发展上的良好形象，深度挖掘跨境电子商务的巨大商业潜力。

（二）企业层面

企业是跨境电子商务的直接参与者和推动者，企业所承担的责任和对跨境电子商务的发展推动直接决定着跨境电子商务的未来，企业能否积极创新谋求更大的发展，将影响着跨境电子商务在经济腾飞中的分量。

1. 电子商务企业对跨境电子商务这一全新领域的探索至关重要

顾名思义，跨境电子商务面临更为复杂的市场环境，需要企业做好充足的国外调研。跨境电子商务企业面对的顾客来自世界各地，每个国家或者地区都有自己的法律制度，每个国家的消费人群都有不同的偏好，同时每个国家的经济发展水平、商业环境以及风俗习惯等因素都影响着跨境交易的成败，这在客观上就要求经营企业在确定目标市场时，要做足前期调研，尽最大可能地规避风险。尤其是在涉及知识产权的问题时更不能掉以轻心，要重视研究和提高风险防范意识，避免后期不必要的麻烦。由于对目标市场的不了解，跨境电子商务同样会遇到像传统贸易一样的问题，因此在国外积极寻求合作伙伴也不失为一种简单可行的办法。企业可以将产品的图片设计、管理信息系统编制、供应商质量监督和前期推广外包给国内外的专业服务商，尤其是跨境物流，完全可以寻求国外合作伙伴，减轻因高成本仓储带来的压力。这样既可以减少单独进行全程跨境交易的成本，又可以避免对目标市场环境的认知偏差，从而使商品更符合目标受众的要求。

2. 物流企业加大信息化和标准化建设力度，提高服务水平

当今社会，计算机科学技术发展迅速，支撑着物流基础信息建设和电子商务发展。无论是企业和顾客，都有知悉物品流向的权利，物流信息必须快速准确的转化为电子信息，使需求方能够快速便捷地获取相关信息，因此建立一些物流运输流程信息的公开网站就显得十分有必要。而传统的物流模式也是存在很多弊端，当前第三方物流的发展方兴未艾，需要更多的鼓励和支持。第三方物流不是交易的利益攸关方，它完全可以按照物流行业自己的发展现状和要求来制定行业标准，而不必要受产品企业的束缚。在标准化上，第三方物流要使物流服务更加正规，进一步提升物流速度和效率。在规范化上，第三方物流企业完全可以有自己的标准，在运输工具、包装、仓储、装卸和信息数据以及资金结算方面，可以采用一些行业统一标准来加以规范，从而使物流效率达到最大化。当然，物流建设也不能完全依赖政府的投入来发展，企业也可以有所作为，企业应当充分发挥自身的灵活性，局部完善自身的物流基础设施设备，升级企业的信息系统，探索新的仓储技术，在实践中更多地采用机械化和智能化物流设施，同时针对不同层次的服务对象，开展不同类型的增值或附加服务，进一步发挥主动性，提升服务水平。

3. 支付机构提供更多功能性，保障跨境支付安全，发挥第三方中介作用

一直以来，网络交易的支付安全问题都备受关注，也制约着跨境交易规模的进一步扩大。我国跨境支付长期受政策影响，不仅难以扩大服务范围，同时一些国外大型的支付类企业变相进入中国市场，给国内的支付行业造成冲击和竞争。2013年2月，外汇局发布了《国家外汇管理局综合司关于开展支付机构跨境电子商务外汇支付业务试点的通知》，决定在北京、上海、杭州、深圳和重庆五个城市先行开展支付机构跨境电子商务外汇支付业务试点。9月，随着国内17家支付机构获得外汇局核准，跨境电子商务外汇支付业务正式拉开帷幕。西方一些国家在对第三方支付的监管方面有一些成功的经历，我们也可以借用。比如美国对第三方支付的流程监管较严，出台了相关的政府和州法律法规，并要求支付机构在财政部的犯罪执行网络上注册。

欧盟则将第三方支付机构纳入货币服务业的监管范围,并要求支付机构在中央银行保有大量留存资金,以保证客户的资金安全。因此,我国政府在此次试点的基础上,可以尝试让一些具有一定规模、风险措施控制完备的支付机构,针对具有真实背景的小额货物贸易和部分服务贸易开展跨境外汇支付业务,提供集中收付汇和结售汇服务,然后再有条件地逐步推广。

(三)社会层面

在传统消费者的眼中,消费者只是产品和服务的最终接受者,只能根据自己的喜好来决定买或者不买某种商品,却无法得到按照消费者的要求来定制的产品。但时至今日,跨境电子商务已经让消费者切身感受到,得到一份心仪的国外目标产品不再那么困难,甚至可以通过DIY定制属于自己的产品,跨境电子商务正改变着全球的产品和服务经营模式,让每一个人都能参与到经济过程中来。

1. 行业协会发挥更大的监督指导作用

中国的经济向来受到行政方面的影响,行业协会往往无法发挥其真正的行业监督和指导功能,政策导向性影响行业发展规律。但是跨境电子商务涉及不同国家、不同体制、不同文化之间的交流,加之跨境电子商务的交易内容更趋个性化,政府施加干预的操作空间不大,有利于行业协会加强其作为桥梁纽带的作用,加快制定针对跨境电子商务交易的行业规则,规范跨境交易操作和维护买卖双方合法合理权益,营造良好的交易环境和发展态势。行业协会应当充分利用互联网发展的优势,建立行业协会网站,及时发布行业信息,给政府、企业和社会带来正面效应,尤其是在当今经济融合度极高的背景下,行业协会要打破以往的常规思路,探寻电子商务上下游行业协会之间的联系,整合不同行业之间的资源,最大限度地借助互联网进步来拓宽跨境电子商务的发展渠道,通过优质的服务来提升行业协会的地位和作用,为跨境电商新局面的到来添砖加瓦。

2. "消费者联盟"应当得到鼓励和提倡

以往的消费者作为单方面接收者的时代已经过去,如今消费者正以同一个"战线联盟"的姿态出现在跨境电子商务交易中。微信的问世,不仅使我们的交流方式发生了细微的改变,也催生了"微商"这一新型商业模式,口碑营销变得更为重要,只有好的产品和服务才能得到消费者的认可和宣传。与此同时,消费者的态度和满意度也决定着企业经营的成败,得益于越来越智能的顾客反馈系统,消费者可以随时对产品进行评价和追加评论,消费者完全可以在与店家的沟通中体验不同的服务感受,可以根据自己的要求让厂家生产。比如兰亭集势的婚纱设计,就可以根据顾客的需求来定制,大可不出国门就能享受到国际大师设计的精美婚纱。这种以顾客需求为导向的营销模式,是跨境电子商务得以发展的优势所在,也使众多单个的消费者结成联盟变为可能。当消费者在交易中拥有足够多的话语权时,企业就不得不持续改善产品质量,提升服务水平,这就在无形中让消费者来监督企业的行为,一个崛起的消费者群体也必将带动跨境电子商务更趋合理化,提供更多更好的产品与服务。

3. 充分发掘跨境电子商务带动就业方面的先天优势和强大后劲

开展电子商务,在扩大商品流通范围和增加商品交易规模方面的成功已经有目共睹,跨境电商不仅使全天候的销售与服务变得更加现实,而且加速了产品的更新换代和产品类别的增加,也催生了大批新岗位和新职位,在增加就业数量的同时改善了就业结构,这就造就了更为便利的创业环境。相对于以往的创业来说，跨境电子商务领域的创业门槛较低，从事跨境电子商务行业的创业更具优势，从业人员应当从跨境电子商务的模式中获得更多的机会，每一个创业者都可以发挥主动性，充分认识跨境电子商务的强大后劲，从小处着手、从消费者需求着手、从行业发展趋势着手，发掘跨境电子商务拉动就业的先天性优势，创造更多的就业机会，带动更多的人就业和促进经济繁荣。

4. 发挥跨境电子商务促成良好社会诚信建设的功能

传统国际贸易常常因企业间的诚信缺失导致财货两空，大大破坏了跨国贸易的整体形象。跨境电子商务的交易从接洽到完成，都是通过互联网技术来实现的，其潜在的风险较传统国际贸易有过之而无不及，因此加强诚信建设势在必行。相关政府部门对于国外企业的资质和消费者信用等级应当建立数据库，提供给中国的企业和个人。行业协会可以根据收集的信息编制跨境电子商务诚信手册，提醒跨境电子商务从业人员应当注意的内容，最大可能地防患于未然。从业人员经营跨境电商的信息也会被反馈到有关部门和行业协会，因此诚信缺失的企业和个人也会受到相应的惩罚，对其给予警告整顿，严重的可以依法禁止其从事跨境电子商务交易。

本章小结

电子商务通过电子信息技术、网络互联技术和现代通信技术，借助信息网、金融网、运输网使交易涉及的各方当事人无需依靠纸面文件，实现整个交易过程的电子化，使整个商务活动，从产品生产、产品促销、交易磋商、合同订立、产品分拨、贷款结算、售后服务等产生划时代意义的变化。电子商务可以根据不同商务活动群体的业务性质分成：商业机构对商业机构（B2B），商业机构对消费者（B2C），商业机构对行政机构（B2A），消费者对行政机构（C2A）。电子商务的实施和完善都依靠技术服务加以支撑。

跨境电子商务指不同国家或地区间的交易双方（个人或企业）通过互联网及其相关信息平台实现的各种商务活动，包括进口和出口两个层面的总和。虽然跨境电子商务起步较晚，但却颠覆了传统贸易模式，以蓬勃的姿态成为国际瞩目的焦点。跨境电子商务作为一种新兴产业，在其迅猛发展的同时也面临着众多的问题和挑战。如何在经济全球化的复杂背景中抓住跨境电子商务的机遇，如何迎难而上合理应对跨境电子商务发展中的瓶颈与挑战，都急待我们进一步的思考和研究。

基本概念

电子商务　　　　　国际互联网　　　　　电子虚拟市场　　　　跨境电子商务
出口跨境电子商务　　进口跨境电子商务　　B2B 平台　　　　　B2C 平台

模拟测试

一、名词解释

EDI　　跨境电子商务　　B2B　　B2C　　出口跨境电子商务　　进口跨境电子商务

二、填空题

1. 电子虚拟市场（electronic marketplace）是指商务活动中的_____、和_____在某种程度上以数字方式进行交互式商业活动的市场。
2. EDI 系统软件的构成主要包括：_____、_____、_____。
3. 跨境电子商务应用模式可划分为_____模式、_____模式和_____模式。
4. 跨境电子商务模式的分类，以货物进出口方向划分，分为_____和_____。
5. 跨境电子商务模式的分类，以服务类型划分，分为_____和_____。
6. 跨境电子商务模式的分类，以平台运营方式划分，分为_____和_____。

三、单项选择题

1. 下列活动中，属于电子商务活动的是（　　）
   A. 通过网络进行合作开发　　　　B. 网上订单管理　　　　C. 网上谈判
   D. 网页制作　　　　E. 网上市场调查
2. 根据联合国经济合作和发展组织对电子商务的定义，以下不属于电子商务服务范围的项目的是（　　）。
   A. 企业与消费者的电子商务（B2C）
   B. 企业对企业的电子商务（B2B）
   C. 消费者对政府机构的电子商务（C2A）
   D. 消费者对消费者的电子商务（C2C）
3. 跨境电子商务是一个以（　　）为支撑的全球商务活动。
   A. 办公自动化技术　　　　B. 信息技术
   C. 运输技术　　　　D. 仓储技术
4. （　　）在整个跨境电子商务中的比重最大，约占整个电子商务出口的90%。
   A. B2B　　　B. B2C　　　C. C2A　　　D. C2C
5. 跨境电商模式的分类，以交易模式划分（　　）。
   A. B2B　　　B. B2C　　　C. C2A　　　D. C2C

四、多项选择题

1. 电子商务系统包括的关键组成要素有（　　）。
   A. 信息网　　　B. 金融网　　　C. 运输网　　　D. 技术网
2. 跨境电子商务的特征包括（　　）。
   A. 全球性　　　B. 多边性　　　C. 无形性
   D. 隐蔽性　　　E. 时效性
3. 企业要做跨境电子商务的原因包括（　　）。
   A. 有利于传统外贸企业转型升级
   B. 缩短了对外贸易的中间环节
   C. 为小微企业提供了新的机会
   D. 促进产业结构升级
4. 中国跨境电子商务发展面临的瓶颈包括（　　）。
   A. 跨境电子商务法律体系不健全

B. 在线支付和结汇问题
C. 物流是制约外贸发展的重要短板
D. 缺乏与之相适应的国际营销
E. 跨境电子商务相关人才的缺乏

五、简答题
1. 简述电子商务的作用。
2. 电子商务的具体分类有哪些?
3. 影响中国跨境电子商务发展的基本因素有哪些?
4. 简述促进中国跨境电子商务快速发展的政策建议。

参考文献

[1] 王沅沅. 国际贸易实务[M]. 北京：高等教育出版社，2009.
[2] 黄海东. 国际贸易实务[M]. 北京：科学技术出版社，2010.
[3] 李昭华. 国际贸易实务[M]. 北京：北京大学出版社，2010.
[4] 吴艳. 国际贸易实务[M]. 武汉：武汉大学出版社，2010.
[5] 祁晓霞. 国际贸易实务[M]. 北京：航空工业出版社，2008.
[6] 冯光明. 国际贸易实务[M]. 广州：暨南大学出版社，2009.
[7] 魏翠芬. 国际贸易实务[M]. 北京：清华大学出版社，2009.
[8] 刘文广. 国际贸易实务[M]. 北京：高等教育出版社，2009.
[9] 黎孝先. 国际贸易实务[M]. 北京：对外经济贸易出版社，2005.
[10] 王晓明，孙韶华. 国际贸易实务[M]. 北京：中国人民大学出版社，2006.
[11] 幸理. 国际贸易实务[M]. 武汉：华中科技大学出版社，2006.
[12] 赵志恒，张晓. 国际贸易实务[M]. 北京：机械工业出版社，2006.
[13] 李元旭，吴国新. 国际贸易单证实务[M]. 北京：清华大学出版社，2005.
[14] 韩常青，刘立平，张燕文. 国际贸易实务[M]. 北京：清华大学出版社，2006.
[15] 吴百福. 进出口贸易实务教程[M]. 上海：上海人民出版社，2004.
[16] 朱立芬. 国际商法[M]. 上海：立信会计出版社，2001.
[17] 张素芳. 国际商务案例评析[M]. 北京：中国金融出版社，2001.
[18] 张晓辉. 国际贸易实务[M]. 杭州：浙江大学出版社，2012.
[19] 杨凤祥. 国际贸易实务实训教程[M]. 北京：清华大学出版社，2011.